中国交通运输中长期发展战略研究
2017

Strategy Research on the Mid-term and Long-term
Development of China's Transportation

◎王德荣　主编

中国计划出版社

图书在版编目（CIP）数据

中国交通运输中长期发展战略研究（2017）/王德荣主编. -- 北京：中国计划出版社，2017.10
ISBN 978-7-5182-0710-7

Ⅰ.①中… Ⅱ.①王… Ⅲ.①交通运输发展－经济发展战略－研究报告－中国－2017 Ⅳ.①F512.3

中国版本图书馆CIP数据核字(2017)第241500号

中国交通运输中长期发展战略研究（2017）
王德荣　主编

中国计划出版社出版
网址：www.jhpress.com
地址：北京市西城区木樨地北里甲11号国宏大厦C座3层
邮政编码：100038　电话：(010) 63906433（发行部）
新华书店经销
北京印刷学院实习工厂印刷

787mm×1092mm　1/16　19.5印张　449千字
2017年10月第1版　2017年10月第1次印刷

ISBN 978-7-5182-0710-7
定价：85.00元

版权所有　侵权必究
侵权举报电话：(010) 63906404
如有印装质量问题，请寄本社出版部调换

《中国交通运输中长期发展战略研究 (2017)》编委会

编委会主任：王德荣　中国交通运输协会常务副会长、研究员
编委会成员：宋朝义　中国交通运输协会副会长
　　　　　　杨洪义　中国交通运输协会秘书长
　　　　　　郭敏杰　中国交协物流技术装备专业委员会会长
　　　　　　杨文银　交通运输部公路科学研究院党委书记
　　　　　　　　　　兼副院长、教授级高工
　　　　　　林仲洪　中国铁路经济规划研究院副院长
　　　　　　　　　　教授级高工
　　　　　　刘占山　交通运输部水运科学研究院副院长
　　　　　　金敬东　交通运输部规划研究院副院长、高工
　　　　　　王先进　交通运输部科学研究院副院长兼总工
　　　　　　　　　　研究员
　　　　　　胡华清　中国民航科学技术研究院航空发展规划院
　　　　　　　　　　副院长、运输研究所所长、研究员
　　　　　　陆化普　清华大学交通研究所所长、教授、博导
　　　　　　熊永钧　中国铁道科学研究院副总工程师、研究员
　　　　　　高月娥　中国交通运输协会运输研究部主任
　　　　　　　　　　教授级高工
执行主编：高月娥　程　亮

序

　　党的十八大以来，经过砥砺奋进的五年，交通运输业取得了伟大成就。2017 年是"十三五"规划落实之年，也是推进供给侧结构性改革的攻坚之年。交通运输业作为支撑和引领经济社会发展的重要基础，研究中国交通运输中长期发展战略，统筹谋划顶层设计，是深入贯彻习近平总书记系列重要讲话精神和治国理政新理念、新思想、新战略，统筹推进"五位一体"总体布局和协调推进"四个全面"战略布局，坚持稳中求进工作总基调，牢固树立和贯彻落实新发展理念，适应把握引领经济发展新常态，坚持以提高发展质量和效益为中心，也是实现"两个一百年"奋斗目标、实现中华民族伟大复兴的"中国梦"全面推向前进，开辟治国理政新境界，开创中国特色社会主义新局面的具体要求。

　　为了推进供给侧结构性改革，完善现代综合交通运输体系，中国交通运输协会主办了"第四届中国交通运输发展战略研讨会"。本次会议以"改革、开放、融合、共享"为主题，就交通运输中长期发展战略进行交流与研讨。本次论文是以贯彻落实习近平总书记、李克强总理对交通运输工作的重要指示为引领，从我国交通运输发展面临的问题和挑战出发，聚焦现代综合交通运输体系发展目标和路径，以及"一带一路"、"长江经济带"、"京津冀协同发展"国家战略下区域交通运输发展思路和主要任务，国外交通运输发展趋势和可资借鉴经验，深化交通运输体制改革，加快智慧交通、绿色交通建设，创新交通运输科技，推动交通运输企业"走出去"等议题进行论述。

　　"第四届中国交通运输发展战略研讨会"论文征集得到了交通运输界广大科研院所、企业、高校、相关政府部门的积极支持和帮助，在此我谨代表编委会表示衷心的感谢！经专家认真评审，择优录用，现将论文成果编辑成册。本书涵盖了综合运输体系、交通与经济融合、现代物流、城镇化交通，涉及铁路、公路、水运、民航、管道、城市交通、多式联运、综合交通枢纽、中欧班列等多个领域的战略与规划理论研究，以及交通大数据、新技术应用等方面。这些研究成果，可为交通运输领域中长期发展战略、规划、运营管理和政策措施等理论研究与实践探索提供重要参考。文中如有疏漏之处，敬请谅解并指正。

2017 年 10 月

目 录

推进供给侧结构性改革 加快我国现代综合交通运输体系建设 ……… 王德荣 （1）
完善现代综合交通运输体系 推动交通物流融合发展 ……………… 王德荣 （8）
发达国家交通运输科技发展战略比较与借鉴 … 张晓利 褚春超 樊东方 卞雪航（13）
关于交通与城市经济社会深度融合发展的思考 ……………………… 孙彦明 （23）
不同规划导向下交通承载力与土地利用的反馈机制研究
　　——以云南宁蒗彝族自治县为例 …………… 黄瑞锦 闫 煦 崔明川（30）
全面建成小康社会交通指标实现进程评估
　　分析 ……………… 耿彦斌 金敬东 胡贵麟 唐鹏程 陆晓华（40）
我国综合交通枢纽能力提升与资源优化配置 …………………… 周新军 （51）
交通运输服务郑州国家中心城市建设思路研究 ………………… 刘 晨 （59）
如何破解多式联运"最后一公里"难题 ………………………… 张改平 （66）
打造物流行业"一带一路"信用体系面临的机遇和挑战 ……… 宋学鑫 （75）
创新运用区块链技术 提升货运物流市场治理能力 …………… 田仪顺 （82）
依托物流大通道创建联运枢纽（城市）的思路与对策研究
　　——以湖北省为例 …………………………………… 王 娟 杨 勇 （89）
大数据时代变革交通运输统计的思考 ………… 叶劲松 周 雷 陈建华 张 平 （95）
国外铁路货运价格演变历程及经验 ……… 王德荣 高月娥 刘雅晴 庞 琳（102）
浅谈中国铁路货运设施演变及展望 ……………………………… 魏 士（108）
立足国情 建立具有我国特色的枢纽机场发展理论 ………… 张 越（115）
汉欧班列：大国大城通道的建设者 ……………………………… 王利军（123）
"合新欧"国际货运班列发展及展望 ………………… 杰传宝 钱传军（129）
我国铁路企业"走出去"发展状况
　　——以拉伊铁路项目为例 ……………………………… 王 超（136）
依托对俄通道新契机 拓展对外开放新格局
　　——以黑龙江省、吉林省对俄跨境通道为例 ……… 王德荣 高月娥 孙综国（143）
广州南沙港站海铁联运与物流融合发展研究 …………………… 王 充（149）
新时期我国道路运输安全现状、问题与对策研究 ……… 陈波苁 吕云鹏（159）
关于道路货运集约化发展及转型升级的思考 …………… 孙东泉 杨 勇（168）
对城镇化背景下我国城市轨道交通发展的
　　思考 ……………………… 何吉成 杨党校 程逸楠 何佳媛（175）
营改增下收费公路项目可研的编制探讨 ………………… 韩 娟 胡晓伟（184）

交通运输业营改增执行情况和改进的建议 ………………………… 王德荣　高月娥（190）
广西"十三五"农村公路发展战略选择
　　　研究 …………………………… 刘克礼　陶有成　黄中文　隋丽娜（194）
关于创新收费公路政策的思考 ……………………………………………… 耿蕤（201）
创新公路投融资模式研究 ………………………………… 王德荣　高月娥（208）
快速路交织区高峰拥堵控制策略研究 ……………… 马艳丽　范璐洋　张亚平（214）
我国智慧港口建设架构设计与实践 ……………………………………… 倪鹏（226）
加快长江经济带港口资源整合
　　——以浙江省、江苏省港口资源整合为例 ……… 王德荣　高月娥　程亮（236）
港口智慧物流体系框架及其应用研究 ……………………… 罗本成　胡茹（243）
加快国际航空枢纽建设的战略研究 ……………………………………… 彭峥（252）
保税物流中心信息平台服务系统技术方案 ………… 程磊　孙综国　杨笛（259）
石河子市物流园区发展适应性分析及对策研究 ………………………… 梁仁鸿（264）
城市交通碳排放监测评估与发展对策研究
　　——以哈尔滨市为例 ………………… 廖凯　李振宇　尹志芳　李超（271）
推进我国智能物流与生产性服务业发展的几点思考
　　——以"传化模式"为例 ………………………… 倪利强　陈科　李学娟（281）
"互联网＋"物流发展趋势研究 ………………………………………… 常海丰（291）
北京农产品流通特征与对策研究 ……………………………… 曲曼丽　王云鹏（297）

推进供给侧结构性改革
加快我国现代综合交通运输体系建设

王德荣

(中国交通运输协会，北京 100825)

【摘　要】"十三五"期间是我国全面建成小康社会的决胜阶段，是交通运输发展的黄金时期。本文基于基础设施网络、运输服务、智能交通、绿色交通、安全交通、体制机制改革等视角，提出推进供给侧的有效供给、提升供给的品质效率，建立供给管理的新机制等措施建议，以加快我国现代综合运输体系建设，这对于我国交通运输业转型升级、提质增效，推动供给侧结构性改革具有重大意义。

【关键词】供给侧　结构性改革　现代综合交通　运输体系

Steering Supply-side Structural Reform to Accelerate the Construction of China's Modern Comprehensive Transportation System

WANG Derong

(China Communications and Transportation Association, Beijing 100825)

Abstract: During the 13th five-year plan period, it is not only a golden stage to develop transportation, but also a decisive stage for China to build a moderately prosperous society in all respects. Based on perspectives of infrastructure network, service integration, intelligent green security transportation, institutional mechanism reform, etc., the paper makes some proposals to steer supply effectively and promote the quality of the supply efficiency, set up the new supply management measures to accelerate the construction of modern integrated transport system in our country, which has a great significance to transforming and the upgrading of China's transportation industry, improving the quality & efficiency and driving the supply-side structural reform.

Keywords: Supply-side　Structural reform　Modern comprehensive transportation　Transportation system

　　交通运输业作为经济社会发展的基础性、先导性、战略性产业，对支撑和引领经济社会发展具有重大作用。"十三五"期间，是我国全面建成小康社会的决胜阶段，是交通运输发展的黄金时期。交通运输业贯彻落实"创新、协调、绿色、开放、共享"新发展理念，围绕以提高发展质量和效益为中心，坚持交通运输服务人民，深化供给侧结构性

改革，为构建我国现代综合交通运输体系提供了实施路径和行动指南。

习近平总书记做出"十三五"时期是交通运输基础设施发展、服务水平提高和转型发展的黄金时期的重大判断。"十三五"现代交通运输体系发展规划（以下简称"十三五"规划）科学把握我国交通运输发展新阶段，从战略高度和全球视野，研判国内外发展环境；强调衔接协调、便捷高效、适度超前、开放融合、创新驱动、安全绿色的基本原则，提出到2020年基本建成安全、便捷、高效、绿色的现代综合交通运输体系，部分地区和领域率先基本实现交通运输现代化的目标。为保证目标实现，推进供给侧结构性改革，主要做好如下工作：

一、完善网络强化服务一体化，推进供给侧的有效供给

推进供给侧结构性改革首先要从交通供给端入手，扩大综合交通运输网络的有效供给和优化空间布局。

（一）完善网络化布局强化战略支撑

针对目前综合运输网络布局不够完善，部分国际运输通道不通，区域通道不畅等问题，"十三五"规划提出重点建设国际和国内综合运输通道，实现内畅外通。一是打造"一带一路"西北、西南、东北等陆上和海上国际运输走廊，加强与港澳台地区的交通衔接，率先实现与周边国家的互联互通，为开放型经济发展提供重要支撑。二是建设"十纵十横"综合运输通道，实现横贯东西、纵贯南北。目前，全国货物运输通道集中了70%左右的货物周转量，仅以2015年京沪通道货运为例，京沪铁路（桥南-济南段）上行货运密度达到8630万吨公里/公里，下行达到10642万吨公里/公里，京沪高速公路G2（齐河-济南段）正向货运密度达到8405万吨公里/公里，反向达到6163万吨公里/公里，运输能力有待提升，亟待加快通道建设。加快实施重点通道的连通工程和延伸工程，推进新通道建设和沿边通道建设，加快进出疆和出入藏通道建设。

2016年，我国铁路、公路网地均密度分别为129公里/万平方公里和48.85公里/百平方公里，约为美国的70%和66%，日本的24%和15%，以及同为发展中国家和人口大国印度的58%和28%；我国铁路、公路网人均密度分别为0.90公里/万人和3.39公里/千人，仅为美国的17%和16%，日本的57%和35%，印度的175%和83%。我国港口深水泊位比例较低，机场密度仅为每万平方公里0.23个，而发达国家机场（不含私人机场）密度大部分超过了每万平方公里2.5个。我国管道地均密度约为美国的15%，仍有很大差距。"十三五"规划基于交通运输正处于优化路网布局的关键期，提出基础设施"三张网"网络化布局，即快速交通网、普通干线网和基础服务网三个层次，发挥网络效应和规模效应。2016年全年民航旅客吞吐量首次突破10亿人次，同比增长11.1%，其中国际航线首次突破1亿人次，同比增长19.3%；快递业务总量同比增长51.7%；国家铁路集装箱、商品汽车、散货快运量同比分别增长40%、53%和25%。随着客运出行的中高端化、个性化、多元化、舒适化、便捷化以及时效高、附加值高的订单化、高效化、小批量、多频次的货运需求的不断增加，"十三五"规划提出构建高品质、速度快的骨干交通网络。由于交通运输区域性发展不平衡，结构性问题依然存在，如西部地区铁路网地级行政区、

县级行政区覆盖率分别比全国平均水平低10个、15个百分点，"十三五"规划提出加快中西部地区铁路建设，推进普通国道提质改造，提升沿海和内河水运设施专业化水平，构建运行效率高、服务能力强的普通干线网络。由于农村公路、支线铁路、支线航道、通用机场等交通短板问题依然存在，我国进入全面建成小康社会的攻坚期，"十三五"规划提出构建覆盖空间大、通达程度深、惠及面广的基础服务网络，推进交通扶贫和脱贫攻坚。

（二）加快运输服务一体化进程

优化枢纽空间布局和提高运输服务水平，是建设现代综合交通运输体系的根本要求，也是供给侧结构改革的重点。

2016年，综合交通枢纽建设不断推进，投产一级铁路物流基地17个、二级53个，在建一级铁路物流基地11个、二级67个，但综合交通枢纽有效衔接仍然滞后。"十三五"规划从国际性、全国性和区域性三个层级完善枢纽空间布局，提高场站服务水平，促进枢纽间有效衔接，如以打造重庆国际性综合交通枢纽为例，按照无缝衔接原则，以中央和地方共建共创模式，优先支持具有多式联运功能和干支衔接的货运枢纽建设，提升整体组合效率。分别依托重庆江北国际机场、果园港等枢纽港区、铁路物流基地，打造国际航空枢纽、长江上游航运中心、铁公水联运基地。同时，建设重庆枢纽东环线、重庆珞璜港进港铁路专用线等集疏运网络，优化中转设施，完善枢纽综合服务功能，促进枢纽间的有效衔接，使得百姓和企业增强获得感。

2016年，多式联运、无船承运、无车承运等货运组织形式快速发展，集装箱铁水联运量同比增长18%左右，但我国多式联运发展水平仍较低，运量仅占全社会货运量的3%左右，尤其是集装箱铁水联运比例不足5%。"十三五"规划提出推进货物多式联运发展。以集装箱运输和运载单元标准化为重点，以实施"一单制"联运服务模式为抓手，培育多式联运经营人，实现企业信息资源开放互联互通，优化通关环境，切实为企业降本增效。

"十三五"规划提出增强国际化运输服务能力。一是完善国际运输服务网络。2016年，"中欧班列"开行1702列，覆盖欧洲10个国家的15个城市，但中欧班列仍存在综合成本较高，资源未能有效整合等问题，"十三五"规划提出整合中欧班列资源，优化运输组织，构建高效运输组织体系。二是提高国际运输便利化水平。2016年，中蒙俄国际道路货运试运行，中国继续推进与东盟等沿线国家对接铁路技术标准，但部分国际口岸通关不够便利，"十三五"规划提出进一步完善双边多边国际合作机制，形成"一站式"口岸通关模式；加强"一带一路"在技术装备、数据交换等方面交流；积极参与国际和区域运输规则制修订，提升话语权和影响力。三是鼓励交通运输企业走出去。2016年，我国已开通运营瓜达尔港，建立中国-马来西亚港口联盟等。鼓励高铁、城市轨道交通等企业"走出去"，加强国际产能合作。

二、提升交通智能绿色安全水平，提高供给的品质和效率

提升交通供给体系智能、绿色、安全水平，是供给侧结构性改革的重要手段。智能

化管理是构建现代综合交通运输体系的有效手段,绿色化发展是方向,安全是本质要求。

(一) 提升交通运输发展智能化水平

随着互联网、大数据等先进信息技术的不断创新,对我国交通在基础设施、运输服务、资源配置、交通治理等方面的智能化提出更高要求。我国ETC已实现全国联网,2016年铁路网上售票率超过60%,但ETC在公路客车使用率略高于30%,高铁尚未提供互联网服务,数据共享资源尚未开放,"十三五"在交通产业、运输服务、运行和管理控制、决策支持与监管、智能化建设五个方面提出六大重点工程。以智能化为手段,建立综合交通运输大数据中心,推动交通物流信息开放共享;建立高效运转的管理控制系统,加快智慧公路、智慧港口、智慧海事等建设;推行信息服务"畅行中国",建立交通移动空间;通过线上线下信息联动,在骨干物流通道率先实现"一单制";在高铁、民航等示范线路提供互联网接入服务,开展新一代国家交通控制网示范工程;加快北斗系统在通用航空、海上应急等方面的应用推广,推进云计算与大数据在交通运输中的应用等。

(二) 促进交通运输绿色安全发展

2016年,我国交通运输领域绿色发展进展迅速。如新能源公交车超过16万辆,新能源出租汽车、城市物流配送分别为1.8万辆、9.4万辆;26个城市开展低碳交通运输体系建设试点。但随着我国资源环境等硬约束问题日益凸显,交通运输能耗约占总能耗的12%以上,发展绿色交通刻不容缓。"十三五"规划在节能减排、生态保护、资源节约三个方面提出绿色化发展方向。一是推动节能低碳发展。优化交通运输结构,鼓励发展铁路、水运和城市公共交通等运输方式,优化发展航空、公路等运输方式。在高速公路服务区、长江干线等配套建设加气站等。二是强化生态保护和污染防治。交通基础设施全过程贯穿生态环保理念,重点在京津冀、长三角、珠三角三大区域,开展船舶污染物排放治理。严格大城市机动车尾气排放限值标准等。三是推进资源集约节约利用。统筹规划布局线路和枢纽,集约利用土地、线位、桥位、岸线等资源,减少耕地和基本农田占用,综合循环利用公路服务区及港口水资源等,提高利用效率;实施交通生态环保工程。预计到2020年,交通运输单位周转量CO_2排放强度比2015年下降7%左右。

2016年,全国道路运输较大等级以上事故起数和死亡人数同比下降都在10%以上,运输安全生产形势继续保持了稳中趋好的态势,但安全形势刻不容缓,道路交通事故万人死亡人数2.1人(高于全球的平均水平),长途客运、包车客运、农村客运、危货运输等仍存在安全隐患,安全生产是交通运输发展的底线和红线。"十三五"规划提出:一是加强安全生产管理。强化企业安全管理主体责任,提升从业人员安全素质,强化安全生产法律法规。二是加快监管体系建设。构建交通分级管控体系,完善铁路、公路、近海和内河、远洋等安全监管系统,提升民航、城市公交等运行监测,实施邮政快递"绿盾"工程。三是推进应急体系建设。加强交通运输与公安、安监等部门的信息共享和协调联动,完善全国交通运输运行监测与应急指挥系统;加快建设交通应急救援体系;提升深海远洋搜寻和打捞能力。

三、拓展交通运输新领域新业态，推进供给侧结构性改革的着力点

"十三五"规划首次提出积极引导交通运输新消费，培育提升交通运输新动能。2016年，我国最终消费对经济增长的贡献率为65%，消费较快增长主要集中在旅游、医疗以及与交通通信等有关的领域。近几年，随着高铁经济、航运中心、临空经济区、通用航空、邮轮码头、自驾车、房车营地及企业新兴服务等新业态的蓬勃发展，蕴含着经济增长的新潜力新动能也不断增强。如京沪高铁开通运营5年来，累计运送旅客突破4.5亿人次，释放大量的货运能力，仅建设投资带动关联产业的乘数效应就超过3倍，促进了沿线经济产业发展。2016年，通用航空企业数量、在册通用航空器架数、全年飞行小时分别同比增长14.6%、11.4%和4.0%，通用航空发展迅猛。

"十三五"规划提出打通全链条、构建大平台、创建新模式，促进交通物流融合发展。2016年，全链条体系不断顺畅，全社会物流成本降低350亿元左右；交通物流公共信息平台功能不断拓展，物流公共数据中心向社会提供主要港口船舶和集装箱状态数据、全国300多万营运货车实时位置、全球船舶位置信息等数据查询服务，公共信息日查询量达到29万次，全国公路港已投入运营26个，但仍存在交通物流与信息化跨界融合不足等问题。"十三五"规划提出实现交通物流公共信息平台信息互联共享；鼓励建设智能物流配送体系；打造全国智能化的线上线下联动的公路港网络，完善公路港建设布局，构建覆盖面更宽的公路港物流平台；以供应链企业为抓手，推广在生产、制造、商贸等行业系统化解决方案，积极发展无车承运人，开发"卡车航班"等运输服务产品。

"十三五"规划推进交通空间综合开发利用，助力"交通＋产业＋空间"协同发展。鼓励交通基础设施与地上、地下、周边空间综合利用，推动高铁、地铁等轨道交通站场、立体停车设施与周边空间的联动开发，重点推进地下道路等交通设施与地下综合管廊的规划布局，研究大城市地下快速路建设。

四、全面深化交通运输改革，建立供给管理的新机制

改革是供给侧结构性改革的根本途径。为深化交通运输关键环节和重点领域改革，解除对体制、制度、资源、金融、创新等抑制，建立供给管理新机制，"十三五"规划凝聚全面深化改革共识，应正确处理好三种关系。

(一)深化交通运输管理体制改革，处理好政府和市场关系

2016年，交通运输深入推进行政审批改革，从事前审批逐渐向事中事后监管转变；将干线铁路、高速公路、非跨境的重大独立公路（铁路）桥梁隧道等多项不涉及国务院事权的交通项目核准事项全部予以取消和下放。但仍有部分领域如运输监管、空域管理等改革举措需要进一步深化。"十三五"规划提出持续推进政府职能转变，加大"放管服"改革，政府进一步简政放权；深化交通运输监管、综合行政执法等环节改革，在收费公路、空域管理体制、油气管网运营等领域深入推进改革，敢于"啃骨头"。

(二)推进交通运输市场化改革，处理好垄断和竞争关系

2016年，坚持市场化方向，深化交通运输价格改革。如将高铁动车组票价、普通旅

客列车软座软卧票价交由铁路运输企业依法自主制定;放开800公里以下航线及800公里以上与高铁动车组列车平行的航线民航旅客票价,对推进供给侧结构性改革发挥了积极作用。但是,公路养护市场、铁路客货运输、民航运输市场化等领域改革仍有待完善,"十三五"规划提出加快建立统一开放、竞争有序的交通运输市场,营造良好的营商环境。加快开放民航、铁路等行业的竞争性业务,健全交通运输价格机制,深化铁路企业和客货运输改革,有序推进公路养护市场化进程,加快民航运输市场化改革进程,积极稳妥深化出租汽车行业改革。

(三)加强交通运输投融资改革,处理好金融机构和实体经济的关系

"十三五"期间,交通运输固定资产投资规模预计将达到15万亿元,筹融资仍面临较大压力。"十三五"规划提出进一步健全中央与地方投资联动机制,加快推动交通运输领域PPP模式,加大信贷资金支持,积极利用亚洲基础设施投资银行、丝路基金等平台,增强服务交通实体经济能力,激发行业发展活力。

五、综合施策,推进供给侧结构性改革落地

"一分部署,九分落实",为实现"十三五"基本建成现代综合交通运输体系,"十三五"规划从组织实施、政策支持、法规标准、科技创新、人才队伍五个方面多措并举,提出交通宏观调控的新思路,主抓制度创新和科技创新,推进制度供给落地。

(一)加强制度创新

"十三五"规划落地不仅要有战略规划设计,更要具有实操性制度保障。一是建立交通宏观调控新思路,加强规划组织实施。建立"中长期发展战略+五年规划+年度滚动实施方案"的规划管理制度,既要与交通军民融合、国土开发、产业布局、生态环境等规划衔接,又要与交通专项规划衔接,还要与地方政府协调,形成规划实施合力,发挥支撑引领作用。二是对厘清公益性和商业性交通运输属性进行制度创新。"十三五"规划多次强调"公益性"交通,并提供土地、投资、补贴等"组合政策"保障,对铁路公益性运输财政补贴进行制度性安排。切实保障交通建设用地,明确提出加大中央投资对铁路、水运等绿色集约运输方式的支持力度,充分发挥地方政府的主体责任。三是对人才制度进行创新安排。"十三五"规划提出人才是规划实施最具活力的要素,加强人才使用与激励机制建设,促进人才国际交流与合作,交通运输提质增效要激发人的原创性,激励人才智慧转化为现实生产力。四是对法规标准进行制度创新。"十三五"规划提出修订、制定、完善法规标准等,同时也要加快制定适应新发展要求的法规标准体系,不断深入参与交通运输国际规制,带动装备、技术和服务标准等"走出去"。

(二)强化科技创新

平台是支撑创新的基础,技术是创新的核心,企业是创新的主体。2016年,科技进步贡献率上升到56.2%,创新对发展的支撑作用明显增强。"十三五"规划抓住科技创新"牛鼻子",提出发挥重点科研平台、产学研联合创新平台作用;加大基础性、战略性和前沿性技术攻关力度,力争在特殊重大工程建设、交通通道能力和工程品质提升等重大关键技术上取得突破;加快企业创新,不断向产业链和价值链高端延伸。

为实现"十三五"现代综合交通运输体系发展目标，交通运输界紧紧抓住交通运输发展的黄金期，勇于担当，加快落实重点任务和重大工程建设，坚定不移推进供给侧结构性改革，切实增强人民群众获得感幸福感，共同夺取全面建成小康社会决胜阶段的伟大胜利，为早日实现"两个一百年"宏伟目标、实现中华民族伟大复兴的"中国梦"做出贡献!

参考文献：

[1] 国务院办公厅."十三五"现代综合交通运输体系发展规划[EB/OL].2017[2017-05-15].http://www.gov.cn/zhengce/content/2017-02/28/content_5171345.htm.

[2] 葛晓鹏,王庆云.交通运输系统供给侧结构性改革探讨[J].宏观经济管理,2017,(5):46-50.

[3] 耿彦斌.再论交通运输供给侧结构性改革[J].综合运输,2017,39(3):18-23.

完善现代综合交通运输体系
推动交通物流融合发展

王德荣

（中国交通运输协会，北京 100825）

【摘 要】本文分析在复杂的国际环境和我国经济社会发展进入新常态的大背景下交通运输与物流融合发展存在的主要问题，从网络、多式联运、信息化、企业、装备等维度入手，提出交通物流融合发展的建议，这对加快构建现代综合交通运输体系，推动供给侧结构性改革，支撑和引领国民经济社会发展具有重要的理论指导和实践意义。

【关键词】现代 综合交通运输体系 交通物流 融合发展

Improve the Modern Comprehensive Transportation System and Promote the Integrating Development of Transportation and Logistics

WANG Derong

(China Communications and Transportation Association, Beijing 100825)

Abstract: Based on the complex international environment and the development of China's economic and society, which has entered a period of new normal, this paper analyzes the main problems of the integration development of transportation and logistics and puts forward suggestions on the integration and development of transportation logistics from the aspects of network, multi-modal transport, information technology, enterprises and equipment which has great theoretical and practical significance to accelerate the construction of modern integrated transportation system, promote supply-side structural reform, support and guide the development of national economic and social development.

Keywords: Modern Comprehensive transportation system Transportation & logistics Integrating development

物流业作为物的流动的科学管理行业，是融合运输、仓储、配送、流通加工、信息服务等产业的复合型服务业；交通运输是物流发展的基础环节和重要载体。在复杂的国际环境和我国经济社会发展进入新常态的大背景下，我国综合交通运输体系不断完善，物流业持续快速发展，已初步形成了两业衔接互动的发展格局。但也存在交通运输与物流融合发展不足，部分通道不畅、枢纽衔接不顺、联运链条不通，信息化及企业协同发展水平不高等短板问题，未能有效实现两业融合。近日，国务院办公厅印发《营造良好市场环境推动交通物流融合发展实施方案》（以下简称《方案》），在科学评价交通、物流融合发展基础上，从国际视角和战略思维出发，紧紧围绕"一单制"便捷运输制度目标，突出综合交通运输与物流跨界融合联动的发展理念，提出"全链条"、"大平台"、"新模式"三大任务，明确了构建交通物流融合发展新体系"五大"政策保障，体现了前瞻性、系统性、协同性及可操作性的特点，恰逢其时。

《方案》是我国第一次以国务院名义就交通物流融合发展出台的文件，也是今后指导我国交通物流融合发展的纲领性文件，对推动交通、物流及相关制造业、商贸流通业等行业转型升级、提质增效，加快构建现代综合交通运输体系，推动供给侧结构性改革，支撑和引领国民经济社会发展具有重要的理论指导和实践意义。

一、加强通道枢纽建设，完善交通物流网络

《方案》从通道、枢纽和集疏运体系三个层次提出完善交通物流网络。

(一) 构建便捷通畅骨干物流通道是交通物流融合发展的基础

物流通道是指依托综合交通网，在承载货流集中的方向，由两种或两种以上运输方式组成的承担大量货物运输任务的走廊。《方案》从国际国内两个视角，区分缓急"率先推进"、"有序推进"、"开辟一批"等，提出构建便捷通畅的骨干物流通道。率先推进集装箱运输骨干通道建设，有序推进国际联运通道建设，开辟一批跨境多式联运走廊。重点建设南北沿海通道、京沪通道、京港澳通道、东北进出关通道、西南至华南通道、西北北部通道、陆桥通道、沿江通道、沪昆通道以及6个方向的国际通道，实现内通外联。

(二) 优化枢纽节点空间布局是交通物流融合发展的关键

鉴于综合交通运输网络的货物运输枢纽又是物流集汇作业的节点，《方案》提出优化综合交通枢纽与物流节点空间布局，构建综合交通物流枢纽系统。随着国际、区际、省际、城际、城市及城乡的货运需求和结构不断变化，尤其是跨境物流、快递物流、城市物流、农村物流等的快速发展，急需加快货运枢纽与物流节点融合发展，尽早科学规划全国综合交通物流枢纽布局，尽早提升枢纽节点对内对外辐射能力，建设以货运功能为主的机场，推进铁路物流基地建设，延伸公路、港口等枢纽的服务功能，提升交通物流整体效率。

(三) 完善枢纽集疏运系统是交通物流融合发展的纽带

实现物从"门到门"的流动，往往需要多种运输方式来完成，完善枢纽集疏运系统，打通枢纽的"最先一公里"和"最后一公里"，推进枢纽周边"外循环"道路建设和进厂入园"微循环"建设，为充分发挥铁路节能、减排、低成本等优势，《方案》提出加快实施铁路引入重要港口、公路货站和物流园区等工程，到2018年，全国80%左右的主要港口和大型物流园区引入铁路。同时，要加快推进枢纽周边外循环道路建设，如部分铁路枢纽货运外绕线建设，重点城市绕城高速公路建设，以及充分利用城市骨干道路，分时段、分路段实施城市物流配送，有效减少货物装卸、转运及倒载次数。

二、发展多式联运，构建交通物流新体系

大力发展多式联运，构建以集装箱货物多式联运为试点，以强化多式联运服务为路

径、以推行物流全程"一单制"为抓手,以一体化服务为保障的全链条交通物流体系。《方案》提出,到 2018 年,多式联运比例稳步提升,集装箱铁水联运量年均增长 10% 以上,铁路集装箱装车比例提高至 10% 以上;到 2020 年,集装箱铁水联运量年均增长 10% 以上,铁路集装箱装车比例提高至 15% 以上。

(一) 推进联运服务多样化

制定多式联运发展顶层设计,开展在集装箱、大宗物资等方面多式联运创新试点,发展铁水、公铁、公水、空陆等多种联运形式,增强综合交通物流枢纽多式联运功能,推进联运服务多样化。《方案》鼓励铁路运输企业在沿海主要港口与腹地物流园区之间开行小编组、快运行的钟摆式、循环式等铁路集装箱列车;推进多式联运甩挂、干线运输和城市配送衔接甩挂运输;提升港口铁水联运比重。

(二) 健全优化联运服务规则流程

按照多式联运模式的特点和要求,完善多式联运设施、装备、信息化、运营组织等方面的联运规则和服务规范;探索托盘、集装单元等管理运营服务模式,探索建立健全多式联运服务规则并进行示范应用。《方案》以加快推广"一单制"为主线,提出实现电子标签码在联运全链条、全环节的互通互认,率先在集装箱铁水联运、铁公联运两个关键领域实现突破。对接和统一多式联运在电子运单、货物信息、费用清算、责任划分、便捷运输制度等方面的制度和规范。建立政府服务、企业管理、第三方监督的立体监管保障体系,进行全程监督服务。

(三) 大力发展国际联运服务

发展国际联运服务是深化我国与沿线国家经贸合作的重要载体,也是推进"一带一路"建设的重要抓手。《方案》提出完善促进国际运输便利化相关政策和双多边运输合作机制,鼓励开展跨国联运服务。构建国际便利运输网络,建设海外集结点,打造中欧、中亚班列国际物流品牌,提高通关效率和市场化运作水平。鼓励快递企业发展跨境电商快递业务,建设国际分拨中心、海外仓,加快海外物流基地建设。在具备条件的城市建设集货物换装、仓储、中转、集拼、配送等作业为一体的综合性海关监管场所。

三、加快信息化建设,引领交通物流融合发展

随着互联网、大数据、云计算、3D 打印等新技术产业化的不断加快,互联网教育、互联网金融、移动医疗等新业态的不断涌现,以及线上线下融合 (O2O)、移动支付、个性定制等新模式的不断创新,交通物流与信息化跨界发展快速崛起。《方案》提出紧紧围绕三大国家战略,突出"平台"建设,完善专业化经营平台,打造信息共享服务平台。支持社会资本有序建设专业化经营平台,鼓励平台企业拓展社会服务功能,支持金融物流服务;以服务"一带一路"战略为导向,推动跨境交通物流及贸易平台整合衔接。《方案》提出打造信息共享服务平台。依托国家相关公共信息平台,按照国家大数据开放要求,以构建"一单制"便捷运输制度为目标,整合行业及企业信息平台,实现"一单一码、电子认证、绿色畅行";对接社会化平台,引导其结合自身实际对赋码货物单元提供便捷运输,促进"互联网+交通+物流"融合发展。

四、深化企业改革，创新发展新模式

运输与物流服务由交通运输企业与物流企业共同提供，加快两业企业的创新发展是融合发展和提高服务效率和效益的核心问题。《方案》以充分发挥企业的市场主体作用为指导，提出到 2020 年，初步实现以供应链和价值链为核心的产业集聚发展，形成一批有较强竞争力的交通物流企业发展目标。

（一）创新交通运输与物流企业经营组织模式

《方案》提出推进国有运输企业混合所有制改革，支持交通物流企业规模化、集约化、网络化发展。推动大型运输企业和货主企业建立战略合作关系，重点在大宗物资、集装箱运输等方面开展绿色低碳联运服务和创新试点。鼓励龙头企业组建全国公路港联盟，支持交通运输、物流企业联合构建城市、农村智能物流配送联盟，发展农村物流服务合伙人。同时，在"一单制"中，强调推行企业互认的单证标准，建立健全企业首站负责、安全互认、费用清算等相关制度。开展道路货运无车承运人试点。《方案》支持有实力的运输企业向多式联运经营人、综合物流服务商转变，向供应链上下游延伸，为两业融合发展提供支持。此外，支持交通物流企业通过发行债券、股票上市等方式多渠道融资。

（二）加快交通运输与物流企业"走出去"步伐

为推动我国经济与全球经济的融合发展，抓住"一带一路"战略机遇，鼓励交通物流企业做强做优做大。《方案》提出打造中欧、中亚班列国际物流企业品牌；支持快递企业发展跨境电商快递业务，建设国际分拨中心、海外仓等；培育一批集装箱、托盘等国际经营企业，为国际产能合作提供配套保障服务。

（三）建立交通运输与物流企业诚信机制

《方案》提出完善交通运输与物流企业守法诚信褒扬机制，建立实施"红黑名单"制度和预警警示企业、惩戒失信企业和淘汰严重失信企业的机制。

五、加快技术装备现代化建设，推进交通物流与制造业深度融合

技术装备现代化是引领交通物流等服务业转型升级的引擎。基于物联网的智能物流装备技术的发展，加快多式联运装备、智能物流仓储系统等向高端化、智能化、绿色、服务方向建设，实现交通物流与工业的深度融合。《方案》从货物载运工具、载运单元、换装设施设备、专用设施设备以及创新技术五个维度，提出加快交通物流技术装备现代化建设，强调创新能力延伸向生产、研发及推广于一体的更高产品形态发展。

在载运工具方面，研发推广公铁两用挂车、驮背运输平车、半挂车和滚装船舶，以及专业化航空物流运输工具；加快研发铁路快运车辆、新型集装箱平车、双层集装箱车，以及江海直达船型。在载运单元方面，推广使用托盘、集装箱等标准化基础装载单元。在换装设施设备方面，支持发展大型化、自动化、专业化、集约环保型转运和换装设施设备。在专业设施设备方面，规划建设多式联运专用运输装备、智能仓储设施、危险品、冷链等专业化物流设施设备。在创新技术方面，鼓励应用感知、大数据、无线射频以及

卫星导航等技术，提供供应链解决方案和实现重点领域全程监管等，从而推进交通物流与工业深度融合。

展望未来，我们将以更加开放的心态，充分调动政府、企业等各方积极性，全面贯彻落实实施方案，到2020年，全社会物流总费用相当于国内生产总值的比例较2015年下降2个百分点，营造良好市场环境推动交通物流融合发展，完善现代综合交通运输体系，全面提升综合交通与现代物流效率效益，早日实现"两个一百年"奋斗目标。

参考文献：

[1] 国务院办公厅.营造良好市场环境推动交通物流融合发展实施方案[EB/OL].2016[2017-03-15].http://www.gov.cn/zhengce/content/2016-06-21/content_5084083.htm.

[2] 汪鸣.提高交通物流融合发展质量与效率[N].中国经济导报，2016-07-09(A02).

[3] 李晓明.交通物流如何融合发展？[N].中国交通报，2016-06-29(008).

发达国家交通运输科技发展战略比较与借鉴

张晓利 褚春超 樊东方 卞雪航

(交通运输部科学研究院,北京 100029)

【摘　要】 本文梳理了发达国家在交通运输科技创新发展方面所采取的战略定位、发展思路和任务等主要内容,通过横向比较得到各国科技发展的聚焦点和关键问题,为我国交通运输科技发展战略制定中的战略思考方向提供借鉴。

【关键词】 交通运输行业　科技发展战略　科技规划

The Reference of Development Strategy of Transportation Technology in Developed Countries

ZHANG Xiaoli, CHU Chunchao, FAN Dongfang, BIAN Xuehang

(China Academy of Transportation Sciences, Beijing 100029)

Abstract: This paper analyzes the developed countries in terms of transportation science and technology innovation and development of strategic positioning, development ideas and tasks. Through horizontal comparison, the focal point of the development of science and technology and the key issues, we put forward the strategic thinking direction of transportation science and technology development strategy for reference in our country.

Keywords: Transportation industry　Technology development strategy　Science and technology plan

新一轮科技革命和产业变革正在孕育兴起,全球科技创新呈现出新的发展态势和特征,国际科技竞争不断加强,过去依靠要素成本优势驱动、大量投入资源和消耗环境的经济发展方式已经难以为继,反映在交通运输行业上,那些高能耗、低效率的交通建设、运营模式将会受到根本性的冲击和淘汰,面对新的国家竞争与机遇,从行业科技发展引导的角度进行整合行业的科技发展布局和战略调整是新时期科技工作的重要特点。交通运输科技发展战略反映了一个国家对未来科技发展走势的研判和采取什么样的措施和任务部署,是国家意志力的体现。面对科技革命的不断升级,科技发展战略逐渐成为各国谋求竞争优势的核心战略。在此,选取美国、韩国、日本等发达国家为例,介绍这些国家在制定交通运输行业科技发展战略时所考虑的关注点和重点任务,并总结其对我国交通运输行业科技发展重要的借鉴意义。

一、世界主要发达国家交通科技发展战略

(一) 美国

众所周知,美国是世界上科技综合实力最强的国家,无论是科技研发还是科技成果应用都处于世界领先地位,这得益于美国对未来科技发展的长远战略定位研判和每五年对科技规划的动态调整。面对当今知识爆炸和"黑科技"加速涌现,能够审时度势地将行业外科技发展成果有选择地引入交通运输领域,从而在增加交通运输效率、安全和便捷的同时,也深刻地改变美国人民的交通、生活方式,反过来又促使交通运输更加贴近日新月异的新需求,不断探索新技术、新方法在行业内的应用,这是一个良性的、反馈闭环的"需求导向—问题探究—科技引领"科技体系。

表1 美国近期重大交通战略及规划
Tab. 1 The Major Transportation Strategy and Planning in the United States

交通重大战略及规划	解决重大问题	交通运输科技发展方向
"面向21世纪的进程"法案（MAP-21）	促进安全	汽车的防碰撞设计； 安全风险识别、防控等大数据集成应用； 危险货物的全程跟踪规划设计
	减少交通拥堵并提高运输效率	交通控制； 交通拥堵监测； 鼓励自行车和汽车共享； 鼓励代替汽车的出行方案设计和规划
	保护环境	减少碳排放； 加强环境监测； 提高环保新材料应用
	提高基础设施耐久性,延长使用寿命	基础设施建设使用材料； 基础设施检测和监测
	提高物流效率	物流信息化； 多式联运标准
美国2045年交通发展趋势与政策选择	新技术聚焦方向	在"大数据"时代,加强数据采集、存储和分析能力； 机器人技术完成重要的基础设施检测、危险运输作业等工作； 无人机技术在自然灾害、人口救助、危险地区等方面的应用； 汽车联网和自动驾驶安全技术； 更高效率的汽车燃料和替代能源使用
美国交通部科技发展战略（2017-2021年）	安全方面	增加汽车互联； 推进科学方法的使用和以数据驱动的科学决策； 通过识别和分析驾驶行为和道路上的事故风险成因,并通过开发技术和对策提高驾驶员的能力以避免撞车事故,促进更安全的道路设计

续表1

交通重大战略及规划	解决重大问题	交通运输科技发展方向
美国交通部科技发展战略（2017－2021年）	基础设施方面	应用于长期和短期目标检测、监控以及无损检测和运输资产评估的技术； 包括利用资产管理和维护工具在内的经济分析和替代融资方法； 采用绩效为基础的方式，维护和延长美国交通设施寿命，包括设计、施工方法以及旨在保持长期性能的技术规范； 开展卡车称重研究，研究超过法定许可限重的趋势以及与这些负载有关的路面及桥梁损坏成本，并确定解决该问题的可行策略
	物流方面	影响运输系统整体效率和竞争力的财政政策和实践活动； 开展货运数据的收集和分析工作，更好地了解货运时间可靠性和投资决策，支持设计能力和应变能力需求； 充分利用各种资源，与货运系统相关的所有人和运营商合作，采用技术和操作方法，提高运营效率、改善国家货运网络的多式联运连接性； 制定政策，通过对比不同运输方式间的安全性、燃料效果和环境效益，鼓励最有效使用运输资产
	减少拥堵	促进连通性和多式联运的运输系统； 开发评估工具，提供相关信息，改善对宜居社区的规划评估过程，包括综合现有州和地方宜居性的措施和指标； 增加便捷、接通、可承受的、广泛的公共交通运输（覆盖性和互联性）
	环境保护	开发相关材料、技术和实践，减少运输车辆、基础设施建设和改造所带来的能源消耗和环境影响； 通过使用可回收利用技术、可再生材料、透气表面、雨水径流抑制技术来促进环境友好型公路的建设

《美国2045年交通发展趋势与政策选择》回答了到2045年美国的交通运输体系的发展规划问题，虽然比较宏观，但是给之后的科技发展制定了纲领性的目标和任务，起到提纲挈领的引导性作用；而《"面向21世纪的进程"法案（MAP-21）》从法律的角度对诸多交通运输问题进行法律认定；《美国交通部科技发展战略（2017－2021年）》则是类似我国的五年科技规划，制定得比较具体和具有操作性。

美国的科技战略执行情况有些类似于我国交通运输行业的科技管理流程，美国交通部科技发展秘书处办公室和智能交通系统联合项目办公室作为行业科技活动的执行部门，具有收集、整理各业务部门的科技需求和任务，并组织科研力量进行技术攻关的职能。由于科技需求是各业务部门根据实际问题首先提出的，因此在问题提炼和找准关键问题阶段非常重要。

下面以美国联邦高速公路管理局为例，说明美国高速公路领域的科技研发管理工作的开展。美国联邦高速公路管理局位于高速公路领域科技管理的领导地位，以确定和处理需要高风险、长期研究的高速路科技发展问题，并对有关国家重要的新兴技术研究提供赞助,其主要任务和职责为关注当前的问题解决和正在出现的科技挑战,并为政策决策提供信息。主要有高速公路研究和发展项目、技术和创新部署计划等技术研发和应用研究,促进国家和国际协调与合作,发展并交付解决公路运输科技需求发展的解决方案。其直接领导的科研机构包括高速公路研究中心和区域项目办公室,与国内高速公路研究中心、TRB、各州的高速公路研究机构、高速公路学会等20家实验室和支持机构保持密切往来,并且与交通运输行业外的其他交叉部门和政府间的运输组织也保持着密切的科研和研究关系。其大体组织框架如图1所示。

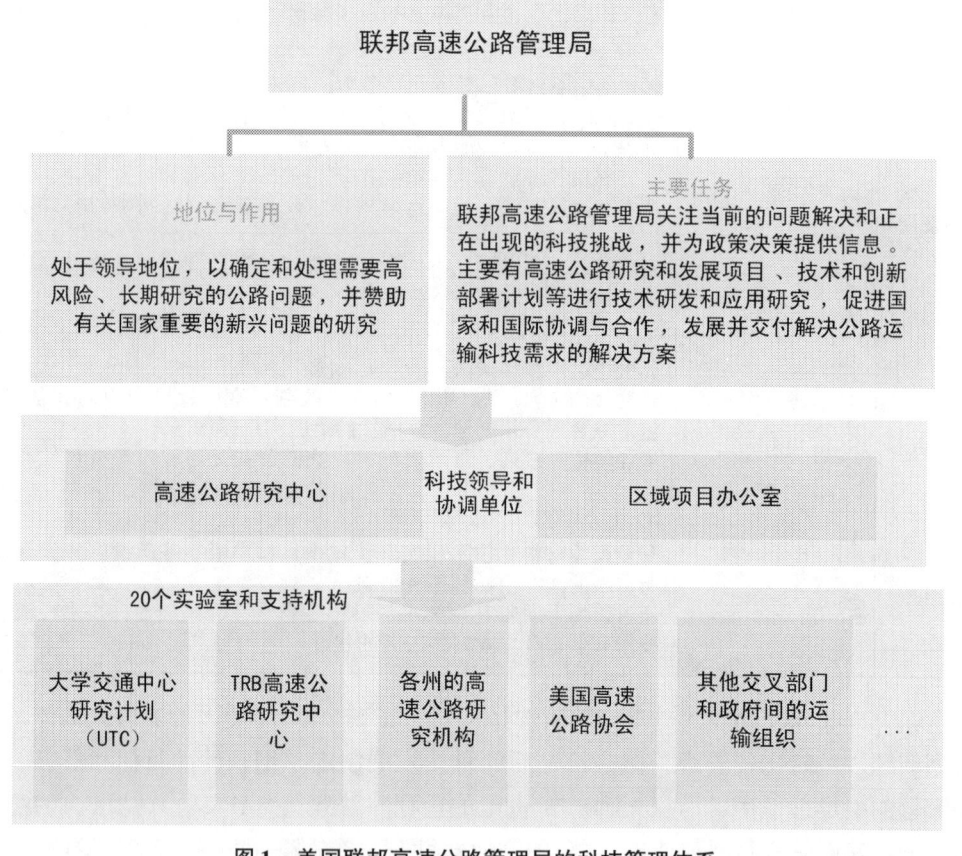

图1 美国联邦高速公路管理局的科技管理体系

Fig. 1 The Science and Technology Management System of the Federal Highway Administration

其中,UTC计划在整个高速公路科研体系中占有非常重要的地位和作用,它是一项国会授权的金融援助计划,为大学提供资助,开展重大交通问题的研究,并为下一代交通专业人士提供教育活动。到2020年,每年研究经费达到7250万~7750万美元。该研究计划以35所大学为基础,开展人力资源开发、基础和应用研究,研究成果由交通运输领域或其他领域的专家进行评审,并将技术转让给交通运输行业。

(二)韩国

2014年7月30日,经韩国政府联合国家科学技术审议会审议,表决通过《国土交通研究开发中长期战略(2014–2023)》。该战略旨在促进韩国国土交通产业发展,保障公共基础设施的有效利用，促进创新型经济发展，分析宏观政策及趋势、动向等，制定"创新经济"与"人民幸福"两个中长期战略基本方向。在研发任务和目标上采取部门分解的方式，即按照道路与汽车、物流、铁路、航空、海运和港口等部门设置情况，分别设置愿景、目标以及推进的重点领域和具体领域。

表2 韩国长期战略研究中的各部门愿景及目标
Tab. 2 The Vision and Objectives of the Various Departments in South Korea's Long-term Strategy Research

	道路和汽车	物流	铁路	航空	海运和港口
愿景	实现安全便利的道路交通技术	保持引领世界市场的尖端物流技术	研发更加快捷、安全的经济型铁路	成为引领新一代航空技术的航空强国	培养高附加价值的创新型、新成长海运、港口技术
目标	● 死亡人数减少20% ● 交通拥堵费用减少15% ● 温室气体排放量减少15%	● 交通运输技术水平达到发达国家的90% ● 全国物流费用占GDP的10.5%以内 ● 通过自动和高效的物流系统提高30%的生产率	● 交通运输技术水平达到发达国家的95% ● 列车每运行100万km的事故发生次数降低10% ● 铁路运输量增加20%，运输分配率提高20%	● 普及国产无人机技术 ● 安全水平达到东亚最高 ● 空中运输量提升30%，机场准点率达到85%	● 交通运输技术水平达到发达国家的90% ● 物流费用节省15% ● 海洋事故减少30%
重点推进领域	安全交通，先进交通，清洁交通，福利交通	运输系统改进，引进先进物流设备	快捷、智能、安全、便利、及时、经济的铁路	飞行系统，事故预防，航空管制系统，机场运营系统	现代化的港口物流，海洋安全，海洋交通设施
具体领域	运载工具，ITS，环境，安全，公共交通	运输、存储、包装、装卸、物流信息、物流管理、相关运输	高速地铁系统，超高速铁路，提高速度与运输力，有效运营、管理，铁路安全，铁路实验基础设施	飞机，机场系统，航行系统，安全、环境、能源	先进港口、物流、海运港口基础设施建设、海洋安全

在创新经济方面，主要战略聚焦于"全球市场的引领者"和"奠定复合型新型产业基础"，最终目标定位于增强全球市场竞争力，实现创新型经济发展，并奠定全新的交通运输基础设施及市场基础；在"人民幸福"方面，主要战略聚焦于"营造安全便利的国土空间"和"提高人民生活福利"，主要措施包括开发可事先应对灾害和灾难并保障人民安全的公共技术、鼓励开发与人民生活密切相关且能够解决实际问题的技术等。

（三）日本

《日本国土交通省科学技术基本规划（2012－2016）》是在政府出台的一系列政策基础上制定的国土交通领域科技发展的五年规划。其主要目的有两点：一是进一步提高国土交通领域在行政运营、施政措施等方面的成果性与效率性；二是使国土交通科技在国内外实现更广泛的应用与推广。

日本地震、洪水等自然灾害时有发生，同时面临战争、环境污染、能源等问题，在解决问题过程中，采用土木、建筑、机械、电力、通信等各领域科技成果推动相关技术发展。在完善各个时代的社会习惯、制度等社会体系的同时，使全体国民享受安全、放心的生活。日本科技政策的基本方针如表3所示。

表3　日本国土交通省科学技术基本规划（2012 – 2016）战略方向、关键技术及重大项目
Tab. 3　The Science and Technology Planning of the Ministry of Land and Transport of Japan（2012-2016）

战略方向	关键技术	重大项目
应对自然灾害的频发性、多样性、规模性、综合性等方面的安全问题	● 公共基础设施明确"将损失控制在最小限度"为基本设计思路； ● 迅速恢复功能的恢复技术； ● 通信的可靠性、处理废墟泥沙、应对地基液化等紧迫性较高的技术研发； ● 提高有效利用遥感监测技术以及最新的ICT检查与诊断技术的应用效果	● 抗灾能力强的建设项目 ● 社会资本的维护管理与更新项目 ● 实现安全、安心且高效的交通项目
确保国家、地区的可持续性发展活力，实现经济结构多元化	● 完善照顾老年人、残疾人设施与城市合理规划方面的技术研发； ● 推进提高节能、新能源开发、替代能源开发的相关技术，资源循环的相关技术； ● 商船方面的技术、新生代海洋环境技术、海洋资源开发技术	● 海洋前沿项目 ● 绿色创新项目 ● 实现安全、安心且高效的交通项目
创造为推进技术研发提供支撑的公共基础	● 提高设备的安全性与使用者的放心度，完善机械类设备、设施在设计、施工、制造、运用等方面的技术标准； ● 导入日新月异的ICT技术，提高国土交通方面的工作与政策实施成效； ● 信息化施工技术、无人化施工为代表的建筑机器人技术	● 国土与地球观测基础信息项项目 ● 改善建设生产体系项目

在科技组织管理方面，日本交通运输行业的科技系统是典型的产学研相互支持、配合的完整系统，国土交通省的技术政策由产业、大学、政府各主体的相互配合而支配着，民营企业作为整个交通运输行业产业的中坚力量，发挥着在经济活动中与国内外竞争对手相互切磋技能、独自摸索创新，以提供更优良的产品或服务的作用。例如公共事业领域中，在调查、测量、设计、制造、施工、维护保养等各个阶段，担负着有效运用每个职业的专业性，在确保安全与质量的同时，更高效地完成实际业务的职责。除了要持续构建基础理论体系外，还要实施在独创性且自由构思的学术研究环境下，起到让未来的创新活动能够萌芽成长的作用。由于日本国内需求量小，行业发展必须实施"走出去"战略，科技和标准走出去是非常有必要的，除了要制定与国内的社会资本、建筑物、交通及运输系统等有关的必要的技术规范，还与 ICAO（International Civil Aviation Organization）、IMO（International Maritime Organization）及 WP29（World Forum for Harmonization of

Vehicle Regulations)等国际机构及国际性论坛保持联系,以科技和标准先行的策略打开国际市场。

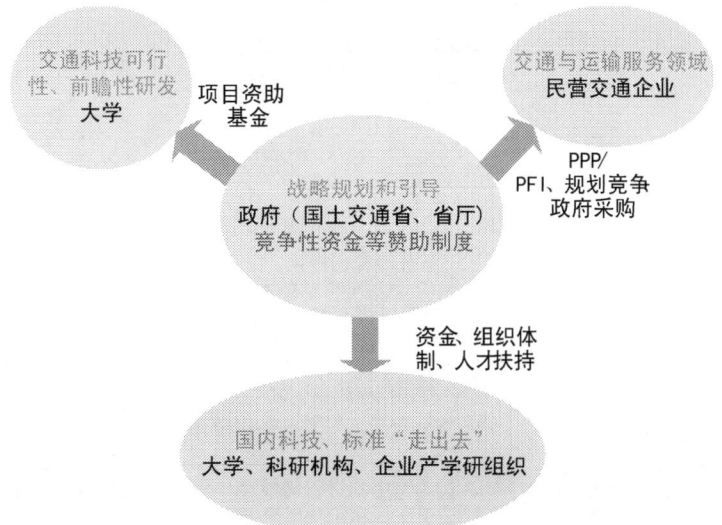

图2 韩国交通运输行业科技组织管理
Fig. 2 The Science and Technology Organization of Transportation System of Korea

二、世界主要国家科技创新战略比较

交通运输系统是涉及国民经济和人民生活的方方面面的体系,世界各国根据各自国情发展,制定不同的科技发展战略和规划,在不同的交通科技需求领域制定的主要研究方向和研究策略均有所差异,因而形成了各具特色的科技创新突破点和产业发展模式。

韩国在制定"创新经济"与"人民幸福"两个中长期战略基本方向方面充分借鉴了美国"面向21世纪的进程"法案(MAP-21)、2045年交通发展趋势与政策选择中关于战略定位与选择等方面的科技发展思路,而在各部门愿景及目标的设定方面与美国、日本的交通科技发展战略有类似之处,在此不单独进行战略比较。而美国和日本作为发达国家,在制定科技发展战略的阶段性定位、目标和具体内容方面都会根据实际发展需求有所侧重,其借鉴意义更大。

美国、日本和我国在交通运输领域存在诸多共同点,特别是在发展比较快的信息领域各国都在争相抢占制高点,例如智能交通控制、先进汽车驾驶技术、大数据应用以提高客货运的流动性、效率和科学决策、车联网、车路协同、节能环保材料研发和应用、碳和污染物排放控制和新能源替代等方面都是各国的关注重点。

而美国在最近的交通运输科技发展规划中将识别、促进、支持新兴技术、跨模式的人机交互研究、现有基础设施的维护保养、对宜居性的问题解决方案等更加贴近人的智能化技术作为今后科技发展的重中之重;日本由于灾害频繁,因此在交通灾害预防、预警和救助中的信息化发展、环境再生技术、推进新生代大型车的实用化技术、沿海生态

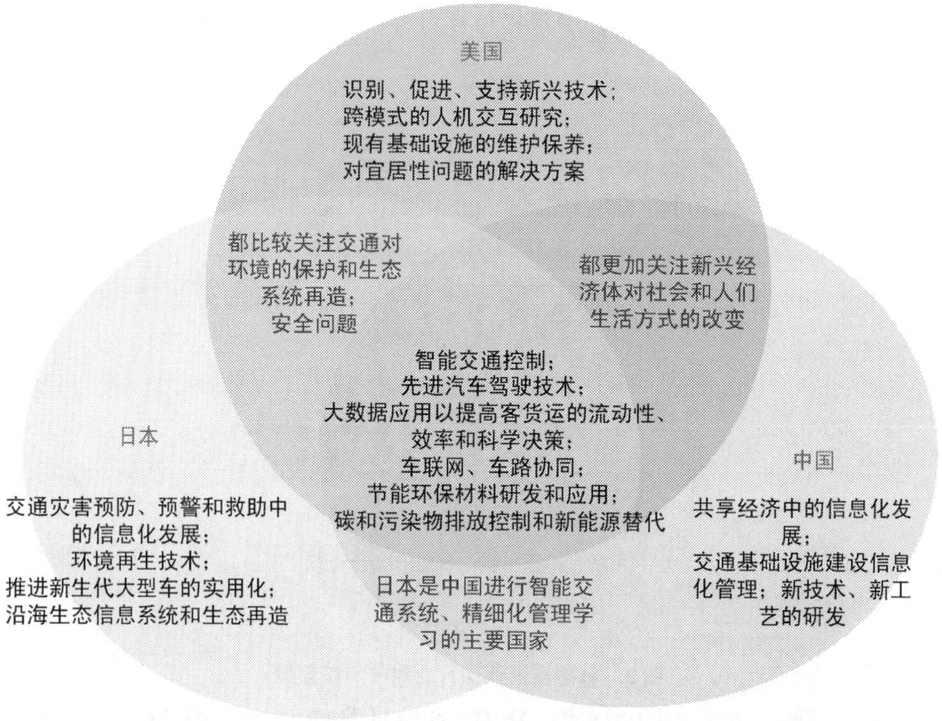

图3 美国、日本和中国在交通运输科技发展领域的相同点和不同点
Fig. 3 The Similarities and Differences Between the United States, Japan and China in the Field of Transportation Science and Technology Development

信息系统和生态再造等方面给予特别关注；我国由于近几十年的交通大发展，基础设施建设中的新技术、新工艺发展较快，并且随着互联网共享经济的发展，新的服务业态也在快速上升。

三、世界各国科技创新发展借鉴

（一）根据需求导向、问题导向确定本国科技发展的重点方向

本国科技发展的重点方向是制定整个科技发展体系最为重要的根本任务的前提，而提高安全性是各国交通运输发展的首要目标和终极目标。但是在解决安全问题时采取的策略是不同的，美国由于道路交通伤亡人数占大多数，因此将主要研发精力放在运载工具的事故预防和生命拯救方面；日本则将自然灾害中的生命救助放在首位；我国在事故灾害预警和协调组织方面更加突出。

（二）面向整个科研体系的生命周期管理

科研生命周期是贯穿整个科技活动环节的链条系统，开始于交通系统的问题定义和讨论，然后根据科研需要安排和执行科技活动，科研活动的产出新的研究成果或新的技术，围绕着整个科技规划进行的每一个科技成果一旦被采纳，就会对整个交通系统产生影响，我们需要对这些影响进行详细评估，在此基础上将更加深入的研究和改善方案纳

入议事日程。这样整个科研生命周期形成一个闭环系统,从问题定义、分析直至问题被解决,产生新的和急需的技术,进而持续增强整个交通系统的效率和安全性。

美国是面向整个科研体系的生命周期管理的典范,美国政府采用研究中心数据库来跟踪科研活动,中心数据库记录科研项目概要、产出。

表4 美国科研生命周期各个环节与定义(美国科技规划 2017–2021 年)
Tab. 4 Research Life Cycle Definition of America Technology Planning(2017-2021)

过程	定义
研究议程	研判交通运输系统当前和未来状态和趋势发展,确定需要解决的实际问题,并根据明确的研究需求来确定研究议程
研究需求	需要进行研究的详细的问题清单
科研活动	具有创造性的科研活动
科技产出	改进的操作过程、技术、软件、培训或其他由研发活动产生的有形产品
技术转移	目的是促进科技成果尽快应用,技术转移可以与科技研发并行进行
研发部署	对阶段性的科技成果进行演示、评估,以及时纠正科技活动偏离研发目标,确保科研成果能够被采纳和应用
准备采纳	全面准备科技成果被采纳
采纳	将科技成果应用到交通运输系统,达到可操作水平
科技成果	对运输系统或其监管、立法或政策框架所作的任何变更,都是由研发成果产生的。例如,全面采用一项新技术的实施,通过新政策、法规、规则或立法加以保障
影响分析	研究成果对运输系统或社会的影响,如减少死亡人数,降低建设或运营成本、社会的影响或环保效益

对照美国和我国的科研体系,这些过程和环节似乎我们都经历过,但是没有形成环环相扣的科技研发链条,存在"断链"和"断档",科技立项时期没有考虑未来科技成果的应用和产业化;科技研发局限于单个工程和项目,没有从全局考虑最佳解决方案;科研项目结题后的科研成果难以推广,这是这些年来我国交通运输领域科技项目研究的通病,需要将整个科技链条融会贯通,才能真正实现科技创新的目的。

(三)面对"黑科技"审时度势,选择吸收

随着知识爆炸和新技术的不断涌现,"黑科技"不断进入和占领着交通运输这块传统领地。美国将诸多新技术,例如无人驾驶、3D 打印、车联网等技术统统纳入进来,以期找到对传统行业升级改造的突破口,利用外部技术力量实现行业运行效率和安全性的质的飞跃,但是这些技术对未来行业产生多大的影响力和改造空间还未可知,需要在未来发展中审时度势,随时纠偏。而我国明显对共享经济中的科技发展估计不足,滴滴、共享单车等快速发展让管理者措手不及。面对这样的发展形势,一味地阻挠其发展是不明智的,这只会增加行业垄断的嫌疑。面对层出不穷的黑科技,如何进行选择是一个严肃问题,毕竟接受一个黑科技就意味着巨大的市场利益和推卸不掉的监管责任。选择黑科技的原则可以从以下几方面考虑:

——是否能从根本上促进交通运输安全、效率的提升;

——是否节约建设和运营成本；

——是否有利于节约土地和环境保护。

参考文献：

[1] 潘教峰，张凤. 以科技发展战略研究引领未来创新发展方向[J]. 中国科学院院刊，2016,31(8)：922-928.

[2] 美国2045年交通发展趋势与政策选择."十二五"国外交通专题报道.

[3] "面向21世纪的进程"法案（MAP-21）."十二五"国外交通专题报道.

[4] RESEARCH, DEVELOPMENT, AND TECHNOLOGY STRATEGIC PLAN. U. S. DEPARTMENT OF TRANSPORTATION FY 2017-2021.

[5] 韩国国土交通研究开发中长期战略(2014–2023)."十二五"国外交通专题报道.

[6] 日本国土交通省科学技术基本规划(2012–2016)."十二五"国外交通专题报道.

关于交通与城市经济社会深度融合发展的思考

孙彦明

(山东科技大学,青岛 266590)

【摘 要】 交通是城市功能的基本要素之一,城市交通发展被深刻嵌上城市经济社会及人的活动的烙印。近年来,我国经济社会发展迅速,交通运输也有长足进步,交通运输方式和运输工具多样化发展,轨道交通里程等多项指标已跃升世界第一,但同时,交通与城市仍然存在诸多不协调。本文通过分析交通与城市之间的关系,研究交通与城市不协调性问题产生的深层次原因,进而提出现代交通与城市深度融合发展对策。

【关键词】 现代交通 城市 深度融合发展

Deep Integrated Development of Transportation and Urban Economy and Society

SUN Yanming

(Shandong University of Science and Technology, Qingdao 266590)

Abstract: Traffic is one of the basic elements of urban function and deeply embedded in the city's economic, social and human activities. In recent years, with the rapid development of economics and society, China's transportation have also made great progress, transport modes and vehicles develop to variety, many targets such as rail transport mileage have jumped first in the world, but at the same time, there are still many coordination issues between transportation and cities. Through analyzing the function relationship between transportation and urban, this paper studies the deep reasons for the disharmony problem, and then puts forward the countermeasures for deep integrated development of modern transportation and urban.

Keywords: Modern transportation Urban Deep integrated development

交通运输是城市经济社会发展的基础条件和先导支撑。近些年,随着城市化和机动化进程快速推进,交通拥堵、安全事故、环境污染等各类问题日渐凸显。在此背景下,厘清交通与城市之间作用关系,探究现代交通与城市深度融合发展模式,对解决城市交通问题、促进城市可持续发展具有重要现实意义。

一、交通与城市之间作用关系的演进

交通与城市二者之间存在相互影响相互作用的关系。在发展过程中,先后出现了交通辅助型城市发展模式、交通主导型城市扩张模式以及交通与城市深度融合发展模式等三种基本类型。

（一）交通辅助型城市发展模式

古代出现了城市的雏形，最初"城"当"高墙"讲，作防卫用，"筑城以卫君"，常扼守交通要冲；"市"为交易场所，"日中为市"，常在道路两边作为贸易场所。不管是"因城而市"，还是"因市而城"，交通均是城市布局中不可或缺的基本要素之一。从另一方面看，衣食住行是人的基本需要，而"行"便是人类对交通的基本需求。凡是有人居住生活工作的地方，交通是必要的基本保障之一，人们通过时间、费用以及相对可达性等"出行效用"的价值观念给交通打上了深刻的"需求烙印"。因此，交通作为城市功能运行的必备辅助手段而存在，成为城市功能组成的基本要素之一，承担城市经济社会发展的基础条件，是人类生产生活活动的重要支撑。在这种模式下，交通受到来自城市或更大层面的经济、社会、文化、科技、政治等因素的影响，适应着城市经济社会发展的要求，以一定模式与规模结构的交通体系支撑着城市运行。人们按照自己的个人特征、出行目的、路线规划及出行时耗选择相适应的交通方式，使自己的出行耗时、出行成本、舒适性稳定在可以承受的某一范围内。

（二）交通主导型城市扩张模式

随着近现代工业化大生产、机械化交通运输业的发展，作为城市功能活动产物及其功能运行动力的交通系统，其作用正不断扩大，不再局限于为城市提供基本保障，还具有了引擎功能。交通系统通过提供有效的服务，满足交通需求，又激发新的交通需求，拉动交通需求及人（货物）的出行行为进一步扩张，推动着工商业重新布局、人们生产生活分布、人口增长、新城再造、城市空间结构变化，深刻影响着城市经济社会各个领域。因此，在城市发展史上，便有了"火车拉来的城市"、港口城市、枢纽城市，当前有很多的城市化扩张均是首先通过修建新的交通线路、在城市郊区建设交通枢纽、建设城市轨道交通等方式促进新城区资源集聚发展来实现的。在这种模式下，交通沿线周边城市化扩张不断激发，城市人口集聚迅速增长。这一阶段，进一步丰富了人们对交通与城市作用关系的认识，交通因城市而通达，城市以交通而兴盛，二者之间相互作用，辩证统一。然而，由于交通受城市空间和资源环境的约束，交通发展空间难以随着城市规模扩张实现动态跟进，尤其面对困扰城市发展的交通堵塞及特定时段的交通高峰问题上凸显不足，这种约束性在本质上需要发展适应城市空间需求及自身资源环境等状况要求的交通模式。

（三）交通与城市深度融合发展模式

进入21世纪以来，伴随着迅猛发展的城市化与机动化进程，城市交通在供需关系上正发生着巨大变化，出现了交通供给严重滞后于交通需求的不平衡状态，资源环境压力、城市交通拥堵、停车难等问题成为各个城市的通病。这需要探索一种使交通系统与城市空间结构之间相互匹配、相互适应的深度融合型发展模式，建立适应城市高效、安全与资源环境可持续发展的现代交通体系，让城市空间构成要素（人口、土地、城市功能及空间形态）能够促进城市交通系统（交通方式改进、交通设施建设）不断改善，同时，让城市交通系统（交通空间分布、交通方式选择）能够进一步优化城市空间结构（城市土地利用、空间布局及城市区位可达性）。根据城市交通需求（包括交通生成、分布、方式划分、分配）变化，创新城市交通组织管理方式，实现城市交通需求和供给在不同阶段、不同层次上的时空适度平衡目标，促进不同交通方式之间无缝衔接，进一步提升城市交通系统运行效率。在新城区开发或老城区改造建设时，出现了以公共交通为导向、布局紧凑、功能健全的城市开发模式（The Transit Oriented development，简称TOD），在以公共交通站点为圆心的步行区域内，建设工作、居住、商业等配套功能一体的综合型社区，从而形成疏密程度相同的、多中心的城市空间布局结构。

二、当前交通与城市发展之间存在的矛盾

由于我国城市化与机动化进程迅猛发展，随之带来的资源环境压力、城市交通拥堵、停车难等问题日渐凸显，交通与城市发展存在着诸多的不协调。

（一）城市交通供给与交通需求严重失衡

近十年，我国城市化水平不断提高，城市机动化交通呈现爆炸式增长趋势，大部分城市已进入"私家车时代"。相关数据显示，2016年底，我国私家车数量达16559万辆，比2010年增长153%，年均增长21%，增速逐年增加（2010年比1999年增长350%，年均递增17%；1999年比1990年增长163.5%，年均递增11%）。尽管城市交通设施投资总体上一直处于高强度投入阶段，但城市交通基础设施建设和完善速度则远低于机动车数量和居民出行需求的增速，城市道路交通反而有日趋恶化趋势，陷入了"路越修越宽，越来越堵"的怪圈，城市交通供不应求的矛盾日益紧张，这种局面在大中小城市几乎普遍存在。与此同时，城市交通紧张状况有向城外蔓延趋势，城际交通、城乡交通通行能力也明显不足，空间资源约束与交通需求矛盾日益突出，城市局部地区、主要城际走廊交通紧张局面不断加剧。机动化交通带来的城市交通拥堵不仅引发环境问题，而且带来了显著的社会问题，直接影响到人们生活幸福感，增加了人们出行时间，造成社会财富巨大浪费。诺贝尔奖获得者加里贝克尔通过测算得出，全球每年因拥堵造成的损失高达GDP的2.5%。如何缓解城市交通拥堵、实现供需平衡成了社会各界共同关注的焦点。

（二）城市化发展与交通配套服务不同步

城市化也叫城镇化，是农村人口向城市转移、城市规模扩大以及由此引起一系列经济社会变化的过程，从另一个角度讲，也是城市郊区及农村转化为城市的过程。改革开放以来，我国城乡之间的壁垒逐渐松动并被打破，城市化在国民经济高速增长条件下迅速推进，特别是乡镇企业的发展，使得中国的城市化呈现出以小城镇迅速扩张、人口就地城市化为主的特点。进入20世纪90年代以后，我国城市化，已从沿海向内地全面展开。2000年10月，中共中央在关于"十五"规划的建议中提出，要不失时机实施城镇化战略。2001年5月，国务院批转公安部《关于推进小城镇户籍管理制度改革的意见》，废除城乡分隔制度。2000年，我国城市化水平达到36.2%，2005年达到42.99%，2010年达到49.95%，2011年首次突破50%。2013年，《国务院关于城镇化建设工作情况的报告》称，我国将全面放开小城镇和小城市落户限制，有序放开中等城市落户限制，逐步

放宽大城市落户条件,合理设定特大城市落户条件,逐步把符合条件的农业转移人口转为城镇居民。2014年,国务院总理李克强作政府工作报告时提出,着重解决好现有"三个1亿人"问题,其中之一要促进约1亿农业转移人口落户城镇。2016年底我国城镇化率达到57.4%。若城镇化率继续按照每年1%的速度提高(即每年约1000万至1200万人从农村转移到城市),预计到2030年,我国城市化率将超过70%。在这个过程中,来自人口就业、住房、社会保障、老龄化问题、资源环境消耗、交通等基础设施建设及城市治理等方面的挑战不可避免。

以房地产开发和工业园区带动城市拓展是各地推进城镇化的另一大特征。随着城市化日益发展、城市及人口规模日渐增大,城市交通量剧增,职住不均衡进一步加剧,通勤距离增加,潮汐交通问题突出,城市交通负荷不断加剧,对城市道路交通条件和交通组织、管理方式及能力提出更高的要求。城市交通还面临着诸多的深层次问题,例如,建新区为主导的城市发展方式导致城市扩张性增长过快,城市承载能力建设相对滞后;很多城市道路交通规划建设存在着先天不足的缺陷,城市建设缺乏统一规划,交通基础设施建设还不完善;城市交通系统并不完备,城市道路长期以来一直处于超负荷运行状态;城市交通基础设施投资比例失当,道路建设投资比重过大,公共交通投资比重过小;很多城市道路人均面积较小,道路用地占城市用地的比重较低,路网密度也低;道路性质混杂,致使道路的有效通行宽度大为缩减,道路交叉口设计不合理或管理不合理,加剧了交通阻塞。

(三) 传统交通管理手段与城市精明增长目标不适应

2015年12月,习近平总书记在中央城市工作会议上提出,"要坚持集约发展,树立'精明增长'、'紧凑城市'理念,科学划定城市开发边界,推动城市发展由外延式扩张向内涵提升式转变。"这是我国首次引入精明增长(smart growth)理念,在新阶段对城镇化和城市规划战略层面提出的新目标导向。"精明增长"需要因时因市制宜,统筹考虑城市的"经济效率"、"社会公平"及"资源环境可持续发展",不同城市应有不同侧重。我国很多城市交通管理传统手段与城市精明增长目标并不适应。例如,目前很多大中城市难以保证交通出行方式多样性,公共交通出行结构比重仍然处于低下水平,城市公交优先落实步履艰难,步行、自行车等慢行交通难以得到改善与保障,缺乏步行、自行车和公共交通间的连通性和体系性;一些城市交通管理水平低,信息化滞后,缺乏统一的、有权威性的交通管理机制,致使决策的系统性和综合性不够,缺乏灵敏高效的交通信息反馈系统,致使城市交通行业信息资源缺乏有效整合,决策与管理得不到信息技术支持,不能对交通流量分布起到实时调控作用,也不能给市民出行提供及时有效的引导信息,在规划、建设、运营、管理和服务等环节都存有一定的盲目性和片面性;有些城市考虑到私家车交通巨大需求与城市道路供应不足的矛盾,实行控制城市人口数量、增加私家车使用成本等措施抑制交通需求。如何有效整合目前城市交通资源,探索科学有效的出行方式,实现城市交通高效、便捷、低碳化发展,成为适应城市精明增长目标所关注的重点问题。

三、促进交通与城市经济社会深度融合发展的对策建议

上述交通问题的存在和发展势必会对城市发展带来一系列负面影响。解决交通与城市发展不协调问题，需要着眼于系统优化，整合传统交通管理手段，加强技术和管理创新，促进交通与土地利用、城市空间布局、交通供需关系改善及智能交通技术应用相协同，实现交通与城市经济社会深度融合发展。

（一）以人为本——作为交通与城市深度融合理念

城市交通并非单纯的技术方案问题，其规划、设计和建设首先应贯彻"以人为本"的基本理念。以人为本的交通与城市深度融合发展理念有两个层面的导向：一是从可持续发展的立场出发，将以人为本的城市人居环境作为筹划交通与城市综合治理对策的前提，并形成一种客观基准来评判各种对策的优劣。如同大气污染一样，居住在同一城市的居民无法回避共享的"人居环境"，而城市交通问题的本质是在空间和资源有限的条件下，城市中难以遏制的无序交通需求与人居环境之间的矛盾。贯彻以人为本的基本理念，需要设定合理的城市交通模式目标，在资源约束条件下确定能够满足城市流动需求的各种交通方式比例结构。这并不是要简单地完全限制某种方式的使用，而是要制约某种交通方式不合理的使用，因为各种交通方式都有其合理的使用范围。很多城市的交通规划建设是以"车道为核心"的方式，并未充分保留"人的活动场所"，车辆代替人的脚步成为丈量城市的尺度，行人通常会陷入小汽车包围的压迫空间。以人为本的理念要求给予公共交通和行人充分的路权空间，实行精细化城市交通管理。政府的责任不是简单提供交通基础设施，而是向公众提供一种"不需要消费更多物质资源的交通服务"。二是从民生角度看，衣食住行是人的基本需要，正如文明社会中的每个人有权得到一定水平的教育、医疗保障一样，人们也有权享用最基本的城市交通服务供给，这是人的出行权的体现，也是社会福利的体现。由于家庭收入或其他条件不同，完全按照"有支付能力"的付费原则进行交通资源分配有失平等和公正。因此，应该将城市交通服务中的大部分按照"需要"而非有效需求进行分配，这就需要大力发展低价、惠民、便捷的城市公共交通。

（二）多规合一——实行交通与城市一体联动机制

解决城市普遍存在的交通难题，仅仅通过增加交通供给来满足交通需求的方法通常难以奏效。传统的交通规划与城市规划一直存在"两张皮"的问题，往往通过预测客货量来设计一些道路交通设施，通常规划期未满就已失效。需要对传统的交通规划进行反思，确保交通规划与城市人口数量变动、城市规模及经济社会变化情况动态跟进，与土地利用规划、城市规划等多类规划实现合一，使土地开发利用、城市空间布局与整个交通系统设计有机结合，从而形成交通与城市一体联动机制。最终能够使人们减少出行距离，在交通上用最短的时间花最少的钱，能非常方便地去他们想去的地方。传统的城市发展规划是一种"摊大饼"式大跨度功能分区的城市发展模式，盲目地使城市交通增加了不必要的出行距离，应当转向"组团开发"或"多中心"的功能复合型城市布局发展模式，通过内部功能消化缩减出行距离，缓解大规模潮汐交通问题。因此，在空间开发

维度上,既要考虑交通系统对土地开发的承载能力,也要考虑混合土地利用、步行化综合社区和紧凑型城市的设计定位,还要考虑交通系统提升城市空间活力责任、社会整合责任、居民生活质量保障责任等问题。

(三) 无缝衔接——构建多种交通方式互联互通体系

根据 Wardrop 均衡原理,当城市中一种交通方式服务水平下降时,一部分出行者就会考虑选择其他交通方式以实现其出行效用的最大化。出行者会按照出行者效用最大化原则选择适合自己的出行方式,当一种交通方式服务水平或消费者效用水平提高,其他交通方式的出行者有可能部分转向此种交通方式出行,因此,公共交通或小汽车的出行需求在一定条件下会相互转化。针对城市各类交通问题,需要从优化城市交通供需关系上进行规划协调,优化交通组织管理,引导人们理性、高效、经济出行。这需要提升出行者选择公共交通出行的效用水平并促进出行者选择,进而需要通过枢纽站点合理设计、换乘设施改善及公共交通线路优化等措施,转变单一道路交通模式为道路交通网、轨道交通网、公交网等构成复合交通系统,实现不同交通方式之间无缝衔接,方便出行者换乘,以提高城市公共交通系统的整体效率水平。此外,还要处理好不同交通方式网络间的布局结构以及相互配合关系,保证交通出行方式的多样性。适度加大对公共交通的扩容和扶持力度,提高公共交通系统服务能力,完善步行、自行车和公共交通间的连通性和体系性,达到可持续发展目标(绿色、低碳、环保)下的供需平衡。

(四) 智能互联——打造汇集众智共建共享交通模式

城市交通信息化的发展目标不能仅仅停留在智能交通技术自身的先进性,应当与城市整体发展目标相一致,以此来研究信息化与城市交通的结合。应综合运用 GPS、GIS、大数据、云计算、移动互联网、车联网等信息技术手段,综合考虑公众、企业、政府等不同方面的诉求,建立信息公开分享机制,打造"智慧型"、"参与型"、"全方位"的共建共享交通模式,成为交通与城市深度融合发展的技术支撑。基于智能互联交通系统技术的应用,特别是通过大数据对城市交通运行系统进行感知,通过非定制数据对研究对象进行度量和表征,并将数据转化成为信息,可以实现对城市各类交通需求的及时诱导,显著提升市民共同参与城市交通管理的程度,形成一种开放共享的城市交通管理模式,促进交通供需关系更加平衡,提高城市道路交通通行效率。通过智能互联的信息化系统对人、车、路、环境各个要素进行优化组合,实现城市规划、建设、交通治理等方面的信息预警,应对城市空间、资源和环境约束,提升城市整体运行效率,推动城市"精明增长"。同时结合对人的交通行为分析,关注人的个性化、多样化的交通需求,体现出"智慧型"交通特征。

参考文献:

[1] Crainic T G, Ricciardi N, Storchi G, et al. Models for evaluating and planning city logistic transportation systems[J]. Transportation Science,2009,43(4):432-454.

[2] Amaral R R, Aghezzaf E H. City Logistics and Traffic Management: Modelling the Inner and Outer Urban Transport Flows in a Two-tiered System [J]. Transportation Research Procedia,

2015, 6: 297-312.

[3] Alberti M, Waddell P. An integrated urban development and ecological simulation model [J]. Integrated Assessment, 2000, 1(3): 215-227.

[4] Ueda T, Nakamura H, Shimizu E. GIS Integrated System for Urban Transport and Development Planning [M]. Transport, Land-Use and the Environment. Springer US, 1996: 317-336.

[5] Ong G P, Sinha K C, Fwa T F. Strategies for Achieving Sustainability through Integrated Transportation and Urban Development in the USA and Asia[J]. Asian Transport Studies, 2010, 1: 89-104.

[6] 晏克非. 交通需求管理理论与方法[M]. 上海: 同济大学出版社, 2012.

[7] 杨东援. 通过大数据促进城市交通规划理论的变革[J]. 城市交通, 2016, 14(03): 72-80.

[8] 孙莉芬. 城市交通拥挤疏导决策支持系统的研究[D]. 武汉: 华中科技大学, 2005.

不同规划导向下交通承载力与土地利用的反馈机制研究

——以云南宁蒗彝族自治县为例*

黄瑞锦　闫　煦　崔明川

（中国建筑科学研究院，北京 100013）

【摘　要】在我国经济社会发展的新常态下，城市规划逐步由增量规划向存量规划转变，目前处于两者并存的发展态势。本文结合不同规划区域内的增量和存量规划特征，利用交通承载力分析方法协调控制不同区域内的土地开发规模和强度，建立了交通系统和用地规划的反馈机制。以云南宁蒗彝族自治县为例，研究了宁蒗县城交通与土地利用的协调互动关系，并利用本文建立的反馈机制优化了宁蒗的规划方案，证明了本文规划方法的有效性。

【关键词】交通承载力　土地利用　反馈　增量规划　存量规划

Research on Feedback Mechanism of Traffic Carrying Capacity and Land Use under the Different Planning Guidance
—Take Yunnan Ninglang Yi Nationality Autonomous County as an Example

HUANG Ruijin, YAN Xu, CUI Mingchuan

(China Academy of Building Research, Beijing 100013)

Abstract: Under the new normal conditions of China's economic and social development, urban planning is transforming from incremental planning to stock planning step by step. And the current developing state is configurative. This article builds the feedback mechanism of traffic carrying capacity and land use in consideration of different planning area with increment and stock characteristics, with the traffic carrying capacity analysis method to concertedly control the scale and intensity of land development in different areas. In the case of Ninglang Yi Nationality Autonomous County in Yunnan province, it studies the coordinated interaction between urban transport and land use. Further to optimize the planning scheme of Ninglang with our established feedback mechanism, which is finally proved the effectiveness of the aforementioned planning method. In order to more reasonably plan and use of the city space, develop the land use value, improve the road traffic system, and finally achieve the sustainable development of city and traffic.

---

* 基金项目：中国建筑科学研究院青年基金"产业园区道路交通规划体系研究 20151201331030093"。

Keywords: Traffic carrying capacity　Land use　Feedback　Incremental planning　Stock planning

一、引言

20世纪以来，规划领域的学者就开始认识到土地与交通的互动影响关系对城市规划的重要性[1-2]。交通需求由土地利用类型、规模、开发强度及位置产生，交通需求的产生刺激交通基础设施的建设，交通系统的形成使土地利用和空间发生联系，并进一步发展。如此循环反馈，土地利用和交通相互联系，相互促进，相互制约，也相互发展。

在城市化进程快速发展时期，增量规划是主导方向，但随着城市建设大规模的实施，以及交通设施不断新增，城市扩张达到一定程度时，为响应生态、低碳和可持续发展等战略将约束规划用地范围和规模，并重新发掘建成区土地利用价值。由此可见，由存量规划[3]代替增量规划将是城市发展规划的必然趋势。然而，在大多数城市的新一轮规划中，无论是对于城市用地还是城市交通，完全的存量规划尚不可能，结合实际发展情况，仍为增量规划与存量规划同时存在[4]。如在城市的老城区，考虑到用地限制和交通设施几乎趋于饱和，应将城区功能空间的改善调整及交通管理和策略的优化作为主导规划方式，而在新城区，建设用地适宜扩张，交通基础设施同步新增仍是规划的导向。

综上所述，如何在增量和存量规划并存的情况下将土地利用和交通系统进行协调规划至关重要，这也是影响城市经济社会发展的关键前提。

二、基本原理与方法流程

（一）基本原理

随着我国规划工作的不断进步，交通影响评价和交通承载力分析方法[5]已经开始应用于城市总体规划中，不过在控规中应用较少，技术手段尚不成熟。而今总控规中的土地开发规模和强度等土地利用指标大都根据经验归纳统计法确定，缺少完全的科学依据和定量分析，且往往忽略土地利用和城市交通的互动关系，其正确性和权威性容易受到质疑。而且实践经验表明，许多城市建设及发展过程遇到土地利用和交通承载力不协调的情况，引发各种交通拥堵问题。所以将交通承载力分析方法引入总控规土地利用指标确定的规划过程中，采用交通分析引导和土地利用相互反馈的方法来确定土地开发规模和强度，是规划工作中非常重要的进步。

本文提出在规划编制前针对有新、老城区并存的城市空间规划区域，要分别将增量规划和存量规划的导向思想融入不同发展模式的片区，以防止规划目标的偏离和不切实际。在方案调整的过程中，也针对不同城市模式的区域提出适宜的优化建议，对症下药，展现最契合实际特色发展的规划方案。

（二）方法流程

考虑不同规划导向（增量规划与存量规划）下，将交通承载力与土地利用的反馈机制作用到城市规划工作中，以控规为例具体分析流程如下：

（1）结合上位规划，深入认识不同规划区域发展特色，将增量和存量规划思想融入规划方案中，形成初步控规方案。

（2）提取上位规划数据资料及控规初步方案中的土地利用布局、开发强度指标、道路交通路网等数据基础，并调查统计交通需求预测所需的出行强度等指标。

（3）按照合理原则划分交通小区，并将初始数据和路网经处理后导入 Transcad 中，利用四阶段法对规划区进行交通需求预测。（详细方法步骤见案例）

（4）根据最后的预测分配结果进行路网承载力评价和交通系统评估。

（5）针对不同规划导向的规划区域分别提出合理的改善措施和建议，反馈到初始控规方案中，形成优化方案。再按照从（2）到（4）的步骤重新评估优化方案，如此循环反馈，直至达到合理目标后确定最终方案。

具体的技术路线如图1所示。

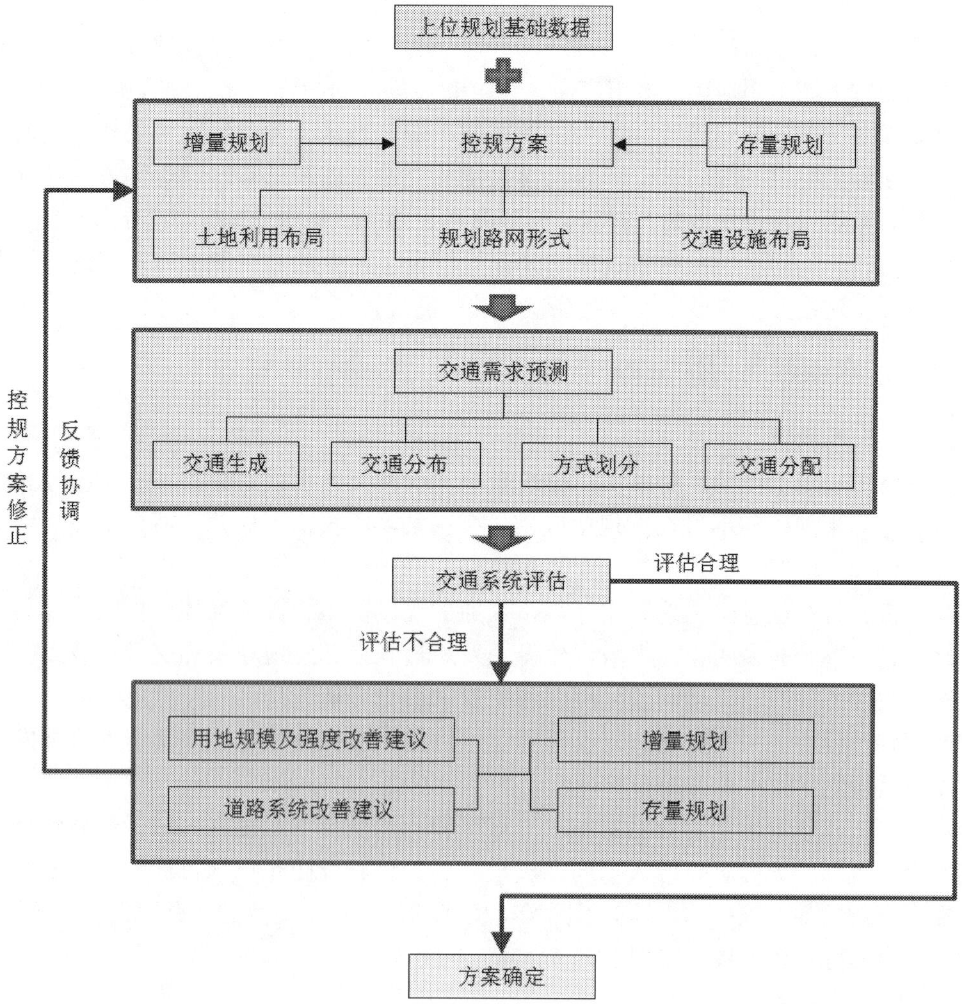

图1 技术路线图

Fig. 1 Technology Roadmap

三、案例分析

(一) 云南宁蒗彝族自治县情况简介

宁蒗彝族自治县[6]（以下简称宁蒗县）位于长江上游，云南省西北部的川滇交界处，丽江市东北部，康滇高原南部，横断山脉中部三江褶皱带北东侧，康藏高原与云贵高原之间的地貌过渡带，又名小凉山。全县26.4万人，由十二个少数民族构成，以彝族为主。

宁蒗县县城位于县境中部的狭长河谷坝区（见图2、图3），距昆明交通距离568公里，距丽江139公里，距成昆铁路金江火车站328公里，距攀枝花市（渡口）228公里。现状县城城区用地2.6平方公里，人口3.8万人，规划至2030年用地7.3平方公里，人口7.5万人。

全县公路总里程达两千多公里，全县虽然公路里程长，但等级低。宁蒗县城城市道路现状为"五横两纵"的路网结构。现状道路网络的交叉口较多，均为单点控制。畸形和错位交叉口数目众多，部分路段过窄，给交通管理带来难度，致使交通秩序混乱（见图4）。

图2　宁蒗现状图
Fig. 2　Current Situation of Ninglang

图3　谷歌卫星图
Fig. 3　Satellite Imagery

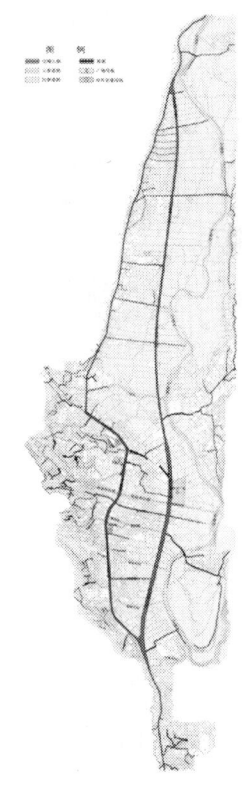

图4-a　用地现状图　　图4-b　道路现状图
图4　用地及道路现状
Fig. 4　Present State of Land Use and Street

（二）基于 TransCAD 的交通需求预测分析

1. 控规内容简介

规划范围至规划末年用地为 7.3 平方公里，其中建设用地面积为 6.3 平方公里，规划末年城镇人口规模达 7.5 万人。用地规划情况如图 5 所示。

宁蒗县城受地形条件、泸沽湖大道以及宁蒗河的制约和影响，形成了"两区四块"的团状城市结构，即老城区、新城区、南片生态居住组团、彝族风情园区、北片生态居住组团和城北工业区。因此从整体结构上而言，属于团状城市。充分考虑现状自然空间特征和用地发展适宜性，综合城市交通、功能构成、生态及空间景观结构等多方面要求，确定宁蒗县城"三横、三纵、三中心、六片区"的规划布局结构。

2. 规划路网分析

规划将道路等级分为过境道路、城市干道和城市支路三个等级。以城市干道构成城市交通的基本路网骨架，在新、老城区形成"两轴双环"的交通路网体系。两轴串联两条环线形成贯穿城市各主要片区组团的交通网络。在"两轴双环"主骨架的基础上，结合城市规划结构和自然地形，构建富有山地特色的城市空间形态。规划区道路网系统如图 6 所示。

3. 交通小区划分

为确保统计数据全面真实、切实可信，能够较好地为规划编制提供数据支撑，根据宁蒗县城土地利用布局、道路网络结构和地形地貌特征，结合宁蒗县城居民出行特点，将规划范围划分为 8 个交通小区，如图 5 所示。此外，还有 10 个外围出入口交通小区（见图 7）。

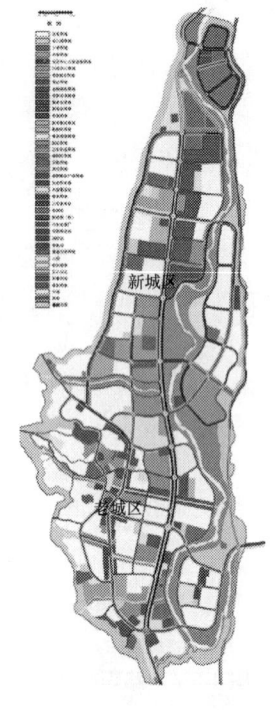

图 5 用地规划图
Fig. 5 Land Use Planning

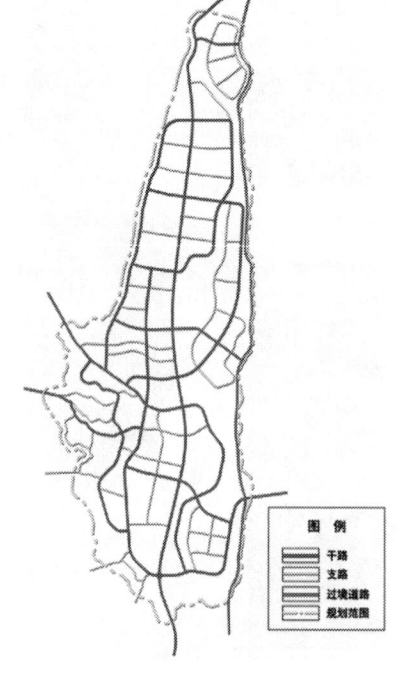

图 6 规划道路网系统
Fig. 6 Road Network System Planning

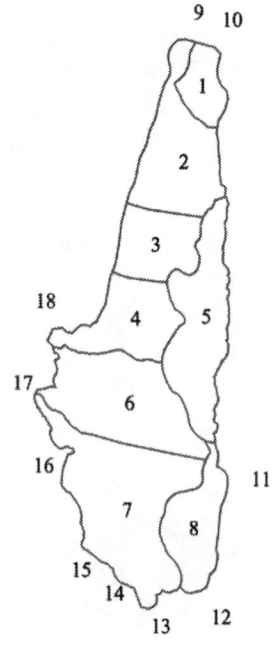

图 7 交通小区划分
Fig. 7 Traffic Zone Division

4. 交通出行生成、分布和方式划分

（1）交通出行生成。

本文采用出行强度法预测居民出行生成量，居民出行产生量大小与居民人口分布有关，根据人口分布预测及不同区位的出行强度预测结果，可以得出规划年各交通小区的产生量。而出行吸引量大小与不同类型的土地利用性质有关，根据规划年的土地利用状况及不同区位、不同土地利用类型的单位面积吸引率预测结果，可以得出规划年各交通小区的吸引量。

根据上位规划中的基础资料、现状调查统计数据和现状各交通小区的用地指标，确定各类用地的产生率及吸引率，并最终得到各交通小区出行产生量和吸引量。如图8所示。

（2）交通出行分布。

本文根据现状调查数据和同类规划地域相关资料利用OD反推技术校核基础参数，然后选择双约束重力模型预测规划年的交通分布情况，结果如图9、图10所示。

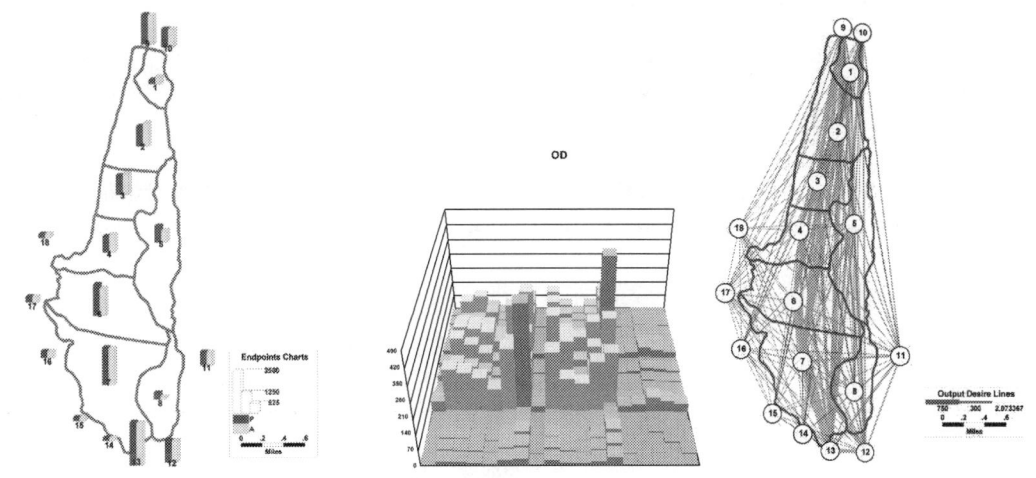

图8 交通出行产生吸引量　　图9 OD分布（3D view）　　图10 期望线图
Fig. 8 Traffic Generation and Attraction　　Fig. 9 OD Distribution　　Fig. 10 Desire Lines

（3）方式划分。

居民出行方式划分预测中，主要采用宏观与微观相结合，宏观指导微观预测的方法。根据宁蒗县城现状的交通情况，结合总规中的交通规划目标，并借鉴国内外相关城市不同发展阶段交通方式结构比例，确定宁蒗县城规划年居民出行方式结构，结果见表1。

表1　规划年常住居民出行方式（%）
Tab. 1　The Trip Mode of Resident Residents in Planning Period（%）

年份	公交	小汽车	出租车	电动车及摩托车	自行车	步行与其他
规划年	12	23	5	21	19	20

5. 交通分配结果与路网适应性分析

本文采用用户均衡分配（UE）模型进行交通分配，得到规划年路网中各路段流量及饱和度情况如图11、图12所示。

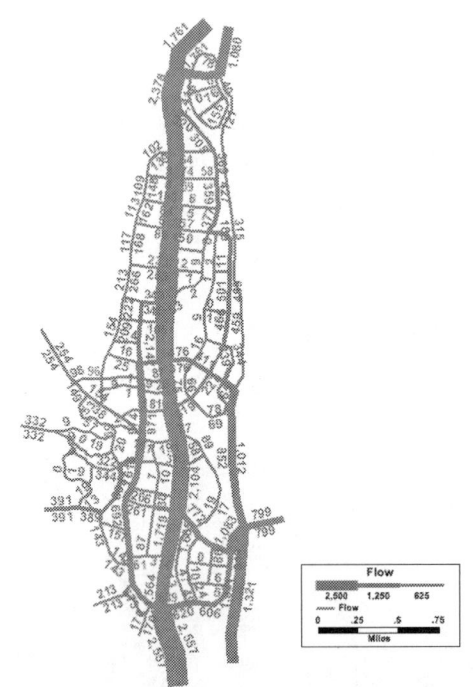 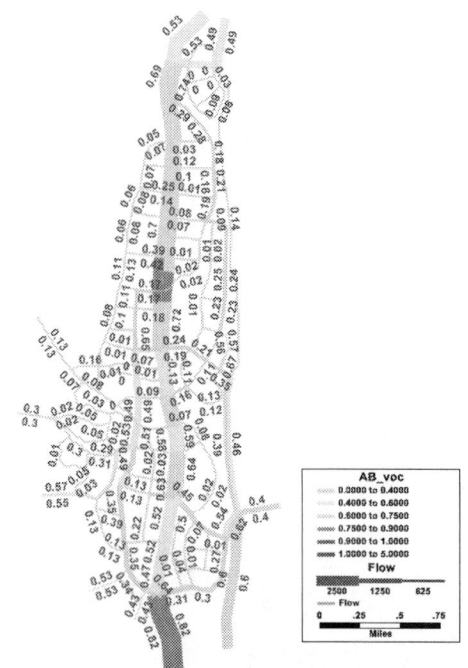

图 11　各路段流量分布图　　　　　　　图 12　各路段饱和度
Fig. 11　The Distribution of Flow Rate of Each Section　　　Fig. 12　Saturability of Each Section

路段服务水平通常采用如表 2 的评价标准。

表 2　机动车路段服务水平评价规程
Tab. 2　Service Level Assessment Procedures of Vehicles

服务水平	路段饱和度	车流状况
A	S≤0.40	自由交通流，基本无延误
B	0.40＜S≤0.60	稳定交通流，轻微延误
C	0.60＜S≤0.75	稳定交通流，有一定延误，但可接受
D	0.75＜S≤0.90	接近不稳定车流，较大延误，尚能忍受
E	0.90＜S≤1.00	不稳定车流，交通拥挤，延误很大，无法忍受
F	1.00＜S	强制车流，严重堵塞

　　通过流量分配和路网饱和度分析可以看出规划年宁蒗县城道路网络的整体运行效果良好，除部分路段（泸沽湖大道）饱和相对较高外，绝大多数路段，特别是一些外围区域的道路饱和度相对较低，均在 0.75（即 C 级）以下，处于交通流运行较稳定，有一定延误，但可接受的交通状态，道路网络能够较好地支撑整个县城内部与区域各功能组团的快速发展。

　　此外，从宁蒗县城的路网饱和度分析图可以看出，县城的中轴道路泸沽湖大道基本承担了宁蒗县城南北纵向的大部分交通压力，饱和度也略高，特别是规划区中部和县城的南部出入口处，高峰期的交通量和交通负荷都比较大，车辆延误也较大，泸沽湖大道—万格路交叉口是宁蒗县城的咽喉，随着车辆逐年增加，该位置必将成为影响整个县城交通通畅运行的交通瓶颈。县城南端泸沽湖大道—万格路交叉口情况如图13所示。

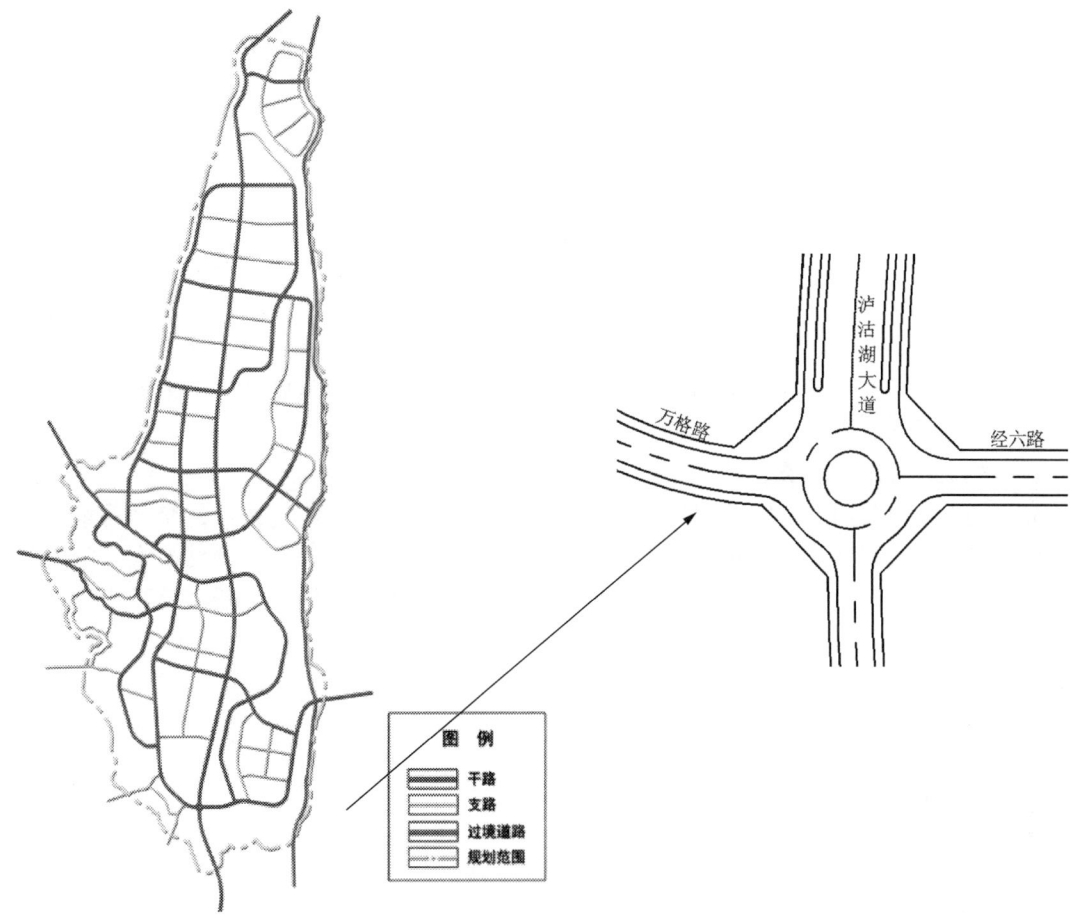

图13 泸沽湖大道—万格路交叉口示意图
Fig. 13 The Intersection of Luguhu Road and Wange Road

(三) 不同规划导向下的反馈优化方案

1. 增量规划导向下新城区反馈优化

新城规划是增量规划的典型实施项目，所以在结合以上交通承载力评价对宁蒗县城新城区提出建议时要紧密贴合增量规划的特点和建设适宜性。新城区土地利用和交通系统规划调整建议如下：①适当提高县城城北工业区的开发强度。②合理控制泸沽湖大道两侧用地出入口位置，降低对主路的交通影响。③升级新城区泸沽湖大道两侧南北向道路断面宽度，以提高车速和通行能力，分担中轴路——泸沽湖大道的交通负荷。④打通新城区微循环路网，增加路网连通性，降低泸沽湖大道交通压力。

2. 存量规划导向下老城区反馈优化

宁蒗县城老城区规划属于旧城改造和优化，应遵循存量规划的理念，考虑到老城区发展的用地限制和积累的政治经济地位，合理地将土地空间规划优化调整，以在现有条件基础上达到利益最大和发展最优。老城区土地利用和交通系统规划调整建议如下：①控制万格路两侧土路开发强度，控制用地规模，合理优化空间规划。②设置泸沽湖大道—万格路交叉口为环形交叉口，拓宽路口南端道路宽度，并采取合理的环形交叉口管控措施（如：进入环形交叉口的相交道路应该为减速让行标志管制道路；环形交叉口交织路段应采用交叉口型号控制等）。

3. 其他建议

①提升县城东侧过境交通道路等级，分担泸沽湖大道的过境交通压力。②增加完善公交线路，并制定高峰期公交优先政策，降低高峰交通压力，提高交通系统运行效率。③对主要交叉口进行拓宽、渠化设计和信号方案管理控制。④加强交通需求管理和交通系统管理，通过一系列的交通组织、交通设施控制交通流量，使交通流量在时间和空间上的分布都趋于均匀，避免交通流过分集中于某一路段。⑤建立全面、高效的交通运输运行监测网络，实时获取并协调交通信息，以采取有效的治理措施。⑥注重城市建设与交通基础建设同步进行，避免产生不协调的发展问题。

（四）反馈优化结果分析

根据以上由路网评价反馈到的初步控规方案的建议进行调整，再通过交通需求预测得到优化后的路网负荷情况如图14所示。可以明显看出，经调整后，泸沽湖大道的中部交通负荷略有降低，部分路段的服务等级有所提高，特别是县城南端的泸沽湖大道—万格路交叉口经优化后，南端路段负荷度由0.82提高到0.74，服务等级由D级变为C级。因此，以上优化建议对改善规划方案是切实有效的。最终方案规划效果图如图15所示。

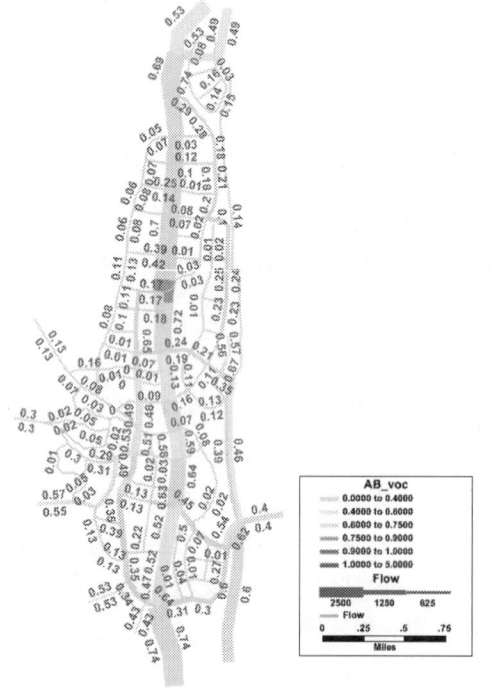

图14 优化后路网负荷情况

Fig. 14 Optimized Load Condition of Network

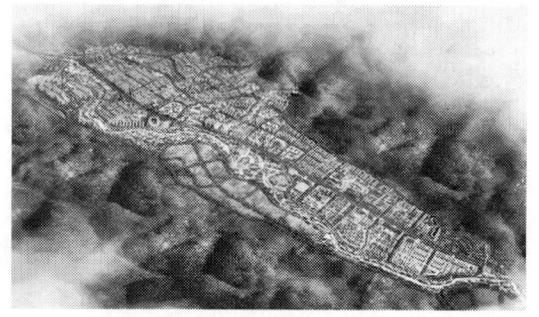

图15 宁蒗县城规划效果图

Fig. 15 The Planning Renderings of Ninglang

四、结语

本文根据控规初步土地利用布局方案，利用 TransCAD 建立交通路网模型，预测和分配规划年的交通需求情况，在核算路网负荷度和交通承载力的基础上，通过合理分析，融入增量规划和存量规划的思想，对不同特征规划区的土地开发强度和交通系统等提出了优化措施和建议。并通过实际案例分析，证明了该方法的可靠性，为城市规划工作引进了可行有效的方法，并为土地利用与交通的协同发展提供了新的方向。

参考文献：

[1] 邵春福. 交通规划原理[M]. 北京：中国铁道出版社，2010.

[2] 盖春英. 北京市交通与土地使用规划编制技术与机制研究[J]. 城市规划，2011，35(3)：41-45.

[3] 邹兵. 增量规划、存量规划与政策规划[J]. 城市规划，2013，37(2)：35-37，55.

[4] 孔令斌. 城市交通的变革与规范（连载）[J]. 城市交通，2015，13(6)：05-09.

[5] 郑猛，张晓东. 依据交通承载力确定土地适宜开发强度——以北京中心城控制性详细规划为例[J]. 城市交通，2008，6(5)：15-18.

[6] 宁蒗彝族自治县志编纂委员会. 宁蒗彝族自治县县志[M]. 昆明：云南民族出版社，1993.

全面建成小康社会交通指标实现进程评估分析

耿彦斌　金敬东　胡贵麟　唐鹏程　陆晓华

（交通运输部规划研究院，北京 100028）

【摘　要】 围绕交通运输部印发的《全面建成小康社会交通运输发展目标和指标体系》，本文制定了一整套进程监测与综合评估方法体系，测算得出了 2015 年全面小康交通指标的实现程度。评估方法按照单指标分类评估和多指标综合评估两个层次展开，兼顾了指标的层次性和多样性。评估发现，2015 年小康交通指标的总体实现程度为 65.5%，三通、三覆盖、两降、两提升指标的实现程度分别为 58.2%、77.5%、75%、54%，工作进度均超前于时间进度。结合当前实现情况及行业发展趋势，对各指标 2020 年的完成情况进行预判，并提出了确保如期全面实现小康交通指标的总体对策和工作建议。

【关键词】 综合交通运输　层次分析法　全面小康　交通运输指标　评估

The Evaluation and Analysis of Transportation Indicators for Completing the Well-off Society Building in All Respects

GENG Yanbin, JIN Jingdong, HU Guilin, TANG Pengcheng, LU Xiaohua

(Transport Planning and Research Institute, Ministry of Transport, Beijing 100028)

Abstract: Pointing at "The Transportation Development Objective and Indicators System for Completing the Building of a Well-off Society in All Respects" which is pressed by the Ministry of transportation, a set of monitoring methods and evaluation system are developed to calculate the realization degree of the comprehensive well off traffic index in 2015. Evaluation method is carried out according to two levels of single indicators classification evaluation and multi indicators comprehensive evaluation, taking into account the hierarchy and diversity of indicators. The assessment finds that in 2015 the realized degree of overall well-off transportation indicator is 65.5%, "three accessing", "three covering", "two declining" and "two promoting" index realization degree are 58.2%, 77.5%, 75% and 54% respectively, all ahead of time schedule. In combination with the current situation and the development trend of the transport industry, the completion of the indicators in 2020 is pre judged, and the overall countermeasures and suggestions to ensure the timely and comprehensive realization of the well-off traffic indicators are put forward.

Keywords: Integrated transportation　Analytic hierarchy process　Well-off society　Transportation indicators　Evaluation

一、引言

围绕全面建成小康社会对交通运输发展的总体要求，交通运输部组织制定并印发《全面建成小康社会交通运输发展目标和指标体系》[1]，确定了小康交通指标表及2020年目标值。现有小康交通指标相关研究主要集中在交通运输与小康经济社会的相关关系分析[2]、区域性的小康交通指标体系构建[3-4]，尚未有研究针对全国性小康交通指标的实现程度开展监测和综合评估工作。"十三五"时期是我国全面建成小康社会决胜阶段，为准确反映全面建成小康社会交通运输指标（以下简称"小康交通指标"）的进展情况，本文制定小康交通指标的评估方案，测算小康交通指标2015年度的实现程度，提出针对性的对策建议。

二、评估总体思路

小康交通指标紧扣综合运输发展指向，着重筛选体现全面建成小康社会发展要求和社会服务的综合性指标，确定"三通、三覆盖、两降、两提升"10类23项具体指标作为最终指标体系。指标构成及预期取值见表1第1~5列。充分考虑指标体系差异性（指标涉及不同领域及不同运输方式，量纲不尽相同）和层次性（包含三个明显层次）基础上，本文制定评估方法如图1所示。

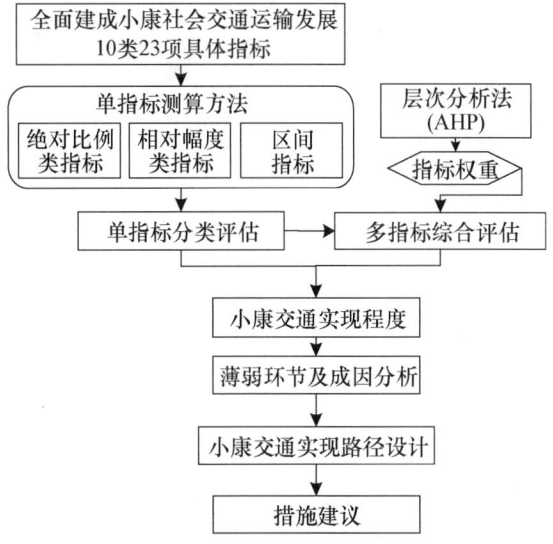

图1　小康交通指标评估总体思路
Fig. 1　Overall Thinking of the Well-off Traffic Indicators Evaluating

第一步：针对多指标的特点，首先对单项指标进行分类测算，具体分为绝对比例类指标、相对幅度类指标和区间指标三大类，分类制定单项指标评估方法并进行测算，突出解决了指标量纲不统一的问题，使得所有指标可比较、可叠加。

第二步：针对指标体系的层次性，应用层次分析法（AHP）确定不同指标对总目标的影响权重值，结合单指标评估值通过综合评测得出最终的小康交通指标当前实现程度。

第三步：提出对策建议。围绕单指标完成情况，针对薄弱环节和存在问题，结合多指标综合评估情况，提出确保小康交通指标如期实现的总体对策与工作建议。

三、单指标的分类评估与测算

将 23 个指标划分为绝对比例类指标、相对幅度类指标和区间指标三大类，分别制定评估方法。

（一）绝对比例类指标

绝对比例类指标共有 15 个，包括建制村通硬化路比例（％）等（见表1）。其实现程度计算公式为：

$$z_i = \begin{cases} \dfrac{x_i - x_0}{x_{i1} - x_0} \times 100\%, & \text{若 } \dfrac{x_i - x_0}{x_{i1} - x_0} < 1 \\ 100\%, & \text{若 } \dfrac{x_i - x_0}{x_{i1} - x_0} \geq 1 \end{cases} \tag{1}$$

其中 z_i 为 x_i 的评价值，x_i 为实际值，x_0 为基础年值，x_{i1} 为目标年值。

（二）相对幅度类指标

相对幅度类指标共有 4 个，包括交通碳排放强度下降率等（见表1）。其实现程度计算公式为：

$$z_i = \begin{cases} \dfrac{x_i}{x_{i1}} \times 100\%, & \text{若 } \dfrac{x_i}{x_{i1}} < 1 \\ 100\%, & \text{若 } \dfrac{x_i}{x_{i1}} \geq 1 \end{cases} \tag{2}$$

其中 z_i 为 x_i 的评价值，x_i 为实际值，x_{i1} 为目标年值。

（三）区间指标

区间指标[5]共有 4 个，包括铁路旅客列车正点率等（见表1）。这类指标的显著特征是其实现不单纯取决于要素投入是否充足，还存在人为或意外等复杂影响因素。其实现程度计算公式为：

$$z_i = \begin{cases} 0, & \text{如果 } x_i \notin [m_1, m_2] \\ \left(-\dfrac{1}{(q_1 - m_1)^2}x^2 + \dfrac{2q_1}{(q_1 - m_1)^2}x + \dfrac{m_1^2 - 2q_1 m_1}{(q_1 - m_1)^2}\right) \times 100\%, & \text{如果 } x_i \in [m_1, q_1] \\ 100\%, & \text{如果 } x_i \in [q_1, q_2] \\ \left(-\dfrac{1}{(q_2 - m_2)^2}x^2 + \dfrac{2q_2}{(q_2 - m_2)^2}x + \dfrac{m_2^2 - 2q_2 m_2}{(q_2 - m_2)^2}\right) \times 100\%, & \text{如果 } x_i \in [q_2, m_2] \end{cases} \tag{3}$$

其中 z_i 为 x_i 的评价值，x_i 为实际值，$[q_1, q_2]$ 为指标 x_i 的目标区间值，m_1、m_2 为指标 x_i 的一个允许下、上界限值。每个区间指标的具体目标区间值，允许上、下界限值如下：

——民航运输飞行百万小时重大事故率（五年累计）：目标区间为 $[0, 0.15]$，允许下界限值为 0，允许上界限值为 0.3；

——铁路旅客列车正点率：目标区间为 $[98, 100]$，允许下界限值为 95，允许上界限值为 100；

——民航航班正常率：目标区间为 $[80, 100]$，允许下界限值为 50，允许上界限值为 100；

——重点快递企业省会及重点城市间快件 72 小时投递率（%）：目标区间为 $[90, 95]$，允许下界限值为 70，允许上界限值为 100。

23 个单指标实现程度的评估结果见表 1 和图 2。单一指标评估值的测算，确保单一指标均在同一量纲下，可以进行指标的综合评价。

表 1　单指标实现程度评估
Tab. 1　Single Indicator Realization Degree Evaluation

类别	指标	代号	具 体 指 标	2020 年	类型	实现程度（%）
三通	建制村通硬化路	D1	建制村通硬化路比例（%）	100	Ⅰ	66
	建制村通班车	D2	建制村通班车比例（%）	100	Ⅰ	50
		D3	500 人以上岛屿通班轮比例（%）	100	Ⅰ	50
	建制村通邮	D4*	建制村通邮比例（%）	100	Ⅰ	45
三覆盖	综合交通网覆盖	D5	公路：高速公路覆盖城区常住人口 20 万以上城市比例（%）	100	Ⅰ	88
		D6	铁路：铁路覆盖城区常住人口 20 万以上城市比例（%）	100	Ⅰ	62
		D7	民航：民航机场覆盖城区常住人口 20 万以上城市比例（%）	99	Ⅰ	84
	城市公共交通覆盖	D8	城区常住人口 100 万以上城市建成区公共交通站点 500 米覆盖率（%）	100	Ⅰ	67
	综合交通信息服务覆盖	D9	综合交通出行信息服务省级行政区覆盖率（%）	100	Ⅰ	100
		D10	综合运输联网售票服务省级行政区比例（%）	100	Ⅰ	81
		D11	高速公路 ETC 覆盖率（%）	85	Ⅰ	100
两降	交通事故下降	D12	公路：较大以上等级道路运输行车事故死亡人数下降率（%）	30	Ⅱ	100
		D13	铁路：交通事故 10 亿吨公里死亡人数下降率（%）	10	Ⅱ	100
		D14	水运：百万艘次船舶流量死亡失踪人数下降率（%）	40	Ⅱ	50
		D15	民航：运输飞行百万小时重大事故率（%）	<0.15	Ⅲ	100
	碳排放强度下降	D16	交通运输碳排放强度下降率（%）	20	Ⅱ	50

续表1

类别	指标	代号	具体指标	2020年	类型	实现程度（%）
两提升	客运服务水平提升	D17	公路：中高级客车占营运汽车比例（%）	70	Ⅰ	24
		D18	铁路：旅客列车正点率（%）	>98	Ⅲ	100
		D19	民航：航班正常率（%）	>80	Ⅲ	81
	货运服务水平提升	D20	公路：营运货车里程利用率（%）	70	Ⅰ	33
		D21	铁路：运用货车重车率（%）	68	Ⅰ	75
		D22	水运：长江干线、西江干线和京杭运河等干线危险品船标准化率（%）	>95	Ⅰ	50
		D23*	邮政：重点快递企业省会及重点城市间快件72小时投递率（%）	>90	Ⅲ	3

注：1. "类型"列中，Ⅰ、Ⅱ、Ⅲ分别代表绝对比例类、相对幅度类和区间指标。
2. D3、D16、D22指标暂未获取其取值情况，其实现程度暂按50%考虑。表中部分指标2015年取值为课题组综合测算，可能不代表指标实际水平。由于本文侧重于指标评估和测算体系的构建，侧重方法论，此处指标取值不是研究的重点，可在后续研究中予以修正和完善。
3. 下降率指标的计算基础年为2010年；标 * 指标于2013年纳入统计体系，其基年取为2013年。

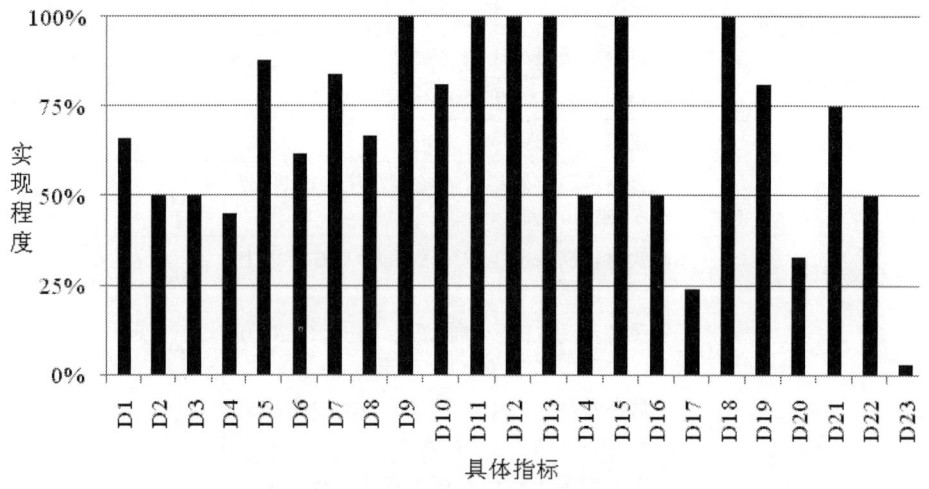

图2 单指标实现程度评估图

Fig. 2 Single Indicator Realization Degree Evaluation

四、多指标的综合评估与测算

借助层次分析法，将不同层次、多个指标的权重分别测算，结合单指标评估值进而综合得出一个无量纲的评判值，以此反映小康交通指标实现程度。利用层次分析法建立的评价指标结构如图3所示。

(一) 评价指标权重的确定

通过开展针对评价指标权重确立的问卷调研，根据专家反馈的评分信息，建立判断矩阵，并进行相应计算。评价指标权重确定的步骤，如图4所示。

全面建成小康社会交通指标实现进程评估分析

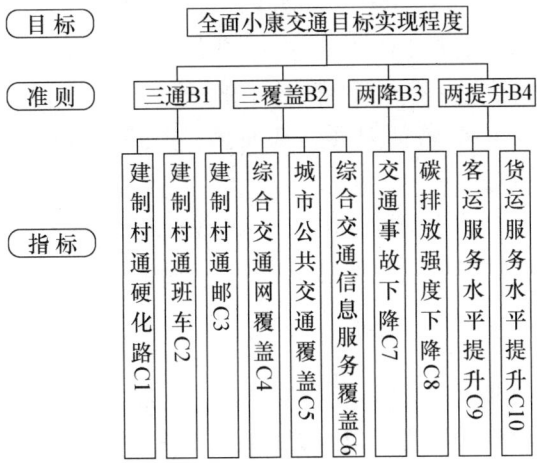

图 3 小康交通指标评价体系结构图
Fig. 3 Evaluation System of Well-off Transportation Indicators

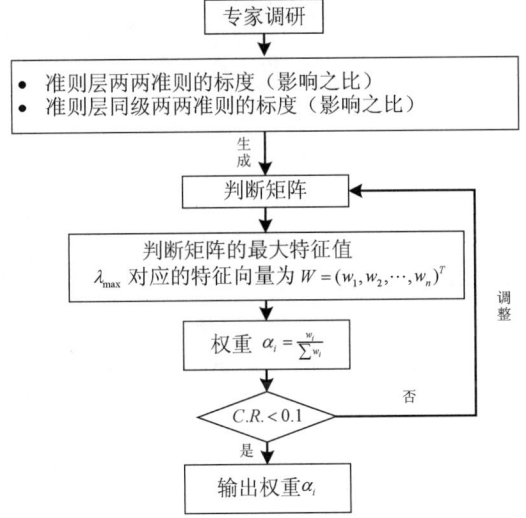

图 4 评价指标权重确定的步骤图
Fig. 4 Evaluation Indicator Weight Determination Procedure

（1）构成判断矩阵

采用"1~9 比率标度法"对同一层次的各因素对上一层次中某一准则的相对重要性进行两两比较，构建两两比较判断矩阵。如果 A 层因素与下一层次 B 中的 B_1，B_2，…，B_n 相关，则判断矩阵可表示为：

$$A = (b_{ij})_{n \times n} = \begin{pmatrix} b_{11} & b_{12} & \cdots & b_{1n} \\ b_{21} & b_{22} & \cdots & b_{2n} \\ \cdots & \cdots & \cdots & \cdots \\ b_{n1} & b_{n2} & \cdots & b_{nn} \end{pmatrix} \tag{4}$$

(2) 单一准则下元素相对权重的计算以及判断矩阵的一致性检验

层次单排序是根据判断矩阵计算对于上一层因素而言，本层次与之有联系的因素的重要性次序的权值，它可以归结为计算判断矩阵的特征根和特征向量的问题，即对判断矩阵 B，计算满足 $B \cdot W = \lambda_{max} \cdot W$ 的特征根和特征向量，得到的特征向量 $W = (\omega_1, \omega_2, \cdots, \omega_n)^T$，即是本层次元素排序的权重，其中：$\lambda_{max}$ 为 n 阶判断矩阵的最大特征值。

由于受多种主客观因素的影响，判断矩阵很难出现严格一致性的情况。因此，在得到 λ_{max} 后，还需要对判断矩阵的一致性进行检验，一致性指标为 $C.I.$。

$$C.I. = \frac{\lambda_{max} - n}{n - 1} \tag{5}$$

当 $C.I.=0$ 时，判断矩阵具有完全一致性。当 $\lambda_{max} - n$ 越大，$C.I.$ 就越大，那么判断矩阵的一致性就差。为了检验判断矩阵是否具有满意的一致性，采用随机一致性比率 $C.R.$ 检验。

$$C.R. = \frac{C.I.}{R.I.} \tag{6}$$

其中 $R.I.$ 为平均随机一致性指标，$R.I.$ 的取值见表 3。当 $C.R.<0.1$ 时，可以认为判断矩阵具有满意的一致性。否则，就必须重新调整判断矩阵的元素取值，直到判断矩阵具有满意的一致性为止。

表 2 平均随机一致性指标 $R.I.$ 值
Tab. 2　Mean Random Consistency Index $R.I.$

N	1	2	3	4	5	6	7	8	9	10
$R.I.$	0	0	0.58	0.90	1.12	1.24	1.32	1.41	1.45	1.49

表 3 准则层 B 对于目标层 A 判断矩阵与相对权重向量
Tab. 3　Judgment Matrix and Relative Weight Vector (B to A)

B→A	B1	B2	B3	B4	W
B1	1	3	2	5	0.483189
B2	1/3	1	1/2	2	0.156876
B3	1/2	2	1	3	0.271717
B4	1/5	1/2	1/3	1	0.088218
$C.R.=0.0054$，满足一致性检验					

各层次相对于上一层次的权重向量等计算结果如表 4 至表 8 所示。

表 4 指标 C1～C3 对于准则层 B1 判断矩阵与相对权重向量（三通）
Tab. 4　Judgment Matrix and Relative Weight Vector (C1～C3 to B1)

C1～C3→B1	C1	C2	C3	W
C1	1	2	4	0.5714286
C2	1/2	1	2	0.2857143
C3	1/4	1/2	1	0.1428571
$C.R.=0$，满足一致性检验				

表 5 指标 C4~C6 对于准则层 B2 判断矩阵与相对权重向量（三覆盖）
Tab. 5 Judgment Matrix and Relative Weight Vector（C4~C6 to B2）

C4~C6→B2	C4	C5	C6	W
C4	1	2	3	0.5396146
C5	1/2	1	2	0.2969613
C6	1/3	1/2	1	0.1634241
$C.R.=0.0079$，满足一致性检验				

表 6 准则层 C7~C8 对于准则层 B3 判断矩阵与相对权重向量（两降）
Tab. 6 Judgment Matrix and Relative Weight Vector（C7~C8 to B3）

C7~C8→B3	C7	C8	W
C7	1	2	0.6667
C8	1/2	1	0.3333
$C.I.=0$，满足一致性检验			

表 7 准则层 C9~C10 对于准则层 B4 判断矩阵与相对权重向量（两提升）
Tab. 7 Judgment Matrix and Relative Weight Vector（C9~C10 to B4）

C9~C10→B4	C9	C10	W
C9	1	1	0.5
C10	1	1	0.5
$C.I.=0$，满足一致性检验			

具体的各项指标相对于总目标的合成权重计算结果如表 8 所示。

表 8 层次总排序权值
Tab. 8 Hierarchical Aggregate Ranking Weight

层次 C \ 层次 B	三通 B1 0.48	三覆盖 B2 0.16	两降 B3 0.27	两提升 B4 0.09	各指标相对总目标权值
建制村通硬化路 C1	0.57				0.28
建制村通班车 C2	0.29				0.14
建制村通邮 C3	0.14				0.07
综合交通网覆盖 C4		0.54			0.08
城市公共交通覆盖 C5		0.30			0.05
综合交通信息服务覆盖 C6		0.16			0.03
交通事故下降 C7			0.67		0.18
碳排放强度下降 C8			0.33		0.09
客运服务水平提升 C9				0.50	0.04
货运服务水平提升 C10				0.50	0.04

由单排序的计算结果，依次计算出总排序权向量，同时计算一致性指标 $C.I.$，总平

均随机一致性指标 $R.I.$ 和总随机一致性比率 $C.R.$，$C.R. = 0.0534 < 0.1$，层次总排序结果具有满意的一致性。

对于指标中包含多个具体指标的，具体指标基本都是由分方式或者分领域构成的，也可以沿用层次分析法继续计算具体指标的权重，本文出于计算简便考虑，认为同一指标下的具体指标的权重相同，由此得到各具体指标的影响权重。

（二）小康交通指标的实现程度

依据各项单指标的评估结果，结合不同具体指标的权重估值，可以加权计算得出小康交通指标的实现程度。经计算，2015年小康交通指标的总体实现程度为65.5%，"三通、三覆盖、两降、两提升"指标的实现程度分别为58.2%、77.5%、75%、54%，工作进度均超前于时间进度。

需要说明的是，由于党的十八大小康目标中所提"翻两番"的基础年都是2010年，因此，本文得出的2015年小康交通目标实现程度也是体现了自2010年以来的实现小康交通方面的工作进度，即在2010年工作量为0的假设前提下，截至2015年所完成的工作量占全部工作量的百分比。某些小康研究是将2000年作为基础年进行对比分析的，若以2000年作为分析基年，则该实现程度值则会更高。

五、评估结果分析

从单指标和综合指标的评估结果看，可以得出以下结论：

（1）从总体完成程度看，工作进度全面超前于时间进度（超前15.5个百分点），但必须要做好攻坚克难的各项准备。一是全面实现任何一项指标，往往在最后阶段的工作量是最大的，工作难度超乎以往，到了后半程的推进速度往往会同比放慢，正所谓"行百里者半九十"，"最后一公里"问题最难攻克，需要在前期抢抓进度，为最后阶段攻关留出充裕时间。二是交通运输作为重要的先导性和服务性行业，需要发挥"先行官"的作用，为国民经济运行和百姓出行提供便捷经济的出行条件，无论从主观还是客观层面都有着提前实现交通运输小康目标的迫切要求和殷切期许，有必要加快推进有关工作，早日全面提前实现小康交通目标。

（2）需要将"三通"指标作为中心工作来对待。"三通"指标完成度接近六成，如果不考虑500人以上岛屿通班轮指标的话完成程度将达到60%。全面完成"三通"指标意义重大，一是由于这是代表小康交通的核心指标，"村村通"问题已多次列入国务院有关文件中；二是这是内涵上的约束性指标，属于交通运输行业对外的最庄严承诺；三是完成这些指标的难度极大，每个指标的2020年取值均设为100%，越到后半程，实现通达的难度越大、挑战更加严峻、条件更为困难。这都需要高度重视"三通"指标的监测评估工作，积极调动中央和地方的两个积极性，促进资源配置向实现"三通"倾斜、向中西部地区倾斜、向贫困地区倾斜。

（3）"三覆盖"指标有望提前完成。从准则层指标完成程度看，按照高低排序依次是"三覆盖"指标、"两降"指标、"三通"指标、"两提升"指标。"三覆盖"指标完成度接近八成，特别是综合交通网和综合交通信息服务覆盖中的多个具体指标已经提前实现

2020 年目标值，预计"三覆盖"指标能够提前完成。

（4）完成"两降"指标需要切实做好风险防控。"两降"指标完成度超过七成，特别是民航、铁路、公路等安全指标已经达到 2020 年预期目标值，但由于事故发生具有较大的偶发因素，因此还需要做好风险监管和应急管理，最大程度避免突发事件发生，同时要提升应急救援能力，做好应急事件相应和救援工作，减少人员伤亡。

（5）需要加大工作力度确保"两提升"指标如期实现。"两提升"指标完成度略超五成，是四个准则层指标中实现程度最低的，足以说明：一是新时期居民出行要求更高，客观上满足需求的难度不断加大；二是相对于基础设施完善而言，提升运输服务水平的难度更大，除了依靠要素投入，更需要充分调动市场的力量来实现；三是对于一些完成度较低的指标，包括营运车辆中高级客车比例、货车里程利用率、省会及重点城市间快递 72 小时通达率等，要引起高度重视，安排好工作进度并加快实施。总体上，为顺利完成"两提升"指标，需要政府部门做好市场服务和监管，在强化出行需求的引导和管理同时，做好交通运输的供给侧结构性改革[6]，更好地实现供需平衡。

六、对策建议

结合小康交通指标的评估情况，提出以下对策建议[7]：

（1）建立对落后指标的跟踪评价制度。建议针对完成情况相对落后的具体指标，建立相应的跟踪机制和定期监测制度，分析存在的问题和原因，并根据 2020 年的指标要求，找准工作薄弱环节，制定具体的工作计划和实施方案，明确责任单位，确保指标的全面按期完成。

（2）加大对贫困地区的全方位扶持力度。"小康不小康，关键看老乡"，小康的难点和重点在贫困地区，建议继续加大对西部地区，特别是集中连片特困地区交通运输发展的支持力度，包括在政策、科技、经验、资金、人才等全方位的支持，并注重提升这些地区的内生动力，确保"三通"、"两降"等约束性指标的顺利实现。

（3）将小康交通指标全部纳入行业统计体系。本次评估中发现，仍有个别指标尚未建立相应的统计制度或办法，建议进一步完善交通行业统计制度，对应建立科学、规范、标准的统计工作流程，统一制定调查方式和途径，确保所有指标可统计、可测算、可比较。

（4）适时开展小康交通指标的行业评估工作。建议进一步加大对指标的监测工作力度，由交通运输部牵头组织开展对小康交通指标的进程监测工作，系统分析和评估指标的实现进度，以便于加快完善工作布局，优化调整工作重点，合理安排工作节奏。

（5）结合新形势对有关指标做必要的优化调整。紧密结合未来经济社会发展形势及其对交通运输发展的新要求，捕捉交通运输发展进程中人民群众关注的新的热点难点问题，定期对指标体系作论证和评估，必要时对具体指标或取值做适当的动态调整。例如，结合实际需求，建议将"建制村通邮比例"调整为"建制村直接通邮比例"，更加体现行业特点，更加贴合民生需求。

七、结论

围绕交通运输部印发的《全面建成小康社会交通运输发展目标和指标体系》，本文制定了一整套进程监测与综合评估方法体系，测算得出了 2015 年全面小康交通目标的实现程度。评估方法按照单指标分类评估和多指标综合评估两个层次展开，兼顾了指标的层次性和多样性。通过进一步对评估结果做深入分析后，笔者提出了确保如期全面实现小康交通主要指标的对策建议，可作为政府管理部门的决策参考和重要判据。本文专注于指标评估和测算体系的构建以及评估结论的对策分析，侧重方法论层面研究，个别指标取值为估算值，并未对评估的主体思路和总体结论构成影响，在后续工作中可使用确报数据对评估结果进行修正和完善。

参考文献：

[1] 交通运输部. 关于印发全面建成小康社会交通运输发展目标和指标体系的通知[Z]. 交规划发〔2014〕272 号, 2014.

[2] 赵杰. 全面建成小康社会背景下综合交通运输发展的探讨[J]. 城市, 2015, (11): 74-79.

[3] 马根明, 王征宇. 内蒙古全面建成小康社会交通运输评价指标体系构建[J]. 内蒙古公路与运输, 2015, (4): 60-62.

[4] 韩先科. 西部地区全面建成小康社会公路交通发展目标研究[J]. 公路, 2015, (3): 109-112.

[5] 国家统计局. 全面建设小康社会统计监测方案[Z]. 国统字〔2008〕77 号, 2008.

[6] 耿彦斌. 论交通运输供给侧结构性改革[J]. 综合运输, 2016, 38(11): 30-33.

[7] 交通运输部规划研究院. 全面建成小康社会交通发展目标及指标体系研究[R], 2015.

我国综合交通枢纽能力提升与资源优化配置

周新军

(中国铁道科学研究院 节能环保劳卫研究所,北京 100081)

【摘 要】经过近10年来的快速发展,我国综合交通枢纽的运输能力有了较快的提升,但与国外相比还存在着一定的差距,也不能很好地满足我国客货运输的实际需求。目前制约我国综合交通枢纽的因素是多方面的,但最关键的因素已开始从规划设计转变为资源配置的方式。为此,需要围绕枢纽运力的提升进行各种运输资源的优化配置,并制定相应的实施政策。

【关键词】综合交通枢纽 运力 运输资源 优化配置 一体化

Capacity Improvement and Optimizing Configuration of Resources for China's Comprehensive Transportation Hub

ZHOU Xinjun

(Energy-Saving & Environmental Protection & Occupational Safety and Health Research Institute, China Academy of Railway Sciences, Beijing 100081)

Abstract: For nearly a decade of rapid development, the transport capacity of China's comprehensive transport hub has improved rapidly. But compared with foreign countries, there is still a certain gap, and it also can not meet the actual demand of Chinese passenger transport. At present, the factors which restrict the development of China's comprehensive transportation hub are multifaceted, but the most critical factor has begun to change from planning design to resource allocation. Therefore, the optimization of various transportation resources needs to be carried out on the focus of the upgrading of the hub capacity and appropriate implementation policies should be formulated.

Keywords: Comprehensive transportation hub Transportation capability Transport resources Optimal configuration Integration of transportation

在运输网络中,综合交通枢纽是承接各种运输方式对接的连接点,是发挥各种运输方式各自优势、实现交通一体化的关键环节,因而它从根本上决定着整个交通网络的运力与效率。近10年来,综合交通枢纽的建设和发展虽然在我国得到了不同程度的重视,运输能力有了较大幅度的提升,但与国外相比仍有一定的差距。同时,它在我国交通运

输实践中所暴露出来的各种弊端还没有得到根本性的改观。因此,研究分析我国综合交通枢纽的现状,从中找准问题,以此为导向,探寻其优化方案以及相应的配套政策,对于提升整个路网的质量和加快我国综合交通运输业的发展具有十分重要的理论和现实意义。

从国内综合交通枢纽的发展来看,综合交通枢纽还处在起步探索阶段,人们对它的研究和认识也还处于初级阶段,有待于进一步深化。综合现有的研究文献,可以从三种不同的视角来理解综合交通枢纽:一是按照运输对象来划分,综合交通枢纽可分为客运枢纽和货运枢纽两大类;二是按照枢纽内部主导交通方式,可把综合交通枢纽分为铁路综合交通枢纽、公路综合交通枢纽、城市轨道综合交通枢纽、机场综合交通枢纽四大类;三是按照所处的地位、功能和作用来划分,综合交通枢纽可分为国际性综合交通枢纽、全国性综合交通枢纽、区域性综合交通枢纽及口岸枢纽四大类。从更具综合性的视角来考虑,铁路综合交通枢纽尤其是铁路客运综合交通枢纽对各种运输方式的无缝对接要求更高;而从综合交通未来发展模式的视角来考虑,北京综合交通枢纽更具有典型性,代表着未来发展的方向,其所积累的经验和模式将为其他地区的综合交通运输发展提供有益的经验。这两个方面构成本文研究和分析的重点。

一、我国综合交通枢纽发展现状

由于我国交通运输业曾经历过长期缓慢发展的过程,因此,尽管进入21世纪初以来综合交通运输得到了快速发展,但作为重要节点的枢纽发展则长期处于滞后状态。2007年国家发改委发布的《综合交通网中长期发展规划》指出,我国综合交通枢纽规划建设滞后,导致不同运输方式难以进行合理分工协作和有效的衔接配套,降低了交通运输系统的整体效率和服务质量。为改变这一状况,2012年国家发改委发布的《"十二五"综合交通运输体系规划》提出,"十二五"期间要重点建设北京、天津、哈尔滨、长春、沈阳、大连、石家庄、秦皇岛、唐山、青岛、济南、上海、南京、连云港、徐州、合肥、杭州、宁波、福州、厦门、广州、深圳、湛江、海口、太原、大同、郑州、武汉、长沙、南昌、重庆、成都、昆明、贵阳、南宁、西安、兰州、乌鲁木齐、呼和浩特、银川、西宁、拉萨等42个全国性综合交通枢纽。经过五年期的建设发展,我国综合交通枢纽场站规划建设有了明显的改善,实际运作中的一体化衔接水平有了明显提升,从而带来了运力的较大幅度的提高,但仍然存在着不少尚未解决的问题。即便是又经过了"十三五"期前几年的快速发展,这些问题也依然没有得到根本性的改观。不仅如此,一些新的问题还不断涌现。2017年3月国家发改委发布的《"十三五"现代综合交通运输体系发展规划》指出,我国综合交通枢纽建设相对滞后,城市内外交通衔接不畅,信息开放共享水平不高,一体化运输服务水平亟待提升,适应现代综合交通运输体系发展的体制机制尚不健全。这是一个总体表述。如果将问题进一步深化和具体化,则可以表述为三个层面的问题:

一是综合枢纽的规划建设问题,也就是各种运输方式硬件配套和对接问题,其中最突出表现为枢纽的规划问题。主要包括:枢纽外部道路是否配套,枢纽周边步行系统是否完善，地铁与公交衔接是否便捷，地铁车站之间换乘效率问题，导向标识、换乘设施、信息综合、配套服务是否完善，等等。邱丽丽、顾保南（2006）认为，目前我国大城市的综合交通枢纽功能尚不完善，与国外发达城市的先进枢纽有不小的距离，原因是多方面的，既包括管理体制、投资体制等方面，也包括设计理念和布局设计方面的因素。通过对国际上典型的综合交通枢纽包括旧金山的港湾站、巴黎的拉德芳斯站及柏林的来哈特站进行的剖析，他们得出的研究结论为：良好的枢纽布局设计是提高综合交通换乘效率的关键。

二是综合枢纽软件配套问题。目前对这个问题的关注度还不高，即使有人关注了，也只是作为未来的一个发展目标。游克思、刘艺、樊晓超（2014）通过分析国内外综合交通枢纽的案例，提出综合交通枢纽未来发展的几种趋势，其中包括运营管理要趋向于建立一个一体化的统一组织协调部门，以及实现信息化和智能化管理等等。吴玉兰（2015）指出了北京市综合交通枢纽运行存在的问题，其中包括交通接驳服务有待优化和信息系统缺乏有效整合等，并针对这些问题提出了一些具体建议。

三是综合交通枢纽的开发经营问题。枢纽实际上也可以看作一个经营单元，各运营主体均需要在这个单元实现各自的价值，获得预期收益。这会涉及投资结构、组织管理以及利益分配方式等方面的问题。国外城市综合交通枢纽的建设与运营管理模式大致可以归纳为欧美模式和东南亚模式。欧美发达国家大部分采用国家所有、国家垄断经营的模式；而东南亚国家多借助私人资本和多元融资渠道，采用公私混合模式进行交通枢纽的建设和运营。国内综合交通枢纽到底采取什么模式，也仍在探索和研究过程中。文浩、刘娟（2014）认为，在分散式管理、一体化管理和一元化管理三种管理模式中，宜优先采用一体化管理模式。但是，笔者以为，无论采取什么模式，都必须以市场机制为主。

上述三个层次是相互联系的统一体，相互影响，又相互制约。第一个层面是基本面的问题，也是综合枢纽最基本的含义。也就是说，综合交通枢纽首先承担着交通功能，以解决交通的集散和中转为主要内容。正因为如此，国内学术界对综合交通枢纽的研究和关注更多的是放在它的建设规划和功能设计等方面。这个层次所体现出来的是理论层面的运力，能否在实际中得到实现则需要第二个层次的支撑。第二个层次涉及资源优化配置的具体模式，是将理论层面的运力变成实践层面的运力的根本保证。资源的错置必然导致枢纽的低效率和运力的浪费。第三个层次则是实现综合交通运输枢纽从而整个交通运输网络可持续性发展的基本保证，是一个相对远期性的发展目标。比较而言，在三个层面的问题中，目前最应该重点关注的是第二个层次的问题。

笔者以为，这里有几个基本理念需要明确和进一步强化，并形成共识。一是交通一体化，其实质是以运输线路的节点设施连接和多式联运体制整合为主要特征，强调的是交通枢纽的重要作用，各种运输方式要在此实现设施、功能与业务的有机衔接，实现运输资源利用的最优化。二是交通一体化突出的是各种运营主体之间利益关系的协调和统一，强调的是运输资源（包括客源和货源）的均衡化，实现运营主体的利益最大化。当然，均衡化不等于均等化，更不是平均主义，而是要突出客货资源的分配与各种运输方式的运输能力相匹配，通过有效调度，使这些资源得到最大程度的利用，避免运输的

"真空地带"。三是交通信息的共享性。各种运输方式的运营情况要实现互通,达到开行时间的高度统一。比如,高峰时段调度的一致性和早晚班调度的匹配性。四是运输政策的协调性,要消除运输对象在换乘时的障碍。这些政策包括收费政策、监管政策、限行政策等。从目前的情况来看,人们对枢纽重要性的认识在不断深化,不仅在规划时得到了比较好的体现,而且在实践中也收到了比较好的效果。但对其他三个方面的认识仍需要进一步提升。因此,转变理念是各种交通运输方式在综合枢纽实现一体化首先需要解决的问题。

二、我国综合交通枢纽资源优化配置的思路

"十三五"时期是我国交通运输发展的重要时期,也是综合交通枢纽发展的重大机遇期。2017年3月,国家发改委发布了《"十三五"现代综合交通运输体系发展规划》,其中提出综合交通枢纽建设发展的三个重点:①国际性综合交通枢纽。重点打造北京－天津、上海、广州－深圳、成都－重庆国际性综合交通枢纽,建设昆明、乌鲁木齐、哈尔滨、西安、郑州、武汉、大连、厦门等国际性综合交通枢纽。②全国性综合交通枢纽。全面提升长春等数十个综合交通枢纽功能,提升部分重要枢纽的国际服务功能。③区域性综合交通枢纽及口岸枢纽。所要达到的目标是,推进一批区域性综合交通枢纽建设,提升对周边的辐射带动能力,加强对综合运输大通道和全国性综合交通枢纽的支撑。同时,这个规划还对客货运综合交通枢纽提出了具体的发展目标:提升综合客运枢纽站场一体化服务水平,促进货运枢纽站场集约化发展,促进枢纽站场之间有效衔接。为完成以上各项目标任务,就需要对综合交通枢纽的资源进行比较细致的梳理,并按照效率最大化原则进行配置。

综合交通枢纽的资源大体上可分为三大类:一是运输资源,包括铁路、公路、水运和航空等各类交通运输方式的运力资源;二是客货资源,包括乘客数量和货物数量;三是商业开发资源,包括周边土地资源(以"空间"立体概念呈现,包括地下、地上和空间等)、广告资源、物业资源等。相应的,资源配置也包括三个方面:首先是各种运输资源的优化配置,高峰时段各种运输方式的衔接,低峰时段的互补等;其次是客货资源运输方式以及枢纽之间的合理分配;三是商业资源的合理有序开发,通过市场机制实现资源的最大程度的开发,各利益主体实现共赢。基于运力提升角度的考虑,首先需要围绕前两个方面的资源进行优化配置,在实际工作中要着力处理好以下几个细节问题:

(一)运营时间的高度统一

仅有发达的交通一体化的硬件设施,如果不能在运营时间上做到同步,实际上也很难真正实现交通一体化。因此,在运输网络完善、交通枢纽发达的前提下,运营时间的一致性就显得十分重要。到目前为止,各种运输方式在运营时间上还没有很好地达到同步。以北京为例,地铁、公交运行时间与铁路和民航运营时间就没有实现完全同步(见表1)。很多夜间抵京的列车在11点左右,而这时北京地铁已经全部停运。公交虽然没有全部停运,但班次大大减少,而且发车间隔时间很长。很多旅客只能依赖出租车这种单一的交通工具,结果造成大量旅客滞留车站,排长队打车。据初步测算,在公共交通

（除夜班公交外）运营时间以外，首都机场到港旅客约 1 万人次，北京西站到达约 4000 人次，北京南站到达约 1000 人次。首都国际机场小汽车、出租车方式约占 70%，而地铁占比仅为 12%。遇到节假日特别是国庆和春节这样的长假或者雨雪等恶劣天气时段，情况更为严重，旅客往往需要等上好几个小时才能打上车，给出行带来了极大的不便。2015 年正月初六、初七 1:00－3:00 时段首都机场就曾滞留近 4000 人。未来京津冀要实现交通一体化，客流量更大，列车进京高峰时段和次高峰时段会进一步延后，如果出现上述情形，不仅一体化目标会越来越远，而且会造成客流阻滞、运输资源闲置的"双输"现象。

表 1 枢纽交通设施运营时间

Tab. 1 Operating Time of Hub Traffic Facilities

主体运输方式	首都机场	北京西站	北京南站	北京北站	四惠枢纽
飞机/列车/长途汽车	0:00－24:00	4:00－次日 1:00	6:00－24:00	5:00－23:00	5:00－22:00
地铁	6:00－23:00	5:40－23:00	5:15－23:15	5:00－23:00	5:30－23:10
公交	－	5:00－23:30	5:00－23:30	5:00－23:00	5:00－23:30
夜班公交	－	23:00－5:00	23:00－5:00	－	23:00－5:00
出租车	0:00－24:00	0:00－24:00	0:00－24:00	－	0:00－24:00

资料来源：根据有关资料整理。

在铁路综合交通枢纽，解决的办法是地铁和公交以及出租车的调度必须适应铁路运行时刻表。既然是轮轨上的京津冀，那么，市内其他交通方式就应该围绕铁路运营来进行合理的运力配置。就地铁而言，可借鉴国外地铁运营的经验，延长地铁运营时间。比如，日本地铁运行时间比较长，凌晨两三点还有地铁运营。虽然总里程在世界排第 5 位，但年均客流量却达到了 26.6 亿人次，成为世界第一。这跟它的运营时间长有很大的关系。总里程排名第四的纽约地铁也要到 12 点左右才停运。世界排名第三的伦敦自 2016 年 8 月开始，有两条地铁线路实施周末 24 小时运营，借此推动午夜经济的发展。这样一比较，可以看出北京地铁运营时间比较短。无论是从地铁运营机理（比如需要一定的天窗维修时间），还是从网络规模而言，北京地铁都具备延长运营时间的客观条件。东京地铁总长 326 公里，只有 3 个小时左右的天窗维修时间，而过去北京地铁发展长期落后于东京，路网规模也小得多，按理有充分的空间安排线路维修，可也一直在夜间 11 点停运。尽管 2016 年底北京地铁运营总里程增至 574 公里，已跃居世界第二，仅次于上海，但仍然具有延时的客观条件。京津冀有地铁的其他城市也同样存在着地铁等城市公共交通与铁路运营时间不完全同步的问题。进一步扩至全国，从技术条件看，我国地铁显然均具有延时的客观条件，却没有在需要的时候实现延时服务，一个重要的原因是运营部门过于强调安全问题，以至于安全绑架了运营和服务。显然，如何使得各种运输方式在运营时间上相得益彰是考量未来京津冀交通一体化乃至全国综合交通枢纽一体化的一个重要环节。笔者以为，就北京地铁而言，可以考虑，总网停运时间延至夜间 12 点左右。经过火车站的地铁线路可以在某些区间比如三环之内延长至凌晨 2 点左右。这样可以基本满足晚间抵京列车客流疏散的需求,即使依靠出租,也可以分散在各地铁站周边区域,而不必集中在火车站。其他城市根据需要也可以采用同样办法确定地铁最晚运营时间和区间。

(二)运输量力争协同发展

实现综合交通枢纽一体化运营,政府间的合作机制以及由此而产生的行政力量推动固然重要,但市场机制无疑是最终决定的因素。如何通过各运输主体之间的契约来实现运输量的合理分配,实现运输资源均衡化,始终是保证各种运输方式协调发展的重要手段。以民航为例。目前就存在着京津冀各机场"苦乐不均"的问题,表现在有的机场客流量大,超负荷运转,而有的机场客流量小,比较空闲,运输能力大部分时间闲置。根据近日国家发改委、民航局印发的《全国民用运输机场布局规划》,2025年要把京津冀打造成世界级机场群,那么北京、天津、石家庄等大型机场以及秦皇岛、张家口、承德、邯郸、唐山、邢台、沧州、康保、丰宁等中小型机场之间如何实现良性联动,合理分配乘客资源,实现共赢和均衡化发展,同样也是考量交通一体化的一个重要环节。这就需要各方之间通过协议,形成一种共同的资源分配机制,通过一个共同的调配平台,实现客流高效率的分配,达到各取所需,各尽所能的理想境界。

(三)信息资源实现共享

要使各种运输方式之间实现无缝对接,信息资源共享必不可少。信息资源包括运营时刻表、客流规模、票务信息等。只有详细了解了对方这些信息,各种运输主体才能做好彼此之间的相互配套。目前存在的问题是信息资源各自掌握,没有形成统一的信息平台,实现共享。原因是受不同行业部门管理,信息的使用基本靠"一事一协调"。以春运为例,每年北京市四大铁路车站的列车开行时刻表均通过地方交通主管部门和北京铁路局之间协商获得,提供给枢纽内部以及相关联枢纽场站的地铁、公交运营企业。那么,在京津冀各种交通网络完善之后,各种运输方式之间如何形成一个统一的信息平台,或者一个快速的信息交换渠道,则是保证一体化运作的重要前提。一体化的关键在于各运输主体相互信任,以诚相待,精诚合作,实现信息的真正公开。促进不同运输方式运力、班次和信息对接,鼓励开展空铁、公铁等联程运输服务。推广普及电子客票、联网售票,健全身份查验制度,加快完善旅客联程、往返、异地等出行票务服务系统,完善铁路客运线上服务功能。

三、运输政策进一步完善的建议

运输政策是否能实现有效衔接也是决定综合交通枢纽一体化交通网络效率的关键环节。目前的情形是各种运输方式各自为政,而各地主管部门也均有各自的运输政策,这样就形成了行业加地方的双层叠加的政策体系。多年来的实践证明,政策的不一是造成难以实现综合交通枢纽一体化的一个主要原因。那么,在未来京津冀交通一体化发展的大背景下,这些政策应该做哪些方面的调整,这是应该着手考虑的现实问题。这些问题大体包括收费政策、限行政策、购票政策等方面。

(一)收费政策

目前京津冀三地存在着各路段收费不统一的问题,容易诱发利益之争。此外,收费还容易导致交通拥堵，尤其是在双休日。由于拥堵，高速变低速，给人们出行带来极大不便。在交通一体化背景下，京津冀三方应从大局发展着想，敢于放弃既得利益，释放一次最大的政策红利，统一取消高速公路收费，为车辆快速通行创造条件，实现客货畅通。如果一步难以实现，可以分步实施。首先，将法定节假日高速公路免费通行的政策进一步扩大，扩延至平日的周五至下周一。交通一体化首先会加速京津冀"同城化"进程，人员流动将比现在更加频繁，周一和周五出城和进城的车辆更多，交通会更加拥堵，实行高速免费无疑会大大缓解这一局面。这一步可用 3～5 年时间完成，待各地财政能力进一步增强后，取消全部公路收费。

（二）限行政策

综合交通枢纽中，公路交通在集疏中起着非常重要的作用，目前地区性车辆现行政策制约着枢纽运力的发挥。因此，在车辆限行方面要制定统一的规定和标准，避免出现这个地区可行，另一个地区却限行，造成车辆不能持续营运的情况。一方面人为地造成各地之间的交通不畅和客流及货源的流失，另一方面也加大了相关人员的时间成本和利益损失。这显然不是一体化所要追求的结果。为避免此类政策的不统一，就需要京津冀运输主管部门加强沟通，认真梳理各项政策规定，凡属于相互排斥、互相扯皮的政策规定，应在认真讨论和汲取各方意见的基础上重新进行修订，务使各方政策保持高度一致。

（三）票务政策

票务政策是影响交通一体化水平的一个很重要的细节，主要影响枢纽之间的运输能力。票务政策与旅客的关联度比较大，由于它涉及事物性内容比较多，因而十分繁杂，包括"一卡通"、"票制"（月票和年票）、联票（与公园门票联用）以及售票平台等。就售票平台而言，目前铁路和民航都有各自的网络售票平台，旅客购票已经非常方便，通过网络和手机即可实现。而在物理层面上，各枢纽都可以现场直接购票，而且分散在城市的各售票点均可售票，目前基本可以适应交通一体化的需要，只要进一步完善就可以完全满足需求。至于"联票"，在购票已十分便捷的情形下，实际上已无必要。因此，实现交通一体化，人们关注比较高的应该是"一卡通"和票制等环节。

目前北京和天津实行了公交和地铁"一卡通"，但还没有做到跟火车票和飞机票对接。那么，在交通一体化条件下，这种现状很难满足人们高频率出行的需求。大批量快速的客流必然要求公交、地铁和铁路等各种运输方式的"一卡通"。不仅如此，"一卡通"还需要扩大到京津冀的所有城市，理想的状态是旅客持一卡可走遍京津冀。从技术操作来看，由于火车票和飞机票需要对号入座，同时还与身份证相捆绑，因此不可能与公交、地铁票实现完全对接，但仍然可以通过一些变通手段加以实现。比如，乘客可用"一卡通"刷卡购买火车票和飞机票等。

对于票制问题，人们已开始不再满足于购票的方便了，日复一日的购票已使他们感到繁琐，因此，他们期待着能尽快推出高铁的月票和年票。如果能够实行，将为在京津冀地区高强度出行的旅客创造极大的方便条件和票价红利。2017 年 5 月，铁路部门推出高铁月票"京津城际同城优惠卡"，持这种月票自助取票后即可刷卡进站乘车，同时可根据出行次数享受相应的票价优惠。下一步管理部门需要研究高铁年票使用的可能性，以及向全国推广使用的步骤和时间表。票制改革将会大大加快资源要素在枢纽之间的流动和优化配置。

四、结语

总体而言,近年来我国综合交通枢纽得到了快速发展,一大批新的枢纽接连建成并投入运营,在各式联运和一体化运输中发挥着重要作用,如上海虹桥综合交通枢纽、北京南综合交通枢纽等。为加快转变交通运输发展方式,推进综合交通枢纽的建设,实现各种运输方式的一体化发展,国家发改委研究制定了《促进综合交通枢纽发展的指导意见》,并于2013年3月印发全国。这个指导意见为综合交通枢纽的发展提供了一个总体思路,但具体到各地交通运输实践和一些协调配合的具体细节,仍然需要各地主管部门和政策研究部门根据各自的实际情况制定一些可操作性的政策措施,群策群力,共同推进我国综合交通枢纽又好又快地发展。

参考文献：

[1] 何世伟.综合交通枢纽规划理论与方法[M].北京:人民交通出版社,2012.

[2] 胡迎鹏.珠三角城市群综合客运枢纽现状剖析及发展对策[J].广东公路交通,2014(4):77-84.

[3] 李纪宏,张晓妍.北京综合交通枢纽发展战略[J].综合运输,2015(1):85-87.

[4] 邱丽丽,顾保南.国外典型综合交通枢纽布局设计实例剖析[J].城市轨道交通研究,2006(3):55-59.

[5] 荣朝和.综合交通运输的体制与研究方法[M].北京:经济科学出版社,2010.

[6] 文浩,刘娟.综合交通枢纽运营管理模式分析[J].长沙大学学报,2014(5):67-69.

[7] 吴玉兰.北京市综合交通枢纽运行现状分析及改进措施建议[J].道路交通与安全,2015(6):16-19+27.

[8] 叶冬青.国内外城市综合交通枢纽案例研究[A].中国城市规划学会,转型与重构——2011中国城市规划年会论文集[C].南京:东南大学出版社,2011.

[9] 尹贻林,乔璐.我国城市综合交通枢纽运营单位政府补贴机制研究[J].城市轨道交通研究,2012(2):14-18.

[10] 赵鹏林,刘永平.综合交通枢纽现状综合交通枢纽现状、困境及解决途径——以深圳市为例[J].城市交通,2016(5):54-60.

[11] 朱成爱.外部利益返还机制研究[J].建筑经济,2011(6):13-16.

交通运输服务郑州国家中心城市建设思路研究

刘 晨

(交通运输部规划研究院,北京 100028)

【摘 要】 国家提出将郑州建设成为国家中心城市的要求,河南省提出通过郑州大都市区建设服务郑州国家中心城市发展。本文通过分析国家中心城市的内涵和特征,明晰国家中心城市建设对交通运输发展的要求,分析郑州及郑州大都市区交通运输发展存在的问题,并从强化城市聚集辐射作用、增强综合服务功能、带动区域一体化发展、构建经济发展新极等角度出发,提出交通运输服务国家中心城市建设的思路和重点。

【关键词】 交通运输 国家中心城市 郑州 郑州大都市区

Research on the Method Transportation Supports Zhengzhou National Center City Construction

LIU Chen

(Transport Planning and Research Institute Ministry of Transport, Beijing 100028)

Abstract: China proposed to build Zhengzhou into a national central city. Henan Province proposed through the construction of Zhengzhou metropolitan area service Zhengzhou national central city development. This research analyses the connotation and characteristics of the national central city, the requirements of national central city construction to transportation. Taking Zhengzhou as an example, this research finds out the disadvantages of the transportation in national center city construction, and proposing solution from strengthening the role of urban radiation, enhancing the comprehensive service functions, promoting regional integration development, building a new economic development.

Keywords: Transportation National center city Zhengzhou Zhengzhou metropolitan area

国家已先后明确北京、天津、上海、广州、重庆、成都为国家中心城市,并提出将郑州建设成为国家中心城市的要求。交通运输作为基础性、先导性、战略性产业和重要的服务性行业,是建设国家中心城市的重要支撑和引领,需要在郑州国家中心城市强化聚集辐射作用、增强综合服务功能、带动中原城市群一体化发展、参与"一带一路"建设中发挥积极作用。

近年来,郑州市经济社会快速发展,GDP 和人均 GDP 常年位列河南省首位,但和其

他中心城市相比,郑州综合实力不强,辐射带动能力不足,与周边城市分工合作、功能协同的格局尚未完全形成[1],要以郑州大都市区作为建设郑州国家中心城市的重要空间载体,共同成为带动区域发展的核心枢纽。河南省2017年政府工作报告也提出要"推进郑汴一体化深度发展,加快郑州与周边毗邻城市融合发展,推动郑州大都市区建设"[2]来服务郑州国家中心城市建设。

一、国家中心城市的内涵和要求

国家中心城市是全国性或国家战略区域的经济中心和促进区域融合、参与国际竞争的门户,在现代化和国际化方面居国内领先水平,在配置国际国内资源、促进资源要素双向流动中具有重要地位和作用,具有较强的控制、管理、整合、创新功能。

(一)国家中心城市的特征和功能

国家中心城市一般具有以下三方面特征:一是和所在区域互为依托,其形成和发展依赖所在区域的共同繁荣。二是作为全球城市网络的功能节点,现代化和国际化水平突出,具有较强的全球网络连通性。三是发展的共性和特色并存,将全球城市作为发展的共同趋势,但会依据自身的客观条件、区域基础、对外联系、历史过程等因素,选择各自的发展路径。

由于国家中心城市所处的中心枢纽位置,决定了其具有多样性的综合功能。一是集聚功能,包括成为以总部经济为核心要素的区域经济指挥控制中心、以高端人才和高端知识为核心要素的创新中心,以及以综合性交通枢纽和全国性市场为核心要素的商贸中心。二是开放辐射功能,依托所在城市区域或城市群的合理分工和共同发展成为区域增长中心,辐射带动周边区域乃至全国发展,并进行国际交流,成为地区与全球交互的平台。三是城市服务功能,应具备完备的城市服务功能,并具备服务区域、全国乃至全球的综合服务能力和高端的专业服务能力。四是信息枢纽功能,成为知识和信息资源,特别是复杂和专业化信息的创建、交流和传播的场所[3]。

(二)国家中心城市对交通运输发展的要求

国家中心城市作为联通全球、辐射区域的功能节点,必然要求具备通达广泛、衔接有效、功能完善的交通条件,特别是具备服务国际人员往来、物流集散、中转服务等的综合服务功能,形成国际性的综合交通枢纽,具体包括以下几方面:

畅达性的运输通道。国家运输通道和区域运输通道多重交汇、层次分明,高效衔接国家中心城市与国际、国内重点城市,便捷连通所在城市群其他中心城市和重点城镇。

中心化的运输网络。以国家中心城市为中心,形成铁路、公路、民航等多种运输方式分工协作、高度整合的运输网络,实现和周边城市群及所在城市群各区域性交通枢纽城市的多路径联系,广泛覆盖城市群的主要城镇。

开放型的枢纽体系。响应客货运输需求在国家中心城市高度集聚的特点,以民航、铁路、港口等枢纽节点为主体形态,形成一批服务范围广阔、功能定位清晰、配套设施完善、集疏运网络发达的枢纽体系,服务客货流高效转换。

升级版的服务体系。拥有现代化的客货运服务体系,运输组织模式先进,绿色、智慧等发展理念贯穿规划、建设、运营和管理全过程，综合运输服务品质具有比较优势。

交通和产业的融合发展。国际性交通枢纽的形成必然有国际性的产业作为支撑，需不断深化二者内在联系，一方面强化交通功能与产业发展需求的契合程度，另一方面挖掘以交通带动产业的潜能，发展临空经济、高铁经济等。

二、郑州大都市区交通运输发展基础

(一) 发展成就

经过多年发展，郑州和郑州大都市区对外运输通道加速构建，立体化交通网络正在形成，交通枢纽建设取得新突破，综合客运和现代物流服务再上新高度。

对外运输通道建设成效显著。对外运输通道建设进程全面加快，已依托新亚欧大陆桥通道和京港澳通道，初步形成以郑州为中心，衔接国际、覆盖全国的十字形综合运输通道，加强了与国内各大城市群之间的交流，强化了区域产业协作能力，提升了郑州在中原城市群乃至全国交通格局中的地位，在服务和参与"一带一路"建设中也发挥了重要支撑作用。

综合交通网络初步形成。综合交通网覆盖范围不断扩大，铁路网络已基本实现对大都市区内所有城市的全覆盖，以郑州为核心的"米"字形高铁网稳步实施，公路网密度和高速公路网密度均居中部地区前列。网络结构不断优化，城际铁路网从无到有，2016年国省干线公路二级及以上比重约98%，"断头路"、"瓶颈路"、次差路逐步消除。

综合交通枢纽地位不断强化。郑州航空港经济综合实验区上升为国家战略，新郑国际机场二期工程投入运营，2016年旅客、货邮吞吐量达到2076万人次、45.7万吨，分别位居全国第15位、第7位[4]。郑州东站投入使用，建成亚洲解编作业功能最完善的列车编组站郑州北站和中国最大的零担货物转运站圃田西站，郑州国际物流园等一批依托铁路的公路货运枢纽建成投用。

综合运输服务水平明显提升。物流业发展势头迅猛，中欧班列（郑州）成功入选国家首批16个多式联运示范工程，2016年货值、货量位居中欧班列首位，新郑国际机场货运量增速居全国主要机场首位。客运服务水平不断提高，新郑国际机场航线网络不断完善，2016年开通客运航线162条，其中国际地区航线25条，郑州国家"公交都市"建设成效显著，郑开、郑新、郑许、郑焦多条城际公交开通运营，网约车、共享单车等交通运输新业态新模式不断涌现。

(二) 存在问题

和郑州建设国家中心城市的要求相比，仍存在一定的差距：

对外通道总体能力不足。以郑州为中心、联系大都市区其他城市、辐射周边省会城市的"米"字形综合运输通道尚未建成。从与中原城市群城市的衔接看，公路东西向通道能力不足，城际铁路尚处于起步阶段。从与全国主要经济区的衔接看，与京津冀、长江中游城市群的公路通道运能已经接近饱和，郑州与成渝地区、太原城市群等方向铁路衔接尚不完善，与太原、重庆、合肥、济南衔接的高铁尚未建成。港航基础设施等级低、服务能力差，内河水运优势未能充分发挥。

和周边城市衔接的路网不完善。郑州公路网面积密度以及高速公路网面积密度低于上海、武汉等国家中心城市。郑州与其他4市及洛阳、4市之间的路网连通有待增强，跨黄河通道不足，2016年郑州大都市区跨河桥梁人口密度仅0.44座/百万人，郑州仅0.62座/百万人，远低于武汉、南京等长江沿岸城市水平。郑州航空港实验区与许昌、开封之间的快速通道明显不足。穿越城区的高速公路及普通国省道功能亟待调整，过境交通和城市交通、客货交通混杂问题突出。

综合运输枢纽功能亟待提升。郑州航空港以及国际物流园对周边城市、区域的带动作用不强，机场客货运集散交通与城市交通矛盾突出。现代化的综合运输枢纽明显不足，仅郑州市的国际铁路港和国际航空港形成规模，枢纽之间缺乏快速联系通道。

运输服务水平不高。客货运输过多依靠公路运输，2016年郑州公路客、货运量分别占全社会运量的67.3%和87.4%[5]。客货运国际化、高端化、一体化水平仍然不高，中欧班列（郑州）与国际城市的运力对接需进一步加强，民航国际客运航线特别是连接欧美的航线较少，旅客联程联运发展缓慢。

三、发展思路

（一）战略定位

服务于国家中心城市建设、中原城市群科学发展和中部地区崛起的国家战略需要，立足于河南省发展实际，提出交通运输的战略定位为：国际性现代综合交通枢纽、多式联运国际物流中心和中部地区枢纽经济先行区。

国际性现代综合交通枢纽。国际性现代综合交通枢纽是辐射国际、深度开放、服务优质的综合交通枢纽，是区域发展的核心驱动力。郑州大都市区处于3条国家级综合运输通道交汇处，布局铁路国家级枢纽站场和新郑国际机场，多方向高速铁路、高速公路连通，具备明显的区位优势和较强的辐射能力，将发展成为新亚欧大陆桥经济走廊重要的战略枢纽；以设施网络为依托，运输服务网络覆盖广泛，为旅客出行和货物运输提供高品质、多样化的服务。

多式联运国际物流中心。多式联运国际物流中心是承担国际国内间、区域间货物跨方式中转运输的货运枢纽，在提高运输效率、降低运输成本方面起到明显作用。郑州作为河南省规划的国际物流中心，将与周边4城市分工协作，进一步完善干线铁路网，不断拓展民航国际货运航线，形成更加完善的干线运输网络；促进"四港联动"，实现货物跨方式的无缝衔接、高效中转；提供"中欧班列"等跨国界、跨区域运输产品，进一步扩大国际国内的影响力和辐射力。

中部地区枢纽经济先行区。中部地区枢纽经济先行区依托交通枢纽功能吸引相关产业和要素集聚，带动区域经济增长，在中部地区发展枢纽经济中将起到示范引领作用。郑州大都市区将发挥中国（河南）自由贸易试验区、郑州航空港经济综合实验区等国家级先行先试经济区政策优势，依托交通枢纽体系，吸引物流、金融、旅游、商务、休闲等相关产业集聚联动，助推"高铁经济"、"临空经济"、"公路枢纽经济"发展，并进一步形成区域经济发展的新增长极；通过理念创新、模式创新、机制创新，成为中部地区枢纽经济发展的"先行者"。

(二) 发展方向及发展路径

1. 发展方向

郑州应紧紧抓住交通运输发展黄金时期，以郑州国家中心城市建设为主题，以大力发展枢纽经济为核心，以郑州大都市区交通运输一体化发展为主线，以推进线路一体布局、方式一体衔接、城际一体发展、交通产业城市一体融合为切入点，着力完善运输通道布局，引导交通枢纽升级，优化区域交通网络，实现服务高效供给，为增强郑州竞争力、辐射力、影响力厚植优势，为引领中原发展、支撑中部崛起、服务全国大局提供强有力的支撑和保障。

2020年，郑州国际性现代综合交通枢纽地位更加突出，多式联运国际物流中心基本建成，枢纽经济示范成效显著，交通运输资源共建共享、互联互通水平显著提高，为建设郑州国家中心城市奠定基础。

2. 发展路径

围绕郑州建设国家中心城市要求，以及建设国际性现代综合交通枢纽、多式联运国际物流中心和中部地区枢纽经济先行区的战略定位，凝聚5市交通发展合力，以综合运输通道、综合交通枢纽、综合交通网络和综合运输服务为着力点，以交通一体发展服务5市一体融合，以交通品质升级推动郑州综合实力和区域辐射能力提升。

(1) 坚持"1+4"的战略指引，形成5市交通发展合力。

5市交通资源禀赋各不相同，需充分发挥各市交通优势和特点，优化相互间的竞合关系，共同促进郑州大都市区交通发展。

郑州：作为大都市区的发展龙头，依托自身航空港优势和"米"字形高铁加速建成、高速公路及高等级干线公路不断优化的契机，构建经周边4市并衔接国际及国内主要经济区的骨干通道，提升枢纽国际及中原城市群影响力，并通过和4市衔接的高品质城际线路，向周边辐射国际性、枢纽性交通功能，打造面向大都市区5市的跨区域、跨国界交往平台。

开封：承担郑州大都市区东向门户功能，重点完善至安徽、长三角、山东等方向通道。借力郑汴一体化以及中国（河南）自由贸易试验区开封片区发展，积极承接部分郑州国际枢纽功能转移，加强和郑州、许昌的交通联系，畅通和新乡的衔接。

许昌：承担郑州大都市区南向门户功能，重点完善至珠三角、长株潭、西南地区等方向通道。实施许港融合发展战略，结合自身产业发展，通过强化和郑州航空港经济综合实验区间的交通连接，形成推动制造业和物流发展的交通动力，加强和郑州、开封的交通联系。

新乡：承担郑州大都市区北向门户功能，重点完善至京津冀、东北、山东等方向通道。发挥新乡南部沿黄经济带与郑州隔黄河相望的区位优势，畅通跨黄河通道，强化两岸对接，加强和郑州、焦作的交通联系，畅通和开封的衔接。

焦作：受地形限制，除加强自身辐射功能外，需积极利用新乡、郑州的交通资源实现对外联通，重点完善至山西、内蒙古、西北等方向通道。畅通跨黄河通道，强化两岸

对接，加强和郑州、新乡的交通联系。

（2）坚持突出重点，优先推进有利于扩大区域影响、实现都市区一体、推动交通品质升级等方面的交通任务。

发挥综合运输通道的骨干作用，增强国际、国内影响力。按照郑州建设国家中心城市提出的打造内陆开放高地，积极服务和参与"一带一路"建设，引领中原城市群发展和支撑中部地区崛起的要求，依托新亚欧大陆桥和衔接郑州大都市区的国家级综合运输通道，形成大都市区辐射国际和国内主要经济区、联接周边的对外通道。通过公路通道紧密和中原城市群各城市之间的衔接，加强郑州和副中心洛阳的互动。

发挥综合交通枢纽的引领作用，形成带动区域发展新极。实现从郑州及大都市区从"通道经济"向"枢纽经济"的转变，包括城市和站场两个层面。城市层面，需提升郑州大都市区交通设施品质和服务品质，提高郑州国际、区域辐射带动作用，吸引高端要素集聚。站场层面，需结合航空港和高铁站建设，打造一批具有国际和区域影响力的综合客运枢纽，形成区域对外的客运交往平台以及跨区域客运和大都市区内客运的转换平台；结合以郑州航空港为代表的产业园区发展，打造一批与产业发展关联紧密、区域影响力强的货运枢纽（物流园区），成为区域货物运输平台；结合枢纽站场的交流平台功能，吸引关联产业在有条件的枢纽附近集聚，发展依托实体站场的"枢纽经济"。

发挥综合交通网络的基础作用，提供区域一体发展的设施支撑。郑州大都市区作为城市群发展到一定阶段的产物，需要交通运输的发展能满足其高效、优质的对外交通联系和以郑州为核心的高频度、快速化的市际交流需求。适应大都市区的交通需求特征，构建衔接周边的高铁、城际铁路以及贯穿大都市区、高水平的高速公路网和高等级公路网；加密城市及航空港等重要组团间的公路、轨道交通联系，畅通黄河南北两岸衔接，为支撑5市一体发展提供基础条件；优化关键节点的城市内外衔接、交通与重点产业园区和旅游景区衔接，打通"最后一公里"。

发挥运输服务升级的关键作用，提升全社会服务品质和效率。面向快速化、一体化的运输趋势，以优质的交通基础设施为依托，广泛应用现代信息技术等手段，贯彻集约节约绿色发展理念，通过推进航空港、铁路港、公路港、出海港（国际陆港）一体协同以及多式联运等先进运输组织方式的发展，提升郑州大都市区货物运行效率；通过加强不同层次客运的一体对接和旅游、客运的融合发展，不断提高百姓出行满意度。

四、结语

本文从国家中心城市的内涵和对交通运输发展的要求出发，在总结郑州大都市区交通运输发展成就的基础上，研究提出围绕郑州建设国家中心城市的目标，郑州大都市的交通运输发展仍然存在对外通道总体能力不足、郑州和周边城市衔接的路网不完善、综合运输枢纽功能亟待提升、运输服务水平不高等问题。同时，本文创新性提出交通运输在郑州建设国家中心城市中的战略定位是国际性现代综合交通枢纽、多式联运国际物流中心和中部地区枢纽经济先行区，并提出未来交通运输发展一是要坚持"1+4"的战略指引，形成5市交通发展合力，二是要坚持突出重点，优先推进有利于扩大区域影响、实现都市区一体、推动交通品质升级等方面的交通任务。

参考文献:

[1] 中华人民共和国国家发展改革委员会发展规划司.国家发展改革委关于支持郑州建设国家中心城市的指导意见.http://www.ndrc.gov.cn/zcfb/zcfbtz/201701/t20170125_836754.html.

[2] 陈润儿.2017年河南省政府工作报告[R].郑州:河南省人民政府,2017.

[3] 李林.国家中心城市功能选择与实施路径[J].城市,2011(10):17-21.

[4] 中国民用航空局.2016年民航机场生产统计公报.http://www.caac.gov.cn/XXGK/XXGK/TJSJ/201702/t20170224_42760.html.

[5] 郑州统计局.2016年郑州市国民经济和社会发展统计公报.http://tjj.zhengzhou.gov.cn/tjgb/418270.jhtml.

如何破解多式联运"最后一公里"难题

张改平

(交通运输部科学研究院,北京 100013)

【摘 要】 随着大规模基础设施网络初步建设完成,基础设施不再是制约国民经济发展的主要瓶颈,如何提升运输服务效率、降低社会整体运营成本,成为国民经济发展面临的主要问题——多式联运成为关键破题点。大多数学者认为多式联运需要在地理上打通多种运输方式衔接的"最后一公里"。然而,作者通过运输经济学理论及对国外多式联运进行比较分析,认为加强多式联运顶层设计和规划、"软硬兼施",是破解多式联运"最后一公里"难题的有效途径。

【关键词】 多式联运 最后一公里 信息化

How to Resolve the "Last Mile" Problem of Multimodal Transport

ZHANG Gaiping

(China Academy of Transportation Sciences, Beijing 100013)

Abstract: With the formation of transport infrastructure network, the infrastructure is no longer the main constraint of national economy. How to improve the efficiency of transportation service and reduce the overall operation cost will be the main problem. The paper argues that multimodal transport will be the key breaking point of the problem. Most scholars believe that multimodal transport needs to be geographically connected to a variety of modes of transport convergence of the "last mile". However, through the analysis of the economic theory of transport and foreign multimodal transport, it is believed that strengthening the top-level design and planning of multimodal transport is an effective way to solve the "last mile" problem of multimodal transport.

Keywords: Multimodal transport The last mile Informatization

一、引言

经过 30 多年的发展,中国已经成为具有全球影响力的物流大国,国内物流市场规模、公路和铁路的货运量与周转量、集装箱吞吐量、港口吞吐量及快递量均居世界第一。尽管我国物流规模很大,但是物流绩效并不理想,物流成本居高不下。国外发展经验表明,多式联运能够提高运输效率约30%，减少货损货差约10%，降低运输成本约20%，减少高速公路拥堵50%以上，促进节能减排三分之一以上。多式联运是现代物流高效运行的基础条件，是综合交通运输发展水平的重要标志。

多式联运作为一种高效率、现代化的运输组织模式，可以充分发挥各种运输方式的组合优势，实现货源的高效整合和运输的无缝衔接，为货主提供门到门的运输服务，代表着综合运输的发展方向。发展多式联运不仅是提高我国物流效率、降低物流成本的重要途径，更是深化交通运输改革、促进经济转型升级的根本要求。我国正在全力引导多式联运发展，2014年我国出台的《物流业发展中长期规划（2014－2020）》中将多式联运工程列为十二大重点工程之首，可见国家对多式联运发展的重视程度。随后，中央层面出台了一系列的政策，并多方面开展工作，如多式联运物流园区补助政策、多式联运示范工程的开展等，积极推进多式联运的发展。然而，我国货物多式联运推进过程中，面临一系列问题，尤其是"最后一公里"的瓶颈制约问题，成为本文研究的重要内容。

二、多式联运的内涵与外延

（一）多式联运的界定

《联合国国际货物多式联运公约》中对多式联运进行了界定："多式联运是指按照多式联运合同，以至少两种不同的运输方式，由多式联运经营人将货物从接管货物的地点运至指定交付货物的地点"[1]。我国公布的《多式联运技术指引》对多式联运的界定为："多式联运可以分为广义的多式联运和狭义的多式联运。前者是指凡是涉及两种及两种运输方式以上的联合运输，统称为多式联运；后者是指两种或多种运输方式在接续转运中，仅使用某一种标准化的运载单元或道路车辆，且全程运输中不对货物本身进行倒载的运输方式"。从两者定义来看，狭义多式联运的定义与前者类似，也是本文所认可的对多式联运的界定。其中标准化的运载单元主要包括：集装箱、半挂车、交换箱体等。目前，在我国运用比较多的运载单元为集装箱。

（二）多式联运的内涵

根据多式联运的定义可以看出，多式联运的核心内涵主要体现在两个方面：一是在货物操作环节，多式联运下的货物可以在不同运输方式间实现快速、无缝式换装；二是在货运业务环节，对于托运人而言，只要面对一个契约承运人，是"一次托运、一次计费、一份合同、一张单证"。契约承运人需要对全程运输负责。具体而言，多式联运的内涵可以拆分为四个方面来理解：

1. 多式联运强调各种运输方式的无缝衔接

多式联运强调各种运输方式之间的无缝衔接，实现各方式间协调和流畅的转换，这

---

[1] "International multimodal transport" means the carriage of goods by at least two different modes of transport on the basis of a multimodal transport contract form a place in one country at which the goods are taken in charge by the multimodal transport operator to a place designed for delivery situated in a different country.

也正是多式联运的首要目标之一。无缝运输是多式联运降低成本提高效率的关键,而实现无缝运输的前提在于各种交通基础设施之间能够相互衔接,为线上连贯的运输服务提供硬件保障。

2. 多式联运要求设施设备的标准化运作

多式联运设施设备的标准化,能够促进多式联运规范化、有序化发展,从而进一步推动区域内物流效率的提高,极大地节约社会运输成本,也使企业的物流成本大幅度降低。

3. 多式联运由多式联运经营人组织运输

在货运业务环节,虽然涉及不同运输方式,但对于托运人而言,在多式联运运输合同下只要面对一个契约承运人,这个契约承运人需对全程运输负责,而不管实际承运人到底是谁,到底有几个,这也意味着对于托运人而言是"一次托运、一次计费、一份合同、一张单证"。

4. 多式联运强调不同运输模式之间的最优组合

在各种运输方式自发形成阶段,往往是由分散的线路逐渐形成较为密集的网络,从而有效发挥运输业特有的规模经济和密度经济。但随着人们生活空间和交易市场的扩大,单一运输方式的网络化已经不足以满足社会经济发展的需要,各种方式之间的互联互通成为必然的发展趋势,以减少由于各种运输方式彼此分隔所造成的种种不便。通过各种运输的优化组合以及以客户为导向的服务和货物门对门的顺畅流通,使货运效率更高、成本更低。

(三) 多式联运的外延

1. 多式联运主要运输组织模式

多式联运运输组织模式主要包括两种:一种是衔接式多式联运组织模式,另一种是协作式多式联运组织模式。我国主要采用的多式联运组织模式为协作式多式联运组织模式。

(1) 衔接式多式联运组织模式。

在衔接式多式联运下,运输组织工作与实际运输生产实现了分离,多式联运经营人负责全程运输组织工作,各区段的实际承运人负责实际运输生产,其组织模式如图1所示。在这种模式下,多式联运经营人也具有双重身份。对于货主而言,他是全程承运人,与货主签订全程运输合同,向货主收取全程运费及其他费用,并承担承运人的义务;对于各区段实际承运人而言,他又是托运人,他与各区段实际承运人订立分运合同,向实际承运人支付运费及其他必要的费用。很明显,这种运输组织和运输生产相互分离的形式,符合分工专业化的原则,由多式联运经营人"一手托两家",不但方便了货主和实际承运人,也有利于运输的衔接工作,因此,它是联运的主要形式。

在国内联运中,衔接式多式联运通常被称为联合运输,多式联运经营人(MTO, Multimodal Transport Operator)则成为联运公司。我国在《合同法》颁布之前,仅对包括海上运输方式在内的国际多式联运经营人的权利与义务在《海商法》和《国际集装箱多式联运规则》中做了相应的规定，对于其他形式下国际多式联运经营人和国内多式联运经营人的法律地位与责任并未做出明确的法律规定。《合同法》颁布之后，无论是国内多式联运还是国际多式联运，均应符合该多式联运合同中的规定，这无疑有利于我国多式联运业的发展壮大。

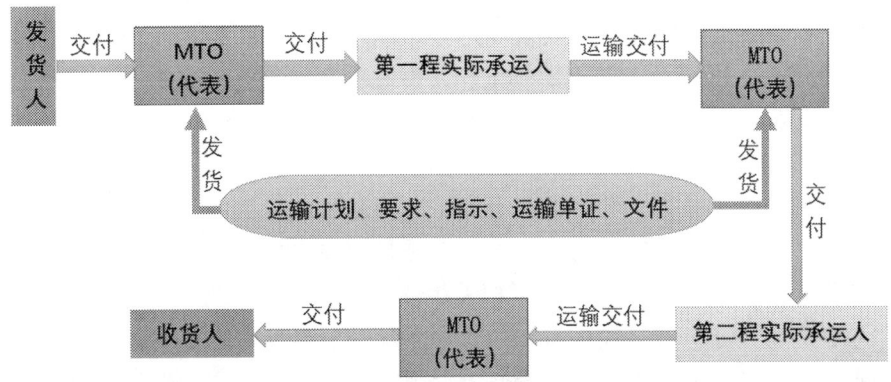

图 1　衔接式多式联运的组织模式
Fig. 1　The Organizational Model of Intermodal Multimodal Transport

（2）协作式多式联运的运输组织方式。

协作式多式联运是目前国内货物联运的基本形式，如图 2 所示。在协作式多式联运模式下，参与联运的承运人均可受理托运人的托运申请，接收货物，签署全程运输单据，并负责自己区段的运输生产；后续承运人则需要承担货物交付以及受理收货人的货损货差的索赔。在这种模式下，参与联运的每个承运人均具有双重身份，对外而言，他们是共同承运人，其中一个承运人（或代表所有承运人的联运机构）与发货人订立的运输合同对其他承运人均有约束力，即视为每个承运人均与货主存在运输合同关系；对

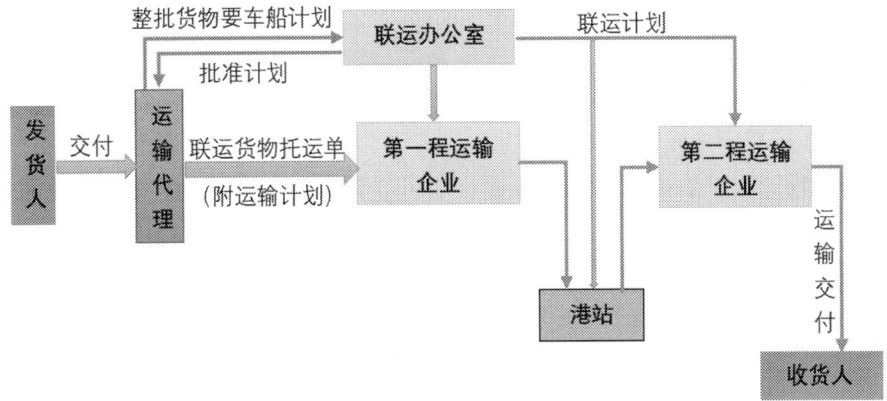

图 2　协作式多式联运模式
Fig. 2　The Model of Collaborative Multimodal Transport

内而言,每个承运人不但有义务完成自己区段的实际运输和有关的货运组织工作,还应根据规章或约定协议,承担风险,分配利益。

我国以后者为主,在这种形式下,每个承运人完成自己区段的实际运输与相关货运衔接组织工作,然后根据相关合同或协议承担风险并分配利益。衔接式多式联运组织模式下,多式联运经营人为全程承运人,与托运人签订合同并承担承运人责任。相比较而言,前者更符合多式联运的定位,实现了运输组织与运输生产的相互分离,不但方便了货主和实际承运人,也有利于运输衔接工作。由此看来,我国多式联运组织形式还有待进一步优化。

2. 多式联运的优势

多式联运与单一运输方式相比,具有四个方面重要的优势:一是提高运输效率。多式联运可以降低传统分段运输的时间损失以及破损、盗失风险,从而降低了全程运输的各种相关费用。二是"一单制"简化了相关手续。通过"一次托运、一次计费、一份合同、一张单证"减少了分段运输的有关单证和手续的复杂性。三是责任主体明确。货主只需要与多式联运经营人一方联系,经营人对托运人的货物负全程责任,提供的全程运费更低于货主就运价与买方达成的协议;四是提高市场竞争力。运输成本的降低有助于产品物流成本的降低,从而提高产品的市场竞争力。

目前,我国多式联运常见的有海铁联运、公铁联运、公水联运等,多式联运业务量也在逐年提升。以河南省为例,以郑州中心站为依托,联合郑州国际陆港集团,形成了成熟的中欧班列品牌,现在可以实现每天对开班列,并且重去重回。郑州中欧班列是典型的公铁联运产品:首先,中欧班列国内辐射周边1500公里以内的货源,通过铁路或公路集聚到郑州中心站,同时,在德国、瑞士等欧盟国家,布局了一百多个营销节点为中欧班列组织当地货源,从而保障班列的开行。从时效性上讲,公铁联运比海运到欧洲国家可节约30%时间,从安全性上讲,铁路的时空垄断和技术经济特性不易受恶劣天气影响,并可降低盗失、破损风险;其次,客户通过国际陆港平台直接下单,简化了报关、保险等诸多环节;再次,郑州国际陆港作为承运人,郑州路局作为实际承运人承担的责任明确;最后,公铁联运方式充分发挥了铁路的运价优势,大大提高了中欧班列的市场竞争力。

3. 多式联运与物流成本之间的关系

尽管我国物流业发展迅速,物流总量已居世界首位,但我国物流绩效并不理想。我国物流成本一直居高不下,通过近十年的数据可以看出,我国物流费用相当于GDP的比例一直是美国的两倍左右(如图3所示)。根据美国相关研究,多式联运运量与物流成本相当于GDP比例存在着较强的负相关关系。从1981年到2012年,随着多式联运运量的上升,美国物流成本相当于GDP的百分比逐年下降(如图4所示)。由此可以说明,多式联运的发展对降低物流成本起到非常重要的作用。

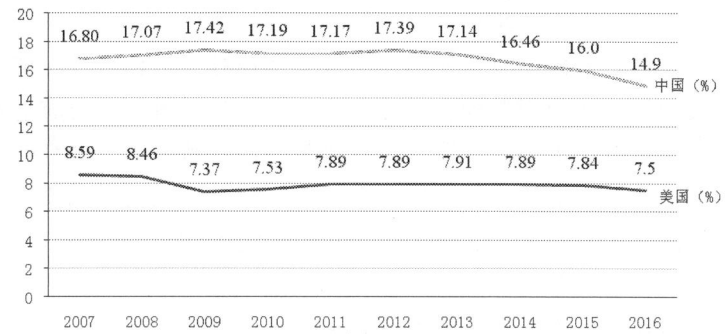

图 3　物流费用相当于 GDP 比例中美对比情况

Fig. 3　The Comparison of Logistics Costs as a Percentage of GDP in China and America

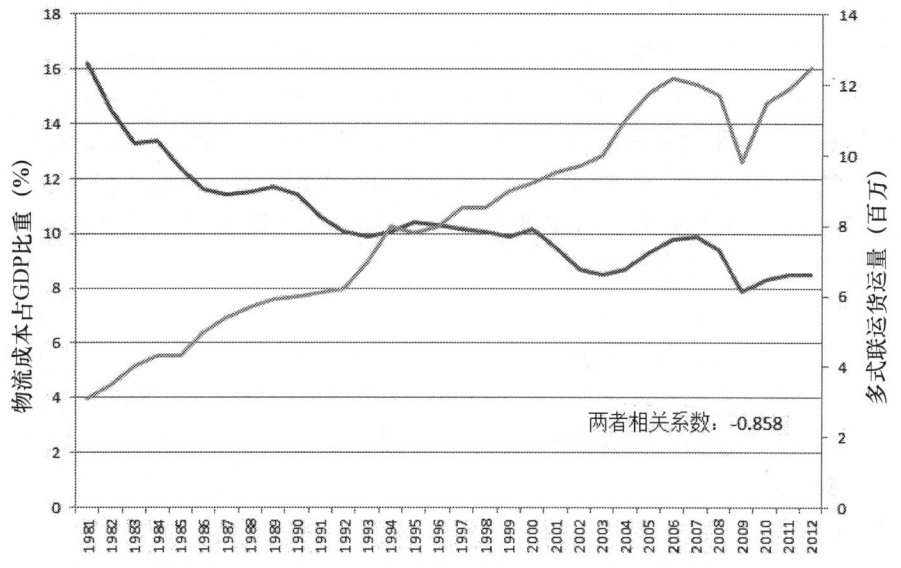

图 4　美国多式联运运量与物流成本相当于 GDP 关系示意图

Fig. 4　The Relationship diagram of American Multimodal Transport Volume and Logistics Costs to GDP Ratio

三、我国多式联运发展的现状与问题

（一）多式联运发展的现状

目前我国多式联运涉及的运输方式主要包括铁路、公路、水运和航空。近几年，这几种运输方式承担的货运量结构不尽合理，铁路运输量占总量的 12% 左右，公路运输量占 74% 以上，水运量保持在 8%~9%，其余为航空运量。不合理的运输结构反映出我国各种运输方式独立发展，联合运输发展较为缓慢。

从铁路运输来看，尽管我国铁路网比较发达，遍及各省、市及自治区，然而由于铁路的管理机制，导致其市场化程度较低，铁路的货运量逐年下降，铁路资源未能充分利用；从公路运输来看，我国高速公路通车里程位居世界第一位，然而省与省之间、省内、市际、县际运输会受到行政壁垒的制约与阻碍。道路运输企业整体水平较低，车辆技术结构不合理，小吨位车辆偏多，而在多式联运中发挥作用的大件特种车、厢式车、冷藏车、集装箱车较少，适应现代物流发展的大型综合枢纽缺乏，信息交流滞后，返程空载率较高。公路等级偏低，路网密度较小。从我国水路运输来看，内河航道基本处于自然状态，高等级深水航道占比较小，内河港口大多数装卸设备陈旧，海港通航航道水深不足，阻碍了码头泊位能力的发挥，不能适应集装箱船舶大型化发展的需要。从我国航空运输来看，空港和民航货物运输设施不足，一些地方支线机场没有专门的货运作业场地，甚至没有货机停机坪，此外空管通信导航技术设备落后。

(二) 多式联运发展过程中存在的主要问题

一是运输设备标准不统一。多式联运是不同运输方式之间的合作，关键是要建立衔接、流畅的多式联运体系，在此基础上才能算清联运的成本，从而确定合适的运输组织方式。要建立完整的多式联运体系需要统一标准。首先，运输装备的标准要统一。不同运输方式的装备标准缺乏协同是多式联运的一大问题。如果卡车的尺寸标准和铁路装载单元的标准不协调，公铁联运的转换就很麻烦，需要对货物进行倒载、换装，导致成本上升。因此，铁路平车与公路运输使用车型的标准要协同。其次，法规要统一。目前，有关法规中对各种运输方式的承运人、托运人之间的责任边界、理赔、保险等规定都不相同，这样会给多式联运经营人带来极大困扰，只能按照不同运输方式的规定签不同的合同，分段进行管理，管理成本极高。

二是物流企业缺乏对多式联运的认知度。目前，我国大多数物流企业各自为战，对多式联运的组织性、技术性、经营性等学习了解不够，没有真正打通物流链和供应链。一些道路货运企业对多式联运顾虑重重，担心被铁路分流部分货运。铁路货运虽然改革，但没能真正融入货运市场，很难发挥铁路长大干线优势。航空运输企业在多式联运的市场参与更是少之又少。

三是市场缺少真正的多式联运经营人。真正的多式联运经营人与用户签订运输合同后，必定会考虑公路、铁路、船舶、航空等各种运输方式的合理选择和搭配问题，做好整体规划，综合考虑运输成本与时效，以用户需求为导向，对运输组织方式进行优化。目前，符合多式联运要求的经营人在我国货运市场处于缺位状态。

四、"软硬结合"破解多式联运"最后一公里"难题

从多式联运的内涵及我国多式联运发展的现状看，为破解多式联运"最后一公里"制约，应采用"软硬结合"方式来解决。

(一) "软件方面"分析

"软"是指通过强化"软件方面"设施着手，破解这一难题。"软件"主要包括几个方面：一是制定统一的多式联运各项标准。主要包括运输装备的统一和运输法规的统一。运输装备的统一要求不同方式的运输装备标准要协同，才能提高倒载效率。如美国联邦汽车技术法规中，对涉及COFC/TOFC、滚装运输以及标准化运载单元、快速转运设施设备等，均规定了详细的技术标准，奠定了多式联运的标准化基础。美国通过国内铁路运输装备与水路运输装备的标准化换装枢纽实现了美西到美东国际上最大规模的跨境集装

箱多式联运运输体系。运输法规的统一要求各种运输方式的承运人、托运人之间的责任边界、保险、理赔等规定要相同，这样才能明确责权利，提高联运效率；二是在多式联运组织模式中运用 EDI② 系统。美国已经建立了 EDI 国际集装箱信息网络系统，实现了多式联运信息高效传输和共享，保证了各种运输方式之间的紧密衔接，充分发挥出了集装箱的先进性特点。目前我国多式联运的信息化程度较低，物流资源信息分散、不透明，信息标准不统一，各联运部门缺少信息共享，无法协同运作。20 世纪 90 年代，我国开始运用 EDI 系统进行航运操作，但是只有上海、青岛、天津和广州等地使用了该系统，并且发展比较缓慢。目前，中远系统、中外系统、海关系统均已建有 EDI 系统。交通运输部的"四点一线"（天津港、青岛港、上海港、宁波港和中远航线）建立了 EDI 分局中心，但与铁路系统尚未联网，且 EDI 联网范围较窄，服务项目较少。三是优化运输组织方式。一方面，在满足业务需求情况下，根据货物的基本属性及货值选择合理的联运方式，充分利用各种运输方式的技术经济特征；另一方面，构建合理的联运网络，如轴辐式物流网络，实现网络经济效益。

（二）"硬件方面"分析

"硬"是指通过强化"硬件方面"设施着手，破解这一难题。"硬件"主要从完善物流基础设施和枢纽站场的集疏运体系入手：物流基础设施包括修建铁路支线、公路连接线等，实现各种运输方式的无缝隙对接；枢纽站场的集疏运体系建设，如铁路支线进入港口前沿作业区、铁路支线进行航空货运作业场地等，实现作业场站不同方式的无缝隙衔接。

（三）"软硬结合"分析

"软硬结合"是指从"软件方面＋硬件方面"着手，破解这一难题。"软硬结合"的内涵是依据"宜软则软、宜硬则硬、软硬兼施"的根本原则，根据实际情况，综合考虑完善"软件方面"和"硬件方面"既有条件，提高多式联运效率。过去，由于体制等原因，各种运输方式各自规划，没有构建真正的综合交通运输体系，综合交通枢纽也很难满足多式联运的需求，如上海洋山港、十八个铁路集装箱中心站场，无法满足多式联运硬件设施"最后一公里"的衔接问题。为解决既有综合枢纽的多式联运"最后一公里"问题，需要采用"软硬结合"的方式来解决，一方面，在硬件方面，追加少量投入改善综合枢纽的集疏运体系，提高场站的作业能力；另一方面，在软件方面采用 EDI 信息技术，实现多式联运链条各主体的信息实时共享，如船运公司可将海运提单提前传送至港口，港口根据提单情况，安排装卸作业，并同时将装卸计划传送给铁路场站，铁路场站得到消息后，提前配置运力资源。对于无法满足多式联运功能的综合枢纽进行改造和提升，通过"软硬结合"的方式，破解"最后一公里"难题，提高多式联运的整体效率。

---

② EDI（Electronic Data Interchange）：电子数据交换系统，是指一种在公司之间传输订单、发票等作业文件的电子化手段。它通过计算机通信网络将贸易、运输、保险、银行和海关等行业信息用一种国际公认的标准格式，实现各个有关部门或公司与企业之间的数据交换与处理，并完成以贸易为中心的全部业务过程。

五、结束语

本文提倡采用"软硬结合"的方式,依据"软硬兼施、实事求是"的基本原则破解多式联运"最后一公里"的瓶颈制约问题。目前,我国中央政府过多地承担了具体规划方案方面的工作,导致各地方和部门为了获取国家提供的公共资源而着眼于将项目纳入国家的规划方案中,规划成了获得项目审批的跳板,无法有效配置公共资源,各地方纷纷出现了多式联运的热潮,很多工作的开展是"为多式联运而多式联运",结果适得其反,未取得预期效果。在多式联运开展工作过程中,应因地制宜,根据地方发展的自身条件,包括交通条件、地理条件及经济发展状况,通过行政引导和市场调节结合的方式,推动多式联运的发展,"宜软则软、宜硬则硬",并非两者齐头并进是上上策。根据国外多式联运发展的经验看,国家政策引导、支持仅仅是我国多式联运发展的第一步,未来多式联运发展需要国家不断加强顶层设计和规划,需要政府和企业合理推动,提高多式联运服务水平。

参考文献：

[1] 诸葛恒英,齐向春等.美国铁路多式联运发展的启示[J].铁道运输与经济,2016,38(12):69-73.

[2] 中美物流联合会.美国多式联运发展研究[R].2016.5.

[3] 董鹏.多式联运之思考[J].交通与运输,2016(4):60-62.

[4] 王泽宇.改善我国多式联运的几点建议[J].交通与运输,2017(1):62-63.

[5] 范振宇,杜江涛,林坦.加快发展多式联运:美国的经验启示[J].综合运输,2015,37(4):53-58.

[6] 郭琴.我国多式联运发展的若干思考[J].物流工程与管理,2010(4):3-4.

[7] 曹强,王帅.发展多式联运的障碍与对策分析[J].物流科技,2015(4):152-153.

[8] 周刚.浅析发展多式联运[J].物流科技,2007(2):99-100.

[9] 魏际刚,荣朝和.中国集装箱多式联运发展的宏观经济因素分析[J].中国软科学,2000(8):40-44.

[10] 程楠,荣朝和.美国多式联运规划的制度安排及启示[J].物流技术,2008(6):122-125.

[11] Jones WB, CRCassady and R O Bowden. Developing a Standard Definition of Intermodal Transportation [J]. Transportation Law Journal, June, 2000.

[12] TRB (Transportation Research Board), ISTEA and Intermodal Planning[R]. Northern West University, 1996.

[13] Association of American Railways, Rail Intermodal Keeps American Moving[R], Washington: Association of American Railways, 2016.

打造物流行业"一带一路"信用体系面临的机遇和挑战

宋学鑫

(锦程物流网络技术有限公司,大连 116001)

【摘　要】 2013年,习近平总书记提出"一带一路"的战略构想,"一带一路"分别指的是丝绸之路经济带和21世纪海上丝绸之路。"一带一路"作为中国首倡、高层推动的国家战略,契合沿线国家的共同需求,为沿线国家优势互补、开放发展开启了新的机遇之窗,是国际合作的新平台,也为"一带一路"沿线的物流企业合作提供了新的机遇和挑战。本文从物流行业的角度出发,分析当前跨境物流合作信用发展的现状和特点,指出目前全球物流合作存在的问题,分析并阐述了信誉圈层建设和发展的创新模式和发展思路。

【关键词】 物流　"一带一路"　信誉　物流平台　创新

The Opportunities and Challenges of Credibility in Logistics Industry Facing the "Belt and Road Initiative"

SONG Xuexin

(JCtrans Logistics Network Co. Ltd., Dalian 116001)

Abstract: In 2013, President Xi Jinping proposed the strategic concept of "Belt and Road Initiative", which refers to the silk road economic belt and the 21st century maritime silk road. As the national strategy of China's top drive, it fits the common demand of countries along the belt and road, meets the complementary needs of countries and opens a new window of opportunity to development, which is a new platform of international cooperation. It also provides new opportunities and challenges for logistics companies along the Belt and Road Initiative. From the perspective of the logistics industry, this paper analyzed the current status and characteristics of the multinational logistics cooperation, which points out problems existing in the current global logistics cooperation, and analyzes and expounds the credibility envelops the innovation of the construction and development mode.

Keywords: Logistics　Belt and Road Initiative　Credibility　Logistics platform　Innovation

一、前言

"一带一路"涵盖亚太、欧亚、中东、非洲地区等,包括 65 个国家,总人口超过 44 亿,占全世界人口的 63%,经济总量超过 20 万亿美元,占全球经济总量的 30%,这些国家大多数为新兴经济体和发展中国家,普遍处于经济发展的上升期。据悉,2014 年至 2016 年,中国同"一带一路"沿线国家贸易总额超过 3 万亿美元。这对加强"一带一路"沿线物流企业间的合作提出了新的要求。

同时,2014 年 11 月 18 日,国家发改委发布《关于我国物流业信用体系建设的指导意见》,为物流行业的信誉体系建设提供了政策参考,在国家政策的支持下,适逢互联网与传统行业相结合的创新时期,如何建设"一带一路"的物流行业信誉圈层,将更多的物流企业纳入新的模式,增加企业间的信任和合作,将成为未来物流行业发展的主要课题之一。

二、物流行业信用存在问题

诚信,是一个企业乃至一个行业良性发展的基础。然而,在"一带一路"快速发展下的物流行业,却长期面临物流诚信体系建设的困扰,主要问题有以下几点:

(一)代理间合作缺乏了解,信任度低

1. 传统方式沟通效率低

受行业观念和企业规模的影响,很多物流企业仍在使用传统的沟通方式和海外代理建立合作,如打电话、发邮件等方式。这样造成了前期沟通的大量时间浪费,效率非常低下。以中国为例,我国物流费用相当于 GDP 的比重为 16% 左右,呈逐年下降趋势,但仍然和欧美国家有较大差距。[1]企业缺乏有效的沟通手段。"一带一路"上的发展中国家较多,在沟通方面还以传统手段为主。

2. 企业间缺乏初期合作的信任

因为涉及跨境的合作,双方需要建立信任基础才能达成合作。国内和海外的物流企业对于对方企业的规模、企业自身优势、操作人的专业度缺乏了解,造成信任度低。

(二)代理提供的服务达不到标准,以低运价的方式竞争市场

中国物流企业还处于相对原始、初级的发展阶段,企业间为了争夺市场,进行价格上的恶性竞争,这种状况制约了物流企业向专业化、信息化方向发展。

1. 企业内部管理不规范

中小企业不规范的管理模式与企业本身的发展格格不入,企业内部缺乏科学的管理制度,企业的发展模式还是小作坊的发展模式,缺乏专业度高的人才和明晰的发展策略,也缺乏企业内部信誉文化建设的思路和方案。

2. 物流行业信息标准化缺失

行业不规范、管理松散导致了物流行业标准化矛盾突出,国内外之间、国内地区之间、各企业之间信息不对称,格式不统一,接口不统一,重视程度不高,都极大地阻碍了物流信息化的发展。"一带一路"沿线国家多数是第三世界国家,信息化程度普遍较低,无法进行信息共享。

(三) 服务存在目的港加收、不放单加收费用等不良现象

部分物流企业在服务过程中,在货物到达目的港或在放单之前,向合作方索要其他不合理费用,这种欺骗行为导致了企业的资金损失,更对货物的整个运输效率造成影响,导致更大的货物财产损失。

1. 目的港加收

货物在到达目的港后,目的港的代理向合作方索要税金、拖车费等不包含在双方初始报价里的费用,这类费用因为缺乏对对方港口的了解,所以很难进行定性定量,合作方因为着急提货,所以一般都会被迫付款。"一带一路"沿线一些国家的港口制度和相关部门操作和管理上还不健全,会导致一些问题不可控,造成额外费用的收取。

2. 放单前索要其他费用

物流企业在放提单前,向海外的物流企业或贸易商索要企业服务费用,才能放提单。因为提单是提取货物的物权凭证,如果没有提单的话无法进行提货,所以海外企业被迫需要加纳额外费用。这种不诚信行为会对双方的合作造成巨大的伤害。

(四) 企业间账款互相拖欠,形成纠纷后长期无法解决

1. 企业账款有拖欠

企业因为自身的经营问题,可能短期无法进行支付,所以会有账款的拖欠问题。同时,因为跨境支付的处理流程和到账时间,整个的支付流程可能会花费几天甚至几周,耽误双方的合作。

"一带一路"沿线有一些高危国家,如伊朗、朝鲜等,这些国家的优质企业可能因为国家局势的原因,造成交易和结算的一些问题,这些都需要进行妥善解决,才能使跨境的合作与交易顺利进行。

2. 合作缺乏风险保障

中外物流企业间建立联系并达成合作意向,在合作初期缺乏信任问题,物流行业内没有一个完善的诚信合作圈层,当企业间交易发生合作纠纷时,在物流行业内没有完善的风险保障制度对双方的利益进行有效的保障。

三、物流行业信用缺乏主要原因分析

物流行业长期受到信誉问题的困扰,形成双方不信任,有其深层的原因,而要想解决信誉问题,首先要对这些深层行业状况有正确的认识,并找到背后的根本原因,从而拿出对策。"一带一路"上的物流企业一般都处于发展的初期,这类问题会更加明显。

(一) 物流企业缺乏行业门槛监控

物流行业的门槛较低,对企业的人数和实力没有明确的要求。造成企业数量过多,部分企业为了片面寻求经济利益,用价格战来冲击市场,形成恶性竞争,最后的结果是整个行业的利润率下降。

(二) 业务流程缺乏行业标准

1. 业务的操作流程没有统一的标准

企业在操作业务中,只有大致的流程,没有统一的标准,相关的行业主管部门也没

有出具明确的指导意见,造成企业无标准可依,企业的操作更多是依靠业务员的经验。

2. 合同和单据没有统一的标准

企业间的合同没有行业的标准,有些企业间合作甚至没有合同,造成企业之间的纠纷后期无法解决。另外,一些结算的单据,如形式发票、订舱委托书等也缺乏统一的制式,对关键性的问题没有约定,造成后面的一系列问题。

(三)缺乏公共平台的约束和监管,信息化程度低,缺乏信誉记录

1. 缺乏权威第三方平台的有效监督

整个物流行业在每个国家有自身的物流协会或组织,但在全球范围内,缺乏公认的、有行业影响力的组织来确定规则和信誉体系;

2. 行业信息化程度低

港口、企业、海关的信息化程度低,信息流在各部门之前互不流通,造成企业的信誉情况无法有效记录下来。物流信息化的核心是引入现代信息技术,把先进的管理理念和方法引入流程,提高管理效率和水平,促进行业创新,包括物流管理信息信息,供应链管理系统等[2]。

(四)缺乏物流行业诚信体系建设,失信违约成本相对较低

行业内没有成型的信誉体系,企业的诚信或失信行为很难进行行业内的公示,造成一些不法企业的行为无法得到有效的惩罚,失信成本较低,使这些企业有恃无恐,而其他的企业却会遭受严重的损失。

通过上述分析,我们尝试从行业的问题入手,逐步建立合作企业的信任,确立行业门槛和标准,探寻行业信誉建设的手段。

四、物流行业的信誉建设发展措施

物流行业与互联网接轨是社会经济发展的必然趋势。随着国内外贸易往来越来越频繁,用户对于第三方物流服务的需求也将持续增长。物流企业与互联网的接轨,拓宽了企业的营销渠道,同时也为物流企业提供了信息化建设的机会和可能,引领企业跟上互联网时代飞速发展的脚步。

(一)建立企业信誉门槛,对信誉圈层的企业进行审核

随着"一带一路"战略的推行,物流企业取得了长足发展,但组织化程度依然较低,市场主体"小、散、乱"现象较为突出,部分企业经营管理不规范,违法违规违约现象时有发生,破坏了公平、公正的市场竞争秩序,影响了物流业的健康及可持续发展,社会对物流业诚信的认可度总体偏低。确立行业的门槛,并对加入信誉圈层的企业进行审核,可以有效约束和规范企业的经营行为,营造公平竞争、诚信经营的市场环境,有利于建立统一开放、竞争有序的现代物流市场体系。

(二)加强物流信用平台的建设和监管

物流第三方平台要明确行为准则和服务规范,坚持公正性和独立性,提升自身公信力。要切实加强物流行业监管,建立严格的准入与退出机制,制订监管办法,明确监管流程,加强规范管理。

1. 建立行业信用体系

建立"一带一路"国家物流企业的整体信用体系,对信用体系进行标准制定,动态监控。通过互联网信息化、大数据等手段,开展信用评级,建立物流行业信用体系,打造诚信合作圈层。同时加强物流行业自律与协调管理,营造公平竞争的市场环境,以提升物流业务的安全性和可靠性,降低业务风险。

2. 建立交易风险保障制度

针对信用体系内的物流企业,建立风险保障制度,设置风险保障金额,当企业间交易发生纠纷时,受损方能第一时间获得赔付,以此缩减业务处理流程和赔付周期,为企业利益进行更加有效的保障。

3. 开辟业务交流平台

创新业务交流模式,在保留传统模式及互联网线上渠道进行业务开拓的基础上,搭建线下交流合作平台,打破行业内的交流壁垒,加强业内的合作,为物流行业整体环境发展以及企业自身经营提供良好契机。促使业内人士相互交流经验,洞察客户需求,实现物流行业的共赢和发展。

(三) 推进信用记录建设和共享,建立信誉评级

大力推进信用记录建设。运输、公安、商务、工商、海关、质检、税务等相关部门要健全信用信息采集机制,在管理信息系统的基础上,及时、准确地记录各类物流企业的基础信息和信用记录,在保障信息安全的前提下向行业开放。

推动信用信息的整合共享,确保信用信息及时、全面、准确、翔实、安全,使物流企业的信用状况透明、可核查,让守信行为得到褒扬,让失信行为无处藏身。信用记录依法应当向社会公开的要及时公开,并为社会查询提供便利。

加强信息化建设,提升信息化水平,物流企业通过信息化平台改变传统的服务模式,应对电子商务发展带来的海量业务,降低运行成本,提高业务流转速度、操作效率和服务质量,增强抗风险能力,提高企业的竞争和生存能力。

虽然物流行业交易各方实现了线上的供求信息对接,但覆盖"一带一路"整个地域的企业,如何使行业中交易各方的供求信息由传统的线下操作转换为互联网线上对接,并且真正让金融企业也参与其中,只是供求信息的互联网实现是远远不够的。各方的交易信息也需线上完成,而不能是线下操作,这样金融机构也可实现线上的金融服务,而不是传统金融服务。物流在线交易平台解决了线上信息发布、询价、订单、支付及融资等全流程物流服务,才能真正实现"互联网+金融+物流"模式。

随着物流在线交易平台的完善发展,积累大量的交易和支付的大数据,未来就可以以物流交易的大数据为基础,建立物流企业信用体系,为物流企业进行信用评级,联合银行等金融机构,为中小物流企业办理融资及贷款业务,帮助中小物流企业健康稳定发展。

(四) 建立第三方公共平台处理纠纷的制度

加强第三方平台在企业间纠纷的调解和仲裁角色,制定纠纷解决的详细流程和服务方案,主动为企业解决合作间的问题。确定具体的仲裁制度和规范,让企业相信平台可

以有效地解决问题,企业才能放心地进行洽谈。

利用信用记录建立企业分类监管制度。针对运输、仓储、报关等不同行业和不同运输方式分别制订信用考核标准,逐步建立行业管理部门和社会信用评价机构相结合,具有监督、申诉和仲裁机制的综合考核评价体系。这需要打通"一带一路"上各国家的政府机构和组织,难度很大,可能需要政府的参与和配合。根据信用评价结果的差别,对物流行业实行分类监管,有效建立警示企业预警机制、失信企业惩戒机制和严重失信企业淘汰机制,对守信企业实行"绿色通道",将失信企业列为日常监督的重点,增强监管的针对性和有效性,加强事前事中事后的监管。

(五)构建守信激励和失信惩戒机制

加强对守信物流企业的激励。提高守信企业的市场信誉。对诚实守信者在资质审核、业务推荐、增值产品服务等方面给予优先考虑和支持。

建立惩戒机制。对违规失信的物流企业及个体,采取多渠道、多形式、多主体的惩戒方式,实施联合惩戒,提高失信成本,加强平台和企业之间的信息共享,建立联合惩戒方式,对违规失信企业,列入行业"黑名单",直至取消经营资质,吊销营业执照。对严重失信的行业会员进行业内通报、谴责或剥夺会员资格,形成行业性惩戒。完善失信信息记录、信用报告和披露制度,对严重和多次失信的企业和个体经营者予以披露和曝光,使失信者在市场交易中受到制约,降低市场竞争力,发挥好行业内惩戒的作用。

(六)积极推动行业诚信文化

加强物流业的诚信文化建设。借助不同类型的渠道和宣传媒体,采用多种形式,向物流企业普及与诚信有关知识,宣传物流业诚信规范和相关政策,引导企业主动践行诚信经营理念,自觉抵制各类失信行为,鼓励监督举报失信行为,建立行业诚信文化。

虽然"一带一路"沿线的国家都有自己的风俗习惯或工作制度,但信用和诚信文化应该是共有的,这有助于大家达成共识,在物流业强化诚信文化,促进整个行业的健康发展。

(七)加强物流信用体系建设的组织协调,充分发挥行业协会作用

"一带一路"沿线国家或协会众多,但常年都是分散的状态,合作或互动较少。物流业信用体系建设涉及面广,需要社会多方面的广泛参与和积极配合。要充分发挥各国家协会和组织的作用,积极协调各相关部门各负其责,相互配合,统筹研究推进物流业信用体系建设的各项基础工作。主动开展诚信宣传、教育和交流活动,组织信用建设方面的培训,培养物流从业者的诚信意识,树立全球行业内的诚信示范企业。

五、总结

"一带一路"的发展给整个物流行业提供了新的发展动力,但原有的模式存在问题,阻碍了行业的快速发展,而信用体系的建设包含规范国际物流业务流程,建立合作风险保障机制,促进体系内会员间的交流合作,保护企业的合法权益。时代背景需要第三方公共平台和多方一起参与,将"一带一路"上的优质物流企业纳入信誉圈层中,解决企业在发展过程中的后顾之忧,为货代企业的发展提供最坚实的保障。

参考文献：

[1] 李爱国. 中国物流业效率及其影响因素分析[J]. 物流技术与方法, 2012, (5): 149-153.

[2] 王凌峰. 发展中国物流信息化"正当时"[J]. 中国科技学院月刊, 2010, (3): 39-42.

创新运用区块链技术
提升货运物流市场治理能力

田仪顺

（交通运输部公路科学研究院，北京 100088）

【摘 要】 在梳理"区块链技术"相关研究文献的基础上，理性剖析了区块链技术的内涵实质以及对货运物流市场的影响，结合当前我国货运物流市场的行业特点，针对性提出借助区块链技术可有助破解物流市场"乱"象，促进物流业降本增效以及提高物流市场管理水平。

【关键词】 区块链 货运物流 治理

Innovative Use of Block Chain Technology
Enhance Market Governance Ability of the Freight Logistics

TIAN Yishun

(Research Institute of Highway Ministry of Transport, Beijing 100088)

Abstract: On the basis of combing the research literature of "block chain technology", this paper analyzes the connotation of block chain technology and its influence on freight logistics market. Combined with the current characteristics of China's freight logistics market, this article targeted with block-chain technology to help crack the logistics market "chaos" like, promote the logistics industry cost reduction efficiency and improve the management level of logistics market.

Keywords: Block chain Freight logistics Governance

今年 5 月 26 日，李克强总理向 2017 中国国际大数据产业博览会致贺信时首提"区块链技术"。随着大数据、云计算、物联网、人工智能等新一代信息技术在人类生产生活中的逐渐普及，区块链技术作为数字经济新技术的代表，引起了世人的瞩目。

一、关于区块链技术研究文献综述

区块链的英文是 Block Chain，字面意思就是交易数据块（Block）的链（Chain）。区块链技术首先被应用于比特币。比特币诞生于 2008 年美国次贷危机末期，美国物理学家中本聪在其论文《比特币：一种点对点的电子现金系统》中，提及"区块"和"链"，但还没有"区块链"这个词。7 年之后，2015 年 10 月美国《经济学人》杂志发表《信任的机器》一文，学术界开始意识到，作为比特币底层技术的"链"，其价值远大于比特币本身。区块链技术可以让人们在没有中央权威机构监督的情况下，对彼此的互相协助建立起信心。简单地讲，区块链技术是一台创造信任的机器。此后，华尔街开始热捧区块链。对于我国来说，2016年是中国区块链元年，1月，人民银行宣布使用数字货币，紧接着中国的很多机构开始投资区块链。

从区块链技术的核心本质看，王淑珺（2016）认为，区块链技术是随着比特币等数字加密货币的日益普及而逐渐兴起的一种全新的去中心化基础架构与分布式的计算范式。区块链技术能够不依赖于第三方，而仅仅凭借自身分布，从而使得技术标准统一，并能够实现各种数据录入需要[1]。梅海涛（2016）认为，区块链的本质是一个带有时间属性的账务记录系统，其信息稳定性好，信度高，有足够的开放性，并且是基于智能化的产品[2]。随着互联网技术的不断成熟和应用程度的深入，作为底层技术框架的区块链技术能够为金融、经济、科技等诸多方面带来变革，可以预见到，区块链技术将会在很多领域有所建树。

从区块链技术的价值潜力看，阙雷（2016）、胥月（2016）认为，区块链技术是互联网时代下的又一次革命，这次革命则致力于构建一个全民参与和全民信用体系的时代，基于信用体系的共享经济借助该技术也将会如鱼得水[3-4]。梅海涛（2016）认为，区块链现在也已经成为一个国家战略意义上的新型产业，并且受到了全球各大经济体的高度重视，已经有部分国家和地区开始对区块链技术的发展应用进行投资，并开展相关项目[2]。随着资本和政策对其重视程度提升，区块链技术的潜在价值正如同财富矿山般被展示出来，新一轮的区块链创业浪潮即将来临。

从区块链技术的应用层面看，区块链技术发轫于金融领域，但是目前在公共管理、能源等社会传统行业上也在大展身手，由于这些领域存在的中心化特质，使其产生了效率低下的问题，而区块链技术则能够很好地去除中心化效应，实现分散处理，以改进客户体验并提升服务水平。胥月、马小峰（2016）等将区块链技术应用到了综合评价体系的研究中，利用区块链的优势对学生行为构建出了一个可行的系统框架和结构。吕芙蓉（2016）等则从农产品质量安全问题出发，应用区块链技术作为安全追溯体系的构建基础，并提出了不同于"公共区块链"的"联盟区块链"的组织形式，从而能够充分利用集体智慧和多中心化优势。李彬（2017）等人则将区块链技术搭建了一个电力系统上的供需平台，实现了供给侧和需求侧的良性平衡，而且还增强了用户和服务提供商之间的互动体验[5-7]。毕瑞祥（2016）认为，区块链现在正被逐步应用在电子政务等公共管理领域，因为其能够被公众所广泛监督。区块链技术同时能够保证信息的透明度，让社会对公共信息掌握的及时性得到保障，同时信息登记不可随意改动的特点，能够保证管理制度的有效实施[8]。区块链技术对构建智能物流体系也提供了足够的技术支持，其能够降低运输中造成的损失和错误信息的产生，对于解决该行业面临的问题效果很明显。就目前的情况来看，区块链在短期内对交通运输业并不会产生颠覆性的改变，但是着眼于中长期来看，必将有一场很大的变革，"区块链+"呼之欲出。区块链技术目前还处于成长阶段，难以避免的面临着一些问题，诸如处理效率和配置资源等都是其被快速应用亟待解决的瓶颈，因此目前需要一些典型项目的实践，才能不断加强对区块链技术的掌握。

张波（2016）认为，区块链技术现在正在驱动一些商业模式的革新，在交通运输的物联网建设方面也会提供极大的便利[9]。可以推想，交通运输领域作为国民经济的基础性、服务性和先导性产业，应用区块链技术的前景将是非常巨大的。

综述我国学者对区块链技术的研究来看，区块链将是连接虚拟世界与现实世界的最佳桥梁。区块链的发明是建立在互联网之上的，从功能上说，互联网实现了信息的传播，而区块链实现了价值的转移。"互联网+"时代是互联网技术和行业业务的深度融合，但互联网在信任的建立、维护以及安全上存在致命的先天缺陷。未来"互联网+"必须与"区块链+"相结合，才能弥补这个缺陷。

二、理性认识区块链技术对货运物流市场影响

根据前面相关文献梳理，笔者发现目前已出版的区块链书籍中，有很多冠以"革命"、"重塑"、"重新定义世界"等煽动性词语作为书名，借此本文在剖析区块链技术对货运物流市场的影响之前，拟从三个方面澄清对区块链技术的认识误区：

第一，区块链技术不是一项新的技术，而是一个新的技术组合。区块链技术是随着比特币等数字加密货币的日益普及而逐渐兴起的一种分布式的计算范式，其理念最早诞生于中本聪所构建的比特币体系中，随后技术实现并迅速推广。区块链技术，包括P2P动态组网、基于密码学的共享账本、共识机制、智能合约等技术，这些都是已经有十年以上的老技术了。但是，中本聪很巧妙地将其组合在一起，并在此基础上引入了完善的激励机制，用经济学原理来解决传统技术无法解决的问题。由此可以看出，区块链作为一个新技术组合，有其独到的创新之处，但并非颠覆现有技术，而是引入了新的思想，去改善和改造现有业务模式，从而为大众提供更好的、普惠的服务。

第二，区块链技术不完全是去中心化的，而是分布式的。目前很多文献一提到区块链的核心特征，认为就是"Decentralized"，将其翻译为"去中心化"。但事实上，在中本聪的整篇论文中并没有提到过"Decentralized"，而只有Peer-to-Peer（P2P）。在中国台湾地区，大多将"Decentralized"翻译为"分散式的"而不是"去中心化的"。万向控股副董事长兼执行董事肖风认为，区块链的核心是分布式而不是去中心化。

第三，区块链交易并不存在延迟，而是提高了整体交易效率。一方面，在使用比特币进行支付时，一般需要10分钟才能完成一次支付确认。这主要是由于区块链支付过程中，需要等待连续6个数据块完全确认才能保证支付交易的不可逆转。另一方面，我们通常使用银行网银支付或第三方支付，通常都是秒级完成的。乍看起来，使用区块链的比特币支付确实太慢。但事实上，比特币支付过程就是清算与结算的过程。如果把支付过程和清算过程作为一个整体来比较两类支付的延迟时间，使用区块链交易还是相当快的。区块链交易大幅减少了交易后的处理工作，消除了大量人工干预过程，从而提高了人工效率。

总之，区块链技术的实质是在信息不对称的情况下，无须相互担保信任或第三方（所谓"中心"）核发信用证书，采用基于互联网大数据的加密算法创设的节点普遍通过即为成立的节点信任机制。物流市场交易中存在着众多的货运中介和信息中介，原因就

在于信息不对称导致交易双方无法建立有效的信任机制。区块链技术为解决这一问题提供了全新的思路。移动互联网、大数据、云计算是区块链技术的基础设施，算法信任是关键机制，加密算法是技术基础。由此，借助区块链技术作为创造信任的机器，可有效解决物流市场中交易主体间的诚信机制建立问题；借助区块链技术在支付交易系统中的高效率交易优势，可有效提高物流市场交易效率，促进物流业降本增效；借助区块链技术分布式的技术特征，可有效提升物流市场治理能力和行业管理水平。

三、区块链技术有助于破解物流市场"乱"象

长期以来，"多、小、散、乱"一直是道路货运物流行业的固有标签，也成为被诟病的焦点，并将其视为导致行业经营行为不规范、服务质量不高、总成本居高不下的重要原因。

一是正确认识物流市场"乱"的问题。可以说，要促进道路货运行业的发展，"多、小、散、乱"是首先必须正确认识和破解的关键。本文认为，多、小、散是行业的固有特征。从行业技术经济特性来看，道路货运业具有规模经济不显著、进入技术壁垒低、同质竞争性强等特点，加上市场化程度高，市场呈现出"多、小、散"的固有结构特征，个体运输户和中小货运企业是市场的主体。即便是物流高度发达的美国、欧洲也是如此，如美国拥有6辆车以下的经营业户占比达到了89%，德国95%的道路货运企业为50人以下的小企业。可以说，多、小、散是行业的固有特征。而解决道路货运物流行业的关键是，虽然表象是"多、小、散"，但呈现出来的是不"乱"。虽然都是多、小、散的市场格局，但发达国家和我们有一个很大的不同，那就是国外的个体运输户和中小企业运营相对规范，组织相对集约。依靠各类制度规范约束个体运输户的行为，同时通过众多的中介实现其高效的组织。美国最大的整车运输企业世能达公司，集约整合了全美1.1万户中小运输企业，最大的货运代理企业罗宾逊公司与4.7万户中小企业建立了长期合作关系。欧洲TNT公司80%的干线运力均通过整合中小企业资源获得。因此，行业的多、小、散并不是问题所在，乱才是问题，众多的经营主体缺乏有效的组织和管理、经营行为不规范才是行业发展的真正问题。从这一点来看，如何利用制度和政策将众多分散的中小货运企业有效组织起来，促进规范运营，提升运输效率，实现"零而不乱、散而有序"，是行业发展的关键。

二是借助区块链技术，破解"乱"现象。对于多、小、散的道路货运市场而言，诚信体系是确保市场机制发挥作用的重要基础，而诚信体系缺失也正是造成我国道路货运行业众多乱象的重要原因。马云在淘宝发展的初期，用实名认证、支付宝、买方信用评价三个办法解决了电商发展的诚信风险，这对我们道路货运市场同样适用。互联网的发展将使得行业的各类信息更加易获取、更加透明化、更加具有商业价值，从而为我们客观利用这些大数据对众多运输业户进行诚信评判提供了现实条件。作为互联网技术的深化，未来可结合区块链技术将物流市场交易各主体的ID信息，在运单、承运人、中间人、车辆、司机等各场景的运行信息进行记账和共享，打造输出用户在货运物流行业的信用体系，更好地解决基于货物运输历史行为的信任问题，为行业提供更健全的信息、更便

捷的手段，健全行业诚信体系。

四、区块链技术有助于促进物流业降本增效

党中央、国务院对物流业降本增效高度重视，社会各界和专家学者也密集发声，如何正确认识和看待物流成本问题，更好借助区块链技术的优势，成为社会各界关注的热点和焦点。

一是借助区块链技术充分发挥货运物流网络化优势。货运物流市场中比较典型的运输就是零担运输，这将是未来货运物流市场发展极具网络化技术特点的子行业。和快递行业一样，美国排名前五的零担运营商共占据了56%的市场份额，同时，从国外发展来看，快递和零担运输融合发展的趋势十分明显。美国四大快递巨头同时都是零担巨头，在从事包裹快递的同时也都成立了独立的零担运输公司，如FedEx Freight，占美国零担市场16%的份额，UPS Freight占8%的份额。快递和零担利用的是同一个网络，差别只不过体现在货类和运输时效性上。目前，国内快递已经出现了向零担运输涉足的态势，如顺丰已经涉足零担运输行业。而中国前5家零担运输企业的市场份额之和仅占零担市场总额的2%不到，大部分零担运输都被专线所垄断，零担的网络化优势被割裂。随着智能手机的普及、区块链技术的使用，个体司机和车辆不仅仅只是传统的生产工具，而是一个可流动、可互动的信息终端。司机的互联网化将直接促成车队的互联网化，车队的互联网化将使得平台与每个司机的直接沟通成为可能，从而使得目前依托层层中介（黄牛）所形成的金字塔式货运组织方式更加扁平化。中国特色的"黄牛"将成为历史，取而代之的是新型中介平台服务商，以卡行天下、安能等为代表的大型轻资产货运中介组织（无车承运人）将获得快速发展。

二是借助区块链技术有效降低物流市场交易成本。当前，我国物流总费用占GDP比例仍高，尤其是物流管理成本偏高。一方面，据统计，2016年社会物流总费用与GDP比率降至14.9%，但仍比世界平均水平高出4个百分点，比美国、日本、德国平均水平高出7个百分点。除了发展阶段、产业结构等客观条件的影响外，我国物流业在设施装备、信息化、管理水平、运输效率等方面都与发达国家存在明显差距。另一方面，物流管理成本偏高。物流费用主要由运输费用、保管费用和管理费用三部分构成。2015年我国仓储保管费用占34%，管理费用占13%；而美国同期仓储保管费用占33%，管理费用只占4%。可见中美仓储费用占比基本相当，而我国管理费用是美国的3.3倍。其主要原因首先是交易成本高。道路运输市场供需两端经营主体分散，随机性、单边性运输需求突出，加之信息化程度低，诚信体系缺失，多数交易还停留在"人找车、车找货"阶段，层层倒手增加了交易成本。其次是组织化程度低。目前我国道路货运市场中，个体运输业户占91.8%，"多小散弱"问题突出，集约化程度低，整体运作效率不高。目前我国货车实载率不足60%，远低于发达国家80%~95%的水平。同时跨方式运输效率低，不同运输方式转换成本过高。据调查显示，不同运输方式转换过程中所耗费的成本，约占全程物流成本的三分之一。

如果区块链技术贯穿于货运物流市场交易的全链条环节，由于没有中心化的中介机

构存在，让所有的环节都通过预先设定的程序自动运行，不仅能够大大降低成本，也能提高效率。每个交易主体都有相同的账本则能确保账本记录过程公开透明。采用区块链技术互联并分布式记账，每个司机的行车记录都记录到统一账本，根据真实可靠不可篡改的详细运单记录信息，包括运单号、承运人、中间人、运输车号、载途状态、里程、金额等，用户支付的资金可以直接清分给承运人或司机账户，替代中心化的结算中心，降低现有清算中心负担，提升业务运营效率，降低运营成本。区块链技术的使用为物流市场尤其是零担货运市场提供了以更低成本和更高效率实现分散经营主体集约整合的手段。

五、区块链技术有助于提高物流市场管理水平

新一代信息技术发展到了一个前所未有的阶段。对于未来我们可以大胆假设，量子计算可以解决计算能力问题，神经系统计算可以解决智能认知问题，而更为关键的是，区块链可以解决电脑、机器人行为规范、自治管理问题。从近期货运物流市场的发展实际看，区块链技术应用到物流市场的行业管理上有助于完善物流市场信任机制，提升物流市场行业监管能力，进而提升货物物流市场的治理能力和治理水平。

一是借助区块链技术完善货运物流市场信任机制。区块链本质上作为去中心化的分布式数据库，数据复制到整个网络的所有节点上，靠多数节点间的共识来保持数据的一致性。只要节点数目足够多、分布足够分散，就没有一个人或组织能够控制和决定所有节点的行为。有了区块链这个去中心化的基础平台，自治组织就可以定义各种组织规则，然后用计算机程序来表述并且在区块链网络上运行，这种区块链上的程序可以称之为"智能合约"。区块链网络保证了其去中心化特性，并通过铁面无私的机器执行智能合约来确保其自治性。从当前道路货运物流市场的诚信交易机制建立来说，最核心的就是凭借区块链技术，建立涵盖货运企业、货运代理、卡车司机以及货主等各类市场参与主体的信用管理体系。充分运用移动互联网时代大数据和信息交互优势，借助区块链公共账本的技术，加强信用考核评价监督管理，建立行业管理机构与社会信用评价机构相结合，具有监督、申诉和复核机制的综合考评体系。在健全运政管理信息系统的同时，更加注重利用市场资源，运用互联网、大数据和区块链技术手段，建立货运物流市场统一信用信息平台，推进与其他运输方式、公安、工商、税务、金融等部门信用体系的有效对接和信息共享，构建企业、从业人员经营行为和服务质量动态监管机制。以 IC 卡道路运输证件为载体形成全国联网的运输业户和从业人员动态信用记录体系，用区块链技术公共账本的特性，辅以经济手段、市场机制推动道路货运企业和从业人员规范经营、诚实守信，在此基础上，制定并落实守信激励和失信惩戒制度，建立健全各类道路货运市场主体和从业人员"黑名单"制度，建立跨地区、跨行业信用奖惩联动机制，推动道路货运物流市场治理能力和治理水平的不断提升。

二是运用区块链技术提升物流市场监管能力。区块链作为一个典型的分布式协同系统，多方共同维护一个不断增长的分布式数据记录，这些数据通过密码学技术保护内容和时序，使得任何一方难以篡改、抵赖、造假。区块链技术是一种全民参与记账的方式。

所有的系统背后都有一个数据库,我们可以把数据库看成一个大账本。针对货运物流市场安全,美国建立了"合规—安全—责任"的监管体系。在采集汇总路检路查执法、运输事故等数据基础上,从违规驾驶、超时工作、从业资格、车辆维护等方面,量化分析哪些环节货运物流企业违法率较高、安全风险较大,并按照"绿—黄—红"三级进行分类评估,将这些数据信息录入系统,变成一种不可篡改分布式数据库。事实上,这种分布式的数据库模式与区块链技术的使用有异曲同工之处。根据区块链技术建立的公共账本数据,进行量化分析和分类评估,有针对性地采取发放警告书、加强路检路查、户检户查等分类管理措施,提升监管效率。同时向社会披露,要求托运人员选择"绿色"等级的企业。这些做法,通过利用互联网、大数据技术以及区块链技术,对我们加强货运物流安全监管、加强事中事后监管等方面均有借鉴作用。从提升物流市场监管能力看,在监管范围上,改变以经营性运输来确定监管范围的做法,建立基于运输车辆总质量及相应安全风险来确定监管范围的制度,根据安全风险状况对货运车辆运输行为进行分类监管,集中有限监管力量重点强化对安全风险高的运输行为的监管;在监管机制上,建立基于企业运输安全风险分析与评价的全链条、闭环式事中事后监管机制,实施高指向性、精准化的安全监管,对安全风险高的企业进行持续有效干预,形成市场退出机制;在监管重点上,向危险货物运输、长途干线运输倾斜,突出对经营者信誉、诚信及遵守安全规章能力的监管,促进形成经营者安全运输、守法经营、优胜劣汰的良好机制。

参考文献:

[1] 王淑珺."区块链"发展现状评述及展望[J].商,2016,(34):199.

[2] 梅海涛,刘洁.区块链的产业现状、存在问题和政策建议[J].电信科学,2016,(11):134-138.

[3] 郭彬,于飞,陈劲.区块链技术与信任世界的构建[J].企业管理,2016,(11):110-113

[4] 阚雷.信用革命:区块链+的应用前景[J].中国工业评论.

[5] 胥月,马小峰.基于区块链的学生行为综合评价体系的研究与实现[J].信息技术与信息化,2016,(12):131-133.

[6] 李彬,张洁,祁兵,李德智,石坤,崔高颖.区块链:需求侧资源参与电网互动的支撑技术[J].电力建设,2017,(3):1-8.

[7] 吕芙蓉,陈莎.基于区块链技术构建我国农产品质量安全追溯体系的研究[J].农村金融研究,2016,(12):22-26.

[8] 毕瑞祥.基于区块链的电子政务研究[J].中国管理信息化,2016,(23):148-151.

[9] 张波.国外区块链技术的运用情况及相关启示[J].金融科技时代,2016,(5):35-38.

依托物流大通道创建联运枢纽（城市）的思路与对策研究
——以湖北省为例

王 娟 杨 勇

（交通运输部科学研究院，北京市 100013）

【摘 要】 本文首先明确联运枢纽（城市）建设的背景和意义，分析提出联运枢纽（城市）的创建条件和主要建设内容。在此基础上，以湖北省为典型案例，分析湖北省在长江经济带发展战略下，联运枢纽创建的基础条件、存在问题，并从三个方面提出湖北省联运枢纽建设的思路和对策，以期对我国其他地区联运枢纽建设得出启示和借鉴。

【关键词】 联运枢纽 长江经济带 湖北 对策

Research on the Development Countermeasures of Multimodal Transport Hub Depending on the Main Logistics Corridors
—Take Hubei Province as an Example

WANG Juan, YANG Yong

(China Academy of Transportation Sciences, Beijing 100013)

Abstract: This article firstly points out the background and significance of the construction of multimodal transport hub at the present stage. It analyzes basic conditions with the formation of multimodal transport hub and its main construction items. On the basis of that, taking Hubei province as an example, it clearly puts forwards the basic conditions, existing problems, and development countermeasures on the construction of Hubei multimodal transport hub in order to enlighten other areas.

Keywords: Multimodal transport hub Yangtze river economic zone Hubei Development countermeasures

一、背景意义

2016 年底交通运输部与国家发展改革委联合印发《推进物流大通道建设行动计划（2016 – 2020 年）》，确定 11 条国内物流大通道以及 85 个物流大通道节点，其中 23 个国家骨干联运枢纽（城市）、51 个区域重点联运枢纽（城市），首次提出联运枢纽（城市）概念。这里的联运枢纽（城市）是指依托物流大通道、以城市为载体，在特定区域内，

由具有业务联系的货运节点、运输通道、运输组织服务等物流资源共同组成的，能实现较大规模货量存储、倒装和集散功能的有机综合体。

加快推进联运枢纽（城市）建设，具有切实的重要意义。

首先，加快联运枢纽建设是推进物流大通道建设的主要任务之一。推进物流大通道建设，强化基础设施互联互通，主体工作之一就是推进大通道上联运枢纽建设，改善通道节点服务功能。通过强化枢纽内所有支撑要素以及相关资源之间的协同性，实现设施设备对接、标准规范统一、物流信息共享等，解决物流大通道不畅、物流转换节点效率不高、"一票到底"难以实现等制约多式联运发展的主要问题。同时，通过加快联运枢纽建设，有利于充分发挥核心枢纽节点的集聚和辐射作用，引导资源优化配置，改善物流网络的通达性和服务水平，可以进一步带动运输线路的调整、集约和融合，从而加速物流大通道的形成。

其次，加快联运枢纽建设是引导城市物流体系建设的重要途径。联运枢纽不是单体项目，而是一个生态系统，涵盖了城市物流体系中的所有内容，推进联运枢纽建设就是推进以城市为载体的枢纽范围内设施、设备、运输组织和机制之间的协调与统一，引导城市物流体系建设。物流大通道联运枢纽是国家重要交通资源、物流需求的汇集地，具有以法律法规、标准规范为保障的良好环境，可以根据地方特点、市场需求，以交通运输促进现代物流发展的重点工作为主题，先行先试，成为行业促进现代物流发展重要的试点示范载体，提升所在区域物资流通效率、降低物流成本。

最后，加快联运枢纽建设是央地合力共同改善枢纽服务功能的重要尝试。联运枢纽建设是以枢纽所在地城市人民政府为推动主体，由地方政府根据当地发展实际提出联运枢纽建设方案，并经上级部门认可后，根据事权划分，各自明确职责，共同推进。以中央资金的投入，撬动地方配套跟上，发挥合力，为联运枢纽建设扫清障碍、注入持续动力，保障联运枢纽建设能够产生实效。

二、联运枢纽城市建设的必要条件和主体内容

（一）必要条件

联运枢纽（城市）是多种物流要素在一定范围内相互联系、相互影响、相互作用而构成的有机整体。每一个联运枢纽（城市）的形成和发展有各自的原因和条件，但总体上仍有很多相似之处或者共性，也就是联运枢纽（城市）建设的必要条件。

一是完善的交通基础设施。港口、铁路、公路、机场、通信等基础设施，是联运枢纽城市形成和发展的必要条件，也是贯穿和决定联运枢纽生命周期的关键因素。由于技术进步的加快和物流需求的变化，基础设施需要持续的投入和完善。更为重要的是，基础设施，特别是不同运输设施之间的相互联系和衔接，对联运枢纽至关重要。

二是旺盛的市场需求。市场需求是经济社会发展的必然体现，是促使联运枢纽形成和发展的原动力，也决定了联运枢纽的成长和未来。同时，市场需求的发展和快速变化，在不断推动联运枢纽在服务、技术、管理等方面的一系列创新。

三是完善的配套功能和服务系统。联运枢纽不仅要处理大量的商品实体流转，还需

要处理与物流活动相伴随的大量交易活动、信息交换和资金流转。因此，需要所在区域具有强大的贸易、金融、信息等服务功能支持，并实现物流业与金融、贸易、信息等相关产业互动发展。

四是高效的公共服务与合理的政策支持。政府对于联运枢纽的影响主要体现在基础设施投资、公共服务和管理上，具体包括各级政府通过多种方式对于交通设施的持续性投入，政府在土地、税收、贸易等方面的给予企业的优惠政策，政府在货物通行上给予的便利条件，以及在经营上为企业营造的宽松环境等，都会影响联运枢纽的建设和运营效果。

（二）主体内容

推进联运枢纽城市建设，主要包括以下几方面内容。

一是补短板。加快推进物流集聚区建设。依托具备多式联运、干支衔接、口岸服务等功能的货运枢纽（物流园区）项目，加快推进物流集聚区建设，优化物流资源配置，提升对区域经济、产业的支撑能力。完善集疏运体系建设。着力加强主要港口（包括内陆港）疏港铁路、疏港公路、铁路枢纽站场外联高等级公路、综合物流园区铁路专用线等重点项目建设，重点解决沿海和内河主要港口疏港铁路建设滞后等突出问题。加快推进高等级公路与港口、机场、大型物流园区的衔接，加强铁路、航空货运枢纽的公路集运和分拨站点配套建设，优化最先和最后"一公里"配送网络。

二是强协同。搭建联运枢纽物流公共信息平台。以交通运输物流公共信息平台为载体，以交通运输主管部门为推动主体，以龙头企业为建设主体，围绕"联运"这一条主线，推进联运枢纽物流公共信息平台建设。重点解决不同运输方式货运信息、仓储信息、转运设施作业能力信息以及海关信息等跨部门、跨区域、跨主体的信息交换和共享，完善多式联运信息共享标准和共享机制，提高多式联运组织效率。

三是破约束。促进先进转运设施设备的应用和推广。支持转运设施、运输工具、停靠和卸货站点的标准化建设和改造，推广集装箱、集装袋、标准托盘等标准化设施设备。引导企业通过物联网等先进信息技术，建立智能转运系统，实现多式联运转运的自动化作业，鼓励企业积极引进和开发先进的、专业化与多式联运操作相兼容的技术设备。优化城市物流运行环境。引导建立起城市内多部门联动的体制机制，形成政策合力，共同解决制约城市物流发展的方方面面问题。鼓励有条件、有节奏地放松城市通行管控政策，探索在部分物流通道采取货车专用车道或专用道路等管理措施，提高既有通道资源利用效率。

三、依托长江经济带，湖北省联运枢纽发展对策

（一）基础条件

1. 交通条件

湖北省地处我国中部，在全国经济地理布局中具有"承东联西、连南贯北、通江达海"的区位优势，是带动中部地区崛起的重要极核，是长江经济带的重要组成部分，在我国区域发展格局中占有重要地位。截至"十二五"末，湖北省拥有通航河流229条，航道里程9000公里，居全国第6位；境内长江干线航道1038公里，占长江干线通航总里

程的1/3。全省拥有港口38个,其中长江内河主要港口的4个,分别为武汉、宜昌、荆州、黄石,港口货物通过能力达到3.1亿吨,集装箱通过能力达到433万标箱,武汉港成为全国第一个突破百万标箱的内河港口。全省公路总里程达25.3万公里,铁路营业里程超过4000公里。

2. 市场需求

2016年,湖北省完成地区生产总值32297.91亿元,排名全国第8位,三次产业结构为10.8:44.5:44.7。依托长江经济带,湖北省沿江产业带正加速形成。依托武汉港,以神龙、东风、上海通用等整车生产企业为龙头,沿江汽车产业集聚区基本形成;依托武汉、鄂州及黄石港,武钢江夏基地、武船阳逻基地、团风钢构基地、黄石特种钢制造基地等沿江钢铁产业基本形成;依托白浒山、林四房等化工港区,沿江化工产业初步形成;依托武汉、鄂州、黄冈的船舶产业集群初步形成。

3. 政策环境

统筹谋划,完善顶层设计。成立湖北省物流发展局,牵头物流发展的各项事务,印发《湖北省综合交通运输"十三五"发展规划》、《湖北省现代物流业发展"十三五"规划根据》,根据《长江经济带发展规划纲要》,编制完成《"十三五"长江经济带港口多式联运建设实施方案》。同时,持续推进交通基础设施建设,鼓励应用先进运输组织模式,简政放权,进一步降低企业制度性经营成本等。

(二) 存在的主要问题

1. 多式联运组织衔接较弱

"最后一公里"设施衔接不畅。湖北省现有港口38个,真正实现无缝衔接的只有武汉港务集团现有八大港区中的汉阳、沌口、青山三大港区,有铁路线直接进出港区,实现了铁水联运的无缝对接。多式联运承运人缺乏。湖北省多式联运企业规模偏小。据不完全统计,全省现有多式联运企业41家,除武汉汉欧国际物流有限公司、中铁联集武汉集装箱中心站、武汉中远国际货运有限公司、中外运湖北有限责任公司、华中港航物流有限公司等几家企业具有一定规模和国际货运能力外,大多数企业规模偏小、服务水平较低、经营不规范、运输组织方式和手段落后。

2. 对产业的支撑作用不足

联运枢纽与产业布局不协同。湖北省产业聚集效应逐步体现,已经形成了一批规模大、实力强、特色鲜明的产业集群,产业集群逐步壮大。然而,相比与产业布局的动态调整和梯度转移,湖北省既有的联运枢纽难以搬迁、新建的联运枢纽被动跟进,总体上联运枢纽布局调整滞后于产业布局调整,造成供需在空间上的不匹配。联运枢纽的服务水平仍然不高。湖北省港口物流大多仍然采用比较单一的运输、仓储等传统服务,离"门到门"的一体化物流模式,涵盖报关、加工、包装、库存管理、配送、信息服务的综合物流服务模式还有很大差距,没有实现供应链服务体系的嵌入。

3. 与城市发展矛盾突出

湖北省港口由于历史原因,往往毗邻城市,甚至在城市内部。目前,主要港口黄石、荆州都处于城市的内部。枢纽本身会产生大量的货物吞吐量,而公路是目前主要的集疏运方式，公路货运定会和城市交通形成冲突。在缺乏有效衔接的前提下，必然导致交通线路衔接不畅、运输效率低下、中转联运难以实现。

（三）发展对策

1. 补短板，构建顺畅高效的设施网络

（1）推进武汉长江中游航运中心建设。目前武汉市三大货运枢纽，阳逻港、吴家山铁路物流基地以及汉口北铁路物流中心，阳逻港是长江中上游最大的内河港口，吴家山铁路物流基地是国家铁路一级物流枢纽，汉口北铁路物流中心内有亚洲最大编组站武汉北编组站，是武汉乃至湖北省铁路运输和水路运输内外贸业务的主枢纽，其中阳逻港距汉口北 25 km 左右，距吴家山 65 km 左右。从交通联系来看，阳逻港与吴家山/汉口北的交通联系以公路运输为主，主要通过平江路、汉新公路、汉口北大道、三环线等。从补短板上，建议加快江北铁路建设及铁路专用线建设，剥离港区外公路的城市道路职能，完善港区集疏运体系，实现多式联运。

（2）改造翻坝运输体系。随着长江航运的不断发展，三峡船舶过闸需求快速增长，三峡船闸通航能力不足问题越来越突出。2014 年长江三峡船闸货物通过量达 1.2 亿吨，已超出设计通过能力（2030 年 1 亿吨）20%。建议一方面推进建设三峡第二通道建设，另一方面明确宜昌长江航运中下游起点的定位，完善区域综合运输体系，进一步打通长江航运，发挥黄金水道的作用。

（3）强化提升物流园区功能。依托已有的港口、铁路和公路货站、机场等交通设施，进一步强化铁路货场与公路枢纽的衔接和一体化建设，拓展港口物流服务功能，加快保税物流园区建设，推动形成一批功能完善、衔接顺畅的多式联运型物流园区，提升和完善联运枢纽功能。

2. 强协同，打造联动协调的组织体系

（1）组织网络协同。组织网络协同包括长江经济带各省间组织协同以及湖北省内各部门间的组织协同两方面。长江经济带覆盖 11 个省市，多个行政区都依托长江黄金水道安排物流活动，行政区之间存在不同程度的交流和关联合作，在一体化的发展要求之下，组织协同是必然要求。同时物流涉及的行业、部门比较多，各部门职责不同，对物流发展的影响和作用不同，相互之间也存在协同作业的问题。

（2）多式联运业务协同。适时发展组合港。以项目为切入点，以资本运作为纽带，以港口间及企业间相互参股为主要形式，本着实现最佳经济利益的原则，鼓励港口企业相互参股，相互控制，保证地方性中小港口的利益不被侵吞，以资本纽带建立利益共享机制。培育多式联运承运人。引导港口、航运、铁路企业集中核心资源，以资本为纽带，通过参股、兼并、联合、合资、合作等多种形式重组整合，发挥各自优势，组建铁水联运龙头企业。

（3）跨方式、跨部分、跨区域的信息协同。尽快与长江经济带其他省市在信息协同方面达成共识，建立起联运枢纽信息资源共享的协商机制、运作机制和仲裁机制等。在此合作框架下，制定具体的长江经济带联运信息资源共享目录及交换规则，明确交通政府信息资源开发利用服务体系、数据标准需求列表及具体技术选型推荐目录等。

3. 破约束，营造规范有序的外部环境

（1）健全多式联运的政策法规。加快研究并逐步完善多式联运法律法规体系，例如明确多式联运管理组织机构、多式联运组织的法律规范、多式联运活动的操作规划、多式联运设施建设、补助政策以及多式联运合同等相关程序，通过法律规定交通统计信息的搜集、归类、整理和发布工作，进一步明确发展计划，细化操作流程。通过立法的手段明确多式联运的相关流程及事宜，确保多式联运有完善的制度保障，将多式联运的发展纳入科学化、规范化、系统化和法制化轨道。

（2）推行便捷通关政策。优化口岸通关作业流程，制定适应口岸服务型物流园区发展的通关便利化政策，提高通关效率。实行"属地申报，口岸验放"的通关模式，使得符合海关规定条件的企业在进出口货物时，可以向属地海关申报，在货物实际进出境地的口岸海关办理货物验放手续。同时可大力推行提前报关、联网报关、加急通关、快速转关、上门验放、担保验放等通关优惠措施，为多式联运的顺利发展提供更加便捷的环境。

总体而言，联运枢纽（城市）建设是一项系统工程，关系到物流的全部要素以及各个关联主体，非一蹴而就。在各地推进联运枢纽（城市）建设过程中，也存在不同程度的不同问题，需要认真辨别、因地制宜。在此仅以湖北省联运枢纽建设为例，以期为其他区域起到借鉴作用。

参考文献：

[1] 尤西·谢菲. 物流集群[M]. 北京：机械工业出版社，2015.

[2] 杨勇，姜彩良，刘凌，王娟. 多式联运型物流园区内涵及类型分析[J]. 中国物流与采购，2015(20).

大数据时代变革交通运输统计的思考

叶劲松　周　雷　陈建华　张　平

(交通运输部科学研究院，北京 100029)

【摘　要】 大数据已成为推动经济社会变革的重要力量，大数据的迅速发展将不断拓宽交通运输统计数据的收集渠道，促使交通运输行业统计部门不断改革，提升工作效率，提高统计数据的质量。本文在大数据的视角下全方位分析大数据给交通运输统计工作带来的机遇和挑战，并结合行业发展需要，提出在大数据背景下提升交通运输统计工作能力的建议，对促进交通运输统计工作发展具有重要借鉴意义。

【关键词】 大数据　交通运输　统计　变革

Thoughts on the Reform of Transportation Statistics in the Era of Big Data

YE Jingsong, ZHOU Lei, CHEN Jianhua, ZHANG Ping

(China Academy of Transportation Sciences, Beijing 100029)

Abstract: Big data has become an important force to promote economic and social change, the rapid development of big data will continue to broaden the transportation statistics data collection channels, continue to promote the reform of the transport sector statistics departments, improve work efficiency, improve the quality of statistical data. From the perspective of big data, this paper analyzes the opportunities and challenges brought by big data to the transportation statistics, and Based on the needs of the development of transportation industry, this paper puts forward some suggestions to improve the ability of traffic statistics in the background of big data, as has important guiding significance for promoting the development of traffic statistics.

Keywords: Big data　Transportation　Statistics　Reform

一、引言

大数据是继云计算、物联网之后 IT 产业又一次颠覆性的技术变革。2015 年 8 月国务院印发《促进大数据发展行动纲要》，将大数据提升为国家战略，在未来的 5~10 年，我国将把大数据作为提升政府治理能力的重要手段，大力推进大数据在包括统计在内的各领域的创新应用。

在大数据背景下，政府管理部门的统计数据从数据信息的主要来源逐渐转变为大数

据时代的一小部分,行业统计数据源多样化、统计数据生产业务化、统计数据应用需求多元化、统计视角微观化的趋势日趋明显。在统计数据生产方面,日益丰富的业务数据和社会化数据在为交通统计提供更为丰富的数据源的同时,也对数据的采集和存储能力提出了新动态挑战;在统计数据应用方面,随着技术手段的提升,对统计数据需求的粒度将越来越细、时效性也将越来越高,应用角度逐渐由宏观转换为宏观与微观兼顾。可以说,大数据的迅速发展已经对交通运输统计工作的理念、数据生产流程以及统计数据发布与应用等过程带来挑战,同时,大数据带来的丰富数据和新一代的技术也为交通统计的发展提供了新的机遇。

二、交通运输行业统计工作的现状

(一) 统计内容和对象

目前交通运输行业日常统计工作主要依托经国家统计局审批和备案的 31 套统计报表制度开展,统计内容包括公路水路交通固定资产投资统计、基础设施数量统计、装备数量统计、生产统计、运输质量统计等 13 大类。统计调查对象包括交通运输行业主管部门及所属单位、交通运输企业及所属运输车辆和船舶等。

(二) 统计方法和频率

交通运输统计采用"以周期性普查为基础、以经常性抽样调查为主体,同时辅之以重点调查和科学推算等多种方法综合运用"的统计调查方法体系。采取的统计方法主要包括周期性普查、定期调查(全面调查、抽样调查、重点调查)、在线监测等。统计的频度主要有月报、季报、半年报、年报等。

(三) 统计数据采集流程

目前交通运输统计工作主要依托各级交通运输行业主管部门来组织,各级交通运输行业主管部门通过层层布置、层层审核、层层汇总、层层上报的流程来完成统计任务。除此之外,有约 300 余家重点企业直接向部报送部分统计数据。

(四) 统计数据质量控制

交通运输统计工作目前主要从三个方面来控制数据质量。一是通过机审、人核、抽查相结合的方式来加强过程控制;二是针对运输量等容易受到人为干预的指标,通过数据间的关联性审核,开展数据质量评估。三是通过"自查+核查"的监督模式开展统计质量核查工作,在要求各省加强数据质量自查的同时,对统计数据质量较差的部分省份开展现场核查。

(五) 统计服务

当前交通运输统计数据主要从行业宏观管理的角度开展统计数据分析和服务。一是定期公开各类统计数据;二是基于各类日常统计数据和动态监测数据,定期开展交通经济运行分析,为行业管理决策提供支撑;三是针对社会热点问题,对统计数据开展专题分析和挖掘,在中国交通报、中国港口等媒体发布。

三、大数据对交通运输行业统计带来的机遇与挑战

(一) 大数据有利于拓宽行业统计数据的来源,优化数据生产方式

目前,交通运输行业统计数据主要采用"我布置、你填表"的形式,通过逐级调查、填报固定格式的统计报表而生成的日常统计数据,这是目前行业统计数据的主要数据来源和生产形式;在少部分信息化基础较好的业务领域,初步尝试了通过直接与业务系统的对接生成统计数据。

随着大数据的快速发展,可供交通运输行业统计利用的数据资源日益丰富。一方面,行业主管部门依托信息化重大工程,建立了一批服务于业务管理的信息系统,产生了大量行政记录信息,这些数据有很多都反映了行业运行的实时状态,可以为行业统计所用,支撑统计大数据的应用。另一方面,一些大型企业为提升生产效率也建立了基于业务流程的生产信息系统,产生了大量的微观信息,电子商务、网上零售、互联网搜索等网络消费行为也产生了大量与交通运输相关的信息。这些数据将对行业统计数据的数据源形成新的补充,正在成为政府统计数据来源的"第二轨"。

(二) 大数据有利于提高行业统计数据的处理能力,提升统计数据生产效率

目前交通运输行业统计通常按照统计报表或调查方案设计、数据收集、数据整理、数据报送、数据汇总及统计分析的常规方式开展,具有目标明确、数据规范的特点,基层统计人员从原始生产系统中得到统计数据后,要经过层层人工审批、逐级报送,最终由行业统计主管部门形成最终统计结果,这在一定程度上满足了政府决策及服务公众的需求,但也存在周期长、及时性差、收集数据工作量大的问题。然而在大数据的支撑下,大量的统计数据将可直接从业务系统或者互联网信息平台中直接获取,部分数据甚至可以做到实时或准实时采集。统计数据的汇总基于原始的业务数据直接生成,这在很大程度上避免了统计数据的填写、申报以及审批的繁琐程序,使统计数据的生产过程更加简化、快捷,将大大提高统计数据的生产效率。

同时,面对规模庞大且种类繁多的新的统计数据源,传统的关系型数据库显得力不从心,一方面是数据处理效率不够高,另一方面是无法处理来自于互联网的异构、非结构化的数据。充分应用大数据技术,有利于促使统计数据生产的业务化,极大提高行业统计数据的处理能力和生产效率。

(三) 大数据有利于提升行业统计数据的质量

现行的行业统计工作流程长、环节多,且报送的统计资料并不是其生产、经营、管理的原始记录,而是统计调查对象对其原始记录加工整理后的结果,是间接加工而成的,这必然带来了一定的主观性,增大了误差率,无形中降低了数据的客观性和准确性。同时,统计数据的报送模式给统计数据受到行政干预留下了操作空间,上级统计部门很难对数据进行质量检验,这就直接影响到统计数据的真实性、准确性,降低了数据的可信度。

基于大数据技术采集数据,许多统计数据可以直接从行政记录、业务记录中加工生成,越过了诸多中间环节。统计数据生产过程从源头就可以对数据进行审核,减少人工参与以及人为干预,从而大大提升数据可靠性。而且调查对象报送的统计资料是其生产、

经营、管理的原始记录,而不是经加工整理后的数据,这就打通了阻碍统计数据质量提升的最后一公里,较好地解决了统计资料的"真实、准确、完整、及时"这一关键问题。即使有部分统计数据暂时无法直接由行政记录、业务数据直接生成,也可以利用大数据技术,通过相关的业务数据或互联网数据对这些数据对统计报表进行印证、评估,提高统计数据的质量和可信度。

(四) 大数据有利于进一步深化对行业统计数据的分析挖掘

对数据的分析和解读是统计部门的重要工作之一。从工作侧重点方面看,目前对统计数据的采集仍然是行业统计工作的重心所在,而对统计数据深入的分析挖掘则相对较少;从数据分析方式上看,目前对统计数据的应用以提供固定格式的报表为主,严格来讲,这种形式的数据应用只能叫数据服务而不是数据分析;从服务对象方面看,目前交通运输行业统计数据主要为相关政府主管部门制定决策服务,且以宏观方面的分析为主,微观性分析少,为企业和公众提供的服务较少;从数据价值方面来看,目前某一统计期内的数据在使用完毕后就基本很少使用,只作为历史资料存档,数据之间的关联分析做得不够,数据价值未得到充分发挥。

大数据所带来的大量鲜活数据以及高效的数据处理技术,要求行业统计工作从依靠有目的的调查采集向对现有大数据有目的的分析挖掘转变。这一方面是因为在大数据和互联网的迅速发展的条件下,管理部门需要内容更丰富、角度更全面、粒度更细致、时效性更强的统计分析成果,有时候甚至还需要根据现有的数据对未来做出预测;另一方面,要求不断改进统计分析方法,适应大数据高速、多样且强关联的特点,加强数据的动态、关联、预测性和可视化分析,最终提升统计工作的分析水平和预警预测能力。

(五) 大数据可提升行业统计数据发布的及时性和多样性,拓宽统计数据的发布方式

大数据时代,随着大数据资源的急剧增加,行业统计部门不再是交通数据的唯一拥有者,网络数据的共享性、免费性使得数据拥有者增多,越来越多的民间非官方机构开始利用大数据技术,挖掘数据的各种潜在市场价值。与行业统计数据的发布相比,企业发布的数据通常更加贴近公众,他们可以根据市场的需要灵活的定制出公众关注的数据产品,同时,企业利用自身的技术优势,数据发布通常更加及时,这使得行业统计数据作为公共统计数据信息主渠道的地位面临一定的挑战,在数据发布结论的不一致时会使行业统计数据的权威性受到冲击,进而影响交通统计数据的社会认可度和权威地位。这就倒逼行业统计部门要充分利用大数据、云计算等技术,在数据发布方面进一步加大创新力度,加强与企业在数据分析与发布方面的合作,开发出内容更加多样的统计分析成果、完善各种发布渠道、增强数据分析的可视化效果、提升发布的时效性,以充分发挥统计数据的经济价值和社会价值。

四、应用大数据提升交通运输行业统计能力的措施建议

(一) 拓展统计数据来源,建立传统统计调查和大数据相结合的统计数据采集体系

1. 推动建立基于多源数据交换共享的交通运输统计基本名录库,夯实行业统计管理基础

充分考虑行业日常统计、周期性专项调查、常规性抽样调查对抽样框的需求,实现

与道路运政联网系统、船舶管理信息系统等行业管理业务系统库的对接，以及与国家统计局掌握的名录库信息的数据共享，在大数据技术框架下，推动建立起规范统一、动态更新的行业统计基本单位名录库和车辆、船舶名录库，为各类统计调查提供科学完备的单位库和抽样框，为行业精细化管理提供基础，夯实行业统计管理基础。

2. 充分运用大数据、云计算、移动互联网等新一代信息技术，推动交通运输统计生产流程革新

一是在大数据框架下，建立交通运输统计企业"一套表"统一数据采集平台，推动行业调查企业在统一的数据采集处理平台上操作所有的数据采集填报工作，推动现行企业统计调查数据采集处理软件平台的逐步统一规范。

二是创新交通运输统计调查技术，探索尝试基于移动互联的终端设备采集、网络爬取等技术等数据采集技术的应用，探索采用众包众采等模式在交通运输统计中的应用，推动建立基于互联网和大数据思维的新型交通运输数据采集技术体系。

三是以大数据技术为支撑，在高速公路运输量动态监测、水上交通情况监测等重点业务领域打通统计数据生产与业务系统的对接通道，开发基于大数据技术的统计数据生产系统，实现由行政业务记录数据直接生成统计数据。

四是以交通运输统计数据资源交换共享平台建设为依托，通过与平台的对接，实现交通运输统计所需业务明细数据的动态采集与共享，不断拓展利用业务明细数据直接生产或校验交通统计数据的新路径。

(二) 建设和完善适应交通运输统计大数据应用需要的基础设施

1. 建立部级交通运输统计云平台

交通运输信息化的迅速发展所产生的大量业务数据，以及产生于互联网、物联网的海量交通运行动态数据，为行业统计了提供丰富的数据源，其中不仅包涵了结构化数据，还会包括部分半结构化和非结构化数据，这些数据体量庞大，结构复杂。为更好的支撑数据的融合分析及应用，首先需要对数据进行统一的管理，因此，要研究建立部级交通运输统计云平台，构建数据存储模型，实现对现有各类统计数据、行政记录数据的统一管理与维护。

2. 建立基于分布式计算的交通运输统计大数据处理和应用分析平台

基于部级交通运输统计云平台，建立海量大数据的预处理和数据清洗方法，实现对海量数据的快速处理，提高数据处理的智能化程度，在此基础上，建立交通运输统计大数据分析场景库，通过各种分析方法提高统计分析问题的高度和深度，为提升行业统计的分析能力以及预测和预警水平提供有效支撑。

(三) 在重点领域深入开展基于大数据的统计数据综合分析应用

交通运输行业统计工作的最终目的是服务于行业与社会的发展，当前应充分利用大数据技术，以重点业务领域为突破，拓展分析范围和内容，加强数据之间的融合分析，加强对行业统计调查服务产品的开发，全面、高质量地服务于交通运输行业各方各面的发展。

在运输量专项调查和抽样调查方面，引入大数据的理念，研究建立基于大数据的统

计数据抽样和推算方法，尝试更多地以明细数据为支撑开展调查；在经济运行分析方面，加强对物流平台等新业态的数据分析，在构建交通运输行业主要指标短期及中长期预测模型、运价服务指数时充分利用大数据技术，提高预测的效率和精度；在统计数据质量评估方面，利用高速公路通行量数据，开发基于统计分布的异常值诊断模型等数据质量评估模型，推动建立与业务系统紧密衔接的统数据质量评估方法体系，利用多源数据校核提升数据质量；以高速公路通行、公路交调、水上交调、互联网数据等数据为支撑，结合长江经济带、"一路一带"等国家重点战略和行业转型发展的要求开展专题分析，以统计指数、分析报告、专题报告、咨询报告等形式展现统计大数据分析成果。

（四）推动建立多元化的统计信息服务平台

统计信息服务平台针对不同层级行业主管部门、社会公众、科研机构、业内企业等不同需求群体，研究制定不同层次的统计信息开放内容，通过政务内网、政务外网和互联网，利用门户网站、移动APP、API接口和微信公众号等信息化手段提供综合式、立体化、便捷性服务，以提高交通统计数据服务能力。

（五）与时俱进，加快培养运用大数据的人才

在大数据时代，交通行业统计人员不仅应具备基本的统计专业知识和经济学知识，还应具备全过程信息化的计算机技术，应该懂得数据挖掘方法和良好的大数据采集、设计和分析技术，统计人员需要从纯粹的数据统计向数据分析方向转变。因此，交通运输统计工作要适应大数据发展对统计人员的要求，促进现有统计人员不断更新自身的知识结构，使其熟练掌握基于大数据的统计调查新知识、新方法、新技术，建立统计数据采集、数据管理、数据分析的人才梯队，确保有一支高效、精干、有为的大数据统计和分析队伍，为交通运输大数据统计与分析提供支撑。

五、创新点

本文结合交通运输统计工作的现状与发展需求，创新性地将传统的交通统计工作与大数据的特点相结合，提出了应用大数据技术变革交通运输统计数据生产流程和应用机制的新思路，将为大数据在交通运输统计中的应用提供有力的支持。

六、结语

近年来，联合国和许多国家统计机构都在积极开展大数据用于官方统计中的项目研究，并探索大数据在统计中的应用方法。对于交通运输行业而言，现阶段积极推进大数据在统计中的应用，与传统的统计手段形成有效补充已成为大势所趋。

充分运用大数据技术，将有利于拓展统计数据的采集渠道来源，提升统计数据的生产效率，推进统计数据生产流程的革新，不断提升对交通运输统计数据的分析、挖掘与应用的水平，为交通运输行业管理决策提供更加有力的支撑。

参考文献：

[1] 马建堂. 大数据在政府统计中的探索与应用[M]. 北京：中国统计出版社，2013.

[2] 李金昌. 大数据与统计新思维[J]. 统计研究, 2014(1): 10-15.
[3] 毛健, 余高潮. 创新引领交通运输统计跨越发展[N]. 中国交通报, 2016.04.
[4] 胡希元. 十三五综合交通运输统计发展纲要研究[M]. 中国经济出版社, 2017.06.
[5] 王国钧. 政府统计如何应对大数据时代的到来[J]. 中国统计, 2013.09.

国外铁路货运价格演变历程及经验

王德荣[1]　高月娥[1]　刘雅晴[2]　庞　琳[3]

(1. 中国交通运输协会，北京 100825；
2. 济南铁路局，淄博 255000；3. 北京铁路局，北京 100077)

【摘　要】 本文通过系统梳理分析美国、英国、德国、法国等国家的铁路货运价格发展演变历程，总结归纳国外铁路货运价格在立法先行、重视市场、加强监管和发挥规模效应，兼顾竞争等方面的经验，为今后我国铁路货运改革提供重要参考作用。

【关键词】 国外铁路　货运价格　演变历程　发展经验

The History and Experience of the Evolution of Railway Freight Price in Foreign Countries

WANG Derong[1], GAO Yuee[1], LIU Yaqing[2], PANG Lin[3]

(1. China Communications and Transportation Association, Beijing 100825;
2. Jinan Railway Bureau, Zibo 255000; 3. Beijing Railway Bureau, Beijing 100077)

Abstract: This paper has systematically sorted out the evolution of railway freight rates of the United States, Britain, Germany, France and other countries. It summarizes the experience of foreign railway freight price in precedent legislation, emphasizing market, strengthening regulation and exerting the scale effect, taking the competition into account. , which provides important reference for railway freight reform in China.

Keywords: Foreign railway　Freight price　Evolution process　Experience of development

一、主要国家铁路货运价格演变历程

(一) 美国

美国铁路运价经历了一个市场自由竞争、严格管制和重新放松管制的过程。

在铁路发展早期，铁路建设和运营由私营企业实施，政府本着鼓励自由竞争的出发点，对铁路运营采取一种自由放任的态度，缺乏管制。美国铁路公司完全市场化行为使得铁路建设存在因缺少规划而导致的乱象，历史某个阶段一些干线物资运输需求量大，逐利的铁路公司就会修建多条平行线路，带来过度竞争和价格战。另外，对不同客户的运价歧视也很普遍，对小客户和无替代运输方式可供选择的用户收取更高的运价，这促发了中西部农民反运价歧视的"格兰其运动"（Grange Movement），再加上东北地区铁路公司进行财务性投机引起公众更多不满，由此政府决定对铁路进行管制。

美国国会于 1887 年通过了《州际商业法案》（Interstate Commerce Act）并成立了州际商业委员会（ICC），目标是建立起"公正与合理的"运输价格。随后一系列法案通过，ICC 的权力不断扩大，范围涵盖铁路经营的各个方面，包括行业准入、退出及企业收购、合并。在运价方面，1906 年《赫本法案》（Hepburn Act）授予 ICC 制定铁路运输最高限价的权力，并可以审查铁路公司的财务记录；1920 年《运输法案》（Esch-Cummins Act）授权 ICC 可以确定最低运费率，监督铁路公司的财务运作，显示出政府逐步强化了对铁路运输的经济管制。

严格的经济管制使铁路运输业竞争活力下降，铁路运输业服务质量差、效率低下，随着经济增长和运输市场的变化，铁路运输无力面对公路运输和航空运输的激烈竞争，到 20 世纪 70 年代，铁路运输市场份额急剧下降，大量铁路运输公司濒于破产或申请破产，美国铁路运输业陷入了困境。

在这一背景下，1971 年成立了由政府全资拥有的全美铁路客运公司（Amtrak），接管了公益性较强的铁路客运业务，并在之后逐步放松对铁路运输的管制，1976 年和 1980 年，先后通过了具有重要意义的《铁路复兴与规制改革法案》（Railroad Revitalization and Regulatory Reform Act）和《斯塔格斯铁路法案》（Staggers Rail Act），全面放松了政府对铁路业的管制，奠定了美国铁路走向自由化市场化的基础。《铁路复兴与规制改革法案》大大降低了 ICC 对铁路的管制，包括：改革定价机制；在竞争性市场给予铁路公司自行涨价和降价更大的自由度；建立更加适应季节差异、地区差异和货主需求的铁路运价结构；铁路运输及相关服务差异化定价；对铁路公司的充分收入水平制定标准和准则，等等。《斯塔格斯铁路法案》使铁路公司在大多数情况下可以根据市场需求和竞争状况自由定价，该法案规定，除了 ICC 认定铁路运输服务缺乏有效竞争的情形，铁路承运人可制定任意的铁路运输服务价格；铁路承运人与货主可以不经 ICC 审批即签订运输合同，前提是这种合同服务本身不与铁路运营商所承担的公共服务义务相抵触，ICC 不参与这种合同定价，但有权仲裁运价纠纷，显著缩小了为避免针对不同货主的"价格歧视"而控制运价的权力范围。

由此可以看出，放松规制后铁路公司基本享有了自由定价权，管制机构只是在违反公平竞争和影响公共服务的情形下才实施价格会管制，管制的范围和强度有了显著的变化。

1995 年，ICC 被撤销，其剩余职能转入新成立的地面运输局（STB）。随着铁路管制放松，美国铁路公司加快合并，铁路货运行业变得更加集中，美国 I 级铁路公司从 1980 年的 38 家逐渐减少到目前的 7 家（真正具有支配能力的只有 4 家），铁路供需双方的谈判中供方能力逐渐强化，常常出现货主特别是小货主就垄断和价格歧视提出申诉，并认为与铁路的价格谈判过程复杂。为此，STB 要求简化小货主的价格谈判程序，缩短谈判时间。同时，由于铁路运输需求日益增长，造成铁路运价走势止跌回升，使得 STB 加大了对铁路货主利益的关注，修改铁路固定资产成本核定方式，降低铁路货运的最高价格，铁路部门收取的其他一些费用（如燃油附加费）的计算、审核也更为严格。

（二）德国

1994 年，原西德的联邦铁路公司与原东德的国家铁路公司正式合并，重组为德国铁路公司，并实行政企分开，德铁不再是政府一个部门，经过多次内部业务的组织调整和改革，实现铁路运输企业市场化运作，取得了良好的经营成效。德铁在全国铁路客、货运输市场份额分别占到80%和75%，另外还有380家小型铁路公司参与竞争，德国铁路路网股份公司（DB Netz AG）向它们开放通路权，收取使用费。

联邦铁路管理局是对联邦铁路实施管制的政府机构，其主要职能之一是监督路网的公平使用。为保证公平竞争环境，路网公司一般不得拒绝铁路运输公司使用其路网，当拒绝向某铁路运输公司分配列车运行线路或附属服务设施、拒绝签订框架协议，或要求其支付高于路网使用条件中规定的价格时，必须向监管部门提供合理的解释，并获得批准。监管部门如收到有关运输公司认为自己的通路权受到侵害的投诉，将会检查路网公司对相关路网资源分配的条件、程序和结果，以裁决是否要求路网公司做出相应调整。

德国自 1993 年起取消了货物运输的国家定价，对铁路、公路、内河水运和航空运输实行没有国家影响的运价结构（但在旅客运输中还保留国家定价政策）。德国铁路货物运输价格对货主以外的第三人保密，并且也不显示在货票上，提高了德铁及各私营铁路公司的竞争力。以私营铁路公司货运定价为例，其主要考虑自身成本因素，根据各个作业环节成本，包括基础设施费用（含各段线路租用费）、机车及火车使用费、人工费用、其他费用等项，再加上利润和增值税制定运输报价。

（三）英国

二战以来，英国铁路经历了国有化—私有化—再重组的过程。

英国是铁路运输的鼻祖，根据 1921 年《铁路法案》，英国几乎所有的铁路公司重组为新的四大铁路公司，每一家公司拥有各自的管辖区域。由于政府要求铁路承担自 19 世纪以来一直承担的"公共承运人"的责任，铁路运价采取政府定价的形式，费率偏低，铁路公司难以获得赢利，而快速成长起来公路运输则没有这样的限制，铁路公司面临公路运输的激烈竞争，市场份额逐渐下降。

依据 1947 年《运输法案》，作为克莱门特·艾德礼领导的工党政府公共服务部门国有化政策的一部分，成立了英国运输委员会（BTC），管理铁路、公路、水路货物运输，下设铁路管理局，接管了原四大铁路公司的资产，"英国铁路公司"（British Railways）作为铁路管理局的商业品牌，全国铁路被划分为六大区域，仅有少量的轻轨和专用铁路没有并入英国铁路公司。根据 1962 年《运输法案》，英国运输委员会被撤销，取而代之的是五个独立的分部门管理机构，包括新的英国铁路委员会（British Railways Board），"英国铁路公司"转而成为其下的公司，并于 1965 年更名为 British Rail。

其间，由于国家铁路强调公共服务职能，成本支出居高不下，特别是人工工资支出较高，同时还面临来自其他运输方式的竞争，货源大量转移到公司运输，国有的英国铁路公司经营每况愈下，铁路经营不得不大量依靠政府的财政补贴，铁路成为财政的沉重包袱，政府不得不关闭许多效益差的铁路线路。

20世纪80年代，英国政府开始推行国有企业私有化，减少国家对公共部门及国有企业的干预，让企业直接进入市场，促进企业之间的竞争。对英国铁路公司，首先出售了部分业务给私人部门，1993年《铁路法案》出台后，英国铁路公司被拆分成若干部分，包括：1家拥有全部轨道、信号及车站的路网公司（Railtrack）；25家获特许权经营铁路客运业务的公司（TOUs）；6家铁路货运公司（FOCs）；7家基础设施维修公司（IMUs）；6家铁道改造公司（TRUs）以及3家客运机车车辆租赁公司（ROSCOs）（货运机车车辆属于货运铁路公司）。各拆分部分被分别售予私人部门，6家铁路货运公司被购买后，其中5家又合并为一家大的铁路货运公司（即英国DB货运公司）。铁路私有化后，成立了相应的监管机构，包括铁路客运特许署（OPRAF）（后由铁路战略规划署（SRA）取代）和铁路监管办公室（ORR），分别负责发放特许经营权和负责谈判、授权并监督运营特许权的发放，二者相互制约，共同监管路网公司及铁路公司经营。

在私有化后的一段时期内，增加了铁路融资投资渠道，铁路运量有所提升，营业收入大幅增长，减少了对政府补贴的依赖。但是，也带来了一些问题，特别是路网公司（Railtrack）私有化后，未能正确实施对路网的维护与更新，将大量的维护工作转包给安全责任意识不强的私营企业，从而造成重大安全事故频发。路网公司自身经营也每况愈下，逐渐变得资不抵债，靠政府补贴度日。

2001年Railtrack被宣布破产，2002年新成立了政府背景的新路网公司Network Rail，接管铁路基础设施资产，该公司被定义为"政府实体"，路网公司拥有并运营铁路网，负责提供、维护和管理铁路基础设施，制定列车运行图和行车计划，宗旨是为铁路客货运输公司服务。路网公司的资金来源主要包括政府担保借款、线路使用费和政府补贴。

（四）法国

法国铁路运输基本全部由法国国家铁路公司（SNCF）经营，该公司成立于1938年，是当时法国7家主要铁路公司国有化后的结果，起初法国政府拥有51%的股份，现在，法国国家铁路公司是由法国政府100%的控股。

依据"网运分离"原则将铁路基础设施和铁路运营相互分离，法国政府于1997年成立了法国铁路网络公司（RFF），将铁路基础设施及相应的一部分债务从SNCF划拨给新成立的RFF，减轻SNCF的债务压力。RFF拥有除铁路车站以外的其他铁路基础设施，负责全国铁路基础设施的投资、管理和发展，车站仍归SNCF所有。RFF提出并征收线路使用费，委托SNCF管理铁路基础设施并向其支付费用，SNCF使用铁路网来经营运输业务，向RFF支付相关线路使用费，RFF制定的线路使用费须由政府机构进行审批。

法国政府对铁路运输价格实行放松监管，注重发挥市场作用，SNCF在经营中享有充分的定价权，如有权对铁路货运实行协议运价，有权制定长途客运的运价（报政府备案），法国政府允许法国国营铁路公司在不同线路、不同季节实行不同运价，对客运亏损给予适当补贴。

二、发展的经验总结

(一) 立法先行，以法律作为设立监管机构的依据和职责

以法律法规作为组建监管机构的基本依据，并以此明确监管范围、行使监管职责，是市场经济条件下保障监管部门权威性和公正性，增强监管有效性的通行做法。如美国早年通过《州际商业法案》成立 ICC，《斯塔格斯铁路法案》和《铁路复兴与规制改革法案》对放松铁路管制提供了重要的法律依据，1996 年通过立法成立地面运输委员会（STB）取代 ICC 等；英国铁路监管办公室（ORR）是根据 2005 年《铁路法》正式成立的；法国 2009 年《促进铁路公共服务和市场竞争、保护用户权益法》确立了铁路运营监管局（ARAF）的成立，对机构的主要职责做出了明确规定。同时，随着铁路改革发展和市场环境的不断变化，国外经常不定期地根据监管实际需要修改相关法律法规。

(二) 运价形成机制重视市场，实现放松运价管制下的有序竞争

国外铁路大多从政府定价下的严格监管走向了企业自主定价与政府有限监管相结合的市场化道路。随着铁路、公路网的日益完善，铁路运输面临着来自其他运输方式的激烈竞争，在一个充分竞争的领域，应当确立以市场为主的运价机制，在保障公众权益的前提下，赋予铁路企业更多的定价自主权。在竞争不充分的领域，如铁路存在一定的垄断性的区域，可以在考虑铁路运输成本的基础上实行价格监管，如采取最高限价等措施，既保护货主的利益，又考虑铁路运输合理的收益。

(三) 对管理铁路基础设施的路网公司实行国家所有，并对线路租赁价格实施严格监管

欧洲多个国家的铁路改革，都实行了"网运分离"，铁路基础设施由国家所有的路网公司负责管理、维护、更新，铁路运输公司通过线路租用的方式取得铁路线路的使用权。由于铁路路网资源的公益性和自然垄断性特征，国外铁路十分注重政府监管在铁路网资源配置中的作用，通过加强对实际控制路网资源配置权企业的监管，对线路租赁价格严格监管，既实现了在垄断线路上引入竞争，保护公众利益，又提高了运输资源使用效率，促进了铁路运输市场整体效益提升，保障铁路运输市场公平与效率兼顾的效果。英国一度将铁路路网公司也卖给私人，结果导致铁路更新、维护不足，事故频发，是一个铁路改革失败的教训。

(四) 重视市场监管相关基础工作

多元化的监管手段和科学的监管决策需要以信息、数据为核心的现代决策技术和工具的基础支撑。国外铁路实施有效市场监管，依靠大量关于建章立制、调查研究、数据分析等基础性的监管决策支持工作。建章立制方面，以美国为例，STB 为对铁路运价实行监管，专门针对铁路公司制定了一套统一的会计制度。该项制度对铁路公司会计记账的科目、范围、核算指标、计算程序、报表格式等进行强制规定，要求铁路公司必须严格按照规定的方式方法核算成本、收入，以及记录折旧、摊销等，并定期提交报告；调查研究方面，英国 ORR 长期依托深入、细致的市场调查研究为其履行铁路市场监管职责提供基础支撑，例如，ORR 详细制定了 2013 – 2015 年铁路货运市场调研计划，旨在了解铁

路货运市场的竞争秩序、价格水平、服务质量等基本情况；数据分析方面，法国AQST持续跟踪、采集列车运行与服务基础信息，为评价和监督铁路运输服务质量提供了重要的数据支持。

（五）发挥铁路的规模效应，兼顾规模经济和竞争环境

铁路运输有巨大的固定成本或沉没成本，这决定了在铁路改革要考虑规模经济或产业集中度问题，但产业过于集中又会对竞争充分性带来影响。美国铁路在发展之初区域划分过细，市场过度分散，不利于发挥铁路的规模优势。

美国I级铁路公司1975年有73家，1980年有38家，规模经济效应差，现已减少到7家，铁路运输市场向一体化发展，更有利于发挥铁路的规模优势，降低成本。产业集中度大大提高后，政府又要求大型铁路公司兼并时要充分考虑对公众利益的改善和对强化竞争的影响，这种转向说明了美国政府在铁路改革中兼顾企业效率和社会效率。实行"网运分离"后的德铁都在一定区域实行了规模经济，并与众多小型铁路公司竞争，线路公司向它们开放通路权，收取使用费，这就保证了规模经济和竞争环境得以兼顾。

英国铁路私有化改革后，铁路被分割为100多家铁路公司，各公司各环节的关系都要以合同形式规定，权利义务复杂，超出管理能力，导致效率降低，错误增加，众多运输公司均未实现规模经济，规模不经济和过度竞争使整体效率低下。

参考文献：

[1] 丁永民,黄鑫.关于铁路运输市场价格形成机制的研究[J].铁道运输与经济,2015,37(12):1-7.

[2] 虞浩.关于铁路价格改革的几点建议[J].宏观经济管理,2013,(5):57-59.

[3] 杨文华.铁路货运价格策略研究[J].铁道运输与经济,2003,(4):54-56.

[4] 高小珣,郭晓黎,左琼,鲍晶晶.铁路货运量价格敏感度研究——以市场供需因素为基础[J].西南交通大学学报(社会科学版),2015,16(1):112-119.

浅谈中国铁路货运设施演变及展望

魏 士

(中国铁路设计集团有限公司 交通运输规划研究院,天津 300251)

【摘 要】本文首先从现代物流认识着手,结合互联网迅速发展时代背景,强调物流企业集成管理,物流系统全流程运作发展趋势。其次对物流园区和中国铁路货运场站发展历程进行概述总结,并提出加快铁路运输与社会物流全流程融合发展,铁路物流进一步与商贸金融融合发展,物流节点间组织快捷运输等方面建议。

【关键词】现代物流 铁路货运 交通物流融合

Analysis of the Evolution of China Railway Freight Facilities and Development Trends

WEI Shi

(Transport Planning and Research Institute, China Railway Design Corporation, Tianjin 300251)

Abstract: Based on modern logistics theory and the rapid development of the Internet, this paper emphasized the integration of logistics enterprise management and discussed logistics system processes operating trends. Meanwhile, the paper summarized the reform of logistics park and railway freight transport in China and puts forward advice, such as speeding up the integration development between rail transport and social logistics, integration development between railway logistics and business finance, optimizing fast transportation organization between logistics nodes.

Keywords: Modern Logistics Railway freight Transportation and logistics integration

一、现代物流的概述

基于国家标准《物流术语》和国内外相关研究及物流业的实际运作和发展,可以将现代物流的概念归纳为:为满足客户需要,使物品从供应地向接收地的产品位移、综合服务、信息传递过程,这三个维度紧紧围绕物流各个环节全生命周期展开(见图1)。

在互联网高速发展的时代背景下,现代物流服务的产业属性没有发生改变,但基于"平台开放+服务集成"的菜鸟物流服务模式,即利用信息流在社会物流的巨大平台上,企业集成化管理、物流系统全流程运作,正在悄然更新和完善我们对现代物流的认识。与此同时,在经济新常态下,随着"互联网+"和"一路一带"的实施,打造大物流、大系统的地球村现代物流也将会具有无限广阔的发展前景。

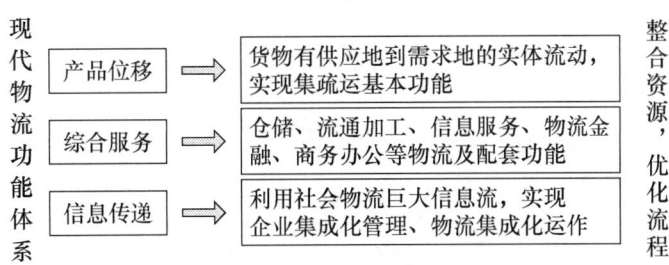

图 1 现代物流初步认识

Fig. 1 Primary Conception of Modern Logistics

二、社会物流园区演进概述

物流园区的形成及概念起源于日本,由于物流园区带来了经济与社会效益,引起了企业和地方政府的广泛重视。在欧洲,物流园区得到了快速发展,尤其是在20世纪80年代至90年代期间,物流园区的数量在德国、法国、意大利成倍增长,并迅速向英国、芬兰、比利时等地扩展。在国内,物流园区概念萌芽于"建设物流事业基础的一个特定区域",并在深圳平湖物流园区项目中首次实践应用。随着规模化物流需求的快速增长和国家政策、规划的不断推出,中国物流园区得到快速发展。仅从数量上,根据第四次全国物流园区(基地)调查,2015年全国包括运营、在建和规划的各类物流园区共计1210家。

就世界范围而言,随着全球贸易的不断演变发展,物流园区仍是一个不断演变的过程。在此过程中,物流产业(园区)服务的业态也随之悄然变化,具体历程归纳为以下几个阶段(见图2):

(1)1960-1970年,传统物流仓储服务:收货、仓储、订单处理、包装、堆垛等。

(2)1980-1990年,早期拓展的仓储服务:拓展出担保、直接换装、电子数据交换、平台操作、出境运输等。

(3)1990年中期至今,物流服务供应商/第三方物流服务:新增国内外物流管理、进口清关、即时生产、高效库存管理、自贸区经营等功能。

(4)今后发展趋势:物流园区将结合供应链管理及物流咨询、第四方物流、智能物流、工业4.0等服务进行创新经营发展。

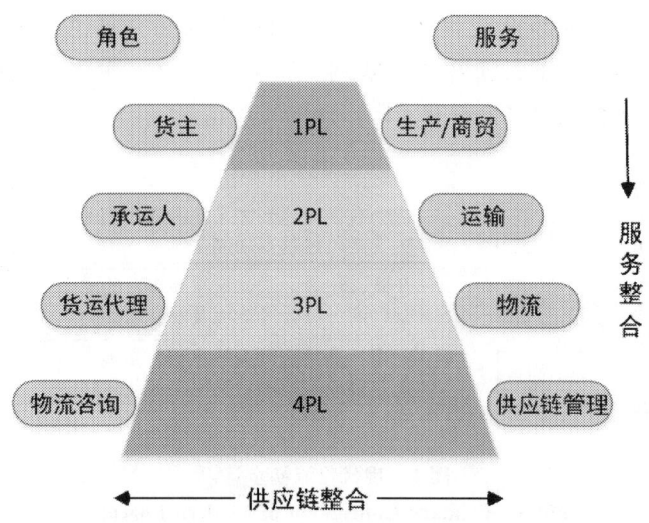

图 2　物流产业（园区）服务业态演变
Fig. 2　Evolution of Logistics (Park) Commercial Activities

三、中国铁路货运设施演进历程

随着中国铁路货运改革不断深入，铁路货场形态也随之发展，其演进历程可划分为传统货场、集装箱中心站以及铁路物流中心（基地）三个发展阶段。

（一）传统货场

1. 功能服务

在铁路运输中，铁路货场是运输生产过程发起点和终点，具备办理货物承运（包含营销）、保管、装卸和交付并与其他运输方式相衔接等基本货运功能。

2. 空间布局

在空间布局上，传统货场平均站间距较短，且随着时间推移许多货场已逐渐成为城市中心。这样的布局一则不利于集中化、规模化作业，二则面临进出货运场站货车受限，改扩建拆迁成本高，致使公铁联运不便，转型升级为物流中心的空间有限的困局。

3. 设施设备

传统货场基本有配线、场库、装卸机械、道路以及办理相应货运营业所需要的货运设施设备所组成。在大部分铁路货场中整体设备设施相对落后，货场内仓库、雨棚覆盖率低、硬面比例小，设施设备匹配性差、综合运用效率低，装卸机械、集装化用具等发展滞后。设施设备更新不足也限制了铁路物流的进一步发展。

4. 组织运作

中国铁路货物运输系统沿袭苏联的模式，由集运、运输和输运子系统构成。在集运端，利用线路、机车、车辆等技术设备，将原料和产品装入车辆，根据车流去向及规模，要么采用装车地直达列车直接送往目的地车站，要么采用摘挂列车、小运转列车或调车方式送到技术站，在技术站集结车流，通过技术直达列车、直通列车、区段列车送往前方技术站，经过几次中转，到达最后技术站，再通过摘挂列车、小运转列车或调车方式送到输运端的货场和专用线。其作业流程主要包括组织货源、按计划装车以及办理货物的承运、保管和交付作业，组织装卸车作业，填制货运票据，计算和核收运输费用，办理货物在运输途中的作业，组织货运服务工作等。

总体来说，铁路货场呈现规模较小，物流功能不全，布局分散，生产不集中等特点。该特点导致摘挂列车数量过多，造成运输生产效率不高，生产作业分散、人员冗余、设备利用率低等一系列问题，影响铁路货物运输服务水平的提高。

(二) 集装箱中心站

2003年3月，国家发改委批复全国铁路集装箱中心站总体规划方案（计基础〔2003〕36号），明确建设上海、昆明、哈尔滨、广州、兰州、乌鲁木齐、天津、青岛、北京、沈阳、成都、重庆、西安、郑州、武汉、大连、宁波、深圳等18个集装箱中心站，以及40个左右靠近省会城市、大型港口和主要内陆口岸的集装箱专门办理站。这正式开启了中国铁路货运向构建集装箱运输专业化、网络化方向的改革。

1. 功能服务

集装箱中心站主要办理集装箱列车到发和整列集装箱列车装卸，是路网性的集装箱办理站，具有综合物流和多式联运的各项功能，如仓储、拆拼箱、加工、包装、配送、信息处理等。同时具备物流配套服务和洗箱、修箱条件和进出口报关、报检等口岸综合功能。

2. 空间布局

集装箱中心站的总体布局原则上应服从全国和社会发展的需要与国家经济发展格局相适应，首先加快建设上海、北京、广州等18个集装箱中心站建成具有国际先进水平的特大型集装箱办理站，使其具备相互间开行集装箱班列的能力，成为全国和区域铁路集装箱运输中心。其次是建设40余个靠近省会城市大型港口和主要内陆口岸的集装箱专门办理站，合理布局100个左右集装箱代办站，逐步形成网络完善、布局合理、分工明确，具有现代化水平的铁路集装箱运输网络。

3. 设施设备

中心站建设主要由装卸线、装卸机械、场内搬运装卸辅助机械、集装箱作业箱区其他设施等组成。根据需要设置必要的到发线、调车线或存车线和牵出线。在装卸设备上主要配置龙门吊和正面吊。在设施设备上，集装箱中心站已初步具备成为区域物流中心的硬件和软件环境。

4. 组织运作

在作业流程方面，集装箱铁路运输结合了集装箱运输和铁路运输的双重优点，具有安全、便捷、节能、环保和"门到门"优势，可与其他运输方式密切配合，实现全程运输服务。但在实际运作中，运输组织并没有较多的创新，仍然沿用传统办理站模式，被动接收订单，公铁运输衔接质量不高，集装箱卡车进场随意性大，直装直卸比例较低，设备能力未能得到有效运用。同时，中心站大列进、大列出的运输组织方式没有完全形成，到达仍以零散车流为主，始发班列或技术直达班列开行数不足。

总的来说，相比传统货场而言，集装箱中心站场地规模大，基础设施好，设备现代化。但从集装箱中心站建设经验看，受货物受理方式、铁路运输组织模式、信息系统和管理体制影响，集装箱中心站优势作用没有得到充分发挥。

（三）物流中心（基地）站

在集装箱中心站发展基础上，一批办理无污染散杂货、小汽车及成件包装等货物品类，承担仓储、装卸、运输等作业流程的铁路综合货场正在改造升级。铁路综合货场即为铁路发展现代物流中心的雏形。随着中国铁路总公司印发《铁路物流基地布局规划及2015－2017年建设计划》《中国铁路总公司关于进一步推进铁路物流基地建设的指导意见》的通知，中国铁路货运场站设施向现代物流企业要求转型发展已是大势所趋。传统铁路货场发展为铁路物流中心（基地），需要在以下几方面改进：

1. 功能内容更加丰富

铁路物流中心融合现代物流理念，在提供传统运输、仓储等基本物流服务的基础上，提高沿着供应链向客户提供综合性、一体化、全流程物流服务的能力。功能划分具体可以按业务板块、业态形式板块和公共服务区三大类细化几十种功能，具体而言，物流中心应该有其核心功能，并且其功能应该根据具体情况向上或向下延伸。

2. 空间布局更加合理

铁路物流中心打破既有货场的空间布局，退出城市核心区，通过与城市物流规划、高速公路和城市快速道路衔接，以实现货物快捷的集疏运功能。同时，为客户提供良好的服务，铁路物流中心对其内部平面布局进行优化，在保留传统货场功能的基础上，结合现代物流作业的需求进行功能设置和平面布局设计，将客户需求在功能设置和平面布局方面落到实处。

3. 设施设备不断升级

铁路传统货运场站以装卸机械为主，种类单一，自动化程度较低，仓库占地面积小。铁路现代物流中心设施设备配置水平高，物流的自动化操作和处理能力强，仓库类型多，功能齐全，设施联运便利性好。在信息系统方面，传统货运场站信息共享较弱，功能较为单一，而铁路现代物流中心则具有较强的信息共享能力，系统响应快速准确，功能多样。总体来说，铁路物流中心提高了设施设备配置水平，加强了物流的自动化操作和处理能力，努力提高物流作业效率，并以信息化为基础开展物流业务，通过现代信息技术提升物流服务水平。

4. 组织运作

在总公司"开展全品类物流、提供全流程服务、开展全方位经营、实行全过程管理"的政策指导下，铁路货运的作业范围已有一定突破，以"一体化物流服务"作为现代物流发展方向，为客户提供综合物流方案设计、供应链管理等服务，衔接生产、流通与消费环节，实现物流与供应链的统一，发挥铁路物流在社会物流体系中的骨干作用，但铁路运输组织仍未达到对标德国的GVZ间列车直发直达运输，改进提升不足。

（四）小结

从上述分析可知，中国铁路货运站场发展演变过程中形成的不同货场形态是中国铁路货运改革的宝贵经验。各种货运场地的形态有差异，但并非矛盾，而是从低级向高级、从单一货运向综合物流的发展转变。既有货场的存量资源，例如线路、土地、道路条件，都是铁路物流中心发展的重要基础。同时，铁路物流中心的发展也能够在一定程度提升铁路物流市场份额，对既有铁路货场进一步完善起到推动作用。

表1 铁路货运设施演变
Tab. 1 The Evolution of China Railway Freight Facilities

	传统货场	集装箱中心站	物流中心
功能服务	运输、堆存功能为主	围绕集装箱运输及上下游物流服务展开	衔接生产、流通与消费环节，实现物流与供应链统一
空间布局	目前大部分已位于城市中心；内部布局多从便于铁路生产考虑	形成18个全国集装箱中心站和多个办理站的布局规划格局	衔接城市物流规划、高速公路和城市快速道路选址，并将客户需求落实在功能设置和平面布局上
设施设备	相对落后，匹配不佳	配置现代化物流设施设备	配置现代化物流设备和信息系统
组织运作	生产型运输组织模式，直达、技术站改编中转等	推进"订舱"制度，组织点到点集装箱物流班列，但效果不佳	对标德国的GVZ间列车直发直达运输，需要改进提升。营销型运输组织模式探索发展
集约化程度	规模化、专业化、集约化不足	形成全国性集装箱中心站，集约化程度较好	物流节点内与节点间的集约化特点日益凸显

四、展望

当前，经济全球化已经成为不可逆转的时代潮流，中国经济与世界经济的联动已经密不可分。同时，互联网信息技术快速发展使得"互联网+"不断融入经济社会的各个阶层。中国铁路向现代化物流企业改革升级的前景也充满着机遇和挑战。结合对现代物流、社会物流园区及铁路货运场站设施发展演变的梳理，本文对中国铁路货运设施进一步发展的展望如下：

（一）交通物流融合发展，不断丰富铁路物流产品

随着市场全球化、经济区域化、信息网络化不断发展，供应链之间的竞争正在逐步取代企业间的竞争。国务院办公厅转发国家发改委《营造良好市场环境推动交通物流融合发展实施方案》，标志着构建交通物流融合发展新体系已是大势所趋。为适应供应量物流市场的需求，主要承担物资有效移动这一环节的铁路运输企业在交通物流融合发展、丰富铁路物流产品方面还需改进和提升。在此背景下，中国铁路在推动物流基地建设计划过程中，坚持围绕"强基达标，提质增效"工作主题，如何在货运改革的深水区将铁路物流基地引向交通物流充分融合发展，在社会生产流通中有效降低运输与物流成本，提升服务质量已成为下一个发展阶段的主要目标。

（二）铁路物流与商贸金融融合发展

随着铁路物流中心的发展，其规模效益会越加明显，对商贸和金融的需求也会越加明显。一是更好地服务物流中心的发展,二是拓展物流盈利模式,铁路物流与商贸、金融产业的融合必将是发展的趋势。在此趋势下,铁路系统也应加强商贸、金融的人才储备,积极与相关企业加强战略合作,大力拓展物流总承包,不断推进铁路改革。

(三) 物流节点间快捷运输组织

中国铁路货物运输系统长期把运输产品局限于实现物资位移,不能适应供应链物流管理高度匹配企业生产节奏的要求。在实际运营中,铁路运输系统对时间维度管理的缺失正成为制约铁路向现代物流企业转型的主要因素之一。在此背景下,尤其是在集装箱中心站(白货为主)基础上发展起来的铁路物流中心间货运组织亟须变革完善,满足市场快捷运输的需求。针对中国铁路货运问题,根据中国国情、路情,立足现实与未来,业界学者专家提出众多解决方案,其中北京交通大学魏玉光教授等提出的集装箱旅客化运输网络运输组织技术,可为中国货运快捷运输组织进一步发展提供参考。

参考文献:

[1] 张晓东.物流园区布局规划理论研究[M].北京:中国物资出版社,2004.

[2] 辛双琪,王耀球.物流理念的更新与变革[J].物流工程与管理,2015.04.

[3] 中国铁路总公司.铁路物流基地布局规划及2015-2017年建设计划[R].2015.

[4] 王宏新.物流园区规划开发运营[M].北京:清华大学出版社,2014.

[5] 杨浩.铁路运输组织学[M].北京:中国铁道出版社,2006.

[6] 秦绪涛.路货场的铁路物流中心选址研究[D].北京交通大学硕士论文,2015.

[7] 谢旭申.铁路货场向现代物流基地转型发展的思考[J].铁道货运,2014.05.

[8] 王颢.铁路物流产品设计及管理的探讨[J].铁道运输与经济,2017.02.

[9] 魏玉光,苏寅,张超,等.我国铁路集装箱旅客化快捷运输系统创新[J].中国铁路,2016(4):1-7.

立足国情 建立具有我国特色的枢纽机场发展理论

张 越

(中国民航科学技术研究院,北京 100028)

【摘 要】 本文主要对美国机场枢纽运行理论产生的背景、环境条件和枢纽机场运行特征进行分析。在此基础上,对我国航空运输市场需求特点、人口和航空运输需求市场空间分布、民航运行空域环境、新型城镇化战略、综合运输系统结构等各方面情况进行对比分析,提出我国枢纽机场发展不能照搬照抄、套用欧美枢纽机场理论,而是需要立足我国国情、依托高铁、城际铁路、市域铁路和城市轨道交通等多层次轨道交通日益成网运行的优势条件,建立具有我国特色的枢纽机场发展理论,并提出了近期需要重点研究的内容。

【关键词】 枢纽机场理论 中国特色 轨道交通网

Making Theory on Hub Airport Development of Chinese Characteristics Based on the Actual National Conditions

ZHANG Yue

(China Academy of Civil Aviation Science and Technology, Beijing 100028)

Abstract: The paper makes analysis on hub-spoke theory of us civil aviation airport from background, environment and hub airport's operation characteristic. On the basis of comparative analysis of china's civil aviation transportation market requirement, space distribution of population and market requirement, airspace operation environment, strategy of new Urbanization, structure of Comprehensive transportation. the paper gives opinions that china civil aviation shouldn't use indiscriminately us and Europe's experience on hub airport construction, but make our own theory of hub airport on the basis of china's actual situation, and relying on advantage of china's high-speed railway, Intercity Railway, suburb railway and urban railway, and put forward research content that should be done near future.

Keywords: Hub airport theory Chinese characteristics Rail transportation network

一、枢纽运行的起源、运行特征及机场要求

(一) 产生背景

枢纽运行最早起源于美国航空运输业。20世纪50－60年代，随着美国经济进入快速复苏阶段及城镇化进程的加快，逐步形成了若干以大城市为核心、中小城市为支撑的城市群区域经济发展模式，原来以中心城市为依托运行的航空公司，开始尝试构建以中心城市为枢纽、中小城市为辐射点的航线网络结构。1978年，美国航空运输业开始实施放松管制法案，大量新成立的航空公司进入运输市场，与原有航空公司展开竞争。为保持竞争优势、降低运行成本，原有主要航空公司纷纷减少中小城市间的直飞航线，将航线网络结构从点对点模式调整为中枢辐射模式，在中心城市之间的枢纽航线配置更大机型和更多运力，充分利用大机型的成本优势和枢纽航线的客源优势逐步形成了对这些航线的垄断。新成立航空公司在航线资源、机队规模、营销能力和资金实力等方面都与大型航空公司存在较大差距，经过多轮严酷的市场竞争，绝大部分破产或被大公司吞并，幸存下来的公司为了避免被吞并，选择与大公司结盟，甘当配角，利用小机型承担将中小城市客源向中心城市机场喂给或者反方向疏散的角色，逐步形成了分工明确、大小机型紧密协作、运行高效的中枢辐射式航线网络结构，成为与传统点对点直飞航线网络并驾齐驱的航空运输模式，推动美国航空运输业市场格局发生了结构性变化。各大航空公司运行所依托的核心机场，依据功能定位逐渐发展成为国际枢纽、门户枢纽、国内枢纽等不同类型，按照集聚作用（主要体现为机场业务量），划分为大型枢纽、中型枢纽、小型枢纽和非枢纽等类别，大型枢纽成为美国航空运输航线网络的核心节点。根据统计资料，2015年，美国民航业大型枢纽机场数量为30个，占全美商业机场的比例不足6%，但完成的业务量比例超过70%。

枢纽运行模式在美国获得成功是多方面因素综合作用的结果。其中既有放松管制、充分竞争市场等宽松的政策环境，也有美国幅员辽阔、经济发达、城镇化水平高、人口和经济分布相对均衡、交通运输体系结构独特（客运呈现汽车＋航空二元结构，中短途依靠汽车，中长途和国际运输依靠航空，铁路主要承担货运业务）、空域运行环境优越、机场和空管保障能力充裕（大型枢纽机场基本上都有4条以上跑道）、机队结构合理、机场运行管理水平较高等一系列客观条件为基础，是根植于美国航空运输市场，与其经济发展水平、产业结构、城镇布局、交通运输体系、人口空间分布和航空市场需求特点等情况相适应的航空运输模式。尽管如此，随着业务量持续增长，大型枢纽机场规模效益下降、环境污染（大气和噪声污染）加剧、机场周边地面交通拥堵以及安全压力提升等各方面负面效应开始逐步显现，随着近年来经济和环保性能更佳机型投入使用、低成本航空公司快速发展及旅客对航空运输便捷性要求的提升，点对点运行模式在欧美航空市场所占比例不断提升。

(二) 运行特征及机场需求

枢纽运行虽然是航空公司采取的运行模式，但其核心依托是各类枢纽机场，特别是大型枢纽机场。枢纽运行的优势劣势也更多在枢纽机场中体现出来。一般来讲，大型枢纽机场具有以下方面的特征。

第一，具有优越的空间区位或其他方面的优势条件，具有较短时间内通达全球主要经济区域的空间区位优势，或者所在城市是全球具有较高影响力的政治、经济、金融、科技创新和商贸中心的世界级城市，天然具有巨大航空运输市场需求。

第二，机场业务量规模巨大。集聚功能是枢纽机场首先表现出来的外在特征，依托各类机场和地面综合运输体系的喂给，使得大型枢纽机场具有广阔的腹地市场和巨大的业务量规模。根据统计，2016年全球客运业务量排名第30位的枢纽机场，其实现的客货吞吐量已经达到约4500万人次和80万吨，且呈现逐年增长趋势。

第三，具有较强竞争力的主基地航空公司。具有广泛网络覆盖和强大空中运输能力的网络型基地航空公司（或航空公司联盟）是枢纽机场建设的核心支撑，借助于完善的航线网络和强大运力，才能实现航空客货在全国甚至全球范围内的快速高效运输。因此，大型枢纽机场主基地公司（可能不止一家）往往占有较高的市场份额（一般超过50%，有的甚至达到70%以上）和时刻、地面设施等优质资源。

第四，较高的中转率是欧美枢纽机场的核心特征。客货集聚是枢纽机场的外在表现，较高的中转率是其核心特征。尽管各国对枢纽机场的中转率并没有具体指标要求，但一般认为枢纽机场的中转率至少需要达到30%以上，有些典型枢纽机场（如亚特兰大机场，美国最大的国内枢纽和东南部门户机场）甚至超过70%，即大部分旅客不是以亚特兰大为目的地和始发地的。

第五，优越的空域环境、充足的机场地面保障设施和高效的运行管理水平。由于大型枢纽具有广大的腹地服务市场，大量的旅客、货物和行李需要在很短时间内完成在不同航班之间的转换，枢纽机场是实现上述转换高效顺畅完成的核心区域，因而对航班运行的正点率水平、机场空域、飞行区系统、行李处理、地面保障设施保障能力和海关、边检、检验检疫各类联检部门的工作效率等提出了很高要求。

第六，发达的地面综合交通运输体系。大型枢纽机场服务腹地市场包括机场所在中心城市、周边地区城市甚至周边国家，美国由于地广人稀，大部分枢纽机场所在中心城市的人口规模不大，主要依靠周边中小城市通过支线进行补给。欧洲主要枢纽机场（伦敦和巴黎等）和亚太地区枢纽机场中心城市的人口规模相对要大得多，因此，连接机场和中心城市发达的综合运输体系即成为该地区枢纽机场的基本特征。

二、我国航空运输市场需求特征

(一) 中心城市人口规模巨大，本地需求旺盛

我国航空运输市场的第一个特点是需求市场规模巨大。人口多是我国基本国情，随着社会经济发展水平和民众收入不断增长，我国航空运输市场多年来始终保持快速增长态势。1996－2016的20年间，航空客运量增长近9倍，从0.56亿人次增加至4.88亿人次，年均增长11.4%。根据民航"十三五"发展规划，未来五年旅客运输量年均增幅仍将达到10.4%，到"十三五"期末，旅客运输量将达到7.2亿人次。根据《民航强国发展战略》，2030年将达到15亿人次左右，10年间（2021－2030）年均增长7.6%，预计

到 2025 年左右，我国将超过美国成为全球最大航空运输市场。第二个特点是枢纽机场所在中心城市人口多，本地需求非常旺盛，中转客流所占比例很低，这一点与欧美枢纽机场差别显著。根据人口统计资料，纽约作为美国最大的城市，2015 年其中心城市人口也仅有 855 万，亚特兰大机场客运量连续多年居全球第一，但亚特兰大市区人口为 47.2 万。法兰克福机场是欧洲最重要的枢纽机场之一，其市区人口仅有 73 万，这与我国形成了鲜明对比。2016 年底，我国已经有 30 座城市人口超过 800 万，13 座城市人口超过 1000 万，北上广深等一线城市常住人口均超过 2000 万，其他省会城市人口除西部地区个别城市外，基本上也能达到千万级别，远远超过欧美国家。庞大的人口规模在城市之间产生了旺盛且持久的航空运输市场需求，决定了城市对点对点航线网络结构在我国航空运输市场上的绝对优势地位。

（二）人口和市场需求空间分布不均衡

我国航空运输市场另外一个显著特点是人口和市场需求空间分布的不均衡性。按照我国经济人口分界线——胡焕庸线划分，分界线东侧人口占 93.7%（2010 年第六次人口普查资料），1933 年该指标为 96%，70 多年时间仅仅降低了 2.3 个百分点。我国几乎所有一线城市和二线城市（包括西部地区成都、重庆、西安、昆明等主要中心城市）也都集中都在分界线东侧，西侧的大城市仅有兰州、呼和浩特和乌鲁木齐等。长远看，即使西侧地区大力发展三产，也主要是吸引周边农村人口向本地区城市集聚，人口分布的大格局不会发生根本变化。

表 1　1933 – 2010 年中国胡焕庸线两侧人口比重变化

Tab. 1　The Proportion of Population on Both Sides of Hu Line in China from 1933 to 2010

年份	东侧			西侧		
	面积比重（%）	人口比重（%）	人口密度（人/平方公里）	面积比重（%）	人口比重（%）	人口密度（人/平方公里）
1933 年	36.00	96.00	135.40	64.00	4.00	5.03
1953 年	43.24	94.80	139.51	56.76	5.20	5.83
2000 年	43.24	94.59	303.78	56.76	5.41	13.23
2010 年	43.24	94.41	325.84	56.76	5.59	14.68

人口和经济发展水平的不均衡性也决定了我国航空运输市场格局的不均衡性。2016 年，我国民航机场共完成旅客吞吐量 10.88 亿人次，其中分界线东侧机场完成 10.12 亿人次，西侧机场仅有 0.76 亿人次，占比分别为 93% 和 7%，和 2010 年相比，6 年时间，上述指标仅仅变化了 1%（分界线西侧机场业务量占比提升 1%），预计这种业务量空间分配格局（即我国航空运输绝大部分市场需求都发生在分界线东侧）将长期保持，甚至随着新型城镇化进程的推进，这种格局将进一步加剧。但总体来看，我国航空运输市场空间分布格局与人口和经济总体格局是高度吻合的，这种市场需求的高度集聚性进一步加深了我国枢纽机场服务本地市场以及航线网络结构的点对点属性。

表 2 胡焕庸线两侧机场基本情况（2010 – 2016 年）
Tab. 2 The Status of Airport on Both Sides of Hu line in China from 2010 to 2016

指标		全国	分界线东侧	分界线西侧
机场数量（个）	2010 年	176	130	46
	比例	—	74%	26%
	2016 年	220	156	64
	比例	—	71%	29%
机场旅客吞吐量（亿人次）	2010 年	5.64	5.32	0.32
	比例	—	94%	6%
	2016 年	10.88	10.12	0.76
	比例	—	93%	7%

（三）空域运行环境复杂，机场保障能力有限

枢纽机场运行质量的核心是中转，决定中转质量的核心因素是航班的正常率水平，没有很高的航班正常率水平作基础，枢纽中转根本无法运行，而航班正常率水平恰恰是我国民航枢纽机场的最大软肋。根据统计资料，我国大型枢纽机场航班正常率水平在全球同类型机场长期处于垫底位置，这其中有空管、机场、航空公司等各方面原因，但核心原因是我国民航可用空域资源严重不足，大型机场终端区和主要航路飞行流量密度已经远超欧美国家。目前我国民航运输航空机队规模约为 3000 架，如果未来继续保持较高增长速度，在 2030 年实现民航强国发展目标和在 2025 年左右成为全球第一大航空运输市场，机队规模至少还需在现有基础上翻一番，达到 6000 ~ 7000 架，基本达到美国民航目前的运输机队规模。但与此形成鲜明对比的是，美国的空域使用以民航为主，民航运输空域环境优越，空管和机场综合保障能力整体非常充裕，航空运输市场空间分布也比较均衡（东西海岸和中部地区），即便如此，在类似纽约这样的大城市机场航班延误也比较严重，不得不花费巨资建设新一代空管系统。与美国相比较，我国民航的空域使用环境要严峻得多，首先是空域使用主导权在军方，近年来随着我国周边安全压力加大，军方新机型陆续列装部队，其作战性能和活动范围也大幅提升，军民航对空域需求都呈现快速增长的态势；二是我国民航运输市场需求的空间分布极不均衡。虽然国土面积和美国相似，但 90% 以上的业务量和飞行量发生在 43% 的国土面积上，未来单位空间内飞行流量密度至少是美国的 2 倍，运行安全压力前所未有。长期来看，在现有飞行和空管技术没有发生革命性革新的条件下，即便是我国空域管理模式取得实质性改善，达到美国目前的水平，空域和安全因素也将严重制约胡焕庸线东侧地区枢纽机场容量和高效运行；三是未来民航运输航空、军事航空和通用航空对空域需求都呈现不断增长的态势。在东部大型枢纽机场，民航运输仍将保持不断增长的态势，军航随着新型作战飞机不断列装部队，需要通过不断训练才能形成战斗力，在现有作训体制没有发生根本性变革条件下，训练活动对东部地区空域的需求也越来越大；另外，通用航空近年来发展呈现井喷式发展，对低空空域的需求呈现快速增长的态势，这三种需求相互叠加，将会严重制约东部地区大型枢纽机场的容量。

(四) 中小航空公司机队机型结构单一

我国中小航空公司机队构成以 B737 和 A320 等中型机为主，支线飞机所占比例很低，并且呈逐年降低的态势，难以形成大小飞机、快慢机型、长短程航线搭配衔接的中转联程服务产品。此外，随着近年来飞机制造技术进步和飞机性能提升，以 B787 为代表的中型远程飞机不断进入运输市场，航空公司采用新机型能够开辟更多的市场需求规模相对较小的直飞远程市场，挤压原有大型宽体飞机和支线飞机市场。此外，近十年来在全球迅速兴起并获得迅猛发展的各类低成本航空公司也普遍配置单一的 B737 和 A320 系列飞机，采用点对点运行模式运行。从全球市场来看，低成本航空公司承担的业务量份额已经超过 30%（我国低成本航空公司所占份额比较低，只有 10% 左右），传统的枢纽运行模式在全球范围内面临着越来越大的挑战。

(五) 综合运输体系日渐完善，高铁网络发达

面对异常旺盛的航空运输市场需求，我国民航枢纽机场虽然面临需求市场空间分布失衡、空域资源供给严重不足、机场综合保障能力不高等不利因素，同时也有综合运输系统设施规模扩大、保障能力提升和运输结构优化等有利因素，长远来看，最大有利因素就是我国高铁网络的日益成熟和服务范围的不断延伸。按照已经颁布的《铁路中长期发展规划》，到 2020 年，我国高速铁路里程将达到 3 万公里，高铁服务能够覆盖 80% 以上的大城市；2025 年，高铁里程将达到 3.8 万公里，形成以特大城市为中心覆盖全国、以省会城市为支点覆盖周边的高速铁路网。主要城市群之间、省会城市和其他 50 万人口以上大中城市之间实现高铁联通，实现相邻大中城市间 1~4 小时交通圈，城市群内 0.5~2 小时交通圈。高速铁路、城际铁路、市域铁路和城市轨道交通将共同构建我国城市群之间、城市群内部和市内交通主骨架。我国高铁线路网络基本上分布于胡焕庸线东侧，与民航运输市场高度重合。短期看，高铁会对民航某些中短途市场形成一定业务量分流，但长远看，高铁、城际铁路和民航通过共同建设综合交通枢纽，实现高效衔接、一体化运行，共同服务中远程运输市场（城际铁路以 200~500 公里航程为主，高铁以 500~1500 公里航程为主，民航以 1500 公里以上的中远程为主）和国际市场（民航占绝对优势地位）是我国综合运输体系发展的必然趋势。

三、我国枢纽机场发展趋势

由于以上客观原因的存在，决定了满足本地客源市场需求在相当长时期内仍是我国民航枢纽机场的首要任务，点对点航线仍是我国民航运输航线网络的主体形态，对此需要有明确的判断。鉴于与欧美国家国情的巨大差别，需要立足实际国情、建立具有我国特色的枢纽运行理论。可以预见，随着航空运输市场规模持续增长、以城市群建设为核心的新型城镇化进程深入推进和综合运输体系的不断完善，我国民航枢纽机场发展呈现以下趋势：

第一，形成与世界级城市群建设相适应的若干个世界级机场群。按照我国新型城镇化发展战略，未来我国将建设包括长三角、珠三角、京津冀、成渝等若干个以核心城市为统领、大中小城市均衡发展、定位明确、功能互补、具有较强核心竞争力的城市群。

城市群之间通过以高速铁路为核心、包含多种交通方式的运输大通道联通，城市群内部通过城际铁路、市域铁路和高速公路实现互联互通。与此相适应，在城市群内部也会形成包括国际航空枢纽、区域枢纽和非枢纽机场、功能明确、高效运行的超大型机场群，共同参与全球航运网络建设和枢纽机场的竞争。

第二，枢纽机场服务腹地市场范围进一步扩张、集聚效应进一步增强，但其服务本地客源市场、以点对点航线为主的航线网络特征不会改变。受我国航空运输市场需求空间分布高度不均衡、民航运行空域供给和机场资源等各方面条件制约，可以预见，城市群核心城市和大城市机场之间高密度的航空快线客流将构成枢纽机场业务量的主体，支线航空被分流至区域枢纽、甚至非枢纽机场的趋势日益显著。除乌鲁木齐、昆明等特殊条件地区的枢纽机场外，支线机场至枢纽机场客流所占份额进一步降低，取而代之的是周边中小城市客流更多地通过高铁（城际铁路/市域铁路）积聚到枢纽机场。借助于不同层次的轨道交通网络，枢纽机场腹地市场范围迅速扩张，集聚效应进一步增强。高铁（城际铁路/市域铁路轨道）—国际枢纽机场—国外机场将成为城市群内民众国际出行的基本形态；高铁（城际铁路/市域铁路）—枢纽机场（1）—枢纽机场（2）—高铁（城际铁路/市域铁路）将成为国内出行基本形态，实现高铁、城际、市域铁路和城市轨道构成的轨道交通网络与枢纽机场日益融合、合理分工、一体化运行。

第三，空—铁中转为主体、空—空中转为补充、兼具促进区域城镇化和产业升级功能的综合型、平台型枢纽将成为我国民航枢纽机场的主流形态。依托日益完善的"八纵八横"高铁网络为核心支撑，以高铁+城市群网络为特征、具有中国特色的全新城镇化发展战略轮廓日渐清晰。适应和服务于这种基于高速轨道网络的新型城镇化战略，高速公路+高铁（城际铁路、市域铁路）+航空将成为未来我国民众中远程出行的基本模式，枢纽机场将成为真正意义上的综合型交通枢纽，这与欧美国家相对单一的、以空—空中转为主的枢纽机场运行模式有显著差别。同时，我国民航正在实现从行业民航向产业民航的转变，依托航空经济等手段，枢纽机场日益成为推动区域产业升级和新型城镇化的重要推动力量，被赋予更多产业集聚和发展平台功能。在技术设施设计、发展理念、周边配套、产业空间规划等各方面都在发生着深刻变化，枢纽机场日益成为推动地方社会经济发展的重要原动力。

四、我国枢纽机场近期建议研究重点

第一，明确顶层设计。将空—铁（高铁/城际/市域铁路）一体化融合运行确立为未来解决我国中长途和国际出行的基本技术途径，进一步优化航空运输市场结构，确立其在中长途和国际运输中的主体地位，建立以枢纽机场为核心、城市群内部多层次轨道交通网络为依托，密切协作、高效运行的具有我国特色的铁（高铁/城际/市域铁路）—空（枢纽机场）—铁（高铁/城际/市域铁路）轴辐式航线网络，作为今后我国民航机场枢纽建设的基本理念和指导方针。

第二，积极推进空—铁联运相关理论和技术研究。实现空铁高度一体化融合运行是我国民航枢纽机场区别于欧美枢纽机场的显著特色。法兰克福机场虽然也接入了"欧洲之星"高铁线路,在一定程度上实现了空—铁联运,但其轨道交通线路层次性、运行网络化程度与我国目前正在建设的大型枢纽机场相去甚远。因此,我国民航的枢纽机场实际上也是一条适合我国特点,但无成熟经验可供借鉴的新型枢纽机场建设之路,需要推进空铁一体化运行、实现一票到底、零距离换乘为目标,深化综合运输管制体制改革,打破目前各自为政、独立运行的局面,从空铁两种运输方式融合运行的基础设施规划、设计、建设、运行、服务质量标准、运行控制系统、一体化信息平台、票务结算、运行组织、机构设置等诸多方面开展技术理论研究。

第三,结合京津冀城市群建设,积极在北京新机场开展新型枢纽机场建设试点。京津冀一体化是新时期我国重大国家战略之一,通过建设轨道上的京津冀城市群、实现各城市间的互联互通和人员物资信息快速流动、消除发展差异、实现均衡发展。北京新机场作为实现这一战略目标的核心项目,机场接入了高铁、城际铁路、市域铁路、城市轨道和高速公路等各种交通方式,空中航线则联通国内和全球主要枢纽城市,建成后将成为京津冀城市群和我国交通运输业的超级枢纽,同时也是探索我国民航新型枢纽机场建设理论的最佳场所。建议以新机场枢纽建设为契机,全面探索我国民航新型枢纽机场建设理论、方法和技术路径,探索出符合我国特色、可供借鉴的枢纽机场建设新模式和新路径。

参考文献:

[1] 赵民合,徐晓明. 对航空枢纽的再认识[J]. 中国民用航空,2016(12).

[2] 杨新湮,王智,杨依莹,秦宇焘. 构建我国中枢辐射式空铁复合交通网络[J]. 综合运输,2016(2).

[3] 陈林. 美国航线网络的演变历程及发展趋势[J]. 空运商务,2013(2).

[4] 中国民用航空局. 中国民用航空发展第十三个五年规划.

[5] 国家发展改革委. 国家新型城镇化规划(2014-2020年).

[6] 国家发展改革委,交通运输部,中国铁路总公司. 中长期铁路网规划(2016-2025年).

汉欧班列：大国大城通道的建设者

王利军

（武汉汉欧国际物流有限公司，武汉 430000）

【摘　要】 汉欧班列作为"一带一路"大国大城的通道建设者，充分发挥自身优势，开展了定制专列、公共班列与拼箱服务，开辟了多条武汉往返亚欧线路，覆盖了28个国家60多个城市。作为跨国冷链物流的先行者，汉欧班列依托世界最新冷链技术将一带一路沿线优质产品平价推向市民餐桌。以物流促进贸易，以通道带动通商，吸引各大产业集群齐聚武汉。汉欧班列已成为中欧班列知名品牌，武汉市的"城市新名片"。本文通过介绍汉欧班列的基本情况，阐述取得的成绩，最后根据问题导向，提出加快汉欧班列发展的建议。

【关键词】 一带一路　中欧班列（武汉）　产业集群　多式联运　冷链运输

WAE—The Transit Constructor of the Big City, the Great Nation

WANG Lijun

(Wuhan Asia Europe Logistics Co. Ltd., Wuhan 430000)

Abstract: WAE is the transit constructor of big cities of great nations on the "the Belt and Road Initiative". Offering dedicated train service, public train service and LCL service, WAE has 15 different routes operating between Asia & Europe. Routes cover more than 60 cities of 28 countries. As a pioneer in international cold chain transport, WAE has applied the latest technology on consumption goods from Europe to Wuhan. WAE rail transport helps developing trade and commerce, the transit simulates business exchange, forming all kinds of industrial clusters developed in Wuhan. Remarkable achievements have made by WAE, and WAE has become Wuhan's city business card.

Keywords: Belt and Road Initiative　China Rail (Wuhan)　Industrial clusters　Multimodal-transport　Cold-chain transport

按照湖北省、武汉市政府的决策部署，汉欧班列于2012年10月开通试运行，2013年恢复重建铁路口岸，2014年成立武汉汉欧国际物流有限公司，开启常态化运行，2015年实行双向常态化运营，2016年增设境外机构，进一步辐射延伸线路，2017年国际影响力进一步凸显。

汉欧班列作为湖北积极对接"一带一路"和长江经济带等国家战略的重要载体，充分展示了湖北省、武汉市在国际大通道建设方面的竞争力，也进一步拉动了湖北省、武汉市与丝绸之路经济带沿线国家的经贸、人文交往。

一、汉欧班列运行基本情况

（一）开行线路

汉欧班列已成功开辟了经阿拉山口、满洲里、二连浩特三个口岸的双向往返线路，实现了"三龙出关"的格局。根据客户单次发运量的不同，分别为大中小客户提供定制专列、公共班列、双向拼箱三种不同的服务。

汉欧为单次发运量至少41个40尺柜的大型制造企业客户提供定制专列服务，如富士康、冠捷、东风等客户；为大企业的小订单、单次发运一个柜或数个柜的中小型企业客户提供公共班列服务，目前公共班列运行每周去程三列，回程两列；为单次发运不满一个整柜的小微企业、跨境电商提供拼箱服务，也为驻外企业自用物品及个人自用物品需求的客户提供私人订制发运服务。汉欧班列的线路辐射欧洲、中亚、西亚等28个国家，超过60多个城市。

（二）发运数量

2014年发运42列、2142 TEU，货值1.2亿美元；2015年发运164列、14912 TEU，货值5.17亿美元，班列实现往返常态化运营，其中去程居全国中欧班列第二、回程第一。2016年发运234列、21630 TEU，货值约8.59亿美元，班列实载率达到95.48%，其中去程122列、11246 TEU，回程112列、10384 TEU，回程货量全国第一。2017年1—7月共发运190列、17458 TEU，实载率110.53%，全国第一。其中去程90列、8412 TEU，回程100列、9046 TEU。

（三）发运产品

去程货源主要包括整车、电子产品、光伏产品、汽车配件、特种钢材、光缆等工业制品以及来自长三角、珠三角的家电、化工、橡胶产品等。

回程货源主要有森工产品、电梯零部件，汽车零部件如宝马、奔驰、奥迪、路虎、五菱宏光等，铜带、模具、钢板材等工业产品和食品、服饰等民生消费品。

2017年，汉欧班列助力湖北楚文化走出国门，先后承运了湖北省歌剧舞剧院编钟、服装及道具至德国参加G20演出、六祖文化公司2000件书画、香炉、红木家具等文化工艺品至德国哥廷根大学举办的中国传统文化节。

二、取得的成效

2014年常态化运行以来，汉欧班列已在全国中欧班列29个城市中确立了较大的发展优势，成为中欧班列重要的物流品牌。

（一）产业带动，招商引资作用凸显

2014年底，某企业将其在福清、厦门的100万台生产产量转移到武汉，直接为武汉市带来30亿~40亿元的年产值及近20亿元的配套产值；台湾某跨国企业也将生产基地

布局到武汉;某奶粉巨头公司拟将中国区销售总部迁至武汉,预计将增加每年1000万罐奶粉的回程运输量。

2016年,汉欧公司开启了贸易板块并通过冷链班列成功将法国的优质葡萄酒等多个消费产品运回武汉,沿线许多国家大使馆联系汉欧公司,希望促成本国的食品、酒类、奶类通过冷链班列出口。

2016年,随着法国班列的开通,法国著名体育品牌公司将全国分拨集散仓库落户武汉周边地区。受益于中欧班列的运输时间短,加速企业资金的流转率,该公司把已经转移到越南和其他东南亚国家的订单转回国内,进一步巩固了湖北省作为承接东南沿海战略转移的首选地位。

俄罗斯回程木材解决了本地木材产业资源缺乏的难题,同时吸引了境内外木材贸易企业来汉投资建厂。2017年汉欧班列已经启动了俄罗斯纸浆专列,运至湖北省周边地区的相关厂家,用作卷烟、食品用纸等高端产品,开启了资源原材料运输到半成品运输先河。湖北某企业受益于汉欧班列运输便利,大力发展上游渠道顺利进入俄罗斯中部林产区,依托汉欧班列完成国际化转型。同时,来自福建、广东、满洲里、黑龙江等地的木材家具生产厂商也纷纷来武汉投资建厂。由此可见汉欧班列的招商引资效果显著。

(二)外贸拉动逐步提升

受益于国家自贸区和"一带一路"战略的实施,在传统出口国外贸情况式微的情况下,汉欧班列对"一带一路"沿线国家的进出口出现亮点,外贸优进优出趋势明显。2015年汉欧公司进出口班列货值逾30亿元,占全市外贸进出口总值2%,2016年全年达59.2亿元,占全市外贸进出口总值3%,2017年上半年已达46.75亿元,占全市外贸进出口总值5%。

(三)国际大通道功能日趋增强

汉欧班列开行以来,承运货物60%来自于省内,40%来自华南、东南地区,彻底改变了过去内陆地区外贸出口依靠沿海地区走向世界的"一江春水向东流"格局。从常态化运营情况看,武汉地区国际铁路运输与"江海直达""东盟四国"水路航线运输逐步形成相互补充之势,长三角、珠三角地区货物经水路、铁路至武汉集聚分拨,上海、华东、华南地区已经成为汉欧班列的喂给港。俄罗斯铁路股份有限公司拟在武汉建立还箱点,武汉将进一步成为中国—俄罗斯商品的集聚中心。武汉水陆空大枢纽、大通道比翼齐飞,让武汉从"后位"变成了开放的"前端"。

(四)国家战略节点城市功能凸显

随着全国经济的高速发展,众多城市的原有优势正在逐步消失。凭借"一带一路"和"长江经济带"两大战略,借力汉欧班列和"江海直达"航线的有效对接,武汉市已初步打造出一条新的国际集装箱铁水运输闭合环线,强化了其他城市无法比拟的多式联运优势,提升了湖北省、武汉市在全球经济战略地位。

武汉港航发展集团与湖北省对口援疆的新疆博尔塔拉自治州的阿拉山口市政府签署了战略合作协议,就双方开通武汉—阿拉山口班列和综合保税区开发等事项达成了初步意向。湖北省、武汉市作为国家"一带一路"及长江经济带战略的节点功能进一步凸显。

(五) 国际知名度与影响力进一步增强

2014年7月，时任湖北省委书记李鸿忠率团访问哈萨克斯坦期间，见证了汉欧班列中哈合作项目签约仪式，并为中亚代表处揭牌，发表重要讲话。2015年9月，德国联邦铁路局在武汉友好城市杜伊斯堡市举行仪式，首次隆重命名行驶于鲁尔区的一列客运列车为"中国武汉号"（"Wuhan China"），在德国乃至欧洲交通史上尚属首次。2016年4月，汉欧承办了中国中部国际产能合作论坛汉欧专场，带来400多个国家及城市的产能合作机遇。2017年2月，时任法国总理卡泽纳夫与省委副书记、市委书记陈一新、市长万勇亲自出席汉欧班列"里昂－武汉"新丝路接车仪式，品尝班列运回的法国原装进口葡萄酒。2017年3月，白俄罗斯驻华大使亲临汉欧国贸体验店品尝班列运回的白俄罗斯牛奶。2017年4月，汉欧公司主办了"一带一路"中法经贸文化论坛，融合了中国茶与法国酒文化，通过文化交流带动经贸合作。

随着汉欧班列的开行，湖北省、武汉市的友好地区和城市联系更加紧密。白俄罗斯的布列斯特、荷兰的阿拉姆、德国的杜伊斯堡、法国的波尔多等城市和地区政府对汉欧班列给予了大力的支持，在商务洽谈等方面给予了全面的帮助。汉欧班列串联了湖北省、武汉市与友城之间物流、贸易、产业、文化等方面的往来，加深了友谊，建立了"一带一路"上的新"朋友圈"。

(六) 跨国际冷链运输关注民生，彰显国企"为人民服务宗旨"

自2016年起，汉欧公司通过冷链运输，成功将法国波尔多酒庄的原产地、原瓶原装葡萄酒，白俄罗斯的优质液态牛奶，德国的啤酒，哈萨克斯坦和俄罗斯的食用油等国外优质产品运抵武汉销售，国外优质产品已走向武汉市民的餐桌，并且是看得见、摸得着、质量可控的产品，让武汉市本地市民享受"一带一路"建设带来的红利，真正具有获得感。同时，汉欧公司与法国粒购集团签订了合作协议，服务于国内优质产品如白酒、农副产品的输出，为本地外贸企业提供更加便捷的通道支持。

三、汉欧班列面临的主要问题

一条成熟的国际大通道通常需要8~12年的市场培育期。汉欧班列自2014年常态化运行以来，虽然取得很大成绩，但也面临着铁路口岸功能滞后、配套设施不足等困难问题。

(一) 铁路口岸功能滞后，班列发展受到制约

近年来，通过在德国、法国、俄罗斯、白俄罗斯、捷克的商务对接和举办"汉新欧"境内外商贸物流洽谈会，很多从事整车、药品、食品、跨境电商、肉类、钾肥、粮食等企业表达了想走汉欧班列的愿望，但由于目前武汉市铁路口岸尚未获得食品、肉类、药品、水果、国际邮包等铁路进口口岸资质和缺乏开展冷链运输装备及设施，导致班列不能承运上述高附加值、市场需求量大的货品。

(二) 配套设施不足，难以形成完整的贸易加工市场，导致通道的综合效益大幅递减

当前，重庆、成都、郑州等中欧班列，不仅铁路站场海关监管区完备，并具有整车、肉类、跨境电商等进口口岸资质，而且其运营平台均建设有综合性物流园区，延伸其服

务产业链。相比中西部等城市，汉欧公司当前急需抓紧完成东西湖铁路中心站口岸海关监管区改扩建，推动铁路口岸尽早成为粮食、生鲜、跨境电商等进口口岸，加快落实物流园规划1000亩用地，建设完成武汉东西湖汉欧国际综合物流园，打造以铁路集装箱中心站区域为核心的一体化服务产业链，提供分拨、关务、检务、箱管、运输、在库加工、跨境电商、保税展示等一系列的增值服务，形成更为强大的综合服务能力和市场竞争力。

四、下一步发展举措及工作建议

打造内陆开放新高地，汉欧班列这条国际铁路大通道能够承担更大的责任和使命。下一步，汉欧将在湖北省、武汉市政府的坚强领导和大力支持下，在班列运行上做到"稳运行、扩增量、降成本、补短板、强功能"，建设好、运营好汉欧班列。

(一) 巩固基础，推进国际通道建设

积极参与国家"一带一路"经济走廊建设，在现有"三龙出关"线路基础上，拓深班列精品线路。一是在"中蒙俄"大通道上贯通俄罗斯三大森工产品主产区与北欧国家，延伸原料专列线路。二是以新亚欧大陆桥为干线，发展中欧四国的精品线路，更好地服务中东欧、地中海和西亚国家及地区。

(二) 产业落地，建设沿线物流园区

建设武汉东西湖汉欧国际物流园，建立国际货物华中集散分拨中心，华中一级木材交易市场，华中葡萄酒交易中心，华中拆拼箱中心。投资阿拉山口综合保税区，建立阿拉山口物流园区和新疆、中亚货品物流及贸易中心。投资白俄罗斯布列斯特分拨中心等境内外物流园区及海外仓，覆盖乌克兰等东欧国家，逐步增强汉欧平台的自主发展和自我造血能力，提升市场化运营能力。

(三) 开拓渠道，大力发展国际贸易

利用汉欧的境外营销网络机构、采购资源、冷链运输、国内清关商检和渠道销售的优势，依托国际铁、水、公、空多种运输方式，加大"一带一路"沿线国家优质产品的引进力度，把"一带一路"优质产品成系列的、平价的引进华中地区。同时积极组织中国农产品出口，让欧洲的华人群体也能享受"一带一路"倡议带来的红利。依托汉欧国际平台化优势，推进跨境电子商务发展，让国内外老百姓拥有更多的获得感和幸福感，彰显"为人民服务"宗旨。

(四) 广泛合作，提升平台核心竞争力

主动对接国家中欧班列发展规划和全市乃至全省及中部地区重点产业物流需求，巩固既有开行线路，打造独具特色和价格优势的精品线路，优化班列运营组织，加强与俄铁、德铁、哈铁、法铁的协同合作，发挥企业、市场、政府的作用，增强武汉与中西部地区中欧班列城市的竞争能力。

(五) 开行班列，积极创新援疆举措

发展武汉至古丝路地区往返五定班列是将"一带一路"倡议、长江经济带国家战略与援疆政策有机结合的举措。汉欧班列利用武汉巨大的消费市场资源，通过班列运输和贸易优势，将新疆、宁夏、甘肃等丝路地区优质农副产品带进武汉市民生活，促进古丝

路地区农产品销售,提高当地农民收入,发展古丝路地区经济,实现援疆新突破。

参考文献:

[1] 陈蓉."汉新欧"在"中欧班列"整合中的SWOT分析研究[J].中国市场,2015.10.

[2] 池永明.中欧班列发展的困境与出路[J].国际经济合作,2016,(12):60-65.

[3] 李佳峰."一带一路"战略下中欧班列优化对策研究[J/OL].铁道运输与经济,2016,(5):41-45.

"合新欧"国际货运班列发展及展望

杰传宝 钱传军

(安徽新亚欧国际物流有限责任公司,合肥 230012)

【摘 要】 为了响应国家对外开放战略,发挥合肥"一带一路"、长江经济带双节点城市功能,合肥市开通了合肥国际货运班列。"合新欧"班列开通运行促进安徽省、合肥市开放型经济发展,让更多的"合肥造""安徽造"产品通过中亚、中欧班列快速高效地流向亚欧国际市场,促进沿线地区经贸互通、融合发展。"合新欧"发展过程中仍然存在体制机制、市场化运作、政策支持等问题,通过问题导向找准解决方案,科学谋划,周密实施,促进"合新欧"班列更好更快地发展。

【关键词】 合新欧 国际货运班列 经验做法 存在问题 未来发展

Development and Future Prospects of the Hefei-Europe International Freight Train

JIE Chuanbao, QIAN Chuanjun

(Anhui New Silkroad International Logistics Company, Hefei 350012)

Abstract: In response to a country opening to the outside strategy, give play to Hefei Belt and Road Initiative and Yangtze river economic belt two-node urban functions, opened in Hefei in Anhui for the promotion of international freight trains and opening new European trains running in Hefei in Anhui province the open economy development, let more made in Anhui province, Hefei products through central Asia central trains the flow of fast and efficient and international market, promote the regional economic and trade along the development of integration and development of the new European still exist such problems as market operation policy support system mechanism, through the problem leads to find solutions, scientific planning and careful implementation, promote new European trains us better and faster. development.

Keywords: Hefei-Europe freight train International freight train Experience and method Existing problem Future plans

一、基本概况

(一) 平台公司概况

"合新欧"班列是合肥市委、市政府贯彻落实国家"一带一路"发展战略,积极呼应国家新丝绸之路经济带建设、打通对外开放新通道、构建对外经济新平台的重要举措。

"安徽新亚欧国际物流有限责任公司"由合肥鑫城国有资产管理公司独资组建,为全资子公司。2015年6月9日注册成立公司,具体负责"合新欧"班列的运营管理,主要承办陆运进出口货物的国际联运代理业务,包括组货、托运、配送、仓储、中转、包装、集装箱拼装拆箱、国际多式联运、结算运杂费、报关、报验、保险、相关的短途运输服务、流通加工、货运代理、对外贸易、电子商务、物流信息处理及咨询业务等。

"合新欧"班列自2014年开通以来,以加速融入国家"一带一路"战略为指引方向,以打造内陆开放新高地和新通道为核心目标,以促进国际贸易往来为主要动能,保持稳定高效运行,合肥中欧班列进出货量已跻身全国前八,货运通道效应日益凸显。

(二) "合新欧"班列运行概况

2014年6月26日,安徽新亚欧公司发运了合肥市、安徽省历史上的第一列铁路国际货运专列(合肥—阿拉木图)。运行线路为,合肥—阿拉山口—多斯特克—阿拉木图,全程4906公里,运行时间为8天,目前每月发运2列(10日和25日)。

2015年6月26日,新亚欧公司发运了合肥市、安徽省历史上的第一列到欧洲地区的铁路货运专列(合肥—汉堡)。运行线路为,合肥—阿拉山口—多斯特克—布列斯特—马拉舍维奇—华沙—汉堡,全程10680公里,运行时间为15天,目前每周发运1列(每周五发运)。

2016年11月20日,新亚欧公司又发运了合肥市、安徽省历史上的第一列德国汉堡到合肥的中欧回程货运专列(汉堡—合肥)。运行线路为,汉堡—马拉舍维奇—布列斯特—后贝加尔—满洲里—合肥,全程10300公里,运行时间为15天,适时开通运行。中欧回程班列实现了合肥中欧国际货运班列的双向循环对开,为合肥与欧洲地区经贸互联、互融、互通发展带来了新活力、新机遇。

"合新欧"班列稳定高效运行,截至2017年8月,中亚班列(合肥—阿拉木图)、中欧班列(合肥—汉堡)、中欧回程班列(汉堡/杜伊斯堡—合肥)、铁海联运班列(合肥—宁波北仑)共计发运141列,26436个TEU,货值累计50.06亿元。主要运载货物有电子、光伏、轻纺、家电、机械、汽车、医药、家具、特种建材、机器人等(见图1、图2)。

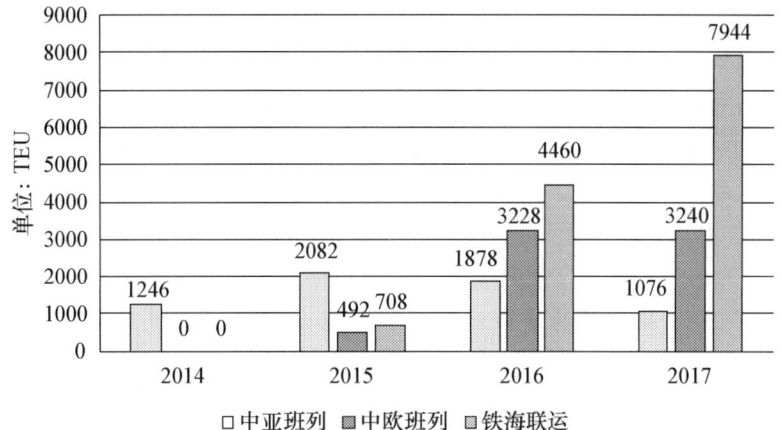

图 1 "合新欧"班列标箱情况统计（2014–2017）
Fig. 1 Container Volume of Hefei-Europe International Freight Train（2014-2017）

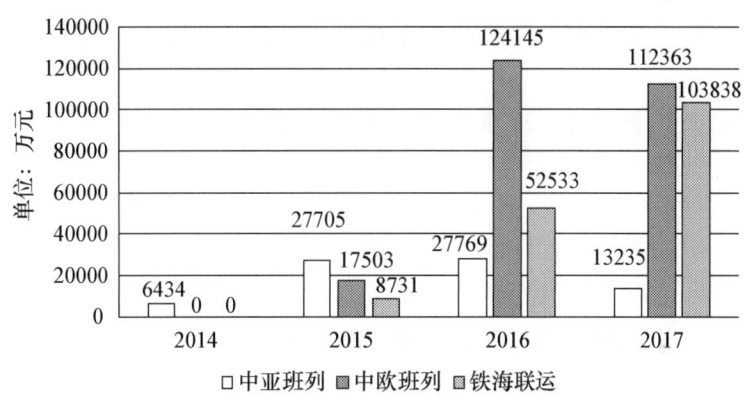

图 2 "合新欧"班列运行情况统计（2014–2017）
Fig. 2 Operation of Hefei-Europe International Freight Train（2014-2017）

二、"合新欧"班列运行成效显著

（一）"合新欧"班列提升了合肥市"一带一路"节点城市地位

"合新欧"开通以来，运力逐年攀升，运费成本以15%的比例逐年递减，拉动了本地外贸经济的快速发展，赢得了省市及周边地区外贸企业的高度信赖，取得了良好的社会效益和经济效益。

2016年，合肥中欧班列进出货量在全国班列中排名第8位。合肥市被国家发改委列为12个中欧班列内陆主要货源地节点城市和23个主要铁路枢纽城市。合肥中欧班列铁路场站对外开放项目也被列入国家口岸发展"十三五"规划。上海铁路局将合肥、义乌、苏州列为"十三五"中欧国际班列核心区域。

（二）"合新欧"实现"三年三大步"跨越式发展

2014年开通中亚班列（合肥—阿拉木图）、2015年开通中欧班列（合肥—汉堡）、

2016年开通中欧回程班列（汉堡—合肥），先后打通阿拉山口、满洲里、二连浩特三条线路，为"合新欧"实现多通道、多点、多线路运行奠定了坚实基础。

（三）合肥中欧班列单列运值位居全国中欧班列前列

2016年，"蓉欧"班列平均每列发运41个集装箱，货值约7104万元；"汉新欧"班列平均每列发运44个集装箱，货值约7636万元；"郑新欧"班列平均每列发运46个集装箱，货值约7907万元；"合新欧"班列平均每列发运47个集装箱，货值约8233万元，"合新欧"班列的单列运值和财政资金的使用效率是所有班列中最高的。

（四）"合新欧"品牌成为省市对外开放和招商引资的"靓丽名片"

三年来，"合新欧"国际货运班列的稳定运行已引起各方的广泛关注。各大媒介、展会都纷纷宣传报道了"合新欧"班列，"合新欧"班列的品牌知名度和影响力日益提升。德国DHL敦豪公司、韩国三星集团、美国普洛斯公司以及德国铁路公司、法国铁路公司、白俄罗斯铁路公司等都希望与"合新欧"班列建立密切的合作关系。上海易浦物流公司、泓明供应链公司、北京的长久物流公司、天津太平洋汽车公司等都纷纷到新站高新区设立企业或洽谈入驻。"合新欧"班列已真正成为安徽省、合肥市对外开放和招商的一张"靓丽名片"。

（五）"合新欧"班列有力地推动了口岸开放功能的提升

"合新欧"班列的稳定运行，与沿途各国建立了密切的经贸、文化交流合作关系，带动了现代铁路口岸的国际化。合肥国际内陆港、国家一类铁路口岸的申报、建设，正将合肥纳入国家"十三五"铁路口岸规划的整体布局中，也为合肥今后的国际化发展奠定了坚实基础。

（六）"合新欧"班列有力地促进本地产业集聚

安徽省是中国最大的家电生产基地，冰箱、洗衣机、空调、彩电产量约占全国的1/4。其中，合肥集聚了海尔、美的、长虹、美菱、晶宏等众多一流家电品牌，有1000多家家电企业，一年产值超过千亿元。"合新欧"班列稳定高效运行，具有运时短、稳定发运等优势，安徽本地的江淮汽车、佳通轮胎、阳光电源、京东方等企业纷纷搭乘"合新欧"班列运载货物。同时，众多省内外企业纷纷寻求与"合新欧"开展业务合作，并到新站高新区设立企业或洽谈入驻，吸引了安徽本地及外地产业集聚合肥，促进了合肥市高科技产业快速发展。

三、主要做法及措施

（一）全部重箱运载，并按满列标准兑付补贴

"合新欧"班列自2014年开通以来，全部重箱进出口运行，无空箱运载。安徽新亚欧公司依法依规按满列标准兑现"合新欧"班列补贴资金，"合新欧"也是全国班列中唯一一家不补贴空箱的班列。

（二）加强与中铁公司合作，多渠道筹集货源

安徽新亚欧国际物流有限责任公司与中铁国际多式联运有限公司上海分公司签订合作协议，安徽新亚欧公司负责组货，货源不足部分由中铁多联上海分公司予以箱量支持。

(三) 保持班列稳定加密，适应市场发展规律

中亚班列（合肥—阿拉木图）从最初的每月一列增加到每月两列，中欧班列（合肥—汉堡）从每月一列发展到每月四列，以及2016年中欧回程班列（汉堡—合肥）适时开通运行，铁海联运（合肥—宁波北仑）全年常态化运行。"合新欧"不断加密班列发运频次，不断适应本地外贸企业的出口需求，以此适应市场发展规律，提高市场竞争力和占有率。

(四) 打好宣传"组合拳"，提升"合新欧"品牌效应

近三年来，"合新欧"国际货运班列的稳定运行已引起各方的广泛关注。《人民日报》、新华社、中央人民广播电台、人民网、凤凰网、新浪网，2017年安徽省在外交部的全球推介会、中博会、徽商大会等媒体、展会都全方位宣传报道了"合新欧"班列，"合新欧"班列的品牌知名度和影响力日益提升。

四、存在问题

(一) 关于"合新欧"班列资金补贴问题

在合肥市政府的支持下，"合新欧"班列稳定高效运行，但随着"合新欧"班列运行密度的加大，合肥市财政补贴压力日益增大，亟待省级、国家级层面予以政策、资金支持。

(二) 关于"合新欧"班列的管理层级问题

"合新欧"平台公司是安徽新亚欧国际物流有限责任公司，是新站高新技术开发区的下属企业，在与海关、检验检疫、铁路和县区、市直部门的工作协调中，难以达到理想的统筹、协调效果，也难以聚集人力、物力、财力等的支持，影响到"合新欧"班列的快速发展。

(三) 关于班列进一步加密运行问题

一是随着"合新欧"班列稳定高效运行，众多出口企业纷纷寻求与"合新欧"合作，愿意搭乘"合新欧"班列运输货物。货源充足及企业需求，班列加密提上日程。随着班列运行密度加大，合肥市财政补贴压力加大，班列进一步加密难度大。二是中欧回程班列（汉堡—合肥）于2016年11月20日开通，由于首次开通回程班列，存在经验不足及国外货源等问题，回程班列适时开通运行，班列定时及加密存在难度。

(四) 关于产业发展问题

虽然合肥属于制造业集中的地区，但本省高附加值适合铁路运输的货物不充足。欧洲市场对高附加值产品需求比较大，为了更好地促进安徽省、合肥市外向型经济的发展，产业发展体制有待改进。

五、未来打算

(一) 推动班列加密、多点、多通道、多口岸运行

2018年，"合新欧"班列将遵循"立足服务本地经济，班列密度逐步增加，班列单箱补贴资金逐步递减"的原则制定计划，发运中欧出口班列50列，中欧进口班列50列；

2018年至2021年,"合新欧"中欧班列将逐步形成一周发运去程两列、回程两列的格局,更有利于促进安徽省合肥市与欧洲国家、地区的交流合作,也更利于贴近市场,方便企业提前安排物流计划、节省物流时间和资金;全面贯通阿拉山口、满洲里、二连浩特、霍尔果斯等口岸,并适时开通欧洲其他地区、城市和东南亚、中东班列。

(二)加快口岸申报工作,打造标准化通关环境

加快推进合肥国际内陆港建设,及早获批国家一类铁路开放口岸。着力提升合肥铁路货运北站海关、检验检疫监管场所基础配套设施服务功能,利用信息化技术,优化监管流程,增强通关、检验检疫工作效能,形成"一站式"、"一条龙"服务管理的大通关平台。

(三)推动企业改制,建立市场化运营管理模式

借鉴成都、重庆、义乌等地管理运营模式,寻求与德铁、白俄铁等国内外知名物流、铁路公司合作,积极引入国内外有实力的物流企业参股安徽新亚欧国际物流有限责任公司,提升安徽新亚欧公司的市场化运作能力,适应市场运行和竞争规律。

(四)加强对"合新欧"班列的宣传和推介

采取"走出去"的宣传模式,积极开辟国内、国际两条宣传推介路线,国内主要集中在北京、沈阳、上海、武汉、广州、重庆等国内重点城市;国外主要集中在俄罗斯、西班牙、德国、荷兰等国家,加强与国际知名物流企业的宣传推介,促进双边贸易互动,构建国内、国际货源组织综合网络体系。

(五)构建海外营销网络体系,建立货源保障机制

积极面向欧洲国际市场拓宽招商渠道,与DHL、UPS、马士基、电商企业等知名国际物流企业保持信息畅通,进一步融合德铁、白俄铁在区域物流中心、货代公司、铁路货运等领域的资源优势,逐步扩大合肥中欧班列在欧洲市场的营销网络体系,建立稳定的货源保障机制。

(六)推动地方产业优化升级

合肥经济总量已跃居全国省会城市前十,工业总量跨上万亿元台阶。家电、装备、平板显示及电子信息、汽车产业是合肥市四大千亿元产业,已成为合肥市的重要支柱产业,产业基础和规模日益扩增,为"合新欧"班列的开通运行夯实了货源基础。近年来,"合新欧"班列的稳定、高效、健康运行,不仅加强了与"一带一路"沿线国家的经贸、文化、科技、产业的互动、融合,而且促进了国外高端科技、产业资源和先进产业理念、资本要素集聚安徽、合肥,促进了安徽、合肥产业快速与世界高端产业合作与发展,为加速本地产业转型升级发挥了"助推器"的功能和作用。

参考文献:

[1] 陆应果. "合肥造"产品:乘坐"国际班列"远嫁亚欧[N]. 科技日报, 2014-06-09.

[2] 范克龙, 鲍亮亮. 搭乘快车, 掘金"新丝路"[N]. 安徽日报, 2016-07-04.

[3] 王永群. "一带一路"中展现安徽价值[N]. 中国经济时报, 2016-06-08.

[4] 王永群. "一带一路"中展现安徽价值[N]. 中国经济时报, 2016-06-08(007).

[5] 李宏. 合肥全面推进八大平台建设 融入"一带一路"打造内陆开放新高地[N]. 合肥日报, 2017-5-19.

[6] 汪永详. 中欧班列驶过三周年啦.[N]. 安徽日报, 2017-06-28.

[7] 王倩. 梁昌军. 融入"一带一路"打造内陆开放新高地[N]. 合肥日报, 2017-05-19.

[8] 杨兵, 袁兵."合新欧"助力"一带一路"[N]. 合肥晚报, 2017-05-16(A04).

[9] 刘群. 聚焦"合新欧"安徽着力打通皖欧贸易大通道[N]. 中国商报, 2017-05-11(P03).

我国铁路企业"走出去"发展状况
——以拉伊铁路项目为例

王 超

(中铁十一局集团第二工程有限公司,十堰 442013)

【摘 要】 在贯彻落实"一带一路"战略中,我国铁路"走出去"步伐不断加快,尤其是铁路施工企业在推进铁路海外市场建设中发挥着重要作用。本文通过阐述我国铁路海外发展历程,以拉伊铁路为例,结合实际工作,提出目前海外铁路建设存在的主要困难和风险,根据问题导向,提出相应的对策建议,为我国今后铁路海外市场建设实现互利共赢提供重要的宝贵经验。

【关键词】 一带一路 海外铁路 企业 走出去 拉伊铁路

The Status of Development of the "Going Out" Chinese Railway Enterprises
—Take Lagos-Ibadan Railway Project as an Example

WANG Chao

(China Railway 11 Bureau Group Corporation, Shiyan 442013)

Abstract: With the implementation of the "Belt and Road Initiative" strategy, the pace of "going out" of Chinese railway is accelerating, especially the railway construction enterprises, which plays an important role in promoting railway construction in overseas markets. This paper expatiates overseas Chinese railway development process, and in case of Lagos-Ibadan railway, it introduces the main difficulties and risks of the current overseas railway construction. According to the problem oriented, this paper puts forward some corresponding countermeasures and suggestions, which provides valuable experience for the future development of Chinese railway in overseas market.

Keyword: Belt and Road Initiative Overseas railway Enterprises Going global Lagos-Ibadan railway

一、引言

改革开放以来,我国经济迅猛发展,尤其是我国制造业快速增长,在"中国制造"向"中国创造"转变的历史阶段中,我国企业着力提升发展的质量和效益,加快企业"走出去"步伐。随着铁路企业更多地参与海外建设,铁路海外工程建设已成为实施"一带一路"战略的重要抓手。目前，我国铁路与海外合作空间和领域不断深入，逐步从提供劳动力的初级阶段向制定规则和标准的中高级阶段发展，铁路企业"走出去"前景广阔，但在建设施工中也存在各种问题，如何发挥我国铁路建设优势，对我们铁路企业"走出去"具有重要的参考作用。

二、铁路海外建设发展历程

中国铁路第一次走出国门承建坦赞铁路项目后，我国海外铁路建设不断发展。2011年前，原铁道部按照"政府主导，企业运作"的原则，成立了中美、中加、中俄、中巴、中南、中老、中泰、中柬、中缅、中伊、中土、中委、中吉乌、中波、中印等16个境外合作项目协调组，以联合体的形式，与各建设企业密切协作，积极跟踪境外铁路项目，推动项目实施。

为拓展中国铁路海外市场，2014年12月31日，铁总注资12亿元人民币，成立中国铁路国际有限公司，2015年7月开始正式运作。在铁总和国家有关部委的支持下，重点推进印尼雅万高铁、中老铁路、中泰铁路、中俄高铁、匈塞铁路、马新高铁、英国高铁等近20个境外铁路项目合作，参与铁路建设的中国铁建、中铁、中交集团等企业，已具有成熟海外铁路项目总包运作模式，积累了较为丰富的经验。现就拉伊铁路海外铁路建设工程作为案例具体分析。

三、案例分析

（一）拉伊铁路概况

拉各斯—伊巴丹（Lagos-Ibadan）铁路项目的业主单位是尼日利亚联邦交通部，EPC总承包商是中国土木工程集团和中国铁建。本项目铁路线路正线长度156.075 km，双线铁路；Apapa港口支线工程长度约6.513 km，单线铁路。项目开工日期2017年4月1日，计划竣工日期2020年3月31日，但必须保证在2019年3月底之前正线铺轨结束，具备正线临时开通的条件。本工程计划总工期36个月（含征地拆迁和施工准备），其中施工准备5个月，工程施工28个月，联调联试与试运行3个月。

（二）自然特征

1. 地形地貌及工程地质

线路所经地区地形波状起伏，地势北高南低，地面高程由5~250m，相对高差100m以上，从南至北为南部海岸滨海相海积平原区、环海海积平原区、低山丘陵区、侵蚀平原及剥蚀残丘区，沿线植被发育。

Lagos州地区主要为第四系海积、冲积、洪积、坡积、残积等黏性土、砂类土及碎石类土，路基大部以填方形式通过，基底稳定；Ogun州地区主要为第三系黏土岩、粉砂岩等，表层主要为黏土及基岩风化物；Oyo地区主要为寒武系花岗片麻岩、片麻岩、混合岩、片岩、石英岩等变质岩，间夹有花岗岩、花岗闪长岩、流纹岩等侵入岩，表层主要为全风化物，地质条件较好，但局部区域构造发育，岩体破碎，深路堑边坡稳定性差，易产生坍塌；路基边坡需采取防落石措施。

2. 水文地质条件

尼日利亚水源分布不均匀，沿海一带降雨丰沛，河流密布，地表水过剩；中部和西部河流众多，水量适宜；东北部地区河流稀少，水源不足。

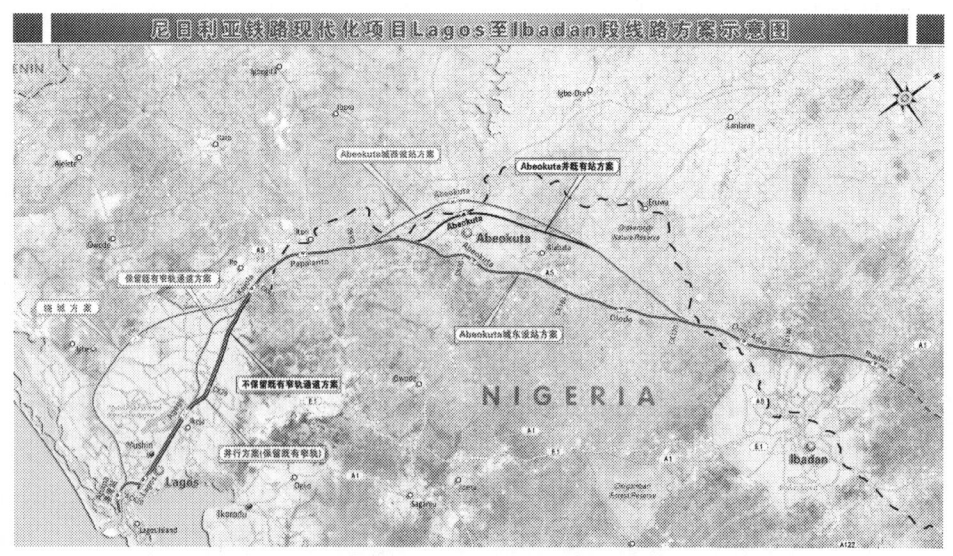

图 1 尼日利亚拉伊铁路线路方案示意图
Fig. 1 Sketch map of scheme on Lagos-Ibadan railway line in Nigeria

3. 气象特征

拉各斯－伊巴丹主要属于热带雨林气候，终年湿热；受大西洋影响，旱、雨季变化相对不太显著。年均温度为 26～27℃，平均最高温度为 30℃ 左右，平均最低温度为 24℃ 左右。全年分为雨季和旱季两个季节，4 至 10 月为雨季，11 月至次年 3 月为旱季。全年平均降雨 1750mm 左右，绝大多数在雨季发生。全年盛行西南风，其次是南风和西风，平均风速 6m/s 左右。旱季则有较多的北风，但风速一般不大；雨季常有暴风雨天气，风速可达 28m/s 以上；沿海地区风力还会更大。瞬时极大风速超过 33m/s。雷雨天气非常多（雨季），任何时间都可能发生，而且在一天当中可以多次发生（雷鸣闪电，雷暴）。

(三) 交通运输情况

1. 铁路

与本线相关的铁路有自 Lagos 至 Ibandan 的窄轨铁路，部分国内采购物资和设备可由 Lagos 港运输至就近车站。

2. 公路

线路所经的区域公路网不够发达，主要公路只有 Lagos 至 Abeokuta 至 Ibadan 洲际公路，但 Lagos、Ibadan 城区段城区道路拥堵严重，不适合作为交通主要道路，只能选择线位区主便道通行，尤其是 Lagos 城区段路基填料远距离运输。其中 A5 洲际公路距离主营地较近，可作为本工程材料运输的主要通道，远离公路的线路地段可通过整修既有乡村道路或新建施工便道满足进场要求。

3. 机场

线路起点段 Lagos 市有国际和国内机场。

4. 航运

沿线主要港口有 Lagos 港，在支线线位的起点。

（四）主要技术标准及工程内容

参考国内铁路或轻轨模式设计。

1. 正线和 Apapa 港口支线

正线设计速度 150km/h，轨距 1435 mm，双线，线间距 4.2m，限制坡度 12‰，最小曲线半径一般 2000 m，困难路段半径 1600 m；内燃牵引，牵引质量 4000 t，到发线有效长度 850 m（只办理客运的车站到发线有效长度 650 m）；机车类型货机 DF8B，客机 DF11，自动闭塞。支线设计速度 80 km/h，轨距 1435 mm，单线，限制纵坡 12‰，最小曲线半径 300 m，内燃牵引，牵引质量 4000 t，到发线有效长 850 m，机车类型货机 DF8B，Lagos 至 Apapa 港湾站按自动站间闭塞办理。

2. 主要工程

主要工程包括土石方工程、附属工程、路基加固和防护、桥涵工程、轨道工程等。

（五）施工重点及工期安排

1. 施工重点

由于工期压缩至两年完成，为铺轨提供工作条件的线下工程成为工期控制的重点：

（1）桩基施工：全线共有桩基 27000 延米，全部设计为入岩支承桩，中土尼日利亚有限公司市场可调配钻机数量不足，设备的采购和进场施工周期较长，很长时间在 2017 年和 2018 年的雨季进行，桩基施工从设备的选型、数量的配置、施工顺序安排和工期控制都是全线施工的重点，直接影响和决定整个工程的后续工序的进度。

（2）路基石方爆破施工：初步设计图纸中全线路基石方开挖约 370 万方，石方爆破许可手续的办理，火工品管理、爆破安全管理都是安全管理的重中之重，深路堑石方开挖施工是线下路基施工的重点，也是对顺序铺轨和架梁有重要影响的工序。

（3）窄轨改造工程：受既有线运营的影响，窄轨改造工程原定为先铺筑窄轨右线，改至右线运营后再抬高和改造左线，工期控制和施工安全将是项目施工组织管理的重点。尽量采用与尼铁公司协商，分段暂停既有线运营的方式组织施工。

2. 工期安排

本项目总工期为 36 个月，工期安排和施工组织极为紧张。总体施工顺序：结合本工程的特点、工程分布、现场施工条件以及工期要求，征地拆迁先行展开，长大桥、跨河水中墩等控制性工程，制约铺架工期和敏感工点的路基区段和小桥涵先期开工。

（六）关键线路及桥梁场站

1. 关键线路

结合全线工程特点分析与施工组织方案比较，确定深水大桥下部结构施工、桥梁预制和架设、桥面系施工、轨道铺设、联调联试是本项目的控制工程，征地拆迁、窄轨改造、CK044+618【21-32m】简支梁桥（全长 705 米）、CK066+162【22-32m】简支梁桥

（全长 740 米）、CK071+521【16-32m】OGUN 河特大桥是影响工程建设的关键因素；石方爆破、梁枕厂位置、铺架顺序是工期的重要影响因素；特大桥、深水桥、制架梁、上砟铺轨是控制建设工期的重要工序。施工关键线路为：征地拆迁等施工准备→Papalanto 站附近 5 座桥下部、桥梁预制→铺架及桥面系施工→上砟整道、无缝线路施工→全线联调联试→试运行→工程验交。

2．桥梁

整个工程由 Apapa 支线和正线 Lagos-Ibadan 组成。APAPA 支线桥梁包括 Apapa 排洪桥、3~6 米斜框架桥，全长 24 米；Lagos-Ibadan 正线桥梁包括 High Colledge 道路立交、（4+8+8+4）m 框架桥，全长 28.2 米；DK44 特大桥、21-32m 简支梁，全长 705.03 米；DK46 跨米轨刚构桥、1-9m 门式刚构桥，全长 30 米共计 45 座桥。

3．站场

（1）新建线路 Lagos 至 Ibadan 段。新建 Lagos 至 Ibadan 铁路共设 Lagos、Kajola、Papalanto、Abeokuta、Olodo、Omi-Adio、Ibadan 等 7 个车站，另预留 Agege 中间站，平均站间距离为 25.883km，其中最大站间距为 Lagos 至 Kajola，距离 37.65km，最小站间距为 Kojola 至 Papalanto，距离 12.55km。全线车站的性质及股道数量见下表1。

表 1　主线车站性质及股道数量表
Tab. 1　The Nature of Railway and Track Quantity in Mainline

顺序	车站名称	车站性质	车站中心里程	站间距离（km）	到发线数量（含正线）
1	Lagos 站	始发站（客站）	CK0+650	37.65	5 条，预留 2 条
2	Kajola 站	中间站	CK38+300	12.55	4 条，预留一级三场编组站
3	Papalanto 站	中间站	CK50+850	31.36	4 条
4	Abeokuta 站	中间站	CK82+210	27.79	5 条，预留 1 条
5	Olodo 站	越行站	CK110+000	22.3	4 条
6	Omi-Adio 站	中间站	CK132+300	23.65	4 条
7	Ibadan 站	中间站	CK155+950		6 条，预留 1 条

（2）新建 Apapa 港口支线。Apapa 港口支线设有 Apapa 港湾站、Apapa 港口站。Apapa 港湾站为技术作业站，Apapa 港口站为办理货运作业的中间站（见表2）。

表 2　支线车站性质及股道数量表
Tab. 2　The Nature of Railway and Track Quantity in Branchline

顺序	车站名称	车站性质	车站中心里程	站间距离（km）	到发线数量（含正线）
1	Apapa 港湾站	港湾站	ACK5+600	2.5	5 条，预留 1 条到发线，3 条调车线
2	Apapa 港口站	港口站	ACK8+100		2 条

四、目前存在的主要风险

(一) 工期风险

本项目桥梁较多，架梁工期非常紧，由于前期施工准备工作较多，工期压力非常大。加之海外工程受当地的自然环境和政治经济因素的影响，本工程的实施一定程度上涉及为当地的大选造势。一旦遇到执政党的更换、政权的更迭、政变、暴乱等，均会对经营活动造成重大的威胁，严重影响工程项目的正常进行，给公司带来损失。

(二) 社会风险

项目所在地段安全形势较差，将对项目的实施及人员安全产生影响，对施工人员组织、人员工作效率有较大影响，同时增大治安防范成本。施工期间设备材料的夜间看守主要由当地安保人员负责，没有较好的约束措施可能发生材料设备丢失等重大损失。

(三) 政策风险

由于采用的项目部自带劳务模式，项目的沟通是最大的障碍。海外工程项目环境陌生，对海外业务从项目跟踪、前期论证、投标报价，到开工建设各个环节存在的风险如合同、人员资源、履约、财务、技术、法务等，尤其在投标、人力资源、合同管理和财务等环节面临的风险更难掌控。工程初期本来都是国内迁动的人员，因此交流因素也是工程进行的最大阻碍。

(四) 自然风险

沿线有石方开挖方量较大，且当地雨季降水量很大，对施工安全管理提出很高的要求。当地年平均气温在30度以上，卫生条件很差，疟疾等传染病发病率极高，职业健康控制风险较大。

五、建议

(一) 加强项目组织管理

加强项目组织管理，合理设计项目管理模式。铺架施工为保证作业安全，建立安全管理体系是必要的，做到铺架安全意识人人重视、规范作业。承包商都应本着积极履约，推动项目进度的姿态，及时书面陈述事实，尤其是在关键线路上做好施工各项准备，控制好节点。同时，完善项目各参与方的合同，降低项目工期风险。

(二) 重视项目交底工作

当项目确定、调查了解并制定了实施方案以后，就要对外派人员（包括管理人员和劳务人员）进行针对性培训，做好各种交底。项目经理部技术负责人应组织技术人员对设计资料进行审查，对核查发现的问题进行汇总，形成书面资料，联系项目总承包方解决。尤其是对项目所在国法规及风俗习惯、自然环境及紧急情况处理办法交底，有必要的还要进行反恐培训。加强预警，提高外派人员安全防范和风险防范的意识，规避政治因素给施工带来的安全风险。铺架作业施工时配备当地武装警察负责施工现场的安全护卫，保障作业人员人身及设备安全。避免和当地人发生各种纠纷，遵守当地法律，尊重当地风俗人情。此外，推动和帮助尼日利亚加强治安管理，给我国在非企业提供相应的治安保障；完善和强化当地建筑业的法规、规范市场。成立安全风险防控小组，制定安全风险防控措施。针对非洲地形地貌变化多端的特点，工程技术部应该事先针对不同施工区域制订多项"施工优化组织方案"。建立安全日汇报制度，严格安全规定，加强门卫管理和夜间巡逻，严防偷盗现象发生。

（三）提高沟通交流能力

在项目实施过程中，加强管理人员和劳务队伍的沟通交流，实施动态化管理，及时发现问题并多方沟通协调解决。识别各种风险，分析造成的原因，以及可能带来的影响，客观面对风险，设法采取措施，以降低、规避、分散和防范风险，提高工作效率。

（四）做好健康防护工作

提供施工较好的工作条件，防护措施要及时周到，医疗防护配备齐全。控制疾病传染源，加强医药的供应，经常进行健康检查。

六、小结

随着全球"一体化"经济的快速发展，中国实施"走出去"发展战略步伐也在逐步加快。中铁十一局集团有限公司作为国有大型建筑施工企业，承揽了海外重点工程，对践行国家"走出去"发展战略意义重大。

参考文献：

[1]李辉.海外工程项目风险管理研究[D].天津工业大学,2016.

[2]余浩.海外项目风险管理浅析[J].内蒙古石油化工,2014,(22):85-87.

[3]刘爱军.海外工程项目风险管理与防范研究[J].现代经济信息,2014,(10):43.

[4]马花.初探海外项目风险管理及应对策略[J].经营管理者,2014,(3):73.

[5]钱明光.论中国企业实施"走出去"战略遇到的问题及对策[D].对外经济贸易大学,2006.

依托对俄通道新契机 拓展对外开放新格局
——以黑龙江省、吉林省对俄跨境通道为例

王德荣 高月娥 孙综国

(中国交通运输协会 北京中交协物流研究院,北京 100825)

【摘 要】 本文在实地调研黑龙江省、吉林省对俄通道的现状基础上,总结在跨境通道战略、规划、建设等方面取得的成绩,找出在通道互联互通、集疏运能力、资金、通关效率等方面存在的主要问题,提出加快对俄通道建设的措施建议,对推动对俄通道建设,拓展对外开放新格局具有重大意义。

【关键词】 对俄通道 滨海一号 滨海二号 跨境通道

Expanding Opening Up To the Outside World by New Opportunities for the China-Russian Corridor—Taking Heilongjiang Province and Jilin Province as Example
WANG Derong, GAO Yuee, SUN Zongguo

(China Communications and Transportation Association,
Institute of Logistics and Transportation of Beijing, Beijing 100825)

Abstract: Based on the field research on the current situations of Russian corridor in Heilongjiang and Jilin province, this paper summarizes the achievements in strategy, planning and construction of cross-border corridor. And it also finds out the main problems in corridor connectivity, capacity of collecting and dispatching system, capital and efficiency of customs clearance, etc. It also puts forward suggestions on speeding up the construction of the Russian corridor. It has great significance to promote the construction of the Russian corridor and expand the new pattern for opening up to the outside world.

Keywords: China-Russian corridor Primorye1 Primorye2 International transport corridor

为推动中俄跨境运输长廊滨海 1 号和 2 号的开发建设,加强两国经济紧密合作,促进中俄跨境区域协调发展,专题对黑龙江省牡丹江市、绥芬河市,吉林省长春市、珲春市等进行跨境运输通道建设调研。调研中了解到两省积极对接跨境运输战略通道,通道建设明显加快,跨境运输体系初步形成,通道规划有序展开等成果;但也存在通道规划缺乏更高层次的统筹考虑、互联互通有待提升、集疏运能力有待提高、资金缺口较大,以及通关效率便利化效率不高、过境运输不畅等问题,跨境运输通道发展还需着力完善。

一、对俄运输通道基本情况

黑龙江省、吉林省作为东北地区重要的沿边开发开放地区，超前谋划对俄跨境运输滨海1、2号通道，对落实国家"一带一路"发展远景、促进中俄合作互利共赢具有重大战略意义。特别是黑龙江省绥芬河、东宁以及吉林省延边州的珲春市作为我国与俄罗斯海参崴自由港毗邻区域，俄罗斯滨海1、2号通道所经之地，该通道的规划建设，对东北地区进一步开放发展带来难得的发展机遇。

（一）积极推动战略通道对接

一是从政府层面，为深度融入"一带一路"战略抢占了先机，黑龙江、吉林两省政府主动作为，围绕建设完善对俄通道，全面谋划跨境运输通道战略，2014年5月，签署《合作建设扎鲁比诺港项目的框架合作》。黑龙江依托中俄总理会晤机制下的专门委员会、中俄省州首长会晤等平台，与俄形成各层级的合作推动机制。目前，正与俄滨海边疆区筹备成立省州合作混合委员会。沿边铁路等跨境运输重点项目国家已同意纳入中长期铁路网规划，通道已成为发展外向型产业的重要支撑。二是从企业层面，2010年8月，长吉图公司与俄特洛伊次海港公司成立了扎鲁比诺合资有限公司，并完成对扎鲁比诺4号码头（租赁期为25年）的基础设施改造和设计升级工作；2013年12月，吉林省东北亚铁路集团股份公司与俄罗斯铁路股份公司在莫斯科签署了《吉林省东北亚铁路集团股份有限公司与俄罗斯铁路股份公司关于组织铁路运输的协作合同》，使中俄—马哈林诺国际铁路口岸恢复运营。招商局集团与苏玛集团成立联合工作组，积极参与远东港口开发，加大对扎鲁比诺港投资力度，在项目规划、持股比例、融资方式、运营管理等方面进行了实质性磋商，取得了阶段性成果。

（二）通道建设明显加快

为推动跨境运输通道互联互通，国家加快对俄沿边铁路连通、口岸铁路连接线，以及重点公路网、航空场站等枢纽建设。牡绥铁路扩能改造工程竣工投入运行，哈尔滨铁路集装箱中心等国际集装箱运输枢纽建成投入使用，绥芬河铁路站场改造主体工程基本完成，吉林省推进"借港出海"，实施海上丝绸之路的拓展工程。2015年，新开通叶卡捷琳堡—哈尔滨—曼谷、哈尔滨—叶卡捷琳堡—圣彼得堡、哈尔滨—乌兰巴托等8条航线，恢复哈尔滨—海参崴2条航线，哈尔滨机场对外开放枢纽港的功能正在完善。中俄东线天然气管道正式开工，新的跨国能源输送大动脉即将形成。

（三）通道建设规划有序展开

中方两省对接滨海1、2号通道规划。铁路主要是改造绥芬河口岸—格罗杰科沃口岸铁路套轨，珲春口岸—马哈林诺口岸铁路套轨，珲春—东宁铁路，东宁—绥芬河扩能改造，东宁—俄罗斯乌苏里斯克高速铁路项目，珲春—俄罗斯乌苏里斯克高铁项目。公路主要是绥东高速旧路改造，东宁—宁安公路建设；东珲高等级公路；珲春—克拉斯基诺公路口岸；长春—符拉迪沃斯托克跨境公路，建设长岭子口岸—珲春公路，建设珲春—图们高速，与长春—珲春高速衔接。机场新建绥东机场。桥梁主要改造现有东宁—波尔塔夫公路口岸界河大桥；海运航线拓展哈尔滨—绥芬河—俄远东符拉迪沃斯托克、纳霍德卡、东方港—日本、韩国和我国沿海港口；长春—珲春—扎鲁比诺—日本、韩国和我国沿海港口；珲春—扎鲁比诺—韩国东海—日本敦贺四国环线旅游。航空确定哈尔滨、长春、沈阳为东北地区优先起飞机场，研究开通牡丹江、延吉、珲春到符拉迪沃斯托克、纳霍德卡的国际航线；哈尔滨对俄电商邮政货运包机自开通到 2015 年 12 月中旬，已累计发运 168 班次，总载货量 3300 吨，货值近 3.3 亿美元。管道新建东宁—乌苏里斯克。俄方规划开发滨海 1、2 号通道。公路是波格拉尼奇内—阿尔乔姆的 2 级线路改扩建 165 公里；阿尔乔姆—纳霍德卡修建 4 级道路 146 公里；扩建克拉斯基诺—波西耶特—扎鲁比诺公路 165 公里。公路检查站提高波尔塔夫卡，提高克拉斯基诺公路边境能力。铁路将马哈林诺—波耶斯特—扎鲁比诺（50 公里）单轨升级为双线电气化铁路；乌苏里斯克—符拉迪沃斯托克高速铁路建设项目已经列入俄罗斯远东地区社会经济发展规划项目。集装箱集运站主要扩建滨海地区港口集装箱集运站，扎鲁比诺港粮食和集装箱集运站建设等。

（四）跨境运输体系初步建立

黑龙江、吉林省是我国向北开放的重要窗口，哈尔滨、长春是中俄国际运输的重要枢纽，绥芬河、珲春是中俄经济走廊重点边境口岸。2014 年 8 月，"滨海 1 号"货运走廊试运行，由俄东方货运公司经营，经中国、俄罗斯两国边境城市，通过滨海边疆区东方港，发往日本及其他亚太国家集装箱货物。2015 年 6 月，引进长久集团、美国 UTI 国际物流集团、大连港集团和哈铁局在哈成立哈欧国际物流公司，开通哈尔滨至德国汉堡的哈欧国际集装箱货运班列。截至 2015 年 11 月底，班列已经顺利开行 48 班，其中去程 25 班、返程 23 班，成为国内仅有的 5 条常态化运行的班列之一。"哈绥俄亚"陆海联运进入试运行。2015 年 8 月，"哈绥俄亚"集装箱陆海联运首发运营，144 个集装箱从哈尔滨起运，经绥芬河和俄罗斯东方港发往韩国釜山。2016 年 1 月，绥芬河陆海丝路国际物流有限公司负责运营"哈绥俄亚"国际陆海联运项目。绥芬河公路、铁路口岸基础设施已进行改造，公路新国门、铁路新站建成投入使用，集装箱换装场加快建设，综合过货能力由 1200 万吨提升至 3850 万吨；哈尔滨集装箱中心站即将运营。同时，吉林省积极对接滨海 2 号。2013 年 12 月，珲马铁路恢复通车。2014 年 2 月，吉林省东北亚集团出资成立吉林省东北亚海丝路国际海运有限公司，主要负责陆海联运项目；2014 年 5 月，吉林省政府与俄罗斯最大港口运营商苏玛集团签署了合作建设扎鲁比诺万能港口的框架协议；2015 年 5 月，开通了珲春—扎鲁比诺—釜山港国际航线，截至 2015 年 12 月底，完成进出口集装箱运输 437TEU。

（五）口岸通关便利化水平显著提高

海关无纸化通关作业比例达到 90%，关检合作信息互换、监管互认、执法互助格局初步形成。电子口岸建设稳步推进。内贸货物跨境运输范围新增了木材类商品，入境口岸新增我国 5 个沿海港口。绥芬河保税区复制推广了简化备案清单、简化无纸化通关随附单证、保税展示交易、先进区后报关和集中汇总征税 5 项上海自贸区海关监管创新制度，进口货物与检验、分线监督管理、动植物及其产品检疫审批负面清单管理 4 项检验检疫制度，完成了特殊监管区区域通关一体化改革，实现综保区与区域内和关区内口岸海关间货物流转一体化通关。

二、存在问题

（一）对俄运输通道规划缺乏更高层次的统筹考虑

中俄两国对俄运输通道，特别是黑龙江省、吉林省之间对俄通道缺乏更高层次的通盘统筹考虑，如对俄运输通道技术方案比选，技术等级的确定，一定程度上制约了对俄综合运输通道的推进，对区域经济辐射带动和对外开放作用没有得到有效发挥。

（二）互联互通有待提升

一是俄罗斯与我国毗邻地区综合运输通道包括铁路、公路、港口、口岸等设施建设较为滞后，特别是公路、铁路、港口等级较低。绥芬河与俄罗斯对应口岸格罗杰科沃口岸、珲春与马哈林诺口岸之间都存在铁路套轨问题，制约了口岸货运能力的提升。二是中俄之间相关运输协议尚未签署，导致中俄合资建设运输通道运行时间较长、成本较高，运输效率较低。三是中欧班列、陆海联运大通道等由于运量不稳定，回空率较高，实现常态化运营、班轮制运行有困难。四是珲春口岸到扎鲁比诺港是单线铁路，运输效率较低。

（三）集疏运能力有待提高

珲马铁路中方口岸换装站台进行改造，2015年珲春河铁路口岸进出口货运量突破100万吨，铁路集疏运能力亟须改造升级，提高换装能力。中俄边境口岸如东宁与波尔塔夫公路口岸之间仍存在断桥等问题，相关标准和规范不够完善，集疏运通道亟须改善。

（四）过境运输不畅

一是口岸通关便利化效率不高。珲春—克拉斯基诺公路口岸货物放行方式：每日货运车辆22台，由于鲜鱼过货速度慢，先行放行10辆冷藏鲜鱼，然后放行其余车辆，再经过扎鲁比诺港转运釜山货物，由于釜山航线是定期航线，每周一班，口岸放行车辆有限势必影响国际运输时效性，大大降低通关效率。二是过境运输海产品受政策制约。韩国经俄罗斯中转出口到珲春大量冷冻鱼，经加工后在经俄罗斯出口到韩国或欧美，而俄罗斯远东地区检验检疫机构最新海产品检验检疫政策，针对某个人及单一货类，许可证一年，珲春海产品加工单位很多，同时收货人众多，无法把全部信息都向俄方过境运输申请。同时，俄罗斯远东地区动植物卫生检验检疫新的政策不允许过境运输海鲜、动物内脏。三是铁路过货限制。马哈林诺—珲春铁路口岸进口货物只能是煤炭、木材和矿石。出口货物只是矿泉水和机械设备两种货物品类。

（五）资金缺口较大

据有关机构预测俄罗斯滨海边疆区的铁路、公路及海港基础设施项目必要投资额为32亿~44亿美元，包括：滨海1号线投资额为19亿~27亿美元；滨海2号线投资额为13亿~17亿美元，建设资金缺口较大。由于对俄通道投资较多，对社会资本的吸引力不足，项目推进较为缓慢，同时建设投资融资渠道较单一，主要以银行贷款为主，平台采用基金、债券、PPP等模式较少。

三、推进对俄通道的意见和建议

随着中俄跨境运输通道的不断建设与完善，以俄罗斯滨海边区国际自由港建设为契机,加快推进落实对俄通道建设,不断拓展对外开放新格局。

(一) 建立跨国、跨地区的协调合作发展机制

跨境运输通道涉及中俄政府间规划、建设、运营以及政策、标准等方面的协调问题,基于平等互利、合作共赢等原则,尝试成立中国、俄罗斯跨境通道定期会晤机制,建议由中国国家发展和改革委员会、俄罗斯联邦远东发展部牵头,中方外交部、交通运输部、铁路总公司、财政部、商务部、海关总署、中国银行等相关部门以及东北地区地方政府参加,着力协调解决对俄通道建设问题。建议黑龙江省、吉林省与俄滨海边疆区尽快组建省州合作混合委员会,建立密切互动的工作机制,共同确定中俄运输走廊长廊滨海1号线及滨海2号线的规划、建设、运营以及财务模式,鼓励两国企业积极参与建设、融资以及经营俄罗斯"滨海1号"、"滨海2号"国际通道的建设,获得关键参与方(投资者、开发机构、货物发运人、运输企业等)的支持,注重高水平的双向对外开放。

(二) 统筹规划对俄跨境通道

一是在"一带一路"大背景下,东北地区从自身角度出发,均提出了中俄跨境运输通道建设规划,如"滨海1号"主要以黑龙江省为主,"滨海2号"主要以吉林省为主,建议国家层面统筹考虑并制定对俄跨境运输的发展规划,通过技术经济论证,考虑主要影响因素,比选通道方案,根据建设轻重缓急及可操作性,确定建设时序,提出实施方案,加强规划引导,使地方推进通道建设有章可循。二是目前对俄港口、铁路、公路、窄轨等一系列互联互通项目,大多还停留地方政府和企业层面上,建议国家层面协调俄方,将跨境交通基础设施项目纳入两国间重点合作项目及相关发展战略规划与建设方案。

(三) 抓紧对接跨境通道主要项目

俄罗斯方面已规划海参崴自由港,并明确分阶段建设实施滨海1号和滨海2号,提出到2017年前要改造公路边境站,加快通道沿线公路、铁路建设,扩大滨海边区港口转运能力,并从2020年开始全面运营"滨海1号"。2020-2030年全面运营滨海1号和2号。一是优先加快滨海1号建设。鉴于我国综合运输通道规划绥满通道的重要性,以及未来通道的客货需求,为实现与"滨海1号"无缝对接,建议优先建设滨海1号。包括建设绥芬河至海参崴的高等级公路,如有需要考虑高速铁路;二是建议对接滨海2号,修建珲春等地至海参崴的高等级公路和铁路。三是加快改造通道配套设施。如改建绥芬河与俄对应口岸间26公里铁路套轨,提升口岸运输能力;三是积极参与俄罗斯滨海边区港口码头扩建,俄罗斯欢迎中方投资扩建码头。

(四) 创新投融资与运营模式

对俄港口、铁路、公路、民航等跨境运输通道项目大多属于中俄两国间战略合作项目,具有投资大、回收期长等特点,地方和企业实施起来困难较大。建议国家在资金和政策上给予支持,鼓励企业参与对俄跨境运输通道项目合作。一是开展金融创新实验,研究成立中俄跨国合资基础设施投资公司,发行对俄基础设施基金和债券;二是扩展政策性金融机构对对俄通道支持范围,鼓励丝路基金和亚投行资金参与对俄通道,俄方建设如确有需要可利用我国资金;三是积极参与俄罗斯滨海边疆区港口码头扩建,可采取不同的合作方式,如联合投资、PPP模式、与货物发送人签订长期协议等多种形式参股投资建设。

(五) 推动中欧班列、哈俄日韩陆海联运等常态化运行

不断完善对俄跨境通道，积极配合企业强化营销、组织往返货源、实时加密哈欧、长满欧货运班列班次，加强两省与欧洲的经贸联系；谋划开行哈俄班列，促进"一带一路"与俄罗斯欧亚经济联盟对接。继续采用市场化方式，调动企业积极性，推动哈俄日韩陆海联运常态化运行，凸显两省连接欧亚大通道的地位和优势。同时，进一步简化集装箱班列出入境手续，提高通关效率。逐步实现现代化的畅通东部出海口，构建联结亚欧的跨境运输体系。

(六) 加快对俄综合交通枢纽建设

一是培育和打造对俄综合交通枢纽，建设国际性、全国性、区域性和地区性四个层级的综合交通枢纽，重点建设哈尔滨、长春、牡丹江、绥芬河、延吉、珲春等综合枢纽，进一步加强和巩固哈尔滨机场对俄远东地区门户功能，优化航线网络，新增和加密通往俄罗斯、日韩及东北亚地区的国际航线、航班，形成覆盖发达经济体的现代化国际物流枢纽；提升长春国际跨境电商示范作用，完善牡丹江、延吉等国际客货枢纽功能。二是加强集疏运通道建设。加强港口、铁路、机场等枢纽的集疏运能力，强化枢纽换乘换装的有效衔接和便利性，推进多式联运，降低全社会物流成本。

(七) 完善过境运输通道通畅

一是尽早批准扎鲁比诺港、东方港等港口内贸外运试点港口。黑龙江省有大量的粮食等物资外运需求，吉林省也有大量的粮食和矿泉水外运需求，希望尽早批准扎鲁比诺、东方港等内贸外运试点港口，将对物流企业利用扎港、东方港等进行物流运输、集聚物流具有积极引导作用。二是提高口岸便利性程度，两国尽早实施"一次申报、一次查验、一次放行"，实现信息互换，执法互助，查验互认。三是建议两国政府共同研究海鲜产品等解决方案；协调解决解决俄方将珲马铁路口岸列入入境货物允许的名录内并修订法案。四是为了航线运输链条完整有序，希望珲春市口岸办能够同俄方克拉斯基诺公路口岸部门进行商议，给予釜山航线的过境运输货物优先放行权。

参考文献：

[1] 燕楠,李亚,王喆.黑龙江省对俄货运通道建设研究[J].对外经贸,2017(6):9-11.

[2] 张秋平.黑龙江省对俄贸易通道优化过程中的口岸建设研究[J].现代经济信息,2016(8):147.

[3] 袁博晖.东北地区对俄铁路通道规划研究[J].科技信息,2010(6):383+385.

广州南沙港站海铁联运与物流融合发展研究

王 充

(中铁第四勘察设计院集团有限公司,武汉 430063)

【摘 要】 随着生活水平的提高,人们对于物流服务提出了更高的要求。推动物流与交通、互联网、金融等行业的融合,有利于发展先进物流业态,优化交通组织,降低物流成本,实现资源共享、服务共享,满足人们日益增长的需求。通过分析南沙港站区位条件和在建货场功能,南沙港铁路提出建设物流融合发区,大力发展海铁联运,以优化周边产业布局,整合物流资源,促进南沙区乃至广州地区物流业与其他产业的融合发展。

【关键词】 物流服务 物流融合 海铁联运

Study on the Development of Sea-Rail Combined Transportation and Logistics Integration in Nansha Guangzhou port station

WANG Chong

(China Railway Siyuan Survey and Design Group Co. Ltd., Wuhan 430063)

Abstract: With the improvement of living standards, people have put forward higher requirements for logistics services. Promoting the integration of logistics and transportation, Internet, finance and other industries, is conducive to the development of advanced industry, optimize the whole process of operation, reduce logistics costs, promote resource sharing and service sharing, meet the growing needs of people. Through the analysis of Nansha port station location and the construction yard, proposed the construction of the logistics integration development zone, vigorously develop rail transport, to optimize its industrial layout, integration of logistics resources, promote the integration of the logistics industry in Nansha District and Guangzhou area and the development of other industries.

Keywords: Logistics service Logistics integration Sea-rail combined transportation

一、引言

近年来,随着交通基础设施投资力度不断加大,物流设施设备不断改善,电子商务快速崛起,互联网技术迅速普及,我国物流业进入高速发展时期。但与发达国家相比,

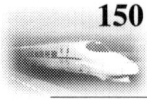

我国物流水平仍然较低,提升空间巨大。公铁水基础设施条块分割严重,无法有效发挥联运的作用,从而制约了物流效率进一步提高。为了促进各交通方式与物流融合发展,有效降低社会物流总体成本,进一步提升综合效率效益,2016年6月国家发改委颁布了《营造良好市场环境推动交通物流融合发展实施方案》(以下简称《方案》)。《方案》提出以融合联动为核心,强化精准衔接,发展多式联运,打通社会物流运输全链条,推动交通物流一体化、集装化、网络化发展,构建交通物流融合发展新体系。

交通物流融合发展目标(部分)
2018年发展目标: ● 交通与物流融合发展取得明显成效;   ● 多式联运比率稳步提升;   ● 标准化、集装化水平不断提高;   ● 互联网、大数据、云计算等应用更加广泛;   ● 全国80%左右的主要港口引入铁路,集装箱铁水联运量年均增长10%以上,铁路集装箱装车比率提高至10%以上,运输空驶率明显下降。   2020年发展目标: ● 建成设施一体衔接、信息互联互通、市场公平有序、运行安全高效的交通物流发展新体系。   ● 集装箱铁水联运量年均增长10%以上,铁路集装箱装车比率提高至15%以上,准时率达到95%。全社会物流总费用占国内生产总值的比率较2015年降低2个百分点。

二、物流融合发展

(一) 物流与交通融合

长期以来,我国物流成本居高不下,以2016年为例,其占国内生产总值比重高达14.8%,相比发达国家平均占比9%,差距较大。其重要原因之一是物流联运综合效率不高。尽管各级政府、诸多企业都在搭建相应的物流平台,但各平台标准不相同,信息资源不共享,交通、物流总体仍处于各自为政、分割分散式发展状态。交通与物流融合就是统筹综合交通枢纽与物流节点布局,强化交通枢纽的物流功能,构建综合交通物流枢纽系统。推动交通与物流的融合有利于资源共享,促进软硬件、服务等各个方面的融合,提升综合效率与效益,以达到降本增效的目的。

(二) 物流与金融融合

金融作为配置资源的重要手段,在提高流通产业竞争力方面具有重要作用。物流金融是流通产业与金融业融合的产物,是为物流产业提供资金融通、结算、保险等服务的金融业务。物流金融不仅可以降低银行的经营风险,还可以为中小企业贷款提供渠道。此外,物流金融实现了供应链上下游的信息共享,降低了放贷企业信息不对称的风险。物流金融作为一种可以有效融合物流、信息流与资金流的创新性金融产品,随着流通产业改革进程的不断推进,必将被广泛运用,前景广阔。

(三) 物流与跨境电商融合

随着互联网的发展,全球涌现出大量的网络购物平台,海内外的供应商可以在网购平台上便捷的对接消费者,这种方式刺激了跨境电商的发展规模,促进了相关国际物流产业的发展。作为跨境电商的重要环节，跨境物流是货物由卖方流通向买方的必要手段，而且物流的各个环节都会影响到跨境电商的最终效益，可以说目前物流是跨境电商发展的瓶颈。由此可见，物流和跨境电商是相辅相成的，两者的融合发展具有重要意义。

（四）物流与互联网融合

要推动交通、金融、跨境电商与物流深度融合，必须充分利用互联网、大数据、云计算等现代信息技术手段。拓展专业化平台的社会服务功能，推进"平台+物流交易"、"平台+交通网络"、"平台+跨境电商"、"平台+金融保险"等多种合作模式，实现信息交换、数据共享、一体化服务。互联网正在加速与物流行业进行融合，只有发挥互联网与物流行业的各自优势，激发各自的潜力，才能创造新型业态。

三、项目背景及分析

（一）广州南沙港铁路概况

在建广州南沙港铁路位于广东中南部沿海，已于2015年底动工，预计2020年建成。线路途径鹤山、江门、顺德、中山、广州南沙等经济发达地区，西端与既有广珠铁路接轨，并共同构建珠三角西部货运通道。南沙港铁路通过广珠铁路向北连接京广铁路，辐射中南地区；向西沟通南广、柳肇铁路，辐射西南地区；向东衔接广深铁路。线路全长87.8km，设鹤山南站、黄圃站、万顷沙站、南沙港站等4个车站。

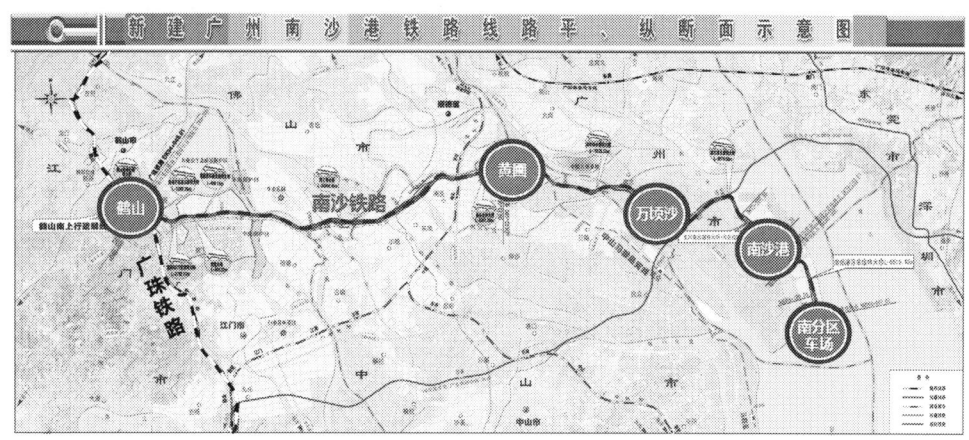

图 1　南沙港铁路线路图
Fig. 1　The Line of Nansha Port Railway

（二）在建海铁联运工程设计概况

1. 海铁联运铁路专用线布置

根据港区规划，中部粮食及通用码头、钢铁物流园、南沙港二期码头、三期码头、拟建的四期码头、南部国际通用码头均需要铁路集疏运，且需兼顾南部顺岸集装箱码头后方的物流园区和江海联运码头的铁路集疏运需求。为此，港区海铁联运总体规划布置如下：以南沙港站为核心，规划设置两条海铁联运专用线，即由北延伸的中部粮食作业区铁路（北部专用线）、向南延伸的南部集装箱及散货作业区铁路（南部专用线）（详见图2)。

北部专用线从南沙港站北端接轨，正线长度7.95km，装卸线长度2.4km。主要负责中部粮食及通用码头、钢铁物流园的铁路集疏运需求。

南部专用线从南沙港站南端接轨，主要负责南沙港区二期码头和三期码头及南部国际通用码头的铁路集疏运需求。

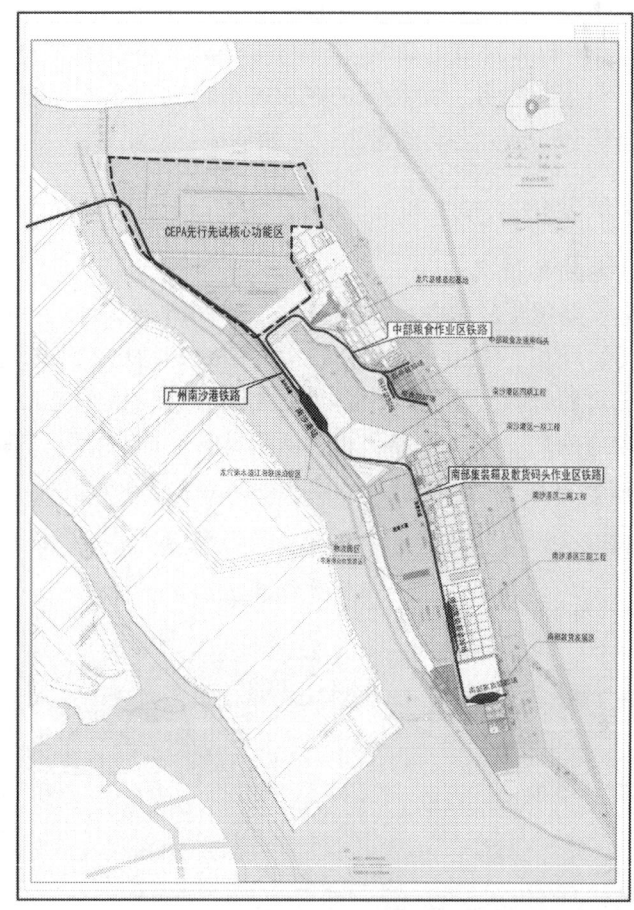

图2　南沙港区（龙穴岛）铁路总体规划布置图

Fig. 2　General Layout Plan of Nansha Port (Long Xue island) Railway

2. 南沙港站设计概况

南沙港站位于龙穴岛中部，是港区技术作业站，负责列车到发、车辆的解编及存放集结作业。线路右侧设线下式站房，在站房对侧设综合性货场1处，货场内近期布置集装箱（长大笨重）货区和整车零担货区各1处，远期预留集装箱货区和整车零担货区各1处。

南沙港站在建货场主要设有集装箱作业区和怕湿货物作业区。其中集装箱作业区主要提供集装箱的装卸、中转、仓储、海铁运力交换等基础功能；怕湿货物作业区配置252m×24m站台仓库一座，主要提供货物暂存功能。

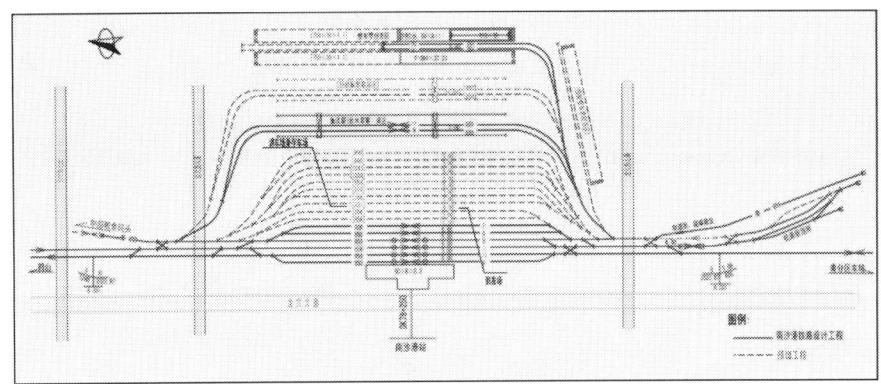

图 3　在建南沙港站平面布置图
Fig. 3　Layout of the Nansha Port Station under Construction

（三）海铁联运存在问题分析

1. 港口与专用线信息系统不兼容，影响海铁联运作业效率

专用线和各个港口作业区的衔接为南沙港区内海铁联运的发展提供了必要基础设施条件。但是传统的港口与专用线使用独立的信息系统，存在信息交流不畅、系统不兼容等问题，容易导致海铁联运衔接作业效率低，影响海铁联运的功能发挥。

2. 在建货场功能设计单一，无法满足港口需求

该货场未来主要承担多式联运功能，但货场与港口码头、公路交通衔接并未充分考虑。集装箱为多式联运主要载体，但集装箱作业区除主要承担装卸作业的主箱区外，未设置辅助箱区。另外，近年来快递电商以及冷链物流备受市场欢迎，但南沙港站货场设计较早，未能设置相应作业区。

3. 在建货场增值服务缺乏，难以满足高端物流需求

根据现代物流业发展经验，铁路物流发展也必须要以供应链服务导向，基础物流服务向配套增值服务为发展方向，最终通过金融运作、信息服务实现物流产业转型升级。而南沙港站只涉及装卸、搬运等基础性物流服务，对物流产业长远发展不利。

综上所述，在建铁路工程只具备货物装卸功能，存在设施规划单一，服务品类简单等问题，难以匹配当前南沙港建设国际航运中心的发展定位。随着海铁联运专用线等基础设施的建设，本项目可以顺利地承接海铁联运业务，满足多元化物流需求。目前迫切需要对南沙港站、专用线进行功能调整升级。

四、南沙港站海铁联运物流融合发展区

为了更好地促进海铁联运的发展，本研究提出设置物流融合发展区的方案。物流融合发展区主要服务于南沙区自贸区的多元贸易经济，促进高端物流服务的聚集，支撑南沙区乃至广州市物流业的发展。

（一）功能定位

本项目将以粤港澳大湾区规划、广东自贸区设置为契机；以南沙港铁路建设为依托；以

海铁联运为目标,以交通物流融合发展为核心;以综合物流基本服务与高端物流延伸服务为手段。打造南沙集海铁联运、物流增值服务功能于一体的海铁联运物流融合发展区。

表1 南沙港站海铁联运物流融合发展区功能定位
Tab. 1 Functional Orientation of the Integration of Railway and Railways in Nansha Port Station

	区块	功能定位
专用线	北部专用线	负责中部粮食及通用码头、钢铁物流园的铁路集疏运
	南部专用线	负责南沙港区二、三期码头及南部国际通用码头的铁路集疏运
南沙港站	货场	服务南沙港区一、四期码头、南部顺岸集装箱码头后方物流园区、江海联运码头,提供装卸、中转及仓储服务
	到发场	全岛的列车到发、车辆的解编及存放集结作业
	功能服务区	提供海铁联运基本物流服务:集装箱辅助功能、仓储以及配套的综合服务
	配套服务区	提供现代化物流服务:增值服务、信息服务、供应链金融服务等

(二) 功能分析

1. 设置一体化信息平台,解决港口与专用线信息系统不兼容的问题

本项目设置一体化信息平台,为货物运输全过程提供实时跟踪、大数据分析、信息实时交换等服务,实现信息共享,铁水运力合理调配,解决信息系统不兼容的问题,保证海铁联运作业的无缝衔接。

北部专用线延伸到中部粮食及通用码头前沿,粮食通过海运到达码头后,通过皮带传输到铁路装卸线,而后经专用线运至南沙港站(见图4)。

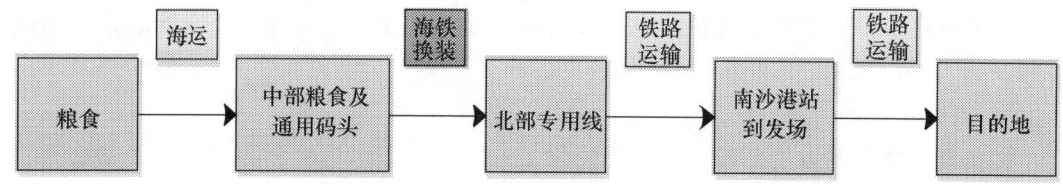

图4 北部专用线与中部粮食及通用码头的衔接作业流线
Fig. 4 The Convergence Flow Line of the Northern Dedicated Line and the Central Grain and General Terminal

南部专用线延伸到南部集装箱及散货作业区。办理国际货物的二、三期码头集装箱通过内集卡运输至南分区车场,之后通过专用线运至南沙港站到发场;南部散货发展区的煤炭通过皮带传输至专用线,随后通过铁路运至南沙港站(见图5、图6)。

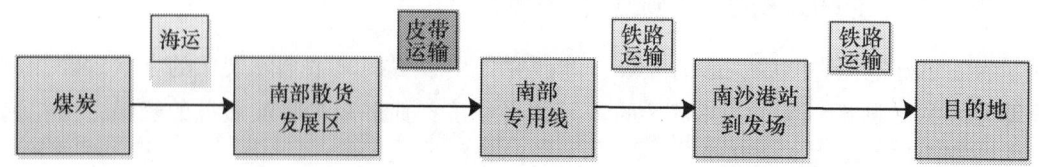

图5 南部专用线与南部散货发展区的衔接作业流线
Fig. 5 The Convergence Flow Line of the Southern Dedicated Line and the Southern Bulk Development Area

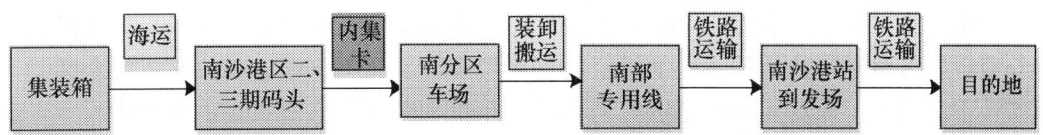

图 6　南部专用线与南沙港区二、三期码头的衔接作业流线
Fig. 6　The Convergence Flow Line of the Southern Dedicated Line and Nansha Port Ⅱ and Ⅲ Terminals

2. 设置海铁联运功能服务区，解决功能单一问题

本项目设置海铁联运功能服务区，完善其基本物流功能。该服务区包括货物暂存区、国内辅助箱区。根据运量预测结果，货物暂存区设置两个普通仓库、一个自动化立体普通仓库、一个自动化立体冷藏仓库；国内辅助箱区包括空箱区、冷藏箱区、专用箱区、联运及掏拼箱区。

3. 设置海铁联运配套服务区，解决增值服务缺乏问题

海铁联运配套服务区的设置可进一步满足未来物流高端化发展的需求，本项目从增值服务、信息服务、供应链金融三个层次配备相应的功能（见图7）。

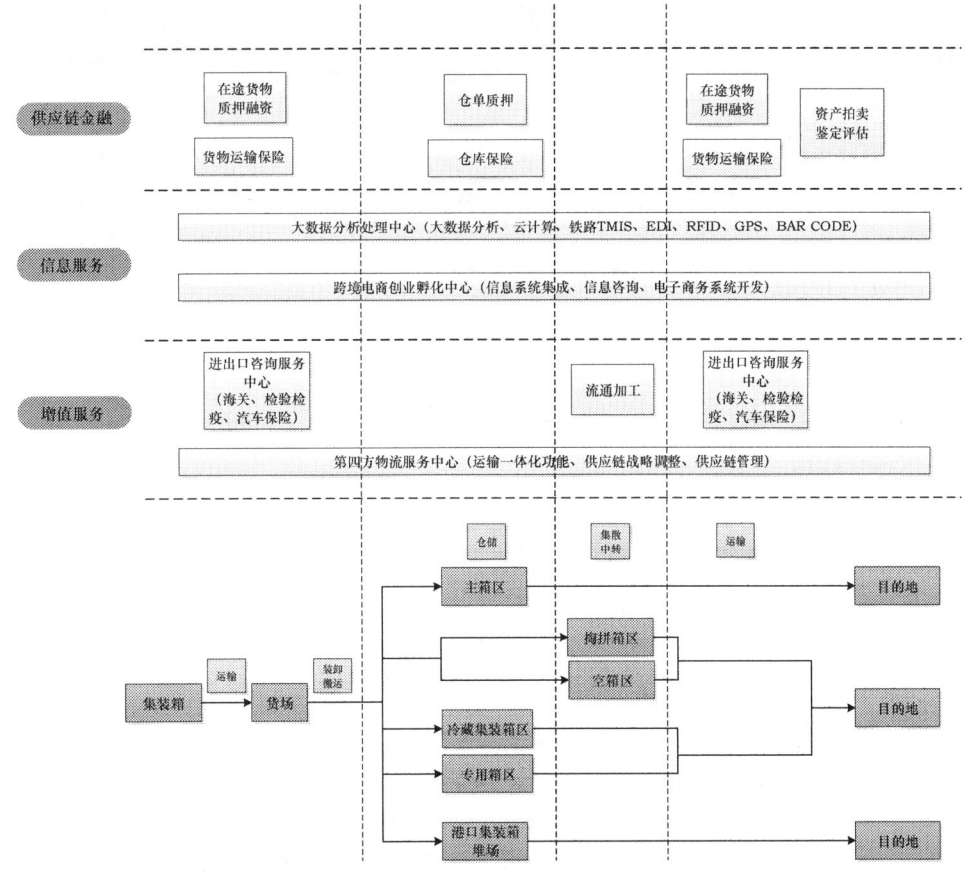

图 7　南沙港站货场集装箱作业流线与功能分析图
Fig. 7　Analysis of Flow Line and Functions of Container

增值服务方面：在集装箱货物与怕湿货物从货源地到入库以及出库到目的地的各个运输阶段，针对不同的货种，提供相应的进出口咨询、通关服务；在怕湿货物仓储的过程中，本项目可以提供货物展览销售的功能；在集装箱货物集散中转的过程中，本项目可以提供流通加工的功能，增加其附加值（见图8）。

信息服务方面：由于信息流贯穿整个物流过程，因此在流通环节，设置大数据分析处理中心，对货物进行实时监控和信息处理；设置跨境电商创业孵化中心，培育跨境电商服务人才，支撑整个物流融合发展区的运营。

供应链金融方面：根据货物的流通形式，本项目可以提供在途货物质押融资、货物运输保险、仓单质押以及仓库保险等高端服务功能。

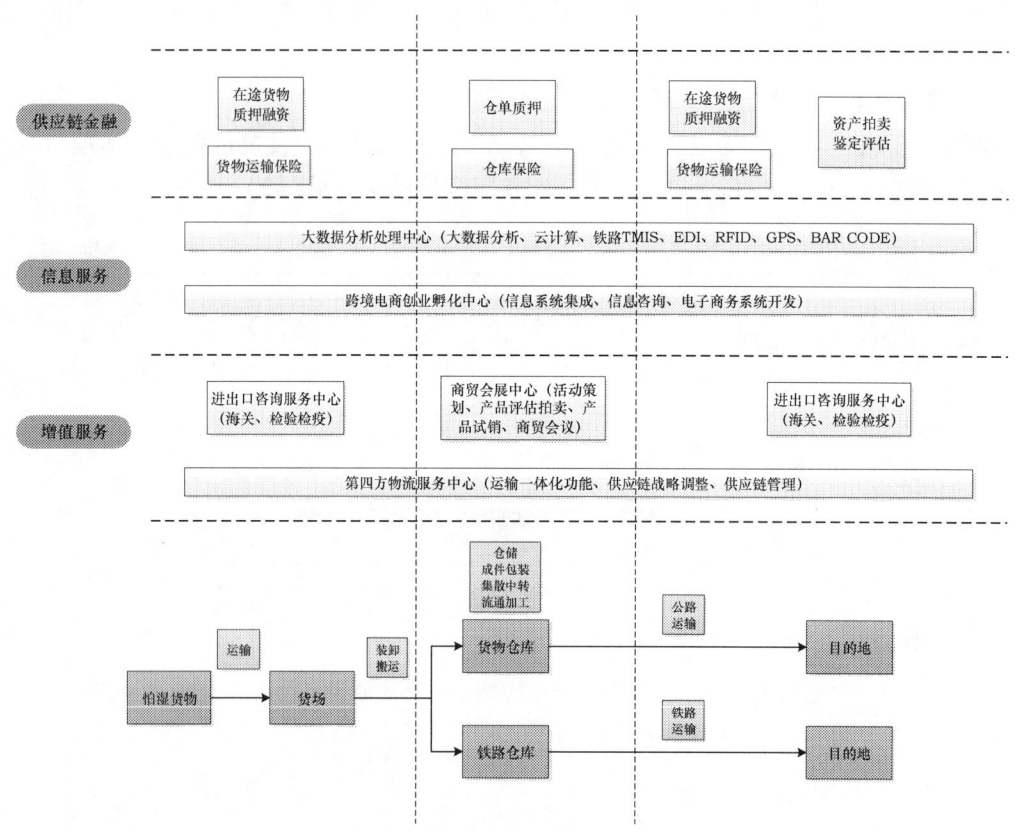

图8　南沙港站货场怕湿货物作业流线与功能分析图
Fig. 8　Analysis of Flow Line and Functions of Wet Goods

根据上述的功能定位，本项目考虑设置进出口综合咨询服务中心，商贸会展中心，供应链金融中心，大数据分析处理中心。①进出口综合咨询服务中心：包括海关业务服务区和跨境电商孵化中心。海关业务服务区，设立了一站式报关报检大厅，设有海关、检验检疫、银行等机构现场办公，可以为南沙港站进出口货物提供一站式报关、报检、缴纳税款等业务。跨境电商孵化中心主要提供信息系统集成服务和信息咨询服务，为国际贸易销售企业、跨境电子商务公司提供办公、政务、信息技术支持，从而吸引多种类型运营企业的入驻。②商贸会展中心：定期举办进出口产品会展，并附以会议、培训、教育宣传等服务。③供应链金融中心：主要提供供应链金融相关服务：质押融资、保险保价理赔、投资咨询服务、鉴定评估及咨询服务、在线融资、资产（动产、不动产、无形资产）拍卖等。④大数据分析处理中心：物流信息中心内设置大数据平台、集装箱海铁联运一体化信息平台等，以提高联运服务效率，提升物流前后端的客户体验。物流信息中心采用云计算、大数据分析、铁路TMIS等技术对龙穴岛内货物作业流程的相关信息进行采集、分析、处理。

(三) 项目布局

以上述分析为基础，本项目结合现代物流服务理念，根据各功能区作业关联程度，考虑物流功能与未来交通组织的协同发展，布局见图9。

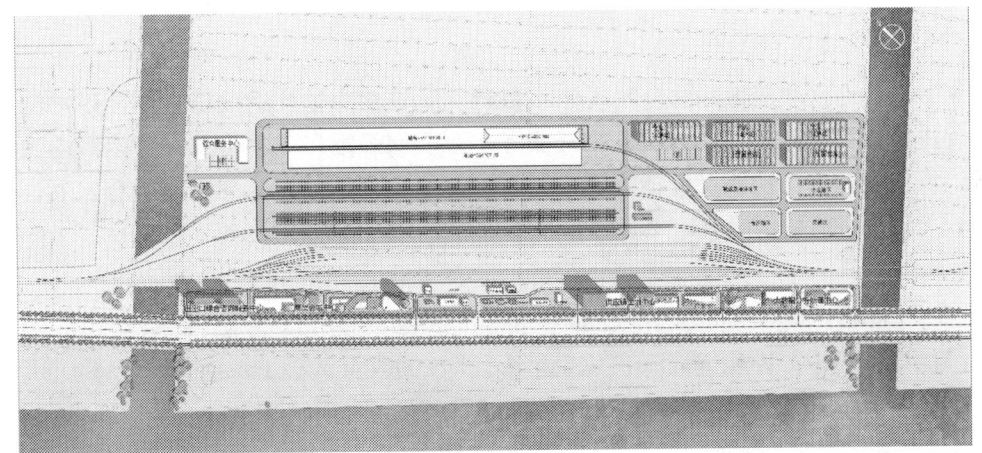

图9 总体平面布局图
Fig. 9 Total Plane Layout

五、项目实施的意义

1. 对接国际物流市场，实现物流业降本增效

我国运输市场集装箱化率以及多式联运业务的占比较低，铁路集装箱运量仅占铁路总货运量的2.3%；集装箱铁水联运在港口集疏量中占比不足2%。总体而言，全行业多式联运量规模仅占全社会货运量的2.9%，远低于美国的40%和欧洲的35%，甚至低于印度的25%。由于运行效率不高，我国货物中转转运所耗费的成本占到全程物流成本的30%。由此可见，发展多式联运是必然趋势。

本项目的建成有利于提高多种运输方式的衔接水平，扩展国际市场，降低国家物流总成本。

2. 加快南沙区融入"一带一路"国家战略，实现物流业融合发展

随着一系列利好措施逐步落实到位，凭借着充足的货源支撑、便利的通关政策、高效的集疏运网络，南沙区将成为广州国际海运中心建设的主要载体，也将成为我国与

"一带一路"沿线国家之间重要的贸易枢纽,充分融入国家"一带一路"大战略中。

本项目作为南沙区交通枢纽的一个重要组成部分,提供海铁多式联运、高端物流综合服务,为南沙区实现物流融合发展提供有力支撑。

3. 贯彻实施《营造良好市场环境推动交通物流融合发展实施方案》,提高多式联运服务水平

《方案》中提出依托综合运输大通道,率先推进集装化货物多式联运。计划到2020年初步形成集装箱运输骨干通道,有序推进面向全球、连接内陆的国际联运通道建设,加强口岸后方通道能力建设,开辟一批跨境多式联运走廊。

本项目依托南沙港港口以及南沙港铁路,发展海铁联运,建立内外贸铁路集装箱、成件包装的核心物流体系,提高该区域多式联运的发展水平。

六、结论

南沙港站海铁联运物流融合发展区项目可优化在建海铁联运设施布局,以物流高端服务促进港口与铁路的联动、提升物流服务水平、增强港口竞争力;保障南沙港铁路与南沙港海铁联运主体功能设计能力有效发挥、畅通港口运输、实现物流融合发展,促进南沙成为世界一流的国际航运中心。

参考文献

[1] Bontekoning Y M, Macharis C, Trip J J. Is a new applied transportation research field emerging? - A review of intermodal rail-truck freight transport literature [J]. Transportation Research Part A: Policy and Practice, 2004, 38(1): 1-34.

[2] Reis V, Meier J F, Pace G, et al. Rail and multi-modal transport [J]. Research in Transportation Economics, 2013, 41(1): 17-30.

[3] Wuttke D A, Blome C, Foerstl K, et al. Managing the innovation adoption of supply chain finance-Empirical evidence from six European case studies [J]. Journal of Business Logistics, 2013, 34(2): 148-166.

[4] 张滨, 刘小军, 陶章. 我国跨境电子商务物流现状及运作模式[J]. 中国流通经济, 2015(1): 51-56.

[5] 文丽青, 马丁. 我国智慧物流与综合交通运输协同发展研究[J]. 物流技术, 2015, 34(3): 4-7.

[6] 刘敬严, 赵莉琴, 李占平. 新常态下"互联网+"物流业发展转型分析[J]. 物流技术, 2015, 34(11): 41-43.

新时期我国道路运输安全现状、问题与对策研究

陈波苙[1] 吕云鹏[2]

(1.交通运输部科学研究院,北京 100029; 2.中国路桥工程有限责任公司,北京 100011)

【摘　要】 本文结合近年来道路交通事故统计数据,对我国道路运输安全形势进行总体研判,分析事故高发区域、时期和事故形态,明确引发道路运输安全事故的主客观因素,并提出在新形势下增强社会安全意识、落实安全生产责任体系、注重事故统计和特征分析、加强风险防控和隐患排查、提高车辆技术标准、提升安全管理大数据分析能力是提高道路运输安全生产水平的有效途径,为行业安全监管提供参考。

【关键词】 道路运输　安全生产　事故分析　风险防控　大数据

The Present Situation, Problems and Countermeasures of Road Transportation Safety in China

CHEN Boli[1], LV Yunpeng[2]

(1. China Academy of Transportation Sciences, Beijing 100029;
2. China Road and Bridge Corporation, Beijing 100011)

Abstract: Based on the statistical data of road traffic accident in recent years, the authors give the general study on the road transportation security situation in China, analyze accident high-risk areas, period and forms, and clear the subjective and objective factors of road transportation accidents. This paper puts forward strengthening the consciousness of social security under the new situation, to carry out the safe production responsibility system, pay attention to the accident statistics and characteristic analysis, strengthen risk control and hidden perils, improve vehicle technical standards, promote the application of big data in safety management is an effective way to improve the level of road transportation safety in production.

Keywords: Road transportation　Safety production　Accident analysis　Risk prevention and control　Big data.

一、我国道路运输安全形势总体研判

(一) 我国道路运输安全形势总体趋稳,重特大事故得到有效遏制

平安交通是现代交通运输体系的基础。近年来,行业主管部门持续开展"道路运输

安全年"、"平安交通"专项治理等行动,高度重视交通安全综合治理。据统计①,2016年,我国发生较大以上道路交通事故总数和死亡人数约为323起和1374人,与2015年441起,1825人相比实现"双降"。从图1可以看到,2010-2017年我国重大以上道路交通事故数量和亡人数量均在波动中下降,重特大道路交通事故得到了有效遏制,我国道路运输安全形势总体趋稳。

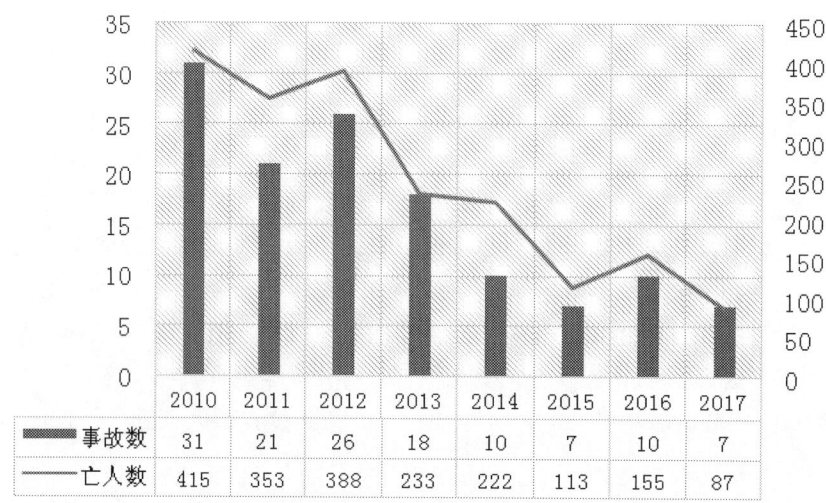

图1 2010年以来我国重大以上道路交通事故变化趋势图
Fig. 1 The Trend Chart of Road Traffic Accidents in China since 2010

(二) 西南、华东、华南安全形势不容乐观,二、三季度是事故高发期

从事故发生区域来看,根据近三年我国较大以上道路交通事故统计数据(如表1),西南、华东、华南是事故集聚区,从2010年重大以上道路交通事故统计数据来看(如图2),主要发生在西南、华东和华中片区。而从省份分布来看,西南片区的四川、云南,华东片区的山东、安徽,华南片区的广东、广西以及华中片区的河南和湖南事故相对高发。

表1 2015-2017年我国较大以上道路交通事故区域分布(%)
Tab. 1 The Regional Distribution of Road Traffic Accidents in China in 2015 to 2017 (%)

事故比例	东北	华北	华中	华东	华南	西北	西南
2015	10.9	7.5	9.3	18.4	23.8	10.2	20.0
2016	11.5	5.0	7.7	24.1	13.9	9.9	27.9
2017	7.7	6.6	9.9	21.0	18.2	12.7	23.8
亡人比例	东北	华北	华中	华东	华南	西北	西南
2015	10.2	6.7	11.1	17.7	21.0	12.9	20.4
2016	11.6	7.1	10.6	23.3	12.6	8.4	26.3
2017	6.3	9.3	10.9	20.3	15.7	12.2	25.4

---

① 本文事故数据来源于国家安全生产监督管理总局事故查询系统,2017年数据范围为1-6月。

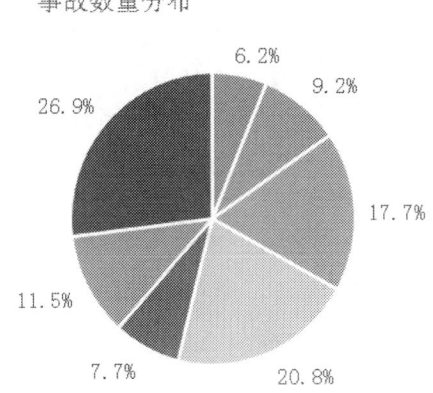
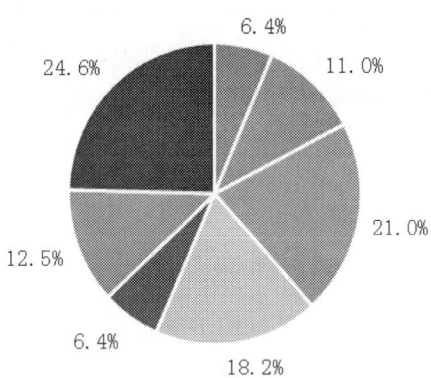

图 2 2010 年以来我国重大以上道路交通事故数和亡人数分布图
Fig. 2 The Regional Distribution of Road Traffic Accidents in China since 2010

从事故发生时期来看，近三年我国较大以上道路交通事故主要发生在二三季度，事故总量和亡人数量相对较高。从月份分布来看，1月、4月、5月、7月、8月、10月为事故频发期，这与重大节假日、春运、雨季汛期等相互关联。

表 2 2015 – 2017 年我国较大以上道路交通事故时期分布
Tab. 2 The Distribution of Road Traffic Accidents in China in 2015 to 2017

事故数（起）	一季度	二季度	三季度	四季度
2015	87	135	129	90
2016	83	78	86	76
2017	84	97	–	–
亡人数（人）	一季度	二季度	三季度	四季度
2015	341	570	543	371
2016	331	336	399	308
2017	320	425	–	–

（三）"两客一危"易引发群死群伤，校车、面包车、非法营运车辆需加强关注

"两客一危"是行业主管部门历年来的监管重点，全国重点营运车辆联网联控平台在"十二五"期间已建立，但平台的事前防控和事中监管作用还有待进一步完善和提升。从事故形态来看，长途客车和旅游包车以碰撞、翻坠、燃烧事故为主，危货车辆以碰撞、燃烧事故为主，由于涉及人数多，容易引发重特大事故，社会影响大。湖南郴州"6·26"旅游包车碰撞燃烧、山西岩后隧道"3·1"危货车辆碰撞燃爆、西藏拉萨"8·9"碰撞翻坠等特别重大道路交通事故都是血的教训。此外，校车、面包车、非法营运车辆由于监管执法力度不够，重大事故时有发生，如甘肃"11·16"校车碰撞重大事故、天津"5·2"面包车撞车重大事故以及陕西咸阳"5·15"非营运车辆翻坠特大事故等，亟须吸取教训，加强警示教育。

(四) 非传统安全威胁日渐凸显,事故防范压力大

除传统的道路交通事故,非传统安全事故如山东威海"5·9"校车纵火重大事故、厦门"6·7"公交纵火特大事故、成都"6·5"公交纵火重大事故等都是个人极端行为导致的非责任道路交通事故,社会影响恶劣,需要行业管理部门积极应对和社会大众群防群治。此外驾驶员职业健康、情绪管理等需提高重视和有效应对,避免因职业驾驶员的身体、心理因素引发事故。

二、当前我国道路运输安全事故主要因素分析

气候环境恶劣、地形条件复杂、通行条件差,客观层面上容易引发道路交通事故,但是人员安全意识薄弱、安全责任落实不到位和监管执法不力等主观因素也是诱发事故的主要原因。下面结合具体案例,从人、车、路、环境和管理等多个方面深入分析引起道路运输事故的原因。

(一) 驾驶员疲劳驾驶、超速驾驶、不规范操作是导致事故的最主要原因

根据有关部门对近年来我国重特大交通事故的特征分析,认为人(驾驶员)是事故的主要原因,人(驾驶员)在各种作用因素中占到79.2%。驾驶员素质参差不齐,安全意识不强,疲劳驾驶、超速驾驶、不规范操作等现象普遍存在。如2014年西藏拉萨"8·9"特别重大道路交通事故,由于客车驾驶员长时间超速行驶,在下坡限速40公里/小时的路段超速60%以上,发现对向车辆违法占道未采取减速、鸣喇叭等措施更未停车或者避让,直接导致事故的发生。再如2016年湖南郴州"6·26"特别重大道路交通事故,驾驶员疲劳驾驶导致车辆失控,与道路中央防护栏发生碰撞并起火。

(二) 车辆隐患排查不到位,涉事车辆中存在技术性能不合格、非法营运等现象

超限、超载、非营车辆违法运输屡禁不止,车辆机动安全技术性能检测不合格依然冒险上路,营运车辆特别是农村客运班线车况较差。如2014年岩后隧道"3·1"特别重大道路交通危化品燃爆事故,司机不规范操作、车辆超载、危化品运输车未按标准规定安装紧急切断阀等原因造成重大人员伤亡。再如2015年陕西咸阳"5·15"特别重大道路交通事故,涉事大客车为非法营运车辆,机动车安全技术性能检验中弄虚作假,车辆制动系统技术状况严重不良,行经下陡坡、连续急弯路段时,因制动力不足造成车速过快,发生侧滑和翻坠。

(三) 西部地区、农村客运道路条件整体较差,安全防护工程存在不完善、不到位等情况

西部地区和农村客运道路中低等级公路占比高,通行条件较差,安保设施设置不尽合理、配备不尽完备,在一些急弯陡坡、临水临崖、连续弯道、视距不良、路侧险要、滚石路段更是缺乏防护栏(墩)、避险车道、安全提示标志牌等,容易引发碰撞和翻坠车事故。据统计,全国重大以上道路客运事故中,碰撞事故和翻坠事故分别占比48.8%和47.7%。如2016年西藏山南"6·10"碰撞坠崖重大道路交通事故和2017年贵州贵阳"4·17"客车坠桥重大道路交通事故。

(四）我国气候条件复杂多变，客观增加事故发生概率

我国气候条件复杂多变，雨雪天气多，道路湿滑易发事故。特别是西部地区自然环境恶劣，地质条件复杂，交通运输基础设施建设等级偏低，加之自然灾害频发，经常发生山体滑坡、泥石流、水毁、坍塌等突发事件，基础设施损毁概率高，客观环境上增加了事故发生概率。如2010年甘肃陇南"2·10"重大道路交通事故，因雨雪路滑造成大客车翻坠。

(五）运营主体责任落实不到位，安全管理力度和精度不够

运营主体安全意识薄弱，部分企业存在侥幸心理，弱化安全生产管理，安全防护和应急保障设施设备不齐全，未严格按照规范制度和技术标准操作等等。如2012年包茂高速陕西延安"8·26"特别重大道路交通事故，与运营企业未认真督促涉事大客车在凌晨2点至5点期间停车休息、开展道路运输车辆动态监控工作不到位、对事故大客车驾驶人夜间疲劳驾驶的问题失察等原因密切相关。再如湖南郴州"6·26"特大事故运营主体未按规定对事故车辆开展安全检验，车内安全锤未按规定位置放置导致起火后车内乘客无法击碎玻璃逃生，造成重大人员伤亡。

(六）行业监管部门执法不力，现代化程度不高

当前我国道路运输安全管理涉及多个部门，各部门间信息共享、联合执法程度不够，行业管理部门安全监督和指导责任落实不到位，各级管理部门责任清单不明晰，尚未形成"尽职免责、失职追责"的责任体系。同时，行业管理方式整体比较守旧，虽然公安部门的天网系统已经相当完善，在事后追查方面发挥巨大作用，但企业、驾驶员、车辆、班线途经道路安全适应性评估等基础信息数据库、风险识别数据库、事故分析数据库和违法违规行为数据库等尚未建立健全，未形成对外公开机制，不能充分发挥事前预防和事后防范作用。

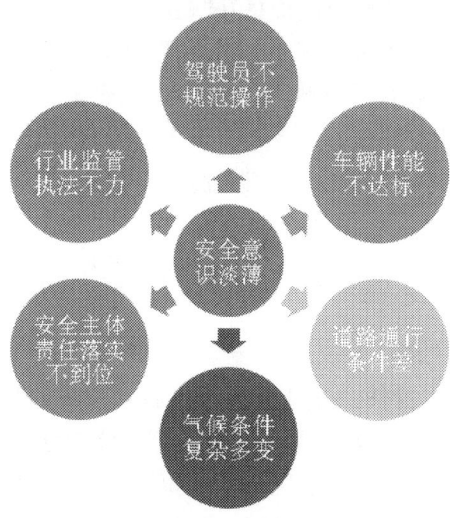

图3　我国道路运输事故主要因素分析
Fig. 3　Analysis of Main Factors of Road Transport Accidents

三、新时期我国道路运输安全生产目标与要求

建立安全管理长效机制,实现事故数、亡人数和重特大事故数"三下降"。"十三五"期是全面建成小康社会决胜阶段,也是交通运输发展黄金期,要坚守"发展决不能以牺牲安全为代价"这条不可逾越的红线,坚持科学发展、安全发展。《安全生产十三五规划》目标到"十三五"末,我国生产安全事故起数和死亡人数分别下降10%,重特大事故起数和死亡人数分别下降20%和22%。道路运输作为高危行业之一,交通运输部门要求深入开展平安交通专项整治行动,针对道路客运、危货运输等重点领域,完善安全管理长效机制,对安全生产风险和隐患要实施动态管理、持续跟踪,有效管控重大风险、切实消除重大隐患,大幅减少一般和较大事故,坚决防范和有效遏制重特大事故,努力实现事故总数、死亡人数和重特大事故数"三个下降",促进交通运输安全生产形势总体稳定。

提升安全生产管理信息化水平,利用大数据等先进技术实现治理能力现代化。《中共中央国务院关于推进安全生产领域改革发展的意见》中提出到2020年,安全生产监管体制机制基本成熟,到2030年,要实现我国安全生产治理体系和治理能力现代化。《国务院办公厅关于加强安全生产监管执法的通知》中提出要"加快监管执法信息化建设。整合建立安全生产综合信息平台,统筹推进安全生产监管执法信息化工作,实现与事故隐患排查治理、重大危险源监控、安全诚信、安全生产标准化、安全教育培训、安全专业人才、行政许可、监测检验、应急救援、事故责任追究等信息共建共享,消除信息孤岛"。《国务院安全生产委员会关于加强企业安全生产诚信体系建设的指导意见》中也明确"提升企业安全生产诚信大数据支撑能力,加快推进安全生产信用管理信息化建设,加快推进企业安全生产诚信信息平台与有关行业管理部门、地方政府信用平台的对接,实现与社会信用建设相关部门和单位的信息互联互通"。

根据安全生产十三五规划发展目标和国家部委有关安全生产发展要求,新时期我国道路运输行业要从企业主体和行业管理两个层面增强安全意识,落实安全责任,注重风险管理、隐患排查、事故分析和预警,大力提升安全管理现代化、信息化、智能化水平,切实提高事前预防、事中控制和事后分析能力,从而有效降低事故和隐患发生,实现平安交通、和谐社会。

四、新时期我国道路运输安全管理对策与建议

(一)企业层面

(1)落实安全生产主体责任,安全投入、设施到位。加强对安全生产的重视程度,强化红线意识、底线意识,落实运营企业安全生产主体责任,保障安全应急投入落实到位,完备安全应急设施设备,并严格按照规范制度和技术标准操作。如营运客车在每次出站时要检查安全锤、灭火器配备齐全和有效可用。通过动态监控系统,及时记录司机的不规范操作行为,并及时进行提醒和警示。

(2)严格营运驾驶员准入退出,强化继续教育管理。严把驾驶员准入关,加强对

个体挂靠司机的管理,同时加大营运驾驶员继续教育和案例警示教育,提升驾驶员突发事件的应急处置能力和技能,严肃查处超载超员超速和疲劳驾驶的驾驶员,对导致事故的驾驶员进行再教育,情节严重的调离驾驶岗位或解除劳动合同。同时,西部地区少数民族驾驶员较多,可推广汉语、少数民族语言双语印刷的安全提示口袋书。

(3) 加强动态监控,提高安全生产现代化水平。运营企业要积极应用视频监控、车辆动态监控等手段,提高企业安全生产现代化水平,对拆除或屏蔽动态监控设备的车辆和驾驶员,严格依法依规处理。

(4) 实行奖优罚劣,营造安全文化氛围。优化安全管理机制,设置无事故明星驾驶员、明星班组、明星线路,并进行奖励,企业内部总结交流操作经验,对不规范操作驾驶员依据情节进行不同程度的惩罚,完善激励带动和警示惩戒制度。将安全工作与幸福家庭、健康生活相联系,运用班前会议多媒体提醒、手机短信温馨提示等手段将安全理念深刻植入一线人员心里。

(二) 行业管理层面

(1) 完善责任清单,实行尽职免责,失职问责。制定行业管理部门权利和责任清单,实行尽职照单免责、失职照单问责。督促企业落实安全生产主体责任,严格执行隐患排查、动态监控、接驳运输、按规定时间停车休息等制度。加强运营车辆动态监管,定期抽查车辆运行情况,重点检查车辆上线率、轨迹完整率、超速报警、疲劳驾驶报警等指标,并进行通报整改,形成闭环管理长效机制。

(2) 持续新建、已建公路的安全生命防护工程。行业管理部门要按技术等级对本地区现有公路进行风险评估或安全隐患排查,摸清底数,形成安全隐患清单,并严格按照《公路安全生命防护工程实施技术指南》、《公路护栏安全性能评价标准》(JTG B05-2013)等进行客观评估和设计、建设、改造,提高通行条件安全指数。

(3) 提高营运车辆安全技术标准,提高本质安全水平。根据企业、驾驶员使用反馈,结合事故车辆反映出来的技术问题,鼓励车辆制造企业加快科技、技术创新,淘汰落后技术、装备,提高运营车辆安全技术标准,降低安全风险,提高本质安全水平。

(4) 树立"隐患就是事故"的意识,开展安全生产隐患排查治理。要加强对长途客车、危货运输、旅游包车、校车和面包车等车辆类型进行重点管控,着力对急弯陡坡、临水临崖、连续下坡、团雾多发路段,技术状况为四、五类危旧桥梁,土建结构技术状况为A级的公路隧道以及"公跨铁"立交、平交道口等重点路段进行事故防范。

(5) 加强联合执法和非法营运打击力度。联合公安、旅游管理部门加强联合执法,规范非营运大客车注册登记管理,严厉打击非法改装、非法营运、超速超员、超限超载等违法行为。包括在火车站、汽车站、服务区、重要路口等人流密集区非法从事旅客运输,伪造营运证照的客运车辆和通过网络平台以旅游包车、顺风车等名义从事非法营运以及未取得道路客运运营许可的面包车、商务车、轿车、低速载货汽车等。

（6）利用大数据提升风险防控能力。首先要统一各省信息平台和数据库建设标准，逐步建立企业、驾驶员、车辆、班线途经道路安全适应性评估等基础信息数据库、风险识别数据库、事故分析数据库和违法违规行为数据库，逐步建立省级道路运输安全管理信息平台，最后实现全国范围数据的互联互通和信息共享。加强大数据、云计算等先进技术人才储备，积极运用大数据、云计算等先进技术对事故风险点、高危路段、危险驾驶员、危险车辆等进行自动识别和警示，提高事前预防能力。

（7）完善事故统计与分析机制，寻找我国道路运输行业的"海因里希"法则。首先要统一事故统计和上报格式标准，为建立全国范围的事故分析数据库做准备；其次是加强事故分析，特别是重特大事故分析，明确主要事故致因，掌握事故发生的周期性、规律性和关联性；第三是着手事故大数据分析，通过海量事故数据，寻找我国道路运输行业的"海因里希"法则，增强事故防范能力。

（8）尝试利用新技术加强驾驶员安全监管。驾驶员作为事故发生的主要因素，由于我国职业驾驶员数量庞大，且个体差异性、流动性较大，为日常安全监管增加难度。新时期除了要重视驾驶员教育培训，还要学习国外先进经验，尝试利用新技术如眨眼测试、方向盘芯片心跳监测、体检数据警示等加强驾驶员安全监管，降低事故发生率。

五、结语

当前道路运输在我国综合交通运输体系中占据主导地位，对服务人民出行、支撑经济社会发展中起到重要作用。增强社会安全意识、落实安全生产责任体系、注重事故统计和特征分析、加强风险防控和隐患排查、提高车辆技术标准、提高大数据分析支撑能力和安全管理现代化水平是提高道路运输安全生产水平、提升道路运输服务质量、改善道路运输社会形象的有效途径。文章主要的创新点在于：

（1）整理大量数据对我国道路运输事故高发区、频发期、主要事故形态等进行了分析，并结合典型案例剖析了影响道路运输事故发生的主客观因素。

（2）提出要统一我国事故统计和上报格式标准，建立完备的事故分析数据库，借助大数据、云计算等先进技术，掌握事故发生的周期性、规律性和关联性，寻找我国道路运输行业的"海因里希"法则。

（3）提出要统一我国信息平台和数据库建立标准，完善人车路基础信息数据库、风险识别数据库、事故分析数据库和违法违规行为数据库，先建立各省级安全管理信息平台，最后实现全国范围互联互通，提高安全治理现代化水平。

（4）提出要加强新技术开发和应用，提高车辆技术标准，增强车辆的本质安全水平，利用先进技术监管驾驶员不规范操作行为并及时警示等。

参考文献：

[1] 王培荣.道路客运安全生产现状及对策[J].交通世界，2010(18).

[2] 董轩,叶松,黄李原.道路运输安全管理研究[J].交通节能与环保，2016(5).

[3] 潘正中,邬洪波,廖军洪,张建军.道路运输安全风险管理体系研究[J].公路交通科技,2016(8).

[4] 刘正伟.德国等欧洲国家安全生产大数据应用与数据保护[J].劳动保护,2017(1).

[5] 姚明山.物流运输驾驶员健康安全大数据管理平台研究[J].软件导刊,2016(5).

关于道路货运集约化发展及转型升级的思考

孙东泉　杨　勇

（交通运输部科学研究院，北京 100013）

【摘　要】本文通过对道路货运集约化基本内涵的分析，总结我国道路货运在集约化发展中存在的主要问题，并在借鉴国外先进经验的基础上，探讨了我国道路货运集约化发展的主要实现途径。

【关键词】货运　集约化　借鉴　转型　途径

Thought on the Intensified Development, Transformation and Upgrading of Highway Freight

SUN Dongquan, YANG Yong

(China Academy of Transportation Sciences, Beijing 100013)

Abstract: In this paper, through the analysis of the basic connotation of intensive road freight, summarize the main problems existing in the intensive development of road freight transport in our country, and based on the advanced experience of foreign countries, mainly discusses the realization of China's road transportation intensive development path.

Keywords: Freight　Intensification　Reference　Transformation　Path

一、对道路货物运输集约化的认识

从本质上讲，集约化是一种市场行为，所选择合作的方式、合作的深度都是为实现其既定目标而采取的适应市场要求的选择。集约化的"集"就是指集中，集合人力、物力、财力等资源，进行统一配置；"约"是指在集中、统一配置资源的过程中，以节俭、约束、高效为价值取向，从而达到降低成本、高效管理，进而使企业集中核心力量，获得可持续竞争的优势。

（一）道路货物运输集约化的内涵体现了现代道路运输的发展方向

道路货物运输集约化是指应用先进科学技术和科学管理手段，对从事道路货物运输的车辆、资金、人员、线路、场站等资源进行合理配置，优化运输结构，提高从业人员素质，从而有效提高道路货物运输企业整体生产效率和服务水平，降低全社会道路货物运输成本，实现道路货物运输现代化的经营过程。追求效率、规模和服务品质是道路货

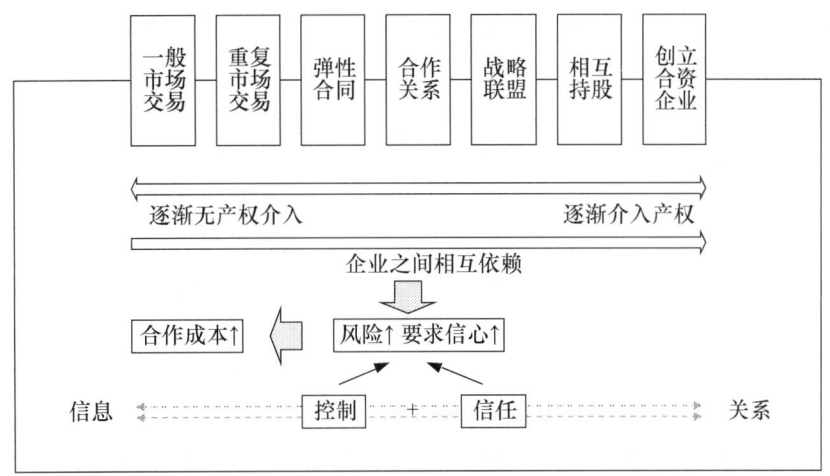

图 1　市场集约化关系的光谱图
Fig. 1　Spectral Diagram of Market Intensive Relation

物运输集约化经营的本质内涵，是提高道路货物运输发展水平的根本，是交通运输作为现代服务业的重要体现，代表了道路运输发展的方向。道路货物运输集约化的特征集中体现在以下三个方面：

（1）道路货物运输组织效率明显提高。建立安全、便捷、通畅、高效的货物运输系统是现代道路运输发展的方向，也是道路货物运输集约化发展的首要特征。道路货物运输的集约化发展就是要实现以网络化的公路基础设施为依托，以转运衔接紧密的货运站场为节点，以技术先进、结构合理的车辆为载体，以运输组织的技术创新为引领，形成通达、便捷、高效的道路货物运输网络。

（2）道路货物运输市场结构日趋合理。道路货运市场集中度逐步提高，大型龙头运输企业在市场竞争中发挥主导作用，并引领整个货物运输市场的发展方向。同时，中小道路货运企业也将重新定位，提供更加个性化、多样化的服务，成为货物运输市场的有益补充。

（3）道路货物运输服务品质不断提升。道路货物运输集约化的发展就是在资源整合、效率提升的基础上，为广大客户提供更加优质的服务，这要求整个服务过程始终贯穿"顾客至上"的理念，既提供传统的仓储、运输等单环节的优质服务，还将延伸服务链条，提供供应链全程服务。

（二）实现道路货物运输集约化发展是我国经济社会发展的现实要求

从国外发达国家道路货物运输发展的历史经验来看，坚持集约化发展是实现道路货物运输资源优化配置，提高运输组织效率，更好地为国民经济社会发展服务的必由之路。

美国道路运输组织体系非常完善，服务功能广泛，现代化程度很高。但是，美国的道路运输企业规模也曾经相差悬殊，大企业拥有二三万辆车，小的个体经营者只拥有一二辆车，因此，美国政府推行了限制小企业的制度，使汽车运输企业的规模有了不断扩大的动力。日本国土交通省采取依托合作社组织，促进了小型货运企业"合作化"，这种合作社组织实际上起到了扩大企业规模的作用和效果,在实载率提升、重复行驶里程减少、燃料消耗下降,以及管理、人事费用相对减少等方面均起了积极促进作用。

近些年,我国强调经济增长方式从粗放型向集约型转变,摒弃盲目重视数量、忽视效益和质量的经济增长方式,从根本上改变经济运行各环节和各层面的粗放式经营状况,将注重质量和效益的集约化发展提升到一定的高度。道路货物运输作为国民经济社会发展的基础支撑,需要不断适应新时期的新要求,实现集约化发展。我国道路货物运输集约化发展是社会化大生产及运输技术不断升级优化过程中,资源优化配置和资本积聚的必然产物,也是我国经济社会发展到现阶段的历史要求。它既有利于提高自身服务经济社会发展的能力,又能够与资源节约、环境友好的社会发展理念相匹配,有效降低能源消耗,减少污染物排放。

(三) 道路货物运输集约化发展对促进我国交通运输行业转型升级具有重要作用

交通运输业属于现代服务业,同时也是国民经济的基础性和先导性产业,现代交通运输业的本质特征就是运行的高效化、管理的信息化、资源的集约化和服务的优质化。道路运输作为交通运输的最重要组成部分,是推动交通运输现代化发展的中坚力量,只有实现道路运输的高效化、信息化、集约化和优质化发展,才能实现整个交通运输系统的现代化。因此,推进道路运输集约化发展对我国交通运输行业转型升级可谓意义重大,具体体现在以下方面:

(1) 集约化发展将改变我国道路货运"多、小、散、乱、弱"的现状,引导生产要素的相对集中,建立科学的生产管理制度,树立起统一的品牌,实现规模化经营,改变中小道路货运经营主体"各行其是、各自为战"的局面,规范道路货运市场秩序。

(2) 集约化经营将聚集、整合道路货运资源,为道路货运企业提高运营效率、降低运输成本,全面掌控各类生产要素,实现从"少、慢、差、费"向"多、快、好、省"的转变,在提高企业效益的同时,提升行业整体的发展水平。

(3) 随着道路货运集约化的发展,资源配置将更加科学,行业创新能力也必将提高,尤其是在推进信息化、节能减排、参与多式联运、甩挂运输、共同配送等关键技术的应用方面实现突破,全面提升道路货运业的供给能力、运行效率和服务水平。

二、我国道路货运集约化发展面临的问题

目前,我国道路货物运输市场呈现出市场主体多元化的特点,包括中小型私营物流企业、国有物流企业、大型物流企业、跨国物流企业及中外合资企业。中小企业占绝大多数,主要提供较为传统、单一的货运服务,这一方面与我国现阶段的货运需求特点有关,据统计,我国 37 个工业产业部门中,60% 以上的行业集中度低于 10%,而且多数企业的物流服务需求属于传统、低端的需求,这样就客观上决定了总体物流需求的零散、粗放和低层次。另一方面,这与我国 80 年代初期,货运市场管制放开后,大量个体业户涌入,过度竞争形成的市场主体结构过散、过多、过弱有很大关系。可见,我国以道路货物运输企业为主的物流企业能够提供的物流服务,仍然以道路运输、仓储等传统服务为主,并且高度依赖制造业和长途运输,物流市场的竞争异常激烈。主要存在以下问题:

（1）尚未形成有效竞争的市场环境。自20世纪80年代以来，由于我国道路运输行业的政策引导原因，国有大中型企业规模的整体优势丧失较大，同时个体运输发展迅猛，造成市场集中度过低，缺乏有效竞争，使运输市场规模经济效应难以发挥作用，造成道路运输市场资源的极大浪费和运输效率的低下。

（2）缺乏市场带动性强的龙头骨干企业。从国外物流发达国家来看，美国前10位的物流企业所占市场份额为34%；日本5大物流巨头占有整个市场份额的90%。在我国，前10位的物流企业所占市场份额仅为13%，由于缺乏类似发达国家那样的大规模物流或道路运输企业，加之众多分散的个体业主和小型运输企业，导致道路货运市场的整体效率及效益不高。

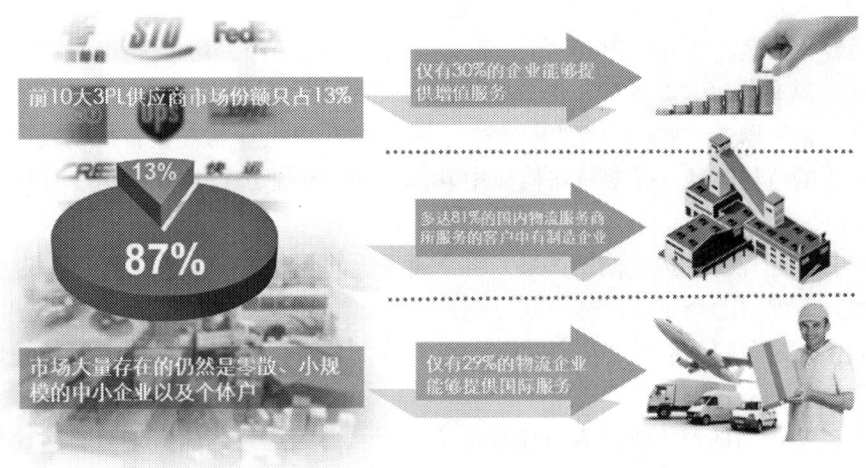

图2　我国物流龙头企业规模现状

Fig. 2　Current Situation of Logistics Leading Enterprises in China

（3）服务差异不足，管理模式落后。由于我国道路货运企业普遍规模偏小，实力较弱，服务同质化现象严重，主要依赖于低价参与市场竞争，而不是通过提高管理水平提升服务品质来赢得市场，导致企业难以形成核心竞争力。

三、我国道路货运集约化发展的主要实现途径

基于对道路货运集约化的认识和实证研究，未来我国提升道路货运集约化发展的总体思路应该是：以深化道路运输管理体制改革和调整运输政策为手段，以加强监管，规范市场竞争秩序和建立良好的运输市场环境为重点，创新制度体系建设，在市场准入、市场运营和市场退出等环节降低企业的交易费用，改善货运装备水平和车辆结构，提高从业人员素质，推动市场结构的集约化发展和转型升级。

（一）严格市场准入，适度调整行业的进入门槛

我国道路运输企业多、小、散、弱现象持续10余年，总体运力供大于求的现状已经得到业界共识。建议适时适度地调整道路货运行业的准入门槛，集中力量加强源头管理，

强化对准入车辆在环保、能耗、技术性能、安全等方面的要求；提高对运输企业安全生产管理，司机驾驶经验、资质和违章记录等方面的审核标准；增加对企业法人代表和企业安全生产负责人的个人诚信记录审核；增加对企业运输服务范围、主要客户来源、盈利模式及发展战略等企业发展规划的备案管理。

(二) 加强市场监管，建设公平透明的市场环境

在技术进步和市场力量的推动下，有向集中化和规模化发展的自然趋势，促进道路运输规模经济的形成。市场监管是政府保障货运市场健康运行，充分发挥市场决定性作用的重要手段。

(1) 提高道路货运企业的违法违规成本。为加强对道路货运企业的经营监管，建议调整《中华人民共和国道路运输条例》相关内容，借鉴司机驾照的扣分制。企业在经营或道路运输中的违法违规行为，除了进行必要的经济处罚外，均作为扣分事项予以记载，分数扣完，视为自动退出货运市场，收回所有证照。另外，鼓励道路货运行业自律和他律相结合，借鉴国外"吹哨法案"的经验，制定行业内企业相互监督机制及鼓励公民参与社会公正的监督制度，探索对在他律中发挥作用的企业进行加分的制度（可以抵减违规减分）。

(2) 建立道路货物运输诚信体系。将交通系统的企业诚信体系与工商、税务、海关、劳动及银行等部门的企业诚信体系建立联网联控，并将企业法人代表的诚信记录与企业经营的诚信记录联网，形成"一处失信，处处受制"的局面，提高企业及企业法人的诚信经营理念。

(3) 建立严格的行政执法人员违规惩戒制度。部分道路运输管理者，对违法违规车辆和企业"只罚不管"或"以罚代管"现象依然存在，媒体对交通路、运政执法人员的"公路三乱"行为报道也乐此不疲，对交通系统从业人员的社会形象和行业内企业的健康发展都带来巨大的负面影响。因此，在执法人员方面，保证执法人员的公职身份和经费来源，杜绝临时聘用、企业编制人员上路执法；在加强市场监管方面，严查执法部门"养鱼执法"行为；利用先进技术手段，建立行政执法全程录音、录像监控制度，减少执法纠纷；对路面执法人员发生违规行为的，一律实行先停职再调查的程序。

(三) 加大鼓励政策，促进道路货运企业的转型升级

(1) 多部门联动管理，统一标准，分段监管。物流管理在我国和世界多数国家都是多部门进行联动管理，而在物流企业集约化发展和规模化经营方面，政府更应充分尊重市场规律，减少主动干预。各行业主管部门应主动提供政策引导和健全企业信用管理机制，在车辆车型和环保标准、货运市场准入、新技术应用、物流标准化、安全管理等方面加强合作，统一标准、分段监管。

(2) 建设基础设施网络，盘活存量，集聚需求。加快推进交通运输物流公共信息平台建设，充分发挥已有道路站场基础设施的效能，有效集聚物流资源，提高道路货运市场组织效率。同时，延续对公共服务型物流园区建设的补助政策，强化对已投资补助物流园区的后续管理，切实引导物流园区健康持续发展，充分发挥物流园区对提升道路货运集约化、规模化水平的作用，并将信息平台与物流园区实体平台进行有效衔接、联动和融合，系统推进道路货运基础网络的建设，盘活存量，用好增量。

（3）推进运输区域一体化，突破藩篱，强化共享。首先，政府应该增加经营风险提示的公共服务。分城市、分区域或分线路进行相关经营风险提示，并做到相关信息跨区域共享、共用，实现道路运输区域一体化，避免无序竞争现象发生。《日本道路运输法》就规定，国土交通省有判定某一区域是否为"道路运输企业提供相关车辆和服务过剩区域"（简称为"紧急调整区域"）的权利，被指定为"紧急调整区域"的，区域内相关道路运输许可的申请业务将临时全部或部分暂停。其次，要努力破除区域性的政策壁垒。允许物流企业在异地县级以下行政区划单位设立非独立核算的分支机构；逐步扩大营运证件跨区域使用的范围；允许物流企业全国运营的车辆异地年检，实现检测机构的全国联网和检测结果的跨省互认；加强对地方保护和地区封锁等行政性垄断文件的清理整顿；允许物流企业自由选择经营地点，取消对分支机构车辆台数的硬性规定，取消企业缴纳押金等不合理限制；开展跨区域交通物流一体化合作示范区的建设，重点对甩挂运输、信息联网、通行政策、物流企业联盟发展、多式联运等领域实现跨区域政策的统一协调，对破除区域间发展政策的壁垒进行有益的探索。

（四）试点无车承运人，拓展企业集约新手段

（1）推进无车承运人试点，是公路货运集约化、规模化发展的重要契机。无车承运人对上游托运人的核心价值是提供物流解决方案，包括优化业务流程、遴选优质供应商、进行线路优化和配载优化等，促进货主企业实现物流降本增效；对于下游承运人的核心价值是增加货源，提高车辆的利用效率，让承运人专注运输，减少其他投资，防范财务风险等。无车承运人通过资源的优化整合，帮助上下游提高效率、降低成本。

从美国公路货运市场的发展经验来看，无车承运人是公路货运规模化发展的重要促进因素。2015年，C.H.罗宾逊的营业收入突破119亿美元，营业收入突破10亿美元的无车承运人共有7家。美国的无车承运人数量超过1万家，这些大大小小的无车承运人成为联系货主和中小运输商的纽带，成为促进公路货运市场规模化、集约化发展的重要驱动力。推进无车承运模式，个体运输户、中小企业、货主企业逐步由封闭走向开放，有利于我国物流市场结构逐步从分散走向集中，形成"零而不乱、散而有序"的新业态。2017年3月，交通运输部发布《交通运输部办公厅关于做好无车承运试点运行监测工作的通知》。《通知》显示，目前全国29个省、市、区共筛选确定了283个无车承运试点企业，中国的公路货运市场规模超过美国，未来，中国同样有可能诞生百亿美金体量的无车承运人。

（2）拥抱"互联网+"，是无车承运人发挥集聚功能的新手段。作为一种新业态，无车承运人试点得到了包括交通、发改、税务等部门的政策支持。未来，有条件成为无车承运人的企业，可以包括IT企业、园区企业、快运企业等，随着卡车技术进步，一些卡车生产企业也有成为无车承运人的可能。车联网技术广泛应用于卡车公司制造和销售的车辆，可以构成一个生产企业引导下的、实时可调度的运力系统，卡车制造商可以利用掌握的用户数据信息，为车主提供一系列增值服务。

从目前推进无车承运人试点工作来看，依托移动互联网、大数据、人工智能技术的

应用,为中国无车承运人的崛起提供了强大的技术支撑,而且,信息化、智能化、平台化与网络化运作也作为试点企业的基础条件被加以强调。试点企业可以提供智能报价、智能调度、运输轨迹全程可视化等的智能服务,融入互联网基因和技术后,无车承运人在组织车源、货源,风险控制等方面,形成服务和标准,集聚运力与货源的能力会更加强大,集约化发展手段会更加多样和有效。

参考文献:

[1] 第一物流网. 交通部推无车承运人试点,专家喊话选样企要有重点、不偏废[EB/OL]. 北京:中国物流与采购联合会,2016.11.21.

[2] 中国商用汽车网. 无车承运人新模式到来 货运行业迎来大发展[EB/OL]. 北京:中国商用汽车网,2017.04.10.

[3] 马一华. 道路运输企业集约化经营问题研究[D]. 西安:长安大学,2011.05.15.

对城镇化背景下我国城市轨道交通发展的思考

何吉成[1]　杨党校[2]　程逸楠[1]　何佳媛[1]

(1.交通运输部规划研究院,北京 100028;2.西安市交通运输局,西安 710008)

【摘　要】 发展轨道交通是解决城市交通问题的重要出路,随着我国城镇化的不断深入,未来我国城市轨道交通建设将处于高速发展时期。在梳理我国城市轨道交通发展现状的基础上,分析了当前轨道交通发展中存在的问题,包括规划攀比过大、随意调整规划、突破脱离规划、建设和运营经济压力较大、文物保护的制约作用强化等。最后,针对上述问题从确保前期规划的科学合理性、遵循规划的严肃性和权威性、创新城市轨道建设投融资模式、遵守相关文物保护法规等方面提出了建议和对策。

【关键词】 城镇化　城市轨道交通　地铁　对策

Thoughts on the Development of Urban Rail Transit on the Context of Urbanization in China

HE Jicheng[1], YANG Dangxiao[2], CHENG Yinan[1], HE Jiayuan[1]

(1. Transport Planning and Research Institute, Ministry of Transport, Beijing 100028;
2. Xi'an Transportation Bureau, Shanxi Province, Xi'an 710008)

Abstract: Developing urban rail transit is an important means to solve the transportation problems in cities, so with the proceeding of urbanization in China, many cities will enter the period of rapid development for urban rail transit construction in the future. On the basis of summarizing the development status of urban rail transit, major problems of current urban rail transit development are discussed in this paper. These major problems include oversizing the scale of urban rail transit system, irrationally modifying the plans, breaking the plans, resulting in the economic burden in construction and operation periods, enhancing the constraints from cultural relics protection. Finally, in the light of the above-mentioned problems, some corresponding suggestions and countermeasures are put forward, which include ensuring the scientificity and rationality of the plans, following the seriousness and authority of the plans, innovating the investment and financing mode of urban rail transit construction, as well as complying with the related law and regulations on protection of cultural relics.

Keywords: Urbanization　Urban rail transit　Metro　Strategy

城镇化是人类社会发展的客观趋势，是国家现代化的重要标志。2014 年 3 月 16 日，中共中央、国务院印发了《国家新型城镇化规划（2014 – 2020 年）》[1]，规划要求稳步提升城镇化水平和质量，要求常住人口城镇化率达到 60% 左右，户籍人口城镇化率达到 45% 左右，努力实现 1 亿左右农业转移人口和其他常住人口在城镇落户。《国家新型城镇化报告 2016》显示[2]，2016 年进城落户约 1600 万人，常住人口城镇化率达到 57.35%，户籍人口城镇化率达到 41.2%。全年累计开工地下综合管廊 2000 多公里，新增城市轨道交通里程 535 公里。我国城市人口总量大，居住密度高、土地资源匮乏，同时私人小汽车以年均 20% 以上的速度增长，城市交通拥堵问题日趋严重。在一线城市和多数省会城市，道路拥堵已成常态，在春节等长假节日，交通拥堵已向县城乡镇蔓延。在交通拥堵的同时，城市机动车辆的增加也带来了严重的大气和噪声污染问题，致使城市居住环境日趋恶化。随着城镇化步伐的加快，未来我国城市交通环境污染问题更为突出，交通环境污染问题能否解决会成为评价城市是否宜居的关键。因此，国家城镇化规划提出将绿色交通建设作为绿色城市建设的重点任务之一。城市轨道交通具有运量大、速度快、安全准点、污染小、节约能源和土地等特点，对解决城镇化快速发展带来的城市交通拥堵问题、减少城市交通污染、实施城市交通绿色发展具有重要的意义。随着中国经济持续快速发展和城镇化进程加快，城市轨道交通在中国大城市中的作用日益受到重视[3-4]。

一、我国城市轨道交通发展现状分析

城市轨道交通通常是指以电能为动力，采取轮轨运转方式的快速大运量公共交通的总称，其制式有地铁、轻轨、单轨、市域快轨、现代有轨电车、磁悬浮和 APM（自动导向轨道系统）。轨道交通是解决大城市、特大城市交通日益增长的供需矛盾、有效满足城市化需求的主要交通手段。

截至 2016 年底，我国大陆已有 30 座城市开通了轨道交通运营，其中直辖市 4 个、省会城市 17 个、计划单列市 4 个、地级市 5 个（苏州、佛山、无锡、淮安和东莞）（见图 1）。全国城市轨道运营线路总长度达到 4153 公里，线路总数为 133 条，客运总量达到 161 亿人次，平均运行速度为 35.35 公里/小时，是其他公共交通方式的 2～3 倍。在轨道制式上，有地铁 3169 公里、轻轨 233 公里、单轨 99 公里、市域快轨 412 公里、现代有轨电车 187 公里、磁悬浮 49 公里、APM 有 4 公里（图 2）。在线路敷设方式上，有地下线 2564 公里、地面线 390 公里、高架线 1199 公里，全国共有车站 2680 座、车辆段或停车场 168 座。上海城市轨道运营总里程为 683 公里，居世界第一，全网客流量达 34 亿人次，居世界第二位。北京地铁 2016 年单日最高客流量达到 1304 万人次，日均客流量达到 1028 万人次，全年客流总量达到 36.6 亿人次（不含 77 公里市域快轨），成为全世界最繁忙的地铁[5]。

截至 2016 年末，全国共有 48 个城市正在建设轨道线路，在建线路总规模达到 5637 公里，其中 23 个城市在建线路超过 100 公里。根据 2017 年 2 月国务院印发的《"十三五"现代综合交通运输体系发展规划》，要求完善优化超大、特大城市的轨道交通网络，

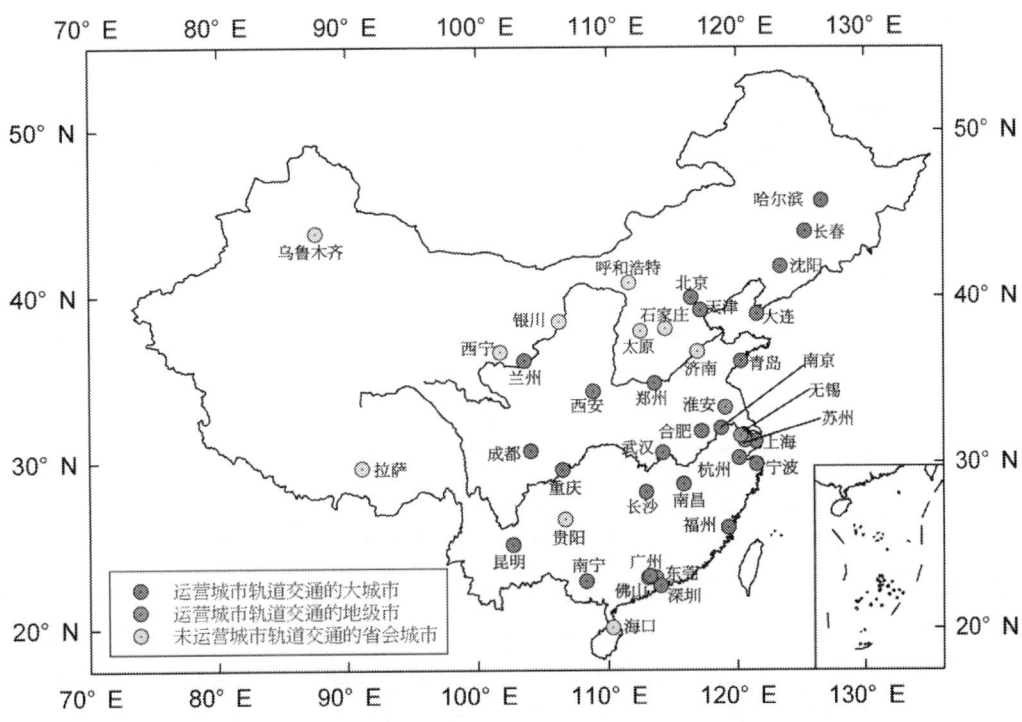

图 1 我国运营城市轨道交通的城市
Fig. 1 The Cities with Operating Urban Rail Transit in China

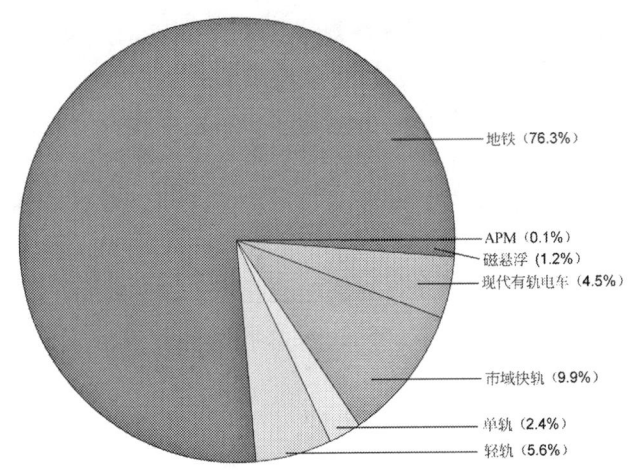

图 2 我国已运营的城市轨道交通的不同制式比例
Fig. 2 The Percentage of Different Modes of Operating Urban Rail Transit in China

推进城区常住人口 300 万以上的城市轨道交通成网,到 2020 年,我国城市轨道交通运营里程要达到 6000 公里[6]。随着轨道交通审批权限的下放,截至 2016 年末,我国大陆地区已获得轨道交通建设规划批复的城市有 58 个,规划线路总规模为 7305 公里。其中,有 50 个城市批复规划线路均超过 2 条,有 28 个城市线网规模超过 100 公里[5]。由此可见,未来一段时期仍是我国城市轨道交通高速发展时期。

二、我国城市轨道交通发展存在的问题

(一) 对前期规划的科学性和严肃性重视不够

首先,一些城市不顾自身财力,盲目建设,贪大求全,竞相攀比,导致规划目标过于宏大。有的城市轨道交通建设规划缺乏科学性,片面追求较高建设标准,不能合理定位轨道交通发展模式,无论是中心城区还是外围郊区,均盲目追求造价高、运量大的地铁制式,而忽视造价较低、性价比较高的轻轨、有轨电车等中低运量制式,造成有些线路运营与标准不协调,既增加了工程投资,也使线路运营背上沉重的负担。一些城市在编制线网规划时,往往重视线网的布局形式,但对线路客流研究不够,因而造成线网规模过大、线路过长,致使线路运营效率和效益较差。

其次,一些城市的轨道交通线网规划和建设规划被频繁修编或调整,造成规划的科学性和严肃性受到挑战,由于城市轨道交通是地方自行投资项目,且城市轨道交通带来的房地产升值成为地方财政收入的主要来源,线网规划布局和项目建设方案受到地方行政干预较多,地方主管领导的个人意志和喜好往往决定了最终的建设方案,因此,城市轨道交通网络随地方行政主管领导变动而被修编调整的现象比较普遍。由于城市轨道交通线网规划由所在城市自行组织编制和审查,部分城市在城市总体规划、综合交通体系规划等上位规划未修编或调整的情况下,频繁修编城市轨道交通线网规划,快速扩充线网规模,并对纳入总体规划的线网规划方案进行调整。有的城市建设规划刚进入审批程序,便对建设规模或方案进行调整。2013 年有学者发现[7],在城市轨道交通建设规划获批的 36 个城市中,五年内调整或修编建设规划 2 次以上的就有 9 个。

最后,有的城市不遵循现有规划,擅自建设规划外的城轨交通项目。部分城市为规避国家审批程序,借城际铁路或有轨电车的名义建设城市轨道交通,在项目临近竣工之际才补办有关的规划和立项审批手续;有的城市将轨道交通项目作为机场或铁路客运站配套设施开工建设,未上报国家有关审批部门。这些规划外的项目严重影响了城市轨道交通线网的科学合理性,给城市轨道交通后续的网络完善和项目实施造成了巨大困难。部分城市在项目实施过程中,随意延长线路建设长度,调整线路走向,有的甚至改变了建设规划批复的网络结构布局,造成线路间换乘时间和距离过长,导致乘客换乘不便,影响通行效率。

(二) 建设和运营经济压力较大

城市轨道交通建设具有一次性投资大、建设规模大、技术要求高、运行费用高、建设周期长、社会效益好而自身经济效益差等特点。截至 2016 年底,全国 58 个城市规划的新建城轨交通线路总长度达 7305 公里,其中地铁 6174 公里,可研批复总投资高达 37018 亿元。目前,我国城市轨道建设资金的来源主要是政府财政和银行贷款,融资方式多数是"政府出资+贷款"的模式,基本是政府以注册资金的形式投资,沿线各区以拆迁工程折算出资,资金缺口以银行贷款解决。因建设资本金主要来源于政府资金,除北京、上海、深圳、广州等地方财政资金雄厚的城市外,一般城市的地方财政压力较大。不少城市的资金来源主要依靠土地出让收益和基于政府信誉的融资平台贷款,这导致轨道交

通投资领域存在较大的潜在债务风险。如：大量贷款引起轨道交通在运营期的还本付息压力较大；土地出让金受政府宏观政策影响的波动较大；部分城市利用融资平台借款用作项目资本金，放大债务风险等。这一资本结构形式决定了我国城市轨道交通举债建设的特点。

目前，我国具有世界上最大的城市轨道交通建设市场，但市场化融资仍处于起步阶段，市场融资比例还比较小。考虑到城市轨道交通的公益服务性，投资方在线路、票价、政府补偿等谈判条件上的要求无法满足。类似香港的"地铁+物业"模式应用障碍较多，城市轨道交通沿线土地收益分配与土地规划、联合开发方式等方面目前还没有合适的规章制度可循，特许经营制度仍属于行政许可，不受法律保护，还没有制定出符合多元化投融资需要的管理体制和票价指导机制。目前一些城市采用 BT（建设-转让）融资模式缓解当前财务压力，但该融资方式融资成本较高，且仅推迟了还款时间，导致政府最终出资额度更高，还款压力更大，且不利于项目业主对工程质量的把控。同时，该融资方式在一定程度上掩盖了地方政府的真实负债情况。

城市轨道交通运营亏损巨大，轨道交通建成后的运营成本也十分巨大，运营过程收支难以平衡，投资回收慢，贷款压力大。从公共产品的经济学角度看，轨道交通属于准公共产品，其特点之一是既有一定的公益性也有一定的盈利性，因此需要政府给予经济、政策上的扶持。目前世界上除香港地铁外，绝大多数城市轨道交通项目均存在不同程度的亏损，需靠政府财政补贴。以北京市为例，在实行"2元单一票制"的7年间，市政府补贴地铁运营的财政资金达到 221 亿元[8]。

（三）文物保护的制约作用强化

轨道交通在带来快捷便利的同时，其建设和运营带来的环境问题也日益突出，如地面线和高架线的噪声问题、地下线的地下水保护问题、地下线的振动问题。当前，尤其是城市轨道运营期间的振动对沿线文物的影响已经成为线路布设的重要约束条件，文物保护问题已经成为许多城市开展城市轨道交通规划和项目建设无法绕避的难题。在我国 58 个获得轨道交通建设规划批复的城市中，有 35 个城市被列为国家历史文化名城（见图3），如古都型历史文化名城：西安、南京、北京、杭州、郑州和太原；近现代史迹型历史文化名城：上海、天津、武汉、广州、重庆、哈尔滨、青岛、南昌、沈阳等。这 35 个城市中，有直辖市 4 个、省会城市 16 个、计划单列市 2 个、地级市 13 个。

国家历史文化名城市域内分布着大量的历史遗存建筑物、历史文化街区、重要史迹等历史文化遗产。城市轨道交通规划涉及的文物主要为不可移动文物，如古文化遗址、古墓葬、古建筑、石窟寺、石刻、壁画、近代现代重要史迹和代表性建筑等，根据文物的历史、艺术、科学价值，定级为全国重点文物保护单位、省级文物保护单位和市、县级文物保护单位。2007 年 12 月 29 日修订的《中华人民共和国文物保护法》第二十条规定：建设工程选址，应当尽可能避开不可移动文物；第十七条规定：因特殊情况需要在文物保护单位的保护范围内进行其他建设工程或者爆破、钻探、挖掘等作业的，必须保证文物保护单位的安全，并经核定公布该文物保护单位的人民政府批准，在批准前应当征得上一级人民政府文物行政部门同意；第十八条规定：在文物保护单位的建设控制地

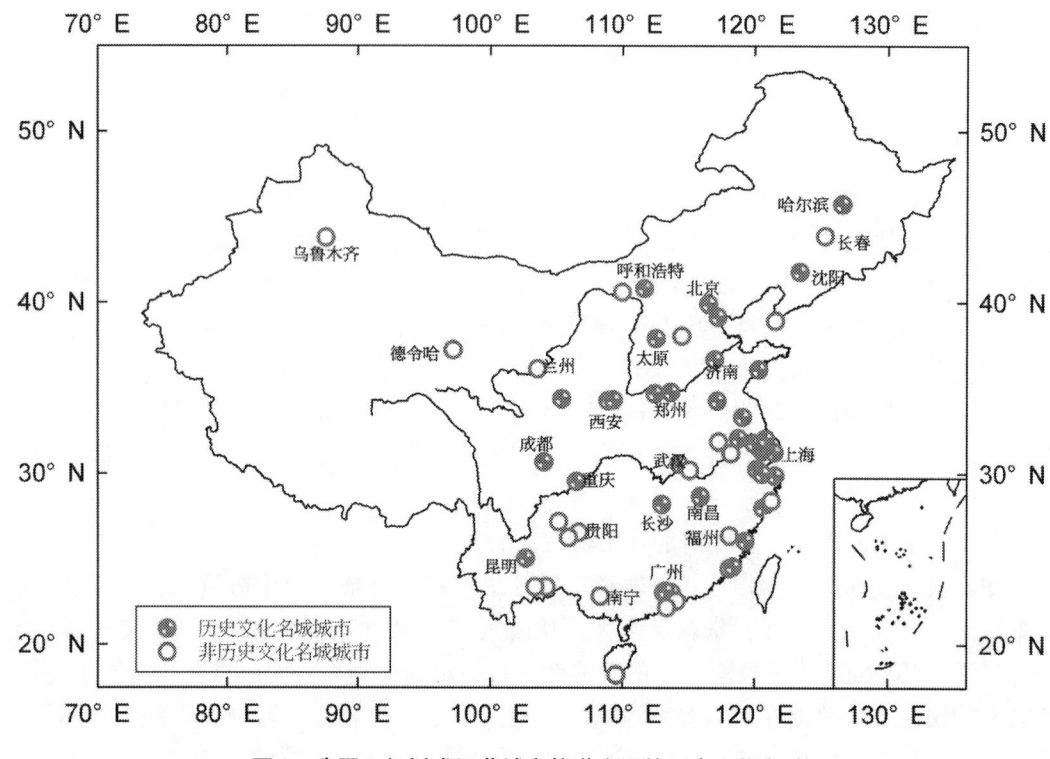

图 3　我国已规划或运营城市轨道交通的历史文化名城
Fig. 3　National Historical and Cultural Cities with Operating or Planned Urban Rail Transit in China

带内进行建设工程,不得破坏文物保护单位的历史风貌,工程设计方案应经相应的文物行政部门同意后,报城乡建设规划部门批准。

为了保持和延续传统格局和历史风貌,维护历史文化遗产的真实性和完整性,正确处理经济社会发展和历史文化遗产保护的关系,国务院 2008 年 7 月 1 日出台了《历史文化名城名镇名村保护条例》,条例第二十八条规定:在历史文化街区(一般位于历史文化名城内)、名镇、名村核心保护范围内,新建、扩建必要的基础设施和公共服务设施的,城市、县人民政府城乡规划主管部门核发建设工程规划许可证、乡村建设规划许可证前,应当征求同级文物主管部门的意见。第二十六条规定:历史文化街区、名镇、名村建设控制地带内的新建建筑物、构筑物,应当符合保护规划确定的建设控制要求。

为了加强对历史文化名城内的历史文化街区和反映历史风貌和地方特色、但未被列为文物保护单位的历史建筑的保护,原建设部在 2004 年 2 月 1 日出台了《城市紫线管理办法》,规定城市紫线为历史文化街区保护范围界线和历史建筑的保护范围界线。管理办法的第十三条规定:在城市紫线范围内禁止进行大面积拆除、开发和改建;禁止修建破坏历史文化街区传统风貌的建筑物、构筑物和其他设施;禁止占用或者破坏园林绿地、河湖水系、道路和古树名木等。

上述法规、条例中的相关文物保护单位、历史文化街区、历史建筑等保护规定,均对城市轨道规划的线位走向布局、线路敷设、运营管理有着重要的制约作用。

三、我国城市轨道交通的发展对策

（一）确保前期规划的科学合理性

在编制城市轨道线网规划或建设规划时，要秉持"量力而行、科学有序、稳步发展、适度超前"的原则。目前我国城市交通拥堵日趋严重，发展城市轨道交通对于提高城市公共交通水平、解决大城市交通拥堵问题、促进城市交通绿色发展都非常有利。为避免部分城市"大干快上、贪大求全、过度超前"规划的现象，审批部门（各省发改委和住建部门）应严格遵循《关于加强城市快速轨道交通建设管理的通知》的要求，从严把关，尤其是在线路客流规模预测上要确保科学合理，基于实际，因地制宜，依据经济社会发展、居民出行、政府财政承受能力等因素，合理确定线网规模、建设规模、建设速度，制定切实可行的规划目标，确保城市轨道交通健康、有序发展。

在具体技术层面，城市轨道交通规划编制单位应以城市总体规划、城市综合交通规划为依据，做好与城市总体规划的协调，注重与火车站、高铁站、快速公交系统等其他城市交通设施的衔接换乘，构建以轨道交通为核心、各种交通方式功能明确、有效衔接、快速高效的一体化城市综合交通系统。在缓解大城市交通拥堵问题的同时，有效引导城市空间布局结构的调整，将中心城区人口向外围疏解，促进城市组团式发展。在规划时，积极推进沿线土地开发和轨道交通协同发展模式，促进轨道站点及沿线土地深度开发，并逐步建立轨道交通建设运营的利益返还机制。

（二）遵循规划的严肃性和权威性

在规划阶段，要充分调研分析，只求"慢功细活"，应深化线位、站位、制式和敷设方式等的研究深度，做到规划方案全面、合理、科学。对规划线路沿线地质情况、文物保护、噪声振动等环境影响做出预判，避免调整线位。在加强前期规划工作深度的同时，地方政府要减少行政干预，强化专家评审作用，严格审批机制，加强项目工可的审查力度，使其体现规划意图和要求。城市轨道交通规划初稿应加强科学论证，多轮酝酿，征求多部门意见。规划一旦审批后不能随意变更，对未按规划实施或突破规划的情况，要对有关负责人进行严肃处理。

（三）创新城市轨道建设投融资模式

城市轨道交通建设项目具有投资规模大、建设周期长、投资回报慢和盈利水平低等特点，资金不足仍是城市轨道交通建设面临的根本问题。因此制定合理的投融资政策对促进城市轨道交通的发展非常必要。

首先，在国家和省级层面，可以设立城市轨道建设专项资金，为轨道交通的建设提供稳定的资金来源，也便于在宏观上能有所调控。地方政府应鼓励"以土地换投资"政策，批租线路沿线土地给参与轨道交通投资商，作为偿还他们轨道交通建设工程支出，明确约定土地综合开发和经营使用年限。可要求轨道沿线土地开发商以负担金的形式，负担部分轨道交通建设成本。

其次，地方政府应积极探索多渠道和多元化投融资方式。一是政府主导的负债型投融资方式：以城铁公司作为政府投融资主体，创立线路项目公司，采用政府财政投入、企业自筹等方式，共同筹措项目资本金，资本金以外部分争取以国外政府贷款、商业银行贷款、股票和企业债券等多元化债务融资手段解决。二是政府主导的市场化投融资方式：创造城市轨道交通项目的盈利条件，吸引多元化投资主体，甚至集中社会上的闲散资金，实现投资—收益—再投资的良性循环。探索采用项目特许经营权的运作方式和公私合营模式，实现由政府与社会投资者共同参与项目的投资、建设与运营，共担风险，共享收益。

最后，完善城市轨道交通价格机制。轨道交通票价水平应当体现社会群体整体利益，遵循"公益优先、兼顾效益"的原则，体现政府投资的公益性，考虑居民的承受能力，正确处理政府、企业和乘客三者之间的关系，充分考虑市民的承受能力、企业的财务可持续性和政府的调控能力。在体现"公交优先"战略的基础上，建立公共交通换乘的一体化票价机制，坚持市场化运作的方向，构建轨道交通项目的成本体系和票价宏观监控体系，形成竞争激励机制，提高轨道交通企业运营效率，并通过票价机制吸引更多社会投资者和境外投资者参与轨道交通的建设和运营。

（四）按相关文物保护法规要求规划建设线路

从国家文物保护法的规定可以看出，在城市轨道交通布局、选线规划中，首先要明确规划范围内文物的分布点位、类型、范围、保护级别等信息。从严原则是：首先，线路、车站、变电站、风亭、冷却塔、停车场、车辆段、车辆维修基地等站场布局选址上要避开文物本体；其次，地面线路、高架线路、地面车站、地下车站进出口以及其他涉及占地的各类站场应布置在文物保护单位的保护范围和建设控制地带之外。特殊情况处理：如果确实受地质、技术等特殊情况限制，需要在文物保护范围内钻探、挖掘等作业甚至修建设施工程时，应在确保文物安全的前提下，需经上级文物部门的同意和当地人民政府的批准。如果在建设控制地带内进行工程建设，需要文物部门同意和规划部门批准即可。由于国家文物保护法没有对地下空间做出规定，因此，轨道交通可以以地下线路形式穿越文物保护范围和建设控制地带，其前提也是确保文物本体的安全。

与文物保护法强调的对单个文物小范围"点状保护"不同，历史文化名城名镇名村保护条例更强调大范围的"片状保护"，其保护范围一般较大。由于轨道交通建设属于基础设施和公共服务设施，按照条例要求，在征求文物部门的意见并取得规划部门的许可后，是可以在核心保护范围内进行建设活动的，在建设控制地带内的建设活动符合保护规划的控制要求即可。考虑到轨道建设特点，历史文化街区、名镇、名村核心保护范围和建设控制地带内，不宜布局地面线、高架线、变电站、停车场、车辆段、车辆维修基地，可以布局地面车站、地下车站进出口、风亭、冷却塔等设施，但需要控制设施高度、体量、外观及色彩等，并融入当地的历史文化元素，不得对其周边传统格局和历史风貌构成破坏性影响。

根据《城市紫线管理办法》，城市紫线范围内的轨道交通建设，应遵循少拆少占的原则，所以在紫线范围内要采用地下线，不建变电站、停车场、车辆段、车辆维修基地等，少建地面站，可建地下车站进出口、风亭、冷却塔等设施[9]。

在城市轨道建设项目中，对下穿古建筑之类的轨道线路，在项目建设前期，要按相关导则和规范评估振动影响,结合古建筑的容许振动速度,采取深埋线路、设置浮置板道床等手段来减弱振动影响[10]。并在城市轨道施工期和运营期对振动响应做跟踪监测,如发现问题,应及时采取安全措施。

四、结语

发展轨道交通是解决城市交通问题的重要出路,随着我国城镇化的不断深入,未来我国城市轨道交通建设将处于高速发展时期。我国城市轨道交通发展存在对前期规划重视不够、建设和运营经济压力较大、文物保护的制约作用强化等问题,为保障我国城市轨道交通建设稳步、有序、健康发展,规划编制审批部门应确保前期规划的科学合理性、遵循规划的严肃性和权威性,建设部门应创新城市轨道建设投融资模式、在遵守相关文物保护法规要求的前提下规划建设线路。

参考文献:

[1] 中华人民共和国中央人民政府.中共中央、国务院印发《国家新型城镇化规划(2014－2020年)》国务院公报2014年第9号[EB/OL].2014[2014-03-16].http://www.gov.cn/gongbao/content/2014/content_2644805.htm

[2] 国家发展和改革委员会.国家新型城镇化报告2016[M].北京:中国计划出版社,2017.

[3] 秦国栋.新时期城市轨道交通发展的思考[J].城市交通,2006,4(2):1-5.

[4] 周立新,李英.我国城市轨道交通发展高潮中的冷思考[J].城市交通,2005,3(2):29-33.

[5] 中国城市轨道交通协会.中国城市轨道交通2016年度运营线路里程统计[EB/OL].2017[2017-03-25].http://www.camet.org.cn/

[6] 中华人民共和国中央人民政府.国务院关于印发"十三五"现代综合交通运输体系发展规划的通知(国发〔2017〕11号)[EB/OL].2017[2017-02-28].http://www.gov.cn/zhengce/content/2017-02/28/content_5171345.htm

[7] 杨永平,边颜东,周晓勤,叶霞飞.我国城市轨道交通存在的主要问题及发展对策[J].城市轨道交通研究,2013,16(10):1-6.

[8] 中华人民共和国中央人民政府.北京地铁相关负责人解读票价改革:调价将带来什么[EB/OL].2014[2014-07-08].http://www.gov.cn/xinwen/2014-07/08/content_2714343.htm

[9] 何吉成,徐洪磊,衷平,吴睿.城市轨道交通规划环评中的文物振动影响评价[J].城市交通,2014,12(6):77-81.

[10] 徐洪磊,何吉成,衷平.地铁列车引起的振动对郑州二七塔的影响[J].城市轨道交通研究,2012,15(12):55-58.

营改增下收费公路项目可研的编制探讨

韩 娟[1]　胡晓伟[2]

(1. 黑龙江省公路勘察设计院，哈尔滨 150080；
2. 哈尔滨工业大学 交通科学与工程学院，哈尔滨 150090)

【摘　要】 针对"营改增"实施后对收费公路项目可行性研究报告编制中交通经济的影响，探讨了投资估算和经济评价的变化。通过"营改增"前后税率的变化分析和推导，发现"营改增"实施后，公路投资估算比"营改增"前造价有降低有升高；"营改增"后，公路经济评价中的经济费用效益分析不受影响，收费公路的财务评价整体负税上升。本文通过讨论"营改增"对公路造价和公路经济评价的影响，对收费公路项目可研的编制具有较好指导和参考价值，有利于促进"营改增"在公路工程项目中的顺利实施。

【关键词】 交通经济　营改增　增值税　投资估算　经济评价

Discussion on Preparation of Freeway Project's Feasibility Report under the Replace Business Tax with Value-added Tax

HAN Juan[1], HU Xiaowei[2]

(1. Highway Survey and Design Institute of Heilongjiang Province, Harbin 150080;
2. School of Transportation Science and Engineering, Harbin Institute of Technology, Harbin 150090)

Abstract: This paper discussed the changes of economic evaluation and investment estimation, which is based on the transportation economics' influence of the implementation business tax with value-added tax in toll highway project. Through the tax rate comparison and deduction, this paper found that after the replace business tax with value-added tax, while there are investment's reduction and increase. The cost-benefit analysis of the highway economics evaluation is not affected by the replace business tax with value-added tax, while the tax burden of the highway will rise in the finical evaluation. The discussion of freeway' cost and economic evaluation under the replace business tax with value-added tax, which has a good guidance and reference value for preparation of freeway project's feasibility report, and will promote the application of the replace business tax with value-added tax in highway project.

Keywords: Transportation economics　Replace business tax with value-added tax　Value added tax　Investment estimation　Economic evaluation

一、引言

增值税（Value Added Tax）自1954年由法国率先实施以来，因其可有效地解决传统营业税重复征收的难题，被世界上多个国家争相采用和实践，并取得了较好的税收效果，如Bye et al.（2012）[1]认为健全统一的增值税体系是效率最优的，Keen和Lockwood（2010）[2]发现引进增值税并实际应用之后，将会完善国家的税制。Brys等（2011）[3]总结了经济合作与发展组织（Organization for Economic Co-operation and Development，OECD）国家的税收改革，发现在OECD的成员国中除美国外，增值税占国民经济GDP的比例从1990年的5.3%增加到2010年的6.5%。

增值税的诸多益处使得多数国家推行这项税制，我国在1994年实行分税制财税体制改革，确定了增值税和营业税并行的税制格局。我国营业税改增值税（以下简称营改增）的实施始于2011年，财政部联合国家税务局发布了《营业税改增值税试点方案》（财税〔2011〕110号），确定上海市从2012年1月1日起在交通运输行业和部分现代服务业实行"营改增"。2013年财政部和国家税务局发布了《关于在全国开展交通运输业和部分现代服务业营业税改增值税试点税收政策的通知》（财税〔2013〕37号），并确定在2013年8月将交通运输业和部分现代服务业"营改增"推向全国。2016年3月24日，财政部、国家税务局发布了《关于全面推开营业税改增值税试点的通知》（财税〔2016〕36号），标志着"营改增"全面开始实施，明确建筑业自2016年5月1日起纳入"营改增"试点范围。随后在2016年4月28日，交通运输部[4]印发了《公路工程营业税改增值税计价依据调整方案》（交办公路〔2016〕66号），明确了公路工程计价调整方法。

在"营改增"方案提出后，研究人员分析了"营改增"对公路工程项目的影响[5,6]，促使企业适应"营改增"税费的改革。此外，高扬[7]分析了"营改增"前后高速公路工程造价的变化，重点讨论了地区综合进项税率及可抵扣税额；陈丽[8]发现"营改增"后通行费财政票据无法抵扣进项税，间接增加了政府还贷高速公路经营单位税负；叶玉花[9]的研究发现，人工成本增加、增值税进项税额抵扣不充分、部分项目管理存在不规范行为等是造成"营改增"后工程投资造价增加的主要原因。

从国外的研究可以发现，国外由于增值税实施较早，重点关注于增值税对宏观经济、社会发展、税制的影响[3,10]。而国内则在"营改增"之后，多位研究人员分析了"营改增"后公路工程项目的工程实施的影响及变化[5-7,11]。但目前的研究中对"营改增"实施后，在收费公路项目可行性研究报告中，对工程造价和财务评价引起的综合问题缺乏考虑，需要进行讨论和分析。故本文以"营改增"下收费公路项目可行性研究报告的编制进行探讨。

二、"营改增"与收费公路项目可行性研究报告的关系分析

交通运输部发布的《公路建设项目可行性研究报告编制办法》中,与交通经济相关的章节有交通量预测、投资估算、经济评价,这三块之间的相互关系如图1所示。

《公路建设项目可行性研究报告编制办法》中与营业税相关的章节有投资估算、经济评价这两块,即对应的"营改增"影响部分,下面将对这两部分分别进行探讨。

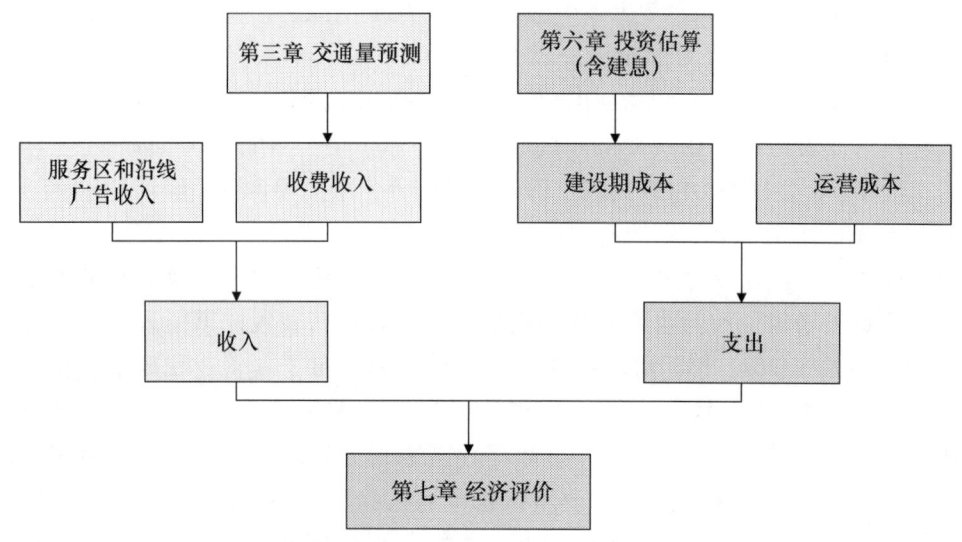

图1 交通量预测、投资估算、经济评价之间关系

Fig. 1 Relationship Among Traffic Volume Forecasting, Investment Estimation and Finical Evaluation

三、"营改增"对投资估算的影响探讨

投资估算总金额包括建筑安装工程费、设备工具器具购置费、工程建设其他费用、预备费。"营改增"后,《公路工程营业税改增值税计价依据调整方案》(交办公路〔2016〕66号)[4]主要针对建筑安装工程费进行了调整,其他与现行《投资估算办法》一致。

"营改增"后,公路工程建筑安装工程费按"价税分离"计价规则计算,结合按照以下公式计算:

$$建筑安装工程费 = 直接费 + 间接费 + 利润 + 税金$$
$$= 税前工程造价 \times (1 + 建筑业增值税税率)$$

式中: 税前工程造价 = 直接费 + 间接费 + 利润

税金 = (直接费 + 间接费 + 利润) × (1 + 建筑业增值税税率)

直接费 = 直接工程费(含人工费、材料费、施工机械使用费) + 其他工程费

间接费 = 规费 + 企业管理费

"营改增"后建筑安装工程费各项费用的变化见表1。

表1 "营改增"后公路工程建筑安装工程费的变化

Tab. 1　Highway Project's Construction and Installation Costs after Replace Business Tax with Value-added Tax

项目	具体费用	营改增后	营改增前
直接费	人工费	不作调整	
	材料费	原价、运杂费为不含增值税价格材料；采购及保管费费率为2.67%	营改增前，采购及保管费率为2.5%
	施工机械使用费	按照《投资估算办法》中数值乘以对应的调整系数	按照《投资估算办法》中数值乘以对应的调整系数
	其他工程费	具体见交办公路〔2016〕66号表2营改增其他工程费费率调整系数	按照《投资估算办法》中数值乘以对应的调整系数
间接费	企业管理费	具体见交办公路〔2016〕66号表3营改增企业管理费费率调整系数	按照《投资估算办法》中数值乘以对应的调整系数
	规费	不作调整	
利润		利润=(直接费+间接费-规费)×7.42%	营改增前为7.0%
税金		税金=(直接费+间接费+利润)×11%	营改增前为3.48%

《公路工程营业税改增值税计价依据调整方案》（交办公路〔2016〕66号）规定："2016年4月30日（含）前，已审批（核准）的公路工程建设项目的投资估算、概算、预算，不再重新审批（核准）。2016年5月1日起，审批（核准）的公路工程建设项目的投资估算、概算、预算按本方案执行"。因此，2016年5月1日以后，公路项目投资估算采用"营改增"计价方式进行计算，常用的公路工程造价软件同望同时对软件进行升级，由"营改增"前的V8.1.4，不断更新升级至目前的V9.3.0。这里采用"营改增"前后几条相关公路的营业税与增值税计算结果进行对比，具体可参见表2。

表2 "营改增"后公路工程建筑安装工程费的算例

Tab. 2　Analysis Example of Highway Project's Construction and Installation Costs after Replace Business Tax with Value-added Tax

项目名称	等级	里程（km）	营业税（万元）	增值税（万元）	变化（万元）	变化率
鹤大高速佳木斯过境段	高速	22.837	158068	157239	-829	-0.52%
国道莫延公路胜利至延寿段	一级	54.138	103835	104773	938	0.90%
国道嫩双公路前进至嫩讷界段	二级	45.873	27699	27837	138	0.50%

对比表2中的3个项目可知，"营改增"后公路工程建筑安装工程费发生变化，有降低0.52%的，有升高0.90%和0.5%的，鹤大高速佳木斯过境段是由于大桥钢材消耗量较大，"营改增"后为不含税价格，故整体价格略有下降。对于普通项目而言，"营改增"后建筑安装工程费略微上涨，可以发现"营改增"后公路工程建筑安装工程费发生变化比例不大。

四、"营改增"对经济评价的影响探讨

建设项目的经济评价分为经济费用效益分析和财务分析。公路建设项目应进行经济费用效益分析,凡收费的公路项目应同时进行财务分析。因此,"营改增"对公路可行性项目经济评价的影响将分为经济费用效益分析影响和财务分析影响两方面。

(一)对经济费用效益分析的影响

建设项目的经济费用效益分析是在合理配置国家资源的前提下,从国家整体的角度研究项目对国民经济的净贡献,以判断项目的经济合理性。经济费用效益分析使用影子价格,即剔除国民经济中的转移支付(如税金、补贴、国内借款和利息等)。因此,经济费用效益分析为不含税价格,"营改增"对经济费用效益分析不产生影响,仅会对收费公路工程可行性研究中的财务分析产生影响。

(二)对财务分析影响分析的影响

"营改增"前收费公路应纳营业税的适用税率为3%,"营改增"后交通运输行业的适用税率为11%[4],经营成本可抵扣的适用税率为17%,通常需要考虑营业税及附加,增值税及附加10%。"营改增"的负税计算如表3所示。

表3 "营改增"后收费公路负税变化情况
Tab. 3 Toll Highway's Tax Variety Table after Replace Business Tax with Value-added Tax

项目	具体项目	字符说明
营业税	运营收入	P
	运营成本	C
	应纳营业税及附加	$P * 3.3\%$
增值税	运营收入	P
	销项税额及附加	$P * 12.1\% / (1 + 12.1\%)$
	运营成本	C
	可抵扣比例	m
	进行税额及附加	$C * m * 18.7\% / (1 + 18.7\%)$
	应纳增值税及附加	$P * 12.1\% / (1 + 12.1\%) - C * m * 18.7\% / (1 + 18.7\%)$
企业负税变化	增值税及附加-营业税及附加	$P * 12.1\% / (1 + 12.1\%) - C * m * 18.7\% / (1 + 18.7\%) - P * 3.3\%$

由表3可知,"营改增"后,在适用税率一定的情况下,运营收入、运营成本和可抵扣运营成本的比例是决定收费公路负税状况的主要因素。

例如:黑龙江省鹤大高速公路佳木斯过境段,年运营收入3000万元,已知营业税的适用税率为3%,"营改增"后交通运输行业的适用税率为11%,考虑营业税和增值税附加10%。计算"营改增"后,鹤大高速佳木斯过境段的负税变化。

根据交通运输行业调查报告,收费公路的毛利润率约40%(即经营成本约为运营收入的60%)、经营成本可抵扣比例约25%[11]。这里表3中的P = 3000万,C = 3000 * (1 − 40%) = 1800万;m = 25%,将以上数据代入表3企业负税变化的计算公式里,企业负税

变化 = 153.93 万元，变化比例 = 153.93/3000 = 5.13%。

由此可知，"营改增"前收费公路营业税金及附加为 3.3%，"营改增"后收费公路增值税及附加为 8.43%，"营改增"对收费公路而言，税负增加 5.13%。

五、结论

本文结合"营改增"在收费公路项目的工程可行性研究报告编制过程中的交通经济问题，探讨了"营改增"对投资估算和经济评价的影响，以期促进"营改增"在公路工程项目中的顺利实施。

未来将结合高速公路项目 PPP 的实施，分析收费公路项目 PPP 和"营改增"叠加下对财务评价的影响；同时"营改增"对交通运输部门的影响及对我国国民经济的贡献，可采用可计算一般均衡模型进行实际的测算与分析。

参考文献：

[1] Bye, B., Strøm, B., Åvitsland, T. Welfare effects of VAT reforms: A general equilibrium analysis [J]. International Tax and Public Finance. 2012, 19(3): 368-392.

[2] Keen, M., Lockwood, B. The value added tax: Its causes and consequences [J]. Journal of Development Economics. 2010, 92: 138-151.

[3] Brys, B., Matthews, S., Owens, J. Tax Reform Trends in OECD Countries [R]. OECD Taxation Working Papers, OECD Publishing, Paris. 2011. http://dx.doi.org/10.1787/5kg3h0xxmz8t-en

[4] 交通运输部. 公路工程营业税改征增值税计价依据调整方案(交办公路[2016]66号)[J]. 交通财会, 2016, (5): 92-95.

[5] 姜启平. "公路工程营业税改增值税计价依据调整方案"在造价编制中的应用[J]. 北方交通, 2016, (12): 147-149.

[6] 姚沅, 虞晓群, 吕有为, 黄敏. "营改增"税费改革对公路工程造价的影响[J]. 公路, 2016, (7): 220-224.

[7] 高扬. 地区综合进项税对营改增后高速公路工程造价的影响[J]. 北方交通, 2017, (4): 145-147.

[8] 陈丽. "营改增"新政对政府还贷高速公路的影响及对策思考——以广东省政府还贷高速公路为例[J]. 交通财会, 2017, (1): 57-60.

[9] 叶玉花. "营改增"对公路工程造价的影响[J]. 交通世界, 2017, (8): 108-109.

[10] Giesecke, J. A., Nhi, T. H. Modelling value-added tax in the presence of multi-production and differentiated exemptions [J]. Journal of Asian Economics. 2010, 21: 156-173.

[11] 郑荆璞, 朱慧. 行业评论: 营业税改增值税试点对交通运输行业企业影响分析[R]. 2012, (28): 1-9. http://finance.ce.cn/xinyong/xygd/201205/31/P020120531536027071901.pdf

交通运输业营改增执行情况和改进的建议

王德荣　高月娥

（中国交通运输协会，北京 100825）

【摘　要】通过实地对重点企业的调研，在分析交通运输业营改增试点以来相关政策执行情况的基础上，客观评价减税效果，剖析营改增试点中存在的突出问题，提出相关建议，为进一步落实企业降本增效提供重要的参考作用。

【关键词】交通运输业　营改增　执行情况　效果　建议

The Suggestions on the Implementation and Improvement of the Replace Business Tax with Value-Added Tax of the Transportation Industry

WANG Derong, GAO Yuee

(China Communications and Transportation Association, Beijing 100825)

Abstract: Through on-the-spot investigation and research on key enterprises, on the basis of the analysis of the implementation situation of relevant policies since the Replace business tax with value-added tax pilot reform of the transport industry, this paper objectively evaluates the effect of tax reduction and analyzes the prominent problems existing in the Replace business tax with value-added tax pilot. Finally, it puts forward some suggestions and provides an important reference for enterprises to implement further decrease cost and increase efficiency.

Keywords: Transportation industry　Replace business tax with value-added tax　Implement situation　Effect　Suggestions

一、交通运输业营改增试点以来相关政策的执行情况

从 2012 年 1 月 1 日起，在上海交通运输业和部分现代服务业中开展营业税改征增值税试点。自 2012 年 8 月 1 日起至年底，国务院扩大营改增试点至 10 省市，截至 2013 年 8 月 1 日，交通运输业"营改增"范围已推广到全国实施。国务院总理李克强 2013 年 12 月 4 日主持召开国务院常务会议，决定从 2014 年 1 月 1 日起，将铁路运输和邮政服务业纳入营业税改征增值税试点，至此交通运输业全部纳入营改增范围。

交通运输业全面推开增值税的这两年多来，取得了积极效果。对于福建、湖北等省份的交通运输企业，因其产业链条进项税抵扣较完整，减负效果明显；而其他部分省市，

由于进项税抵扣不够不足等问题,效果不够明显,甚至出现税负上升的现象。

二、交通运输业实施营改增的减税政策

自 2016 年 1 月 1 日营改增政策在全国范围全面实行以来,国家有关行业部门密切关注其全面推开后的实施效果,针对企业反映的问题,陆续出台了相关的利好政策,如发改委、交通部等先后发布了《关于加强物流短板建设促进有效投资和居民消费的若干意见》(发改经贸〔2016〕433 号)、《物流业降本增效专项行动方案(2016 – 2018 年)》(国办发〔2016〕69 号)、《交通运输部关于推进供给侧结构性改革促进物流业"降本增效"的若干意见》(交规划发〔2016〕147 号)、《国务院办公厅关于转发国家发展改革委营造良好市场环境推动交通物流融合发展实施方案的通知》(国办发〔2016〕43 号)、《"互联网+"高效物流实施意见》(发改经贸〔2016〕1647 号)、《交通运输部办公厅关于推进改革试点加快无车承运物流创新发展的意见》(交办运〔2016〕115 号),为当前交通运输业与物流企业切实减负创造了良好的外部环境。

三、原增值税纳税人因购买服务增加进项抵扣的减税效果

营改增从试点启动到全面铺开,交通运输与物流行业中确有企业得到实惠,行业整体正在分享改革红利,2016 年成效也较为明显。下面举两个例子予以说明:

一是上海阿尔卑斯物流国际货运代理有限公司厦门分公司 2016 年的税负降了七成。2016 年,公司共缴纳增值税 14.75 万元;如按营业税计算,需缴纳 51 万元;营改增后应缴税款少了 36 万元左右,税负下降七成。取得如此明显减税效果的原因就在于随着营改增的全面推开,许多费用类项目可以取得进项抵扣,大大降低了企业经营成本。从 2012 年 11 月 1 日,交通运输相继试点营改增的四年来,厦门市交通运输试点企业累计减税额达 108.67 亿元。

二是 2016 年武汉市仅物流业就实现减税 3.45 亿元,缴纳增值税 8.97 亿元。比如,武汉市德邦物流有限公司作为 2012 年第一批营改增的物流行业,2016 年成为了全面推开营改增的最大受益者。由于全行业都实行营改增,所以公司仅场地租赁费就抵扣 50 多万元。

营改增的全面推行对交通运输业而言是重大利好,将有助于推动行业更快通过优胜劣汰、集聚发展,实现全行业的转型升级、提质增效。

建议交通运输业根据行业特性、企业经营模式、企业管理特性、财务管理需求等内部管理情况,对一般计税和简易计税进行分别测算,充分享用"财政分类扶持、资金及时预拨、超税负即征即退"政策,适时调整申报方式,降低税负水平,扩大收入规模,提高毛利率,确保利润稳步增长。企业在选定税率不变、集团内部运费价格不提高和可抵扣成本不增加情况下,企业可以通过改变经营方式,获得较高的进项税抵扣,从而有效提高经营效益。企业经营方式的变化对企业效益的影响是显而易见的,而企业经营方式的改变必然带来相关产业结构的调整。

四、营改增试点中需解决的突出问题

(一) 进项抵扣不足

交通运输业第一链条上的个体运输户无法开具增值税发票,导致增值税实行后的进项抵扣不足。个体运输业户的车辆购置费用、燃油费、路桥通行费、维修费、保险费等进项成本,均难通过开具足额的销项票把税负传递给下游货运企业,导致货运企业进项抵扣不足。这样,就导致营改增的好处难以惠及这些运输户和下游企业,造成了增值税抵扣链条不完整,税收中性和传导作用无法体现。

(二) 税率档次较多

营改增试点全面推开后,为平衡行业之间的税负,目前增值税共有17%、13%、11%、6%、5%、3%和零税率七档。设置过多的税率档次不仅增加了计算方面的工作量,容易加重企业征管成本负担,还容易出现税负转嫁,导致企业高征低扣或低征高扣现象,增加了企业记账成本和交易成本,增加了纳税申报的工作量,也增大了税务机关的征管成本。同时多档税率也为纳税人有选择性地避税提供了条件,存在虚开增值税发票等风险,减弱了改革效果,不利于增值税中性作用的发挥。就交通与物流业来说,原本完整的业务链条,被分割成交通运输业适用11%的税率和物流辅助业6%的税率,由于很多物流企业的运输、仓储、增值业务都是一体化运作,在实际操作中难以将具体业务进行切割,在一定程度上导致了物流企业税负增加。

(三) 通行费抵扣政策有待完善

财政部、国家税务总局财税〔2016〕36号文件首次将道路通行服务(包括过路费、过桥费、过闸费等)纳入经营租赁服务,适用11%的税率,交通运输业2016年5月以前不能取得抵扣的道路通行费,现在可凭道路通行费发票抵扣,大幅降低了交通运输企业的税负。但财税〔2016〕36号文件规定,营改增试点前开工的高速公路可以选择适用简易计税方法,减按3%的征收率计算应纳税额,而采用简易计税方法的路桥通行费无法纳入进项抵扣。从实际情况看,经营性高速公路大都选择了3%的简易计税方法。另外,按照现行政策规定,纳税人通过ETC预充值的道路通行费不能纳入进项抵扣,只能取得增值税普通发票,无法开具增值税专用发票,制约了ETC在公路运输用户中的普及,影响了高速公路收费和车辆运行效率,对进行ETC预充值的交通运输企业税负也造成了影响。

五、相关建议

(一) 简化税率档次,优化税率结构

国际上开征增值税的国家大都在二到三档,还有一些国家如日本、澳大利亚等实行单档增值税率。为此,建议将现代服务中的物流辅助服务并入交通运输服务中,统一采用6%的税率。这样既统一了物流业务中交通运输服务和物流辅助服务等各环节税率,也支持了物流业一体化运作,提升效率,降低成本。

(二) 统一收费公路计税政策,高速公路率先实现开具增值税发票

建议将高速公路和一级、二级收费公路统一适用6%的税率抵扣进项。高速公路应率

先实现开具增值税发票,尽早出台完善收费公路通行费营改增工作实施方案,加快建成全国统一的收费公路通行费发票服务平台,依托平台开具高速公路通行费增值税电子发票。

(三) 创新抵扣方式,扩大抵扣范围

允许货运物流企业向个体司机支付运费时为其代扣代缴增值税,接受代扣税款的税务机关为个体司机代开增值税发票并转交给代扣税款的货运物流企业。或者对物流企业委托个体运输业户开展运输服务过程当中产生的燃油、维修及通行费等成本取得的增值税专用票,允许物流企业作为运输成本计算依据,并按照11%税率计算进项抵扣(若物流业税率统一为6%则按6%税率计算进项抵扣)。同时,结合无车承运人试点,在取得无车承运人试点资质的企业中先行试点,待条件成熟时全行业推开。

(四) 完善全国道路通行结算系统

随着智慧交通的发展,电子收费趋势将会越来越普及,为提高交通运输企业效率,建议完善ETC道路预充值通行费增值税抵扣相关政策,完善全国道路通行实时结算系统。在税收政策上,建议道路通行服务提供方根据全国道路通行结算系统自动计算出的实际应缴纳的增值税,可向完成道路通行服务后的消费者开具增值税专用发票。加强部、省两级高速公路联网收费系统升级改造,推进税务系统与公路收费系统对接。

参考文献:

[1] 李官辉.交通运输业"营改增"中存在的问题及对策研究[J].经济师,2016,(6):127-128.

[2] 高文全,刘明吉.交通运输业"营改增"的影响及对策探讨[J].经济研究导刊,2015,(8):146-148.

[3] 刘雅.完善交通运输业"营改增"相关政策的建议[J].税务研究,2013,(6):26-29.

[4] 朱姝.交通运输业"营改增"的影响分析及应对策略[J].会计之友,2013,(13):118-119.

广西"十三五"农村公路发展战略选择研究

刘克礼[1] 陶有成[1] 黄中文[1] 隋丽娜[2]

(1. 广西壮族自治区公路管理局,南宁 530028;2. 交通运输部科学研究院,北京 100029)

【摘　要】 本文通过总结广西农村公路发展成绩和存在的问题,分析判断广西农村公路发展阶段性特征,结合新经济发展常态下农村公路发展面临的形势和需求,提出广西"十三五"农村公路发展战略选择和保障措施。

【关键词】 农村公路　发展战略　保障措施

Study on Rural Road Development Strategy of Guangxi During the 13th Five-Year

LIU Keli, TAO Youcheng, HUANG Zhongwen, SUI Lina

(1. Highway Bureau of Guangxi Zhuang Autonomous Region, Nanning 530029;
2. China Academy of Transportation Sciences, Beijing 100029)

Abstract: This paper summarizes the achievements and existing problems, as well as stage characteristics of rural road in Guangxi. Through the analysis of the situation and demand of rural road under new economic norm in China, development strategies and supporting measures are addressed for rural road development in Guangxi during 13th. Five-Year.

Keywords: Rural road　Development strategy　Supporting measure

一、引言

"十一五"以来,广西集中力量加快推进农村公路发展,农村公路网规模快速扩大,通畅水平显著提高,养护管理体制机制逐步完善,农村客运服务能力进一步提高。截至2015年底,广西农村公路总里程达到102695公里,与2006年相比年均增长3%。农村公路建制村通畅率达到97%,与2006年相比,提高了67个百分点。尽管广西农村公路实现了跨越式发展,但仍存在安防设施缺乏、县乡道破损严重、养护资金不足、部分建制村未通班车等问题,特别是在集中连片特困地区、"老少边穷"地区实施剩余建制村通硬化路建设,解决农民基本出行问题,仍然是农村公路发展的首要任务。

"十三五"时期是广西全面建成小康社会的决胜期,也是广西贯彻"四个全面"战略布局、落实"三大定位"新使命、实现"两个建成"目标的关键期。在经济发展新常态下推进供给侧结构性改革，贯彻落实习近平总书记建设"四好农村路"重要批示精神，要求广西农村公路发展补齐短板、完善设施、提升管养水平、大力发展农村客货运输。

二、发展现状和存在的问题

（一）发展现状

2006年以来，受益于西部大开发、扶贫攻坚等政策支持，广西农村公路发展取得显著成绩。两个五年计划期间，广西新改建农村公路88000多公里，农村公路网规模超过10万公里，逐步实现了全部乡镇和97%建制村通沥青（水泥）路，农村公路技术等级和安全水平不断提高。随着农村公路网规模迅速扩大，农村公路养护管理体制机制改革深入推进，基本建立了县级人民政府为责任主体的农村公路养护管理体制，初步形成了大中修采用招标，小修保养和日常养护采用直接委托、农民承包养护等多种养护工作运行机制，农村公路列养比例达到99.9%。同时农村客运服务水平进一步提高，基本实现所有县城建有二级以上客运站，63%的乡镇建有等级客运站，46%的建制村建有便民候车亭，建制村通客车率、客运班车通达率分别达到84%和66%。

（二）存在的问题

虽然广西农村公路发展取得了显著成绩，但与"四好农村路"建设要求相比，与全面建成小康社会目标和交通扶贫攻坚目标相比，仍然存在一些问题亟待解决。截至2015年底，全区仍有431个建制村未实现通畅，农民出行问题仍未得到根本解决；部分路段缺乏桥涵、排水设施，危桥、病桥多，急弯、陡坡、临水、临崖、视距不良路段安保设施不到位，部分亟须开通客运班车路线宽度不足，客运班车难以通行等问题日益凸显，严重影响人民群众安全便捷出行，经初步排查广西建制村优选通达路线缺少必要安全防护设施里程约37000公里，建制村优选通达路线需加宽路段里程约12200公里，需增加错车道路段里程约1300公里；部分县乡道破损严重、"油返砂"等各类病害较多，行车条件有待改善；建设、养护资金严重短缺，筹资难度大，难以维持和改善农村公路行车条件；养护专业化、机械化、信息化水平亟须提高，路产路权未得到及时保护，农村公路养护管理和路政管理仍存在很多困难亟须解决；截至2015年底，全区仍有4883个建制村未通客运班车，农村客货运输服务水平仍有待进一步提高。

三、发展阶段

我国公路交通经历了从"瓶颈制约"到"基本缓解"，再到"初步适应"的发展历程，其中农村公路正处在转变发展方式阶段，即要从"会战式"建设向集中攻坚转变，从注重连通向提升质量安全水平转变，从以建设为主向建管养运协调发展转变，从适应发展向引领发展转变。与全国其他省份相比，广西农村公路发展明显落后于东部地区和中部地区。"十三五"初期广西农村公路建设将继续以补齐短板、完善设施为主，仍处在增量发展的后期阶段，"十三五"中后期将进入提升养护管理水平、优化运输结构、转变传统管养方式的新阶段。

(一）补齐短板、完善设施

预计"十三五"期间广西将新改建农村公路约 2.2 万公里,其中剩余建制村通硬化路建设及县乡道改造投资约占总投资的 40%以上。"十一五"、"十二五"期间,广西农村公路规模年均增速超过 3%,预计"十三五"期间将下降至 2%。因此,广西农村公路建设仍处在增量发展的后期阶段,完成剩余建制村通硬化路建设任务之后,实施贫困地区剩余建制村通硬化路建设、窄路基路面拓宽改造、安全生命防护工程建设、县乡道改造、联网路建设等仍然是农村公路建设的重点任务。

(二）规范管理、提质增效

"十二五"期间广西基本建立了以县级人民政府为责任主体的农村公路养护管理体制,基本做到有路必养。"十三五"期间广西将继续深化农村公路养护管理体制机制改革,进一步落实县、乡农村公路养护管理和路政管理机构、责任和人员,完善行业管理相关制度规范,实施绩效考核,加强日常养护管理,实施预防性养护,科学安排养护计划,推动农村公路养护向规范化、专业化、机械化、市场化发展,促进农村公路养护管理从常态化运行向提质增效转变,有效维护农村公路路产路权,全面提高农村公路管理水平。

(三）优化结构,服务升级

近年来广西农村旅游、休闲客运尤其是自驾游不断增加,旅游班线及包车出行、私家车出行比例明显提高,农村客运班线呈现车型多样化、服务方式多样化趋势,农村客运服务品质不断升级。随着农村产业发展、资源开发和互联网普及,农村商品物流市场更加活跃,必将促使农村交通、商贸、供销、邮政融合发展,农村物流成本将显著降低,服务效率也将不断提高。

(四）引进技术,提高效率

目前广西已建成农村公路项目库和基础数据更新系统,预计"十三五"期间,将继续推进信息化系统建设,引进先进的检测设备,利用大数据、互联网等信息化技术,提高农村公路管理效率,提升科学决策水平和行业监管能力。

四、形势和要求

(一）建设"四好农村路",要求建设好、管理好、养护好、运营好农村公路

为深入贯彻落实党中央、国务院对"三农"工作部署和习近平总书记对农村公路的重要批示精神,落实交通运输部《关于推进"四好农村路"建设的实施意见》(路发〔2015〕73 号),广西交通运输厅印发了"四好农村路"建设实施方案、工作方案和创建示范县活动实施方案,要求全面做好农村公路建设、管理、养护、运营工作,实现农村公路建、管、养、运协调可持续发展。建设"四好农村路",要求广西加快农村公路通畅工程建设,加快实施安防工程、危桥改造、县乡道改造和路网联通工程,完善农村公路网络;继续深化农村公路养护管理体制改革,加强路政执法队伍建设,建立农村公路养护管理和配套资金考核制度;创新农村公路养护工作机制,推进农村公路养护规范化、专业化、机械化、市场化发展,提高农村公路养护质量;加快农村客运班线通

行条件审核和班线开通工作，推进农村客运公交化发展，建设农村物流节点和信息服务平台。

(二) 全面实现小康社会发展目标，要求加快贫困地区农村公路建设，兜住小康社会发展底线

"十三五"时期是我国全面建成小康社会的决胜期，党中央、国务院就精准扶贫、精准脱贫、打赢扶贫脱贫攻坚战提出了一系列部署和要求。为深入贯彻落实中央扶贫开发工作会议精神和《中共中央国务院关于打赢脱贫攻坚战的决定》，交通运输部编制了《"十三五"交通扶贫规划》，加快推动革命老区、民族地区、边疆地区、贫困地区交通运输发展，确保2020年打赢交通扶贫脱贫攻坚战。广西壮族自治区党委十届六次全会通过《关于贯彻落实中央扶贫开发工作重大决策部署坚决打赢"十三五"脱贫攻坚战的决定》，根据该决定要求交通运输主管部门提出"交通精准扶贫"政策，把加快构建革命老区、中越边境等地区"外通内联"的交通运输网络，打通贫困地区交通运输"最后一公里"作为发展目标。因此全面实现小康社会发展目标，要求广西以滇桂黔石漠化集中连片特困地区、国家级贫困县、左右江革命老区、中越边境地区为重点，精准发力，提升交通运输扶贫范围、支持政策和扶贫重点的精准性，加快构建"外通内联、通村畅乡、班车到村、安全便捷"的交通运输网络，提升交通运输基本公共服务均等化水平。

(三) 交通行业推进供给侧结构性改革，要求农村公路发展提质增效，适应和引领经济发展新常态

交通基础设施投资是拉动内需的重点领域，运输服务效率直接影响经济运行成本，因此交通运输的供给质量和效率与供给侧结构性改革紧密相连。目前广西农村公路发展仍然存在建设养护资金不足、路况差、安保设施不完善、老龄油路多、养护生产效率不高、运输服务质量和运输效率较低等问题，这与新常态下推进供给侧结构性改革，转变发展方式，实现更加绿色、更高质量、更有效率、更可持续发展的新要求不相适应。因此广西农村公路发展在推进供给侧结构性改革中当好先行，一是要补短板，加大农村公路新改建项目和养护工程项目经费投入，解决农村公路路况差、安保设施不完善、大量老龄油路和低等级农村公路亟须改造等问题，完善农村公路网络。二是要增加有效供给，改善运输线路行车条件和安全水平，提高农村公路服务水平和安全水平。三是要降低运输成本，加强农村地区客货运输、旅游客运、班线客运等运输方式的深度融合与有效衔接，提升农村客货运输效率和服务水平。

五、发展战略选择

"十三五"时期，广西农村公路发展将从规模扩张向提质增效、服务升级转变，农村公路发展问题多、任务重特征明显。因此在资金总量控制条件下，必须立足"十三五"期农村公路发展面临的实际形势和需求，重点解决突出问题和主要矛盾，以"四好农村路"建设为核心任务，全面建设好、管理好、养护好、运营好农村公路。

(一) 提升农村公路网服务能力，全面建设好农村公路

一是加快完成剩余建制村通硬化路任务，滇桂黔石漠化连片特困地区、"老、少、

边、穷"地区农村公路出行问题得到根本解决，到 2020 年，所有具备条件的建制村通沥青（水泥）路比例达到 100%。二是加大农村公路安防工程和危桥改造投入，全面提高农村公路安全水平，农村公路危桥总数逐年下降，到 2020 年，县、乡道安全隐患治理率基本达到 100%，基本完成 2015 年县、乡道在用四、五类危桥改造工程；围绕"两通"目标要求，实施建制村优选通达路线窄路基、路面加宽改造，满足客运车辆安全通行需要，到 2020 年底，确保具备条件的建制村通客车比例达到 100%。三是实施县乡道改造工程，旅游路、资源路、产业路建设，村际连网公路建设，渡改桥、新建桥梁工程，逐步提升农村公路网络化程度和对经济发展的支撑作用。四是完善农村公路质量监督、安全监管手段，不断提高农村公路建设管理水平和工程质量。到 2020 年，新改建农村公路一次交工验收合格率达到 98% 以上，重大及以上安全责任事故得到有效遏制，较大和一般事故明显下降。

(二) 加强行业管理和路政执法，全面管理好农村公路

一是全面落实县级人民政府主体责任，全面建立以公共财政投入为主的经费保障机制，到 2020 年，乡（镇）级农村公路管理机构设置率以及农村公路管理机构经费纳入财政预算的比例均达到 100%。二是加强农村公路路政执法工作和执法机构能力建设，规范执法行为，不断提高执法水平。到 2020 年，农村公路管理法规基本健全，县级农村公路路政管理机构设置率达到 100%，逐步建立县有路政员、乡有监管员、村有护路员的路产路权保护队伍。三是引进路况检测设备，利用大数据、互联网等信息化技术，推进农村公路管理信息系统建设，提高农村公路科学管理水平和监管能力。四是继续开展"美丽广西"乡村建设系列活动，做好"三线三边"农村公路路域环境整治工作，打造畅安舒美的通行环境。

(三) 着力提升养护水平，全面养护好农村公路

一是以县级人民政府为责任主体，组织和引导各级政府部门、农村公路管理机构、社会施工企业和村民积极参与农村公路养护工作，逐步完善农村公路养护机制。二是基本形成以公共财政投入为主的资金保障机制，养护经费全部纳入财政预算，并建立资金到位考核机制和稳定的增长机制。三是努力提高养护质量，开展预防性养护，逐步提升农村公路养护市场化、专业化、规范化发展水平。到 2020 年，农村公路优、良、中等路比例不低于 75%，路面技术状况指标（PQI）逐年提高。

(四) 提高客、货运输服务水平，全面运营好农村公路

一是坚持"城乡统筹、以城带乡、城乡一体、客货并举、运邮结合"总体思路，加快完善农村公路运输服务网络，扩大农村客运输服务覆盖范围，改善候车条件，提高农村客运公交化发展水平。到 2020 年，具备条件的建制村客车通达率达到 100%。县城建有二级及以上公路客运站比例达到 100%，城乡道路客运一体化发展水平 AAA 级以上（含）的县超过 60%。二是依托物流节点和信息服务平台，形成交通、农业、商务、供销、邮政等融合发展，覆盖县、乡、村三级的农村物流网络，提高农村物流现代化、信息化水平，更好地服务农民脱贫致富奔小康和农村经济发展。

六、保障措施

(一) 加强领导，统筹协调

各级人民政府应把建设"四好农村路"作为贴近民生的实事，切实加强组织领导，统筹协调发改、财政、规划、国土、环保、交通、水利、林业、扶贫等部门，制定切实可行、符合本地区实际的工作方案，确保农村公路工作落到实处。

(二) 落实责任，考核绩效

各级交通运输主管部门应落实农村公路组织机构、工作责任，分解工作任务，细化建设目标，充实工作力量，落实资金、机构、人员和保障措施，确保顺利实现农村公路发展各项目标。争取将农村公路工作纳入政府年度绩效考核范围，制定和实施农村公路管理工作、"四好农村路"创建活动绩效考核办法和资金到位考核办法，建立考核结果与投资挂钩的奖惩机制。

(三) 多筹并举，加强监管

加快建立以公共财政分级投入为主，多渠道筹措为辅的农村公路建设、养护资金筹措机制。积极争取国家与自治区补助资金，发挥好"一事一议"在农村公路资金筹集中的作用，继续鼓励企业和个人捐款，以及利用道路冠名权、路边资源开发权、绿化权等多种方式筹集社会资金用于农村公路发展。加强资金使用监督检查和审计工作，全面推行农村公路建设"七公开"制度，严格按照相关规定统筹整合使用中央和自治区财政涉农资金，提高资金使用效益。

(四) 完善制度，加强指导

制定和完善农村公路建设、养护技术要求，规范养护管理和执法行为，明确养护管理、路政执法人员工作职责，逐步推动农村公路建设、养护管理、路政执法走向信息化、规范化、制度化。市、县两级交通运输主管部门应认真履行监管职责，加强行业指导，加强建设过程监督和质量控制，全面落实"三同时"制度，提高农村公路建设养护质量。

(五) 科学管理，安全环保

各级人民政府和农村公路管理部门应加快落实管理人员编制、择优录取技术人员、开展技术培训，全面提升农村公路管理队伍工程技术水平和管理水平，掌握信息化管理技术，提高农村公路管理效率。重视新改建和已有农村公路生命安全生命防护工程建设，鼓励资源节约和路用材料循环利用，积极开展"美丽广西"乡村建设系列活动，全面加强农村公路路域环境及路容路貌整治，建设美丽广西农村路。

参考文献：

[1] 交通运输部. "十三五"交通扶贫规划(交规划发〔2016〕139号).
[2] 中华人民共和国交通运输部. 农村公路养护管理办法(2015年第22号令).
[3] 广西壮族自治区发展和改革委员会 交通运输厅关于印发广西公路水路交通运输发展"十三五"规划的通知(桂发改规划〔2016〕1475号).
[4] 广西壮族自治区人民政府. 广西壮族自治区农村公路管理办法(第115号令).

[5] 广西壮族自治区交通运输厅关于印发推进"四好农村路"建设实施方案的通知(桂交建管发〔2015〕109号).

[6] 韦莹.新农村建设背景下加快广西农村公路发展对策探讨[J].西部交通科技,2013,11:61-63,73.

[7] 王晓刚,冯玮.农村公路管理养护可持续发展之路探究[J].西部交通科技,2012,12:82-84.

关于创新收费公路政策的思考

耿 蕤

(交通运输部公路科学研究院，北京 100088)

【摘 要】 分析现行收费公路政策存在的主要问题，从经济学视角论证高速公路应该坚持"用者自付"原则，采用长期收费的方式提供。探讨基于"长期收费"政策的利和弊，提出需要从定价机制、收支机制、运管模式、监管方式等方面构建一整套配套制度设计。

【关键词】 运输工程 收费公路 公共政策

Thoughts on Innovation of Toll Highway Policy

GENG Rui

(Research Institute of Highway Ministry of Transport, Beijing 100088)

Abstract: The main problems existing in current toll highway policy are analyzed. From the angle of economics, it is proved that the expressway should stick to the principle of "user pays" and use the method of long term toll collection. And on "long fee" policy advantages and disadvantages, put forward the need to build a set of system design from the pricing mechanism, balance mechanism, management and supervision etc.

Keywords: Transportation engineering Toll road Public policy

一、现行收费公路政策存在的主要问题

改革开放初期，由政府财政资金提供公路基础设施的能力远不能满足快速增长的运输需求，公路交通成为严重制约国民经济发展的"瓶颈"。在此背景下，1984 年国务院确定了"贷款修路、收费还贷"政策，打破了财政资金不足的束缚，大规模利用银行贷款在 30 余年迅速构建了约 14 万公里的高速公路网络，有力地带动和支撑了我国经济社会的快速发展。但历经 30 多年的发展演进，当前收费公路面临以下严峻问题：

(一) 债务风险不断攀升

随着我国高速公路路网不断扩大，项目建设不断向经济欠发达地区及山区延伸，较之早期建设项目，后期建设项目整体呈现建设成本不断上升、交通流量不断下降的趋势，致使收费公路效益直线下降，按照现行 25% 的资本金、30 年收费期限的规定，成本效益

法测算的收费费率远大于公众可接受程度,价格部门更倾向于执行公众可接受的费率,因此导致后期建设项目越来越难以按期还清债务。尤其是2008年金融危机以来,高速公路建设作为拉动投资、刺激经济增长的重要举措,在资本金比例、收费期限和收费费率都既定的现实情况下,即便财务评价结论很差的项目也仓促上马,为日后构成了巨大的债务风险。从债务规模来看,2010–2016年收费公路债务余额由2.3万亿元增加到4.8万亿元,增长了1.09倍,年均增速为13.3%,截至2016年底,天津、河南、贵州、云南等省国资高速公路运营企业资产负债率均已超过75%。

(二)到期债务处理迫在眉睫,现有处置方式均非长久之计

中国收费公路发展已超过30年,越来越多的收费公路面临到期,截至2016年底,全国有11个省份约4000公里政府还贷高速公路面临到期,其遗留的债务余额巨大,已成为政府财政不能承受之重。总结目前各省采取的债务处置方式主要有三种类型。

一是停止收费,财政兜底。此办法遵循现行收费公路制度设计的本意,兑现承诺,到期停止收费,债务余额由财政支付。但这也只能是财政实力雄厚的个别省对个别道路的做法,绝大部分省份财政都没有能力兜底今后越来越多到期收费公路的债务余额。设想如果普遍采用此办法解决债务问题,要么大量财政资金支出用于停止收费的高速公路债务和养管,从而影响其他公共服务的供给,要么停止收费的高速公路处于无钱养管状态,迅速破损,造成公共资源的巨大浪费。

二是实施改扩建,重新核算收费期限。即将一个已存在的收费公路通过实施改扩建,变成一个新项目,重新进入新一轮的收费期限,即用相对较小的建设成本,换取继续收费的权限,用改扩建后的收费收入继续偿还到期前的债务余额,其实就是变相延长了收费期限。设想如果普遍采用此办法解决债务问题,本来通过养护就可以保持相应服务水平的高速公路,却要通过成本高出几倍的改扩建方式才能继续收费偿还更多的债务,本身也是对财政资金和公共资源的巨大浪费。

三是实施统贷统还。即将项目打捆,只要其中一个项目未还清债务,打捆的其他公路就继续收费以偿还债务。其实质也是变相延长了打捆的其他公路的收费期限,以偿还未还清债务,也是本次《收费公路管理条例》(修订)(征求意见稿)推出的"统借统还"方案的前身,以期缓解各省的债务压力。然而,"统借统还"政策能否实施面临巨大挑战,因为,"统借统还"将单个项目独立核算变为若干项目打捆核算,而打捆的项目中既包括已建项目,又包括拟建项目,拟建项目的规模、建设时间、建设成本、收费收入、融资占比以及所有项目的养护成本都是十分不确定的,因此无法明确给出"统借统还"的总期限,因此不能轻易通过《条例》(修订)提出的"统借统还"方案。

(三)推行的各种融资方式缺乏现实可行性

在新的《预算法》政策框架下,无论是PPP、产业发展基金、专项债券、资产证券化等融资工具都难以发挥吸引社会资本的效用。其根本原因在于,在"30年收费期限"和"公众可接受程度的费率"的束缚下,已建和拟建收费公路偿债能力不断弱化,"自主决策"的投资者均缺乏对收费公路30年内可能产生合理收益的预期(信心),从目前公路建设PPP实践中的各种乱象可见一斑,例如部分省份将实为BT融资的高速公路项目包装为 PPP 项目，政府以承诺固定回报为条件进行融资；部分省份通过"明股实债"的基金方式将信贷债务资金包装为股权资金，由政府提供固定收益并承诺到期回购。没有社会资本吸引力，却在国家鼓励下非要做，只能是产生各种扭曲现象，早已偏离了 PPP 制度设计的初衷，绝非可持续的融资方式。

（四）监管乏力导致发展环境恶化

收费公路发展过程中，由于信息公开不足，难以保障社会公众对收费公路运行管理的知情权，加之实际工作中存在收费公路转让不规范、管理不到位等问题，造成公众对有关政策了解不全面，甚至存在误解，进一步恶化了收费公路的发展环境。

已建高速公路债务风险高企，到期高速公路债务难以解决，拟建高速公路融资措施乏力，至此我国收费公路发展陷入僵局。

二、基于"用者自付"长期收费新政的合理性分析

（一）"收费还贷"政策的底层逻辑是"税收支付"，从经济学角度看不高效，从现实角度看也不可行

弗里德曼（Milton Friedman）曾经说过，经济学家没有学派之分，而只有好坏之别；好坏就在于是否相信世上有免费午餐。很多事与愿违、并造成巨大浪费的公共政策，恰恰源自"指望免费午餐"这简单的谬见。对于高速公路贷款还清即可免费使用的现行收费公路政策，恰是这一论点的最好例证。

一种产品或服务只要提供，就得付费，无外乎三种情况，要么"税收支付"，要么"用者自付"，要么双管齐下。

我国现行收费公路政策基本逻辑是：公路属于公共产品，本该由政府财政资金提供充足的公路基础设施并免费使用，但由于政府财政资金不足，从而采用"贷款"的方式筹措资金，为了偿还贷款而收费，其隐藏含义即为还清贷款就不应收费了。但是不再"用者自付"并不代表这种服务的提供就可凭空产生，要保持服务水平不变，就需要以"税收支付"方式继续提供。然而，从现实的角度讲，即便不考虑新增高速公路，已建的 12.4 万公里的高速公路网络债务约为 4.5 万亿，管养成本约为 2000 亿/年，我国政府无论中央财政还是地方财政均无法负担高速公路这一产品和服务的提供。税收没有能力支付，用者又不愿自付，其结果只能是不能继续享用这种服务，任已建的高速公路网破损毁坏，而之前上万亿的建设成本都将变成沉没成本，从而造成巨大的社会资源浪费。

（二）从资源优化配置的角度，高速公路更适合长期采用"用者自付"方式提供

亚当·斯密是古典经济学派的代表人物，对于公共产品的资金来源，提出了受益者付费（税）的观点，即某项具体的公共产品供给，其资金来源应当与享受此项公共产品而直接受益的纳税人相挂钩，从而体现税负的公平和效率。

1920 年，福利经济学的奠基者 A·C·庇古在《福利经济学》一书中首先提出了两条道路的例子，在通往同一目的地的两条道路中，优良的道路总是过分拥挤，而较劣的道路总是人烟稀少，这就使得优良道路上的驾车成本大大提高。当拥挤达到一定程度后，优良道路和较劣道路对驾车者来说没有差别。这种无差别意味着优良道路高于较劣道路

的价值完全消失,即产生经济学所说的"公地悲剧"(租值耗散),如果进行收费干预,将一部分车辆从优良道路移到较劣道路,社会总福利将增加。

上述理论是从横向比较两条服务水平不同的道路通过收费干预促进社会总福利。根据公共选择学派主要代表人物布坎南建立的"俱乐部"理论模型,从时间轴纵向上比较,一条高速公路起初交通流量较少,用户增加不会影响其他用户的使用,随着交通流量的继续增加而造成拥挤,即产生竞争性,用户的时间成本增加,需要进一步提高收费(增加货币成本),以排除时间成本相对较低的用户,而使时间成本相对较高的用户继续享受高速公路的服务水平,即采用"俱乐部"效应保持更需要的用户享受较高的服务。

以上论述从经济学角度解释了为什么高速公路需要采用收费方式以保障资源优化配置,只是因为通过"用者自付"方式可以起到甄别需求较高的用户,从而把有限的服务推到使用价值更高的用途上去,以减少社会成本,实现资源优化配置,与高速公路建设期采用什么融资方式、是否有借款并无直接关系。

另一旁证是,纵观我国其他公共服务,无论是铁路、民航、公交、地铁等其他交通服务,还是邮政、医疗、教育、水电煤气等公用设施,均没有设定收费期限、到期后即可免费使用的制度。这些公共服务均采用"用者自付"方式,使本来不需要使用的用户不会肆意无谓消耗公共服务,从而避免巨大的资源浪费,又客观上保障了提供该服务的资金可持续。

虽然,"收费还贷"政策表面上也采用"用者自付",但与基于"资源优化配置"原则的"用者自付"相比,其本质区别在于,"收费还贷"隐含逻辑是"贷款还清即可免费使用",最终还是将资源配置推向"税收支付"方式,在"收费还贷"政策基础上改良版的"统借统还"政策,从理论上讲仍将最终走向"税收支付"方式,只是在时间上推延了而已。但"资源优化配置"原则坚持一直采用"用者自付"方式,以此保持资源可以持续的优化配置。

(三)从税负公平的角度看,"长期收费"比"收费还贷"更显公平

收费方式相比于收税方式,可以通过精确计量,可实现"谁使用、谁受益、谁负担"和"不使用、不付费"的更加公平合理的效果。但依照现行《条例》,收费公路是筹集公路建设资金的"过渡性"政策,最终所有公路的建设和养护都会采取单一的收税方式筹集资金,这样将使主要在城市里行驶的私家车、出租车、公交车和在农村行驶的农用车辆,与主要在高速公路上行驶的长途客货运输车辆之间,将形成"差别化使用,均等化负担"的问题,既无法保障不同用路群体公平效率通行公路的权益,也无法回应社会公众差异化的出行诉求。

另一方面,按照现行《条例》,收费公路最长收费期不能超过 30 年,这种制度设计导致收费公路建成后的收费期与公路使用发挥效益期不匹配,也就是说收费公路建成 30 年内的使用者要支付公路的建设成本,而 30 年之后的使用者却无须支付,可以免费使用,有违"谁受益、谁负担"原则,造成"代际"负担不公平。

对此,国外普遍采用了长期收费模式,如加拿大的 407 ETR 公路项目收费期限长达 100 年,英国的 M6 Toll 公路项目收费期限长达 53 年,美国的 Dulles Greenway 和 Pocahontas

Parkway 公路项目收费期限分别长达 61 年和 99 年，甚至一些国家如匈牙利、土耳其等不设收费年限长期收费。这样不仅摊薄了收费期内使用者的成本，也使付费者与使用者在长期内更趋于统一，体现代际公平。

三、基于"用者自付"长期收费新政的利弊分析

（一）"长期收费"政策可以缓解收费公路巨额债务、增强各种融资方式的可行性

"长期收费"政策不但在经济学理论上可以提高高速公路使用效用，并且可以在客观上改变目前高速公路发展举步维艰的困境。

在现行收费公路政策下，绝大部分拟建高速公路都远不具备 30 年内偿清债务能力的现实情况下，所谓政府债券、PPP 和产业基金等仅是理论上可行的投融资方式，从目前各省高速公路 PPP 的实践可见一斑，除与政府有密切关系的国企或融资平台参与 PPP，鲜有自主决策的社会资本进入该领域。

若实施"长期收费"政策，使高速公路具备持续借新还旧的能力，高速公路到期债务可以再通过以未来所产生的现金流为偿付支持，继续通过贷款、发债或转让等方式偿还当前债务，将实质性的提升政府债券、PPP 和产业基金等投融资模式的现实可行性，只要收费收入可以维持收费公路管养和融资成本并略有盈余，即可不断缩小已建高速公路的债务余额，保障其养管资金的可持续，又可使新建高速公路成为社会资本投资的重要阵地，保持公路建设规划目标的顺利实现。

（二）"长期收费"政策将重构"两个公路体系"，并支撑其可持续健康发展

上述"长期收费"政策的益处，是针对当前高速公路发展面临资金困境的解围之举，但"长期收费"政策更深远的意义在于它将面向未来，重构"两个公路体系"并支撑其持续健康发展。

原版的"两个公路体系"的内涵是：通过"收税"与"收费"长期并行的方式，构建以普通公路为主的体现政府普遍服务的非收费公路体系和以高速公路为主提供效率服务的收费公路体系。但提供效率服务的长期"收费"方式是通过"统借统还"延长收费期限，仍是建立在"收费还贷"的逻辑上，对于单个项目仍未摆脱 30 年内需偿清贷款本金的要求，收费的目的仍是还贷而非效率，强调"长期限"的同时又不得不附带"低费率"，虽然客观上一定程度起到了效率的作用，但作用十分有限。建立在"免费"和"低费率"基础上的"两个公路体系"与我国医疗服务体系改革、教育体制改革以及保障性住房政策思路类似。目前我国医疗服务体制改革的效果已经证明，有限资源条件下，低收费不仅必然导致低效率，还将导致政府财政负担加大，不当制度安排和无度福利的无效率，最终将会使社会总福利下降。

另一方面，在可见的未来，经济社会发展对高速公路网的要求绝不仅限于高速、舒适和安全，在大数据分析、自动驾驶等科技革命的引领下，以提供高质量出行服务为最终目的的高速公路网从供给侧角度，更应努力汇集吸纳现代科技，主动朝着更加高效、绿色、智慧的方向发展，但若受制于"收费还贷"政策资金使用的还债局限，高速公路发展将可能因为资金匮乏而错失科技革命带来的转型升级良机，只能望洋兴叹。"长期收

费"政策强调"长期限、高效率",高速公路收费高低可以根据经济社会对服务质量需求的高低进行调节,可为高速公路的技术进步和服务升级提供可靠的资金保障。

"长期收费"政策不但可以为高速公路发展提供资金保障,长远来看,也可能成为反哺普通公路的重要资金来源。斯坦福大学经济学家托尼·塞巴(Tony Seba)在《对2020-2030年交通运输的思考》报告中预测:"未来8年内,世界各地都不会再出售燃烧汽油或柴油的小汽车、公交车和卡车,整个陆路运输市场将转向电气化,人们将大规模的转向使用自动驾驶电动汽车(EV),因为它比内燃机便宜10倍,电池的边际成本近似为零,而且预计寿命将达到100万英里"。虽然此报告只是学术性的分析预测,是否一定会在8年内变为现实有待实践检验,但可以明确陆路运输工具发展的总趋势是电气化方向,而且转换的时间不会很长。在此背景下,我国现行公路建设发展最主要的车购税和燃油税两项财政资金均会受到很大影响。为鼓励新能源车发展,目前我国实行购置新能源车辆免车购税政策,未来也不确定是否会征收。燃油税也会随着燃油车辆减少、燃油消耗下降而迅速减收。那么提供基本公共服务的普通公路建设养护资金将面临严峻挑战。"长期收费"政策为普通公路发展扩大筹集资金提供了可能,"建立公路发展基金"制度构想将部分高速公路收费收入纳入公路发展基金,从而起到高速公路反哺普通公路的作用。

上述分析可以看出,基于"长期收费"政策的升级版"两个公路体系",突破"长期限、低费率",转为"无期限、高效率"的定价机制,无论是为高速公路升级还是为普通公路的可持续发展都提供了长期稳定的资金保障。

(三)"长期收费"政策未能抑制地方政府建设热情高涨,并将受到公众舆论严重质疑

前文论述"长期收费"政策将革命性地解开收费公路发展的资金束缚,促进其可持续发展,但也应该清醒地认识到,该政策不能有效抑制地方政府的投资热情。

布坎南的公共选择理论,根据"经济人"的分析模式,解释了市场经济条件下政府失灵问题。简言之,就是由于政府也是"经济人",使得他们的行为实际上不是倾向于为最大限度地增进公共利益服务,而是依据自己获得的信息和个人效用最大化原则来决策。政府官员任期的短期限和长远的公共利益无法匹配,政府更倾向于选择在短期限内产生明显效果的决策。另外官员花的是纳税人的钱,就像弗里德曼所说的"用他人的钱,为别人办事",由于没有产权约束,他们的一切活动根本不必担心成本问题。政府行为也没有利润含义,官员从个人的得失出发,为追求政绩或寻租,结果使公共产品超量供应,社会福利费用过高,造成了资源浪费。

由上述理论可以看出,政府的投资热情并不是由"长期收费"政策引发的,而是因政府本身具有"经济人"的属性,且缺乏竞争、无须考虑利润等政府机构的特性导致的,即"有权力、无压力"所致。其实此现象在"收费还贷"政策下就已经显现无度扩大收费公路建设规模的势头。"长期收费"制度相对于最长30年期限的"收费还贷"政策也并没有大幅度的恶化该现象,但确实未能缓解或抑制政府的投资热情,需要对政府"经济人"的属性加以外部约束。需要量身定制"统收统支""外部监管"等相关制度设计

以抑制政府投资热情，保障"长期收费"政策避免深陷政府投资冲动的洪流，能够被"不忘初心"地执行下去。

同时，长期以来"贷款修路、收费还贷"政策的宣传，一方面促进公众对高速公路收费的理解和容忍，另一方面也逐渐使公众形成了"贷款还清即可免费使用"的预期。但当部分高速公路陆续迈过收费还贷最长期限、免费指日可待之时，突然抛出"长期收费"政策，无疑会使公众产生大呼上当的愤怒感受，其激烈程度也可以想象，如何消解质疑、取信于民是"长期收费"政策能否顺利实施的关键。除了向公众对"长期收费"政策加强宣传、解释、引导外，最根本的解决之道仍在于公开透明监管制度的建立。

四、小结

本文分析了现行收费公路政策经历了30多年的实践和演进，已经进入深度政策疲劳，不能适应新的发展形势和改革要求，并从经济学视角论证了高速公路这种高品质出行服务应该坚持"用者自付"原则，采用长期收费的方式提供。围绕"长期收费"的特性，本文探讨了基于"长期收费"政策的利弊，为使"长期收费"政策扬长避短，真正发挥社会效益最大化的初衷，需要从定价机制、收支机制、运管模式、监管方式等方面构建一整套配套制度设计。

参考文献：

[1] 周伟. 完善收费公路政策 加强和创新收费公路管理[J]. 交通运输部管理干部学院学报, 2012, 22(4).

[2] 周伟. 直面质疑与面向未来的收费公路——谈收费公路政策的改善及收费公路管理的创新[J]. 中国公路, 2015, (3).

[3] 李玉涛. 对收费公路政策经济合理性的再认识[J]. 宏观经济研究, 2012, (12).

创新公路投融资模式研究

王德荣　高月娥

（中国交通运输协会 北京中交协物流研究院，北京 100825）

【摘　要】 本文通过梳理我国公路交通运输领域投融资现状，系统归纳当前公路交通领域主要投融资方式，剖析融资模式存在问题，阐述了PPP融资模式在我国公路建设当中的应用案例，提出进一步拓宽公路投资渠道，更好地保障公路建设科学有序发展的政策建议。

【关键词】 公路　投融资模式　创新　PPP

Research on Innovation of Investment and Financing Mode of Highway
WANG Derong, GAO Yuee

(China Communications and Transportation Association,
Institute of Logistics and Transportation of Beijing, Beijing 100825)

Abstract: This paper summarizes the main mode of investment and financing of highway transportation and analyzes the existing problems by concluding the current situation of investment and financing of highway. Explaining the application of PPP financing mode in highway construction in China. This paper also explains the typical cases of highway construction by using PPP mode, and puts forward the policy suggestions on broadening the channel of highway investment and guarantees the scientific and orderly development of highway construction.

Keywords: Highway　Investment and financing mode　Innovation　PPP

一、引言

交通设施作为国民经济和社会发展的重大基础设施，是一个国家或地区经济发展程度的重要标志。而公路是我国覆盖范围最广、服务人口最多、提供服务最普遍的交通基础设施，与国民经济的发展关系最密切，是保障经济社会发展和人民生产生活的重要基础条件。近年来，我国的公路得到了快速发展，高速公路里程位居世界第一，运输能力不断提高；公路固定资产投资保持稳步增长，极大地促进了经济社会的发展。随着我国经济发展水平的不断提高，公路运输需求也将继续扩大。完善的公路建设是我国经济发展的重要前提和保障，而资金投入一直以来都是包括公路在内的国家基础建设发展最为关键的问题。经过多年投融资体制改革，我国公路投融资模式从刚开始的由政府单一投资转变为以财政为基础、贷款资金为主体、民间资金和外资为重要补充的格局，推动了我国公路建设的快速发展。但当前我国公路交通系统建设的资金需求仍普遍无法得到满足，资金缺乏是公路发展的一个重要限制因素。

二、我国公路建设发展及投融资方式现状

（一）我国公路建设发展现状

改革开放以来，我国公路尤其是高等级公路快速发展，公路网密度、通达深度和等级不断提高，高速公路和农村公路规模迅速增长，公路交通建设取得了巨大成就。1980年，我国一级公路和二级公路里程分别仅为196公里和1.26万公里，从1988年我国建成首条高速公路——沪嘉高速公路起，到2016年末我国高速公路规模已达13.10万公里，公路总里程469.63万公里，公路密度48.92公里/百平方公里，二级及以上等级公路里程60.12万公里，占公路总里程12.8%。我国公路建设跨越式发展的背后，公路投融资政策起到了积极的推动作用。2000－2016年间，我国公路年固定资产投资由2315.8亿元增长17975.8亿元，年均增长13.7%。2000－2016年以来，我国公路及高速公路里程增长情况如图1所示。

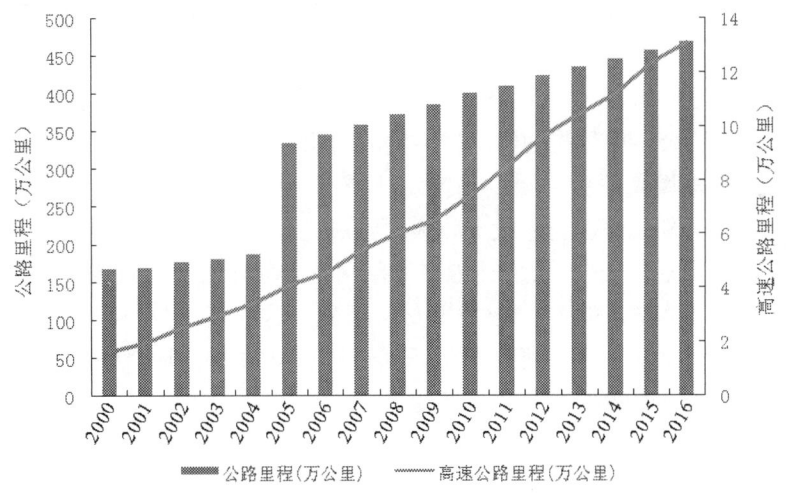

图1 2000－2016年我国公路发展情况
Fig.1 Development Situation of Highway in China in 2000-2016

（二）公路投融资基本现状

在"一带一路"、京津冀协同发展、长江经济带三大国家战略交通先行的背景下，未来公路建设项目将继续攀升。当前我国公路基本建设资金构成包括国内贷款、车购税、国家预算内资金、利用外资、地方自筹和其他资金等，但以银行贷款和地方自筹资金为主，两者之和占比达总量的70%左右。截至2016年年底，全国收费公路累计建设投资总额为75857.5亿元。其中，财政性资本金投入为12882.1亿元，非财政性资本金投入10636.2亿元，举借银行贷款本金48147.9亿元，举借其他债务本金4191.3亿元，分别

占收费公路累计建设投资总额的 17.0%、14.0%、63.5% 和 5.5%。

经过了几十年来的投融资体制改革，我国公路投融资模式得到不断创新和完善。时至今日，我国的公路交通发展主要形成了两种投融资模式：一是收费模式。即主要依托收费政策筹资，包括债务融资或吸引社会资本，通过收费偿还债务、获取投资回报。二是非收费模式。即主要依托交通专项税，并以专项税作担保和偿债来源进行债务融资。收费模式支撑了高等级收费公路的发展，非收费模式支撑了大范围的、保障基本出行的普通公路建设。总的来看，以交通专项税为支点、以"收费公路政策"和"统借统还政策"为杠杆，撬动大量的银行贷款和社会资金，构成了我国公路交通发展的投融资机制。

三、当前投融资模式存在的主要问题

随着公路改革的不断推进，社会资本也积极参与公路建设发展，公路投融资面临的环境发生深刻变化，原有的融资模式已无法满足现有公路建设对资金的需求，从而制约公路的发展。当前我国公路投融资模式面临以下突出问题：

(一) 投融资渠道不够丰富

在公路建设发展中，政府财政虽投入不少，但是欠账仍然较多。特别是 2009 年税费改革之后，公路建设资金更为紧张，原来由地方省级政府征收的政府性基金、行政事业性收费变为以征税形式筹集交通基础设施建设、维护资金，并通过财政转移支付方式分配给地方。改革后，税金经过层层拨付，有挤占挪用等现象，资金到位率较低，严重影响公路事业持续发展。此外，私营资本进入公路建设领域不多，如何根据实际情况选择 PPP 融资模式是我国公路项目投融资亟待解决的问题。

(二) 创新组合模式较少

目前，由于部分新建高速公路投资较大，建成后高速公路的交通量在 3～5 年运营初期，存在明显的"滞后效应"；欠发达地区的路网不完善导致交通量增长不明显，导致项目投资的经济效益不理想，但社会效益明显。因此，这些高速公路项目存在单个项目有的公益性强而商业性较弱，但是很少与其他项目投融资进行组合优化，缺乏市场信心。同时，政府投资基金和 PPP 模式等融合不够。

(三) 债务风险逐步加大

目前我国公路融资主体及地方政府已经普遍积累了高额债务，随着前期建设的项目开始集中进入还款期，而新项目出资需求仍居高不下，部分公路融资主体资金压力不断增大，整体资金平衡开始出现阶段性缺口。公路养护及运营管理等成本居高不下，债务风险加大，加之缺乏完善的风险分担机制，一旦发生债务违约，势必对公路行业、银行体系乃至整个金融系统带来巨大风险。2016 年全国收费公路通行费总收入为 4548.5 亿元，支出总额为 8691.7 亿元，收支缺口达 4143.3 亿元，比 2014 年的 1571.1 亿元增长了 1.64 倍，年末债务余额为 48554.7 亿元。

(四) PPP 模式有待完善

我国每年以政府投资为主的数千亿公路建设资金将会因国家积极的财政政策逐步淡出而难以为继，而有效的融资模式却没有出现，新兴融资模式如 PPP 模式至今尚未全面

推广应用。目前,我国 PPP 模式公路建设已开展不少项目,但是在实践的应用当中仍存在很多亟待解决的问题。PPP 模式作为一种合同式的投资方式,需要有一套比较完善的法律条文作为依据,但截至目前,我国还没有出台有关 PPP 模式的法律,公路 PPP 项目需要明确操作程序和车购税资金申请办法等。

四、PPP 融资模式在我国公路建设当中的应用案例

PPP 强调公共部门(政府)和私人部门(社会资本)构建合作伙伴关系的理念。目前,我国公路面临的投融资环境不断变化,加之各地交通融资平台的转型,公路投融资体制机制需要进一步完善和改革。近年来,全国 PPP 项目落地速度较快,发挥了 PPP 项目典型案例示范带动作用。为推进政府和社会资本合作,陕西省政府重点围绕"十三五"规划的公路项目,引入社会资本缓解短期政府资金压力,完善陕西省公路网。由陕西省交通运输厅作为项目实施机构,按照 PPP 项目操作的相关要求,对合阳至铜川、吴起至华池高速公路 PPP 项目开展市场测试,完成物有所值评价和财政承受能力论证工作,现将该项目作为应用案例进行分析。

(一)项目概况

该项目包含国高网合阳至铜川高速公路、省高网吴起至华池高速公路两个项目,投资额约为 202 亿元。其中,合阳至铜川高速公路建设里程约 130 公里,估算投资约 145 亿元;吴起至华池高速公路建设里程约 47 公里,估算投资约 57 亿元。合铜、吴华高速公路是陕西省"十三五"高速公路建设规划项目,其建成通车将有助于渭北地区煤炭、旅游等资源的综合开发利用,对加强陕西甘肃两省经济交流,推进关中经济圈协作,建设"一带一路"经济带的新起点具有十分重要的意义。

(二)运作方式

合铜、吴华项目采用 PPP 模式实施建设,由陕西省交通运输厅通过公开招标的方式选择社会投资人并签订 PPP 项目合同,由其出资成立项目公司;项目公司和陕西省交通运输厅签署特许经营协议,承继中标社会投资人在 PPP 项目合同特许经营条款规定的相关权利和义务,在特许经营期内负责项目的投融资、建设、运营维护及移交;收取通行费并取得其他运营收入,申请交通运输部车购税资金等补助;特许经营期满后,项目公司将项目设施无偿移交给省政府或其指定机构。

(三)关于交易结构

合铜项目资本金比例不低于 30%,资本金额度不少于 43.50 亿元;吴华项目资本金比例不低于 20%,资本金额度不少于 11.42 亿元。合铜、吴华项目融资主体为项目公司,陕西省交通运输厅对项目公司融资不提供任何担保。项目资金筹措分资本金筹集和融资两部分,根据交通运输部《收费公路政府和社会资本合作操作指南(试行)》文件要求,政府建设期投资补助不得作为社会投资人的资本金出资,可作为项目资本金。项目资本金在扣除政府补助部分外,剩余的资本金由社会投资人通过自有资金以货币形式到位。融资通过银行贷款等方式筹集到位。项目资本金必须在建设期内足额到位。如果工程投资增加,项目公司负责筹集所需追加的资本金及项目融资。项目公司注册资本不少于 6 亿

元，社会投资人出资持有项目公司100%的股权。

（四）项目采购及标的设置

项目通过公开招标的方式选择社会投资人。资格审查方式为资格预审。资格预审条件包括主体资格、资质要求、业绩经验、财务要求、投融资能力等方面。PPP模式的基本原则是社会投资人应取得合理收益，合铜、吴华项目内部收益率取值6.5%，确定为不变指标，并将运营期设置为标的。根据实际到位车购税资金额度，按调整机制对特许经营期的运营期进行调整，并与项目公司签订补充协议。

（五）特许经营期及履约担保

包括运营期和建设期，运营期不超过30年，建设期不超过3年4个月。实际特许经营期以"运营期中标值＋建设期"为准。履约保证金分三个阶段，分别为建设期、运营期、移交期，建设期额度为10亿元，运营期额度为2亿元，移交期额度为移交前一年本项目需要大修一次的费用。

（六）征地拆迁和环境保障

铜川、渭南、延安市政府同意按照陕西省政府《关于"十三五"持续加快全省公路建设推进交通脱贫攻坚的意见》（陕政发〔2016〕42号）文件精神，与陕西省交通运输厅签署框架协议。合阳至铜川高速公路征地拆迁工作由铜川、渭南市政府包干负总责，费用按照合阳至铜川项目征地拆迁预算包干；吴起至华池高速公路征地拆迁工作由延安市政府包干负总责，征地拆迁和环境保障费用由延安市政府负责筹措解决。项目公司成立后，由项目公司根据框架协议约定与三个地市政府签署征地拆迁和环境保障实施协议。

合铜、吴华高速公路项目线路地质条件复杂，大垮桥型普遍，施工技术标准高，中国铁建投资集团充分发挥在投融资、设计、施工、技术、管理、运营及服务等方面的综合优势，与联合体各成员合作，保证优质高效地完成项目投资建设任务。

五、创新公路投资模式的政策建议

（一）坚持市场化方向，拓宽投融资渠道

一是坚持市场化方向。公路领域市场化是我国拓宽公路投资渠道的重点，私营资本的进入是公路领域市场化的关键，也是创新我国公路投融资渠道的关键。二是继续推行多元化、多渠道的公路建设投融资体系。加强合作，进一步深化政府、金融机构、企业等之间的深度合作，通过推广PPP模式、政府购买服务、设立交通投资基金等创新性市场化投融资模式，积极拓宽投融资渠道，支持公路投融资机制创新。

（二）明确程序流程，推进PPP模式应用

吸引民营资本投资公路建设，将是未来我国公路基础设施建设的主要融资途径之一。一是鼓励民间投资，推进适合我国公路特点的PPP投融资方式。PPP模式不仅解决当前公路建设对资金的迫切需求，而且具有很强的融资功能，有利于促进公路建设健康发展。二是明确PPP审批程序和操作流程。进一步明确PPP项目审批程序；在公路领域实行PPP项目，根据财政的要求进行物有所值、可承受能力评价，按照国家发改委发布的流程，做好项目储备，推进公路PPP模式推广应用。三是明确PPP项目车购税资金申请办法。

(三) 优化资源配置，创新投融资方式

一是优化公路资源配置，盘活存量资产，推进公路资产运作和资本运营。二是创新公路投融资组合方式，可采用单个项目、组合项目、连片开发等多种形式，发挥组合效益，激发市场活力。三是融合政府投资基金和 PPP 模式。尽早研究政府投资基金，通过政府投资基金、PPP 模式以及行业投资等多方合作，确定合理收益回报率，建立市场信心。四是争取地方政府债券的支持，加大政府债券置换力度，控制好存量债务风险。

(四) 设立产业基金，发挥行业造血功能

目前，云南、内蒙古、甘肃、贵州、浙江等省都纷纷设立了交通产业基金，各地交通产业基金规模已经超过 4000 亿元。设立交通产业基金目的是要发挥行业自有的造血功能，及时梳理总结各地实践经验，探索利用财政注资、股权投资等方式设立交通运输政府投资基金、交通运输产业发展基金。

(五) 深化体制改革，强化事中事后监管

一是加快交通运输放管服改革。进一步简政放权，减少公路建设融资环节。尤其伴随着政府对公路项目的简政放权，公路投融资体制改革要与土地政策、环境政策、审批政策等配套政策相适应，减少中间环节，创造更加有利于公路发展的环境。二是推进市场化改革。深化交通运输供给侧结构性改革，统筹兼顾政策目标和市场原则，深入推进市场化改革，激发社会投资的积极性。三是加强公路交通中央与地方财政事权和支出责任划分改革各项准备工作。四是加强监督制度改革。政府指定的实施机构要在公路项目建设全过程、运营全生命周期进行跟踪管理和督促落实，确保 PPP 项目安全规范运行。

六、结语

我国经济发展进入新常态和贯彻落实国家战略，对公路运输需求和服务质量提出更高的要求，公路发展的任务仍然艰巨，对资金的需求也与日俱增。创新公路投融资模式，拓宽投融资渠道，推进公路 PPP 模式应用，深化体制机制改革，对公路的持续、稳定、协调发展具有重大意义。

参考文献：

[1] 杨昕. 试论高速公路投融资中的 PPP 模式[J]. 中外企业家, 2016(5): -58.

[2] 高月娥, 王智. 我国收费公路改革建议[M]. 中国市场出版社, 2015: 222-226.

[3] 杨光, 程兆民. 高速公路投融资中的 PPP 模式[J]. 中国公路, 2014(17): 47-49.

快速路交织区高峰拥堵控制策略研究

马艳丽 范璐洋 张亚平

(哈尔滨工业大学 交通科学与工程学院,哈尔滨 150000)

【摘　要】为了缓解城市快速路交通拥堵问题,本文选取哈尔滨市文昌高架路为研究对象,通过实际调查,对城市高架路匝道以及分合流区车辆运行交通特性做了研究,提出了一些相应的解决策略和控制方法。对比分析了主线与匝道车辆的平均运行速度、行程延误、停车次数、时间占有率等控制指标,运用结合传统的仿真方法,提出了问题的最优方案。在解决方案中引入相关交叉学科,对解决方案进行对比,验证了优化控制方法的实用性与优越性。

【关键词】城市快速路　交织区　匝道控制　交通特性　交通仿真

Research on Congestion Control Strategy of Expressway Weaving Area

MA Yanli, FAN Luyang, ZHANG Yaping

(Harbin Institute of Technology Transportation Science and Engineering,
Harbin 150000)

Abstract: In order to alleviate the traffic congestion problem of expressway, we selected Wenchang flyover in Harbin as the research object. Through the actual investigation, the traffic characteristics of vehicles on flyover ramps and weaving sections is studied and some solution strategies and control methods are proposed. The average running velocity, travel delay, stops and time occupancy of the main line and the ramp vehicles are compared and analyzed. We put forward the optimal scheme of the problem combined with traditional simulation methods. In the solution, the intersecting disciplines are introduced and the solutions are compared, and the practicality and superiority of the optimal control method are verified.

Keywords: Urban expressway Weaving area Ramp control Traffic characteristics Traffic simulation

一、引言

高架是城市快速路构成的主要部分之一,它提供了较高的道路服务水平,这为城市的快速交通出行提供了交通基础设施支撑。但也由于城市高架路具有较高的通行能力和交通吸引力，导致其交通负荷较大，交通流密度较高，常伴随着一些待解决的交通问题，如常发性的交通拥堵、出入口设计不合理等，带来的负面效应主要表现为交通事故频繁、燃料消耗增大、空气污染加重、运行效率低下等特征。

国外对于城市快速路系统的研究包括快速路与城市空间结构的关系、城市快速路系统的管理控制[1]、规划与布局、快速路与对外交通的关系、经济评价方法等方面。我国城市快速路的规划建设远落后于国外发达国家。李泽民[2]教授提出匹配协调校核法，该方法对城市快速路总容量与规划预测机动车日均出行总量相匹配；龙科军[3]分析了出入口匝道的设置问题；李硕等探讨了加速车道的设计方法[4]；张海军[5]等人从交通组织管理的角度出发，提出系统化的对策方法；高奖[6]从改变高架道路与地面道路交织类型，改变交织流量比等方面出发，提出了可以对匝道与平面交叉口衔接优化设计的方法。

本研究以城市快速路交织区拥堵问题疏解为主题，针对哈尔滨文昌桥在高峰交通流运行中存在的问题，道路交通节点的布局、设计与组织等，进行展开分析与研究，提出优化方法，解决交通拥堵问题。

二、数据调查及分析

（一）现状调查

文昌桥是哈尔滨市区内最长的高架桥，与文君街、宣化街高架桥相互连通，是哈尔滨沟通东部开发区与哈西新区的主要交通线。文昌桥平峰时的交通量十分巨大，高峰时期因工人上下班，交通流向较集中，导致其拥挤问题更加严重，部分区段车辆等候队列甚至长达上千米，降低了车辆的通行效率，甚至影响了周边道路的车辆通行。文昌桥整体卫星图如图1。

图1 文昌桥卫星图
Fig. 1 Satellite Map of Wenchang Bridge

主要拥挤地点主要集中于以下几个位置：①文昌街立交桥：文昌街立交桥联通文字片区道路，文字片区是南岗区重要的交通网络。立交桥上交通量也包括从教化区域经安发桥往中山路方向的交通量，以及从和兴路往中山路方向的交通量。②文昌街与中山路交口：文昌街与中山路相交路段有出入匝道，分别连接李范五广场和果戈里大街路口，均属于交通量较大的路段，且匝道路口存在信号控制，会影响桥上交通问题。③宣化街与文昌街交口：该地点车流分别从宣化街方向和黄河路方向驶来，宣化街方向连接二环往道外方向，黄河路属于城市主干路连接红旗大街，均有很大的交通量。

（二）调查方案设计

1. 调查方法选择

本研究选取了视频法来获取高峰时段的交通流量，并做后期人工处理。视频法可以详细记录车流的变化规律且可以明确获得各个参数数据，以便验证结论是否与实际情况相符。

2. 调查地点的选择

文昌桥，规划为城市快速路，以高架匝道形式实现车辆出入，其中设计行车速度为 60 km/h，最高限速为 50 km/h。文昌桥沿线的用地性质均属于住宅或商用用地，交通量大，承担了大部分东西交通量，道路沿线共布设有 3 个出入口匝道，与之相邻的路网（见图 2）。

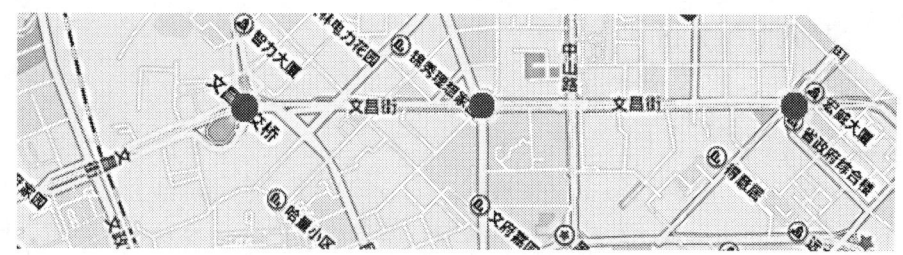

图 2　文昌桥匝道布置示意图
Fig. 2　Layout of Wenchang Bridge Ramp

本研究选取文昌桥和宣化街交口及文昌桥李范五花园路段交织区的出入口匝道作为调查地点（见图 3）。

 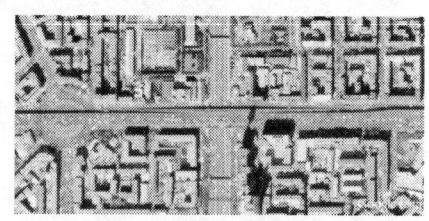

　　(a) 文昌桥与宣化街交口　　　　　　(b) 文昌桥李范五花园路段交织区

图 3　调查地点
Fig. 3　Survey Site

3. 调查时间选择

研究选择容易发生拥挤的工作日早晚高峰期。为获得较为详细的交通流参数数据，调查时间既要包括拥挤阻塞的时期，又要包括交通量较低的时间。根据在哈尔滨文昌桥的实地考察选取时段：高峰时期即下午的 16:30 – 18:30，平峰时间为下午 15:30 – 16:30。

(三) 调查数据与结果

1. 宣化街与文昌街合流点车流量

按照不同方向和不同车型区分，对主路交通量进行调查，根据视频记录数据。《城市快速路设计规范（CJJ129 – 2009）》规定，交通量换算应采用小客车为标准车型。按照折算系数：小型车 1.0，中型车 1.5，大型车 2.0 的标准进行换算，换算后的交通量和交通流率如表 1。

表 1　文昌街与宣化街合流点当量小汽车流速（pcu/h）
Tab. 1　PCU Flow Rate at Merging-area between Wenchang and Xuanhua Street (pcu/h)

时间	宣化街往 文昌街方向	黄河路往 文昌街方向	文昌街往 宣化街方向	文昌街往 黄河路方向
15:30 – 16:00	2142	1734	2184	1168
16:00 – 16:30	2406	1790	2638	1352
16:30 – 17:00	2670	1844	3090	1536
17:00 – 17:30	2314	1342	3200	1092
17:30 – 18:00	2662	1486	3220	1332
18:00 – 18:30	2828	1876	3292	1528

根据表格可以看出车流量的变化是先增加再减少再增加，高峰持续时间从 16:30 开始一直持续到 18:30，在 17 点左右车流量增加导致行车道上车辆密度变大。宣化街往文昌街来往方向的交通量较大，流率为 2000～3000veh/h；从文昌街往宣化街方向上的车辆密度低，车流量较大，交通量变化不大，拥堵问题较轻。

2. 宣化街入口匝道车流量

在高峰时段宣化街入口匝道交通量占主路总交通量的一半左右，从匝道进入主路的车辆对于宣化街与文昌街交口的拥挤问题有很大的影响。宣化街往文昌街方向的入口匝道数据如图 4。

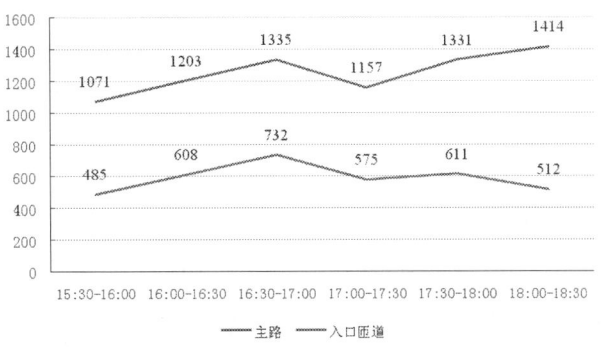

图 4　宣化街方向主路和入口匝道交通量
Fig. 4　Traffic Volume at Main Road and Ramp on Xuanhua Street

3. 李范五花园路段交织区车流量

表2 李范五花园路段交织区当量小汽车流量（pcu）
Tab. 2 PCU in Weaving-area of Li Fanwu Garden（pcu）

时间	主线上游交通量	入口交通量	主线下游交通量	出口交通量
16:00–16:30	2050	692	2062	679
16:30–17:00	2025	799	2099	725
17:00–17:30	2845	800	1941	703
17:30–18:00	1659	877	1770	766

李范五花园路段交织区主路上游交通量，经过统计可得直行和右转的比例为8:2。设上游的总交通量为 $Q(1)$，入口匝道的车流为 $Q(2)$，出口匝道的车流为 $Q(3)$，下游的交通量为 $Q(4)$。另交通流分流时左转和直行的下标为1，右转的下标为2，对于第一部分，由于交通是连续的，因此有如下四个方程：

$$0.8*Q(1) = Q(1)_1; 0.2*Q(1) = Q(1)_2;$$
$$Q(3) - Q(1)_2 = Q(2)_2; Q(2)_2 + Q(2)_1 = Q(2)_\circ$$

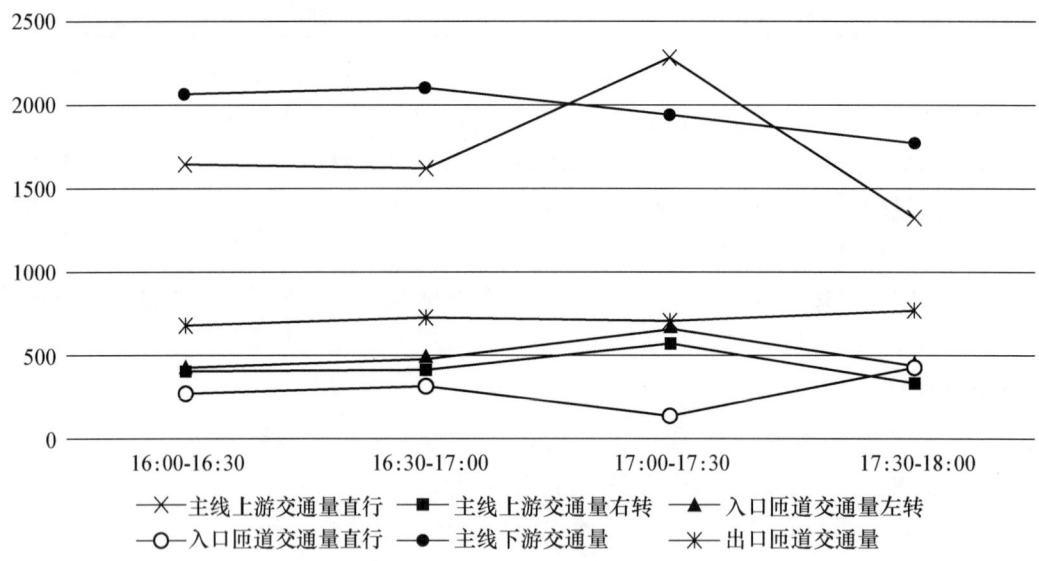

图5 李范五花园路段交织区车流量变化
Fig. 5 Variation of Traffic Volume in Weaving-area of Li Fanwu Garden

根据图5可以看出以下几点：① 各个出入口都有波动的过程。高峰时期主路上游方向和入口匝道车流量持续增加，当达到桥上车流通行能力时，车辆密度较大，造成交通拥堵。拥堵导致延误增加，部分驾驶员会选择其他道路行驶，减少了进入主路的车流量。② 出口匝道交通量稳定不变。由于出口匝道连接李范五花园转盘道，转盘道处有信号控制，车辆根据信号配时按规律离开。③ 入口匝道车流分为两部分，较大比例车流进入文昌桥；小部分直行跨过中山路路段。受出口匝到车流影响，驶出车流量小于驶入车流量产生排队，排队过长占据匝道导致驶入车辆减少。

三、高峰拥堵区域交通特性分析

（一）入口匝道交通特性分析

快速路的合流区是驶入车辆和主路车辆交汇的区段。驶入车辆寻找合适的车辆间距来汇入主路中，可接受的车辆间距与汇入流量有很大关联[7]。驶入车辆会使其外侧车道的车辆构成和速度分布产生变化。

宣化街高架桥为双向两车道，入口匝道为单车道，出口匝道为双车道，主路最高限速为50km/h，匝道为40km/h。匝道布设平面图见图6。

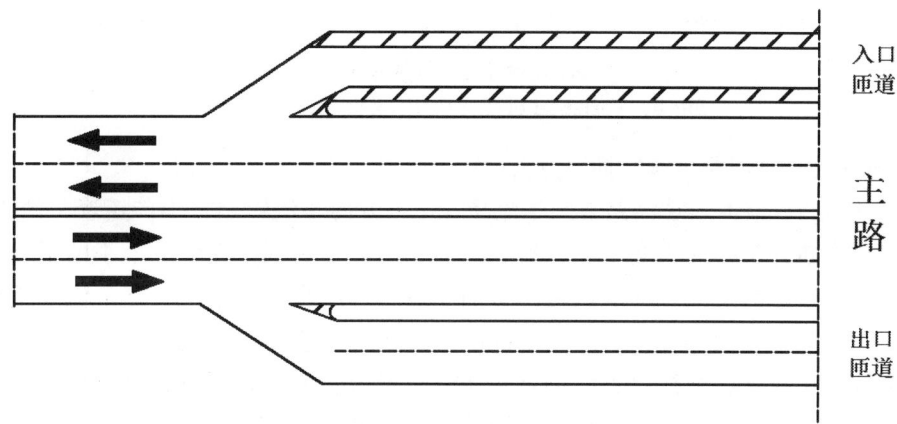

图6 宣化街入口匝道平面图

Fig. 6 Plan View of Ramp at Entrance of Xuanhua Street

在合流区，匝道交通流与主线交通流汇合时，必然产生一定程度的相互干扰。观察发现，匝道车辆速度的波动会导致主线车辆速度的波动。主线交通流流量最初不受匝道交通流的影响，当匝道交通流流量增大到一定程度时，主线交通流流量和车速开始下降，时间占有率开始增大；伴随着匝道交通流流量的下降，主线交通流又逐步恢复稳定行驶状态。

（二）合流点交通特性分析

1. 合流区交通特性分析

宣化街与文昌街合流区交通道路布设如图7所示，车道数的减少使车辆产生争夺空间的过程，易产生交通拥挤问题。

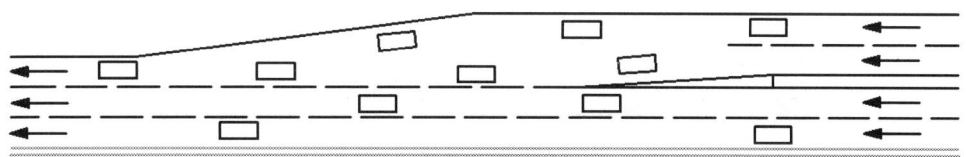

图7 宣化街与文昌街合流区交通运行示意图

Fig. 7 Traffic Operation of Merging-area at Xuanhua Street and Wenchang Street

在合流影响区，由于汇入车辆的严重干扰，导致黄河路方向上的车流无法顺畅行驶，车速下降；在达到通行能力时，车流处于拥堵—消散—拥堵—消散状态中，在这个过程中道路上的车流在稳定和不稳定状态间变化，速度一直处于较低的水平，观察道路上车流率在排队和消散过程中的变化情况如图8。

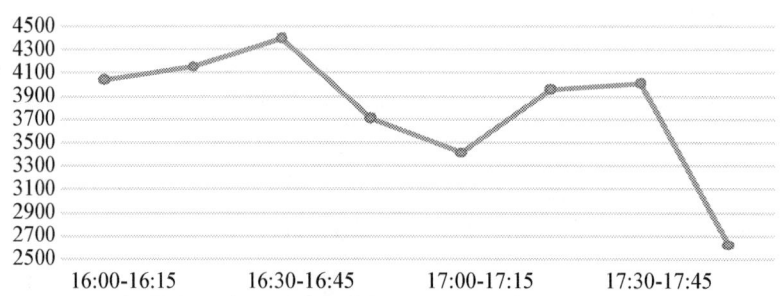

图 8　合流区交通流率变化

Fig. 8　Variation of Traffic Flow in Merging-area

2．宣化街与黄河路合流区拥堵分析

自由流运行状态时，黄河路方向车流受宣化街方向车流影响较小；随着车辆的增多，交通流呈现车辆齐头并进的同步流状态，交通状态比较脆弱，任何一个小的干扰都可能导致交通失稳现象的发生。随着黄河路方向车流密度的进一步增大，同步流发生收缩效应，道路通行效率开始下降，逐渐出现断断续续的拥堵现象；宣化街方向车流不停汇入黄河路方向的干扰下，黄河路方向拥堵严重，交通流整体运行缓慢，可能出现一定时间内停滞不前现象。随着时间的推移，交通流量开始减小，黄河路方向交通状态逐渐恢复自由流运行状态。

(三) 交织区交通特性分析

李范五花园路段为A类交织区，如图9所示。出口上游较短距离处设有入口，缺点是驶入车辆会干扰主路车辆的运行。

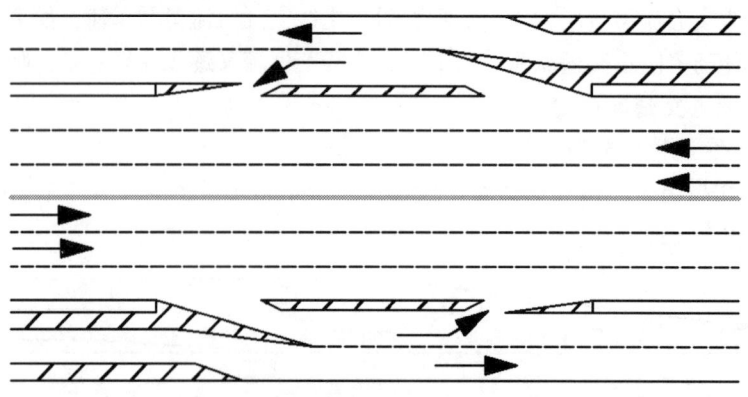

图 9　李范五花园路段交织区平面图

Fig. 9　Plan View of Weaving-area at Li Fanwu Garden Section

李范五花园路段交织区拥堵原因：①驶入车流量不受限制。驶入车辆不断地进入主路，必然对主路车辆的运行效率造成干扰。这种状况的持续将会导致主路交通发生瘫痪。②驶出车辆排队过长回溢到主路。由于受到地面道路的交通或交叉口交通控制的影响，车流难以持续驶出，会导致排队现象，当排队过长会回溢到主路，产生交通拥堵现象。③出入口之间的距离过小。出入口匝道的间距较小，二者车流相互干扰就会很大[8]，不同车流的车辆交织严重，从而发生拥堵。④突发偶发性事件。由交通事故、恶劣气候等因素引发的交通瓶颈，导致其运行效率降低，这也会使文昌桥发生拥堵。

四、高峰拥堵疏解方案

匝道控制主要的方法是匝道关闭和匝道限流两种形式。其中匝道限流是在匝道出入口使用交通信号灯，限制进入城市高架路的车辆比率；匝道关闭可能是最早实施的匝道管理政策，它可以对所有车辆或者特殊车种实施临时的、间歇的或者永久的关闭。

（一）合流点问题解决方案

控制时间选取：高峰期间：上午 7:30 – 9:30，下午 16:30 – 18:00。

控制地点：宣化街入口匝道。在高峰时期，宣化街入口匝道交通量占比较大，通过减少进入主路的车流量达到减少交通拥堵的效果，可以采取匝道关闭的方法，禁止车流在高峰时期通过匝道进入文昌桥。交通标志设置如图 10 所示。

在入口位置设置自动升降路桩，如图 11 所示。升降路桩属于通行通道管制设备，用于交通、景观、公共车位等对指定区域的通道路口进行关闭，这些路桩安装在地面上当他们降下时可以让车辆随意通过。自动升降路桩在高峰期间升起，禁止车辆进入匝道，其他时间不运行，允许车辆进入匝道。

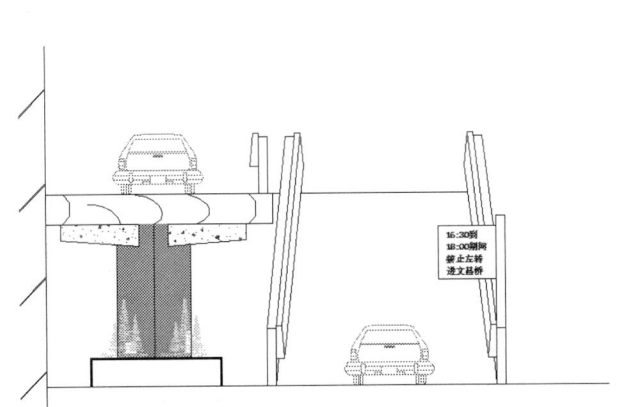

图 10　入口匝道交通标志示意图
Fig. 10　Schematic of Traffic Sign at Entrance Ramp

图 11　自动升降路桩
Fig. 11　Automatic Lifting Road Pile

控制地点：宣化街与黄河路合流区。在高峰时期宣化街与黄河路交接位置处采用交替通行信号控制法。地面标线设置如图12所示，信号标志及横断面如图13所示。

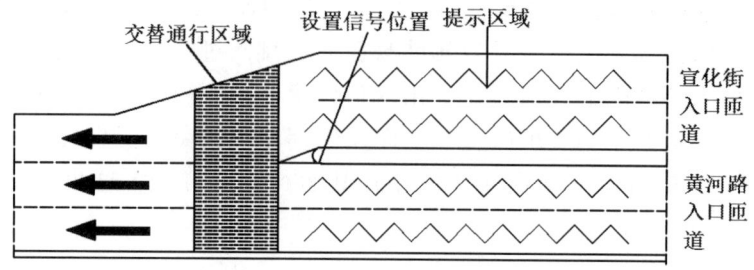

图 12　交汇处标线设置
Fig. 12　Intersection Marking Setting

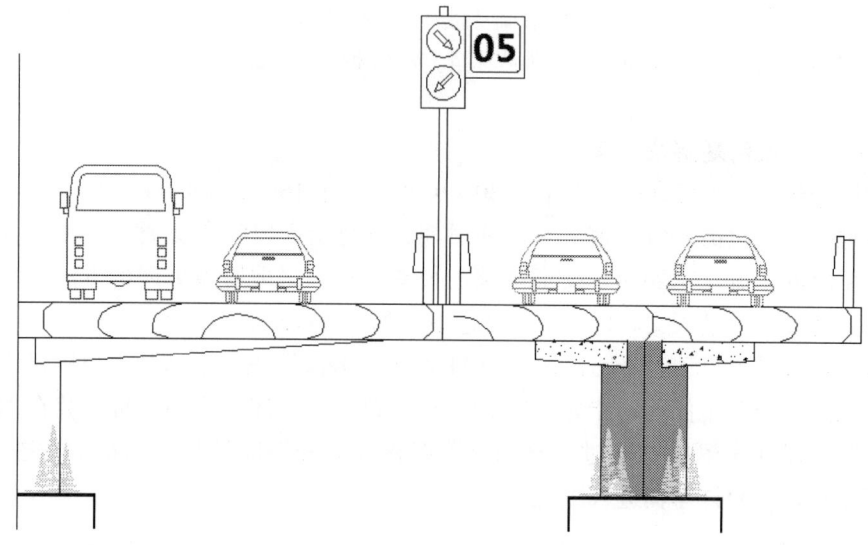

图 13　交通信号位置图
Fig. 13　Position of Traffic Signal

（二）交织区解决方案

流量控制法，采用调节方法限制进入快速道路交通量的一种控制。匝道定时限流控制的目的是为改善快速道路的交通状况或改善车流汇合时的安全。

控制时间选取：高峰期间：上午7:30 – 9:30，下午16:30 – 18:00。

由于中山路路段有隔离设施，车辆无法在桥下直接通行，在高峰时期禁止车辆汇入主路，即车辆只可以直行从出口匝道下桥，配合监控设施监督违章行为。在上桥口布设交通标志，提醒驾驶员提前更换行驶道路（见图14）。

同匝道控制方法一样，区域内布设自动升降路桩，在高峰期间路桩上升，禁止车辆从入口道进入主路，其他时间下降，不影响车辆通行。入口匝道横断面和交通标志设置位置示意图同图10。

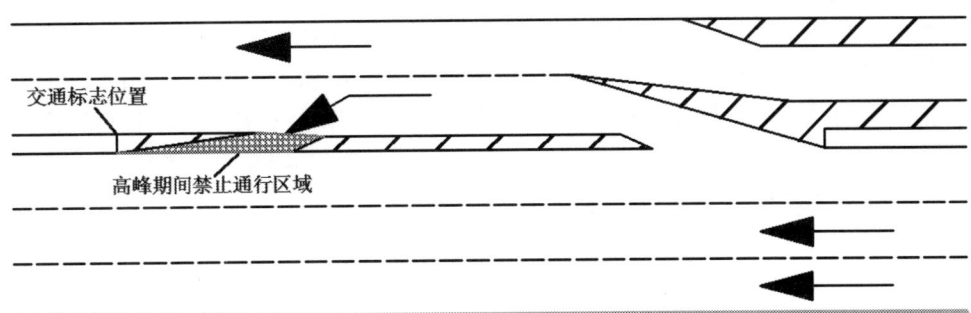

图14 李范五花园交织区示意图
Fig. 14 Plan View of Li Fanwu Garden Weaving-area

五、仿真分析

(一) 宣化街与黄河路交叉口仿真结果分析

原来路况仿真后所得数据如表3所示。

表3 仿真车道详细评价（10分钟）
Tab. 3 Detailed Evaluation of Simulation Lane (10 minutes)

车 道	占有率[%]	平均排队时间[s]	最大排队时长[s]	车辆数量	车速[km/h]
匝道	0.2	1.2	14.4	154	19.1
宣化街上游	0.1	0	0	215	30.6
宣化街匝道合流	0.1	3.1	41.8	363	28.8
宣化街下游	0.1	3.3	41.8	339	23.2
黄河路方向	0.1	0	0	274	31.8
宣化街与黄河路合流区	0.2	2.1	41.8	604	30.5

结合方案设计仿真数据如表4所示。

表4 方案仿真车道详细评价（10分钟）
Tab. 4 Detailed Evaluation of Simulation Lane After Scheme (10 minutes)

车 道	占有率[%]	平均排队时间[s]	最大排队时长[s]	车辆数量	车速[km/h]
匝道	0.0	0	0	0	0
宣化街上游	0.0	0	0	215	32.9
宣化街匝道合流	0.1	0	3	215	32.2
宣化街下游	0.3	3.5	22.6	196	25.5
黄河路方向	0.3	4.8	23.2	269	28.4
宣化街与黄河路合流区	0.1	6.2	23.8	460	31.4

配合匝道控制方法后，宣化街方向排队时长减少，而黄河路方向匝道排队时间增加，

这种现象是正常的，因为优化控制的策略和目标是在尽量对次要道路车流影响较小的情况下，提高主要道路的通行效率，由于宣化街匝道车流量较大，在高峰期间，减少宣化街匝道排队时间可以提高整体速度和通行能力。信号控制对黄河路车流存在一定的抑制作用。

（二）李范五花园路段交织区仿真结果分析

表5 路网总体评价（10min）
Tab. 5 Overall Evaluation of Road Network（10min）

总停车延误 [h]	停车次数	车均停车延误 [s]	车均停车次数	车均延误 [s]	平均车速 [km/h]	总延误时间 [h]
1.811	412	8.846	0.559	41.368	32.913	8.469

通过表5可以看出：在高峰时段，目标路段上的车速大多保持在33公里/小时左右，车均停车延误也达到了8.8秒左右。整个路段的延误和拥堵情况相对较严重。拥堵问题的主要原因都集中在目标点处，目标路段的主要问题可以归结于以下问题：由于中山路设有中央分隔带，桥下没有车辆直接通行的方式，车流需要通过文昌桥跨越路段，这样就造成了入口匝道上桥的车流与驶出车流产生交织，增加了延误时间，恶化了整个路段的拥堵问题。

针对李范五花园路段的解决方案，禁止车辆进入主路使得影响主路的交通量为零，设经由主路车流量没有改变（实际中经由主路的车流量应该增大）。将新的数据重新经过仿真分析后可得到新方案与原方案对比如图15。

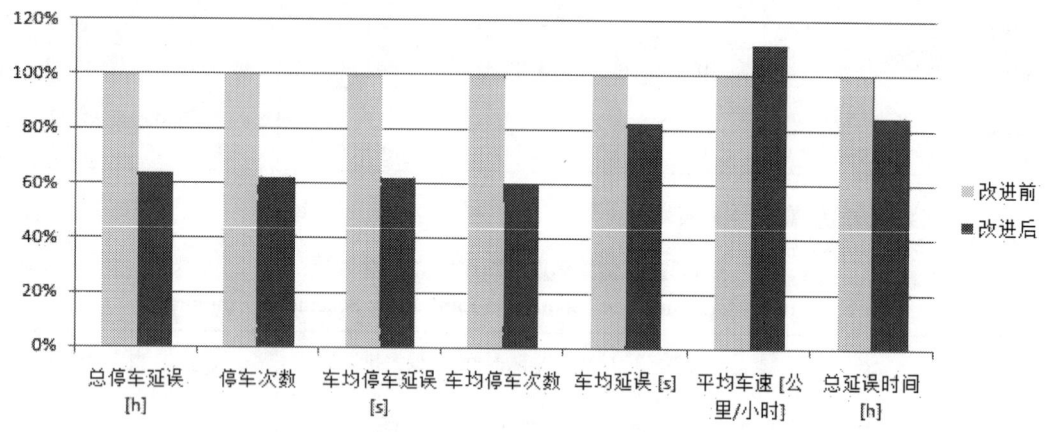

图15 方案优化前后对比图
Fig. 15 Contrast Before and After Scheme Optimization

经过改进的方案延误和停车次数减少较为明显，行驶速度也有了较大的提升，新方案对于路网性能有较大的提高。采用本文提出的控制方法可以在一定程度上改善文昌桥主线交通运行状态，提高道路通行效率，减少车流之间的冲突，保障车辆运行安全。

六、结论

本文以哈尔滨文昌桥为例,给出了基于 VISSIM 对高架桥交通流延误拥堵等问题的分析方法。分别对拥堵点段进行优化控制仿真,将所得数据进行数理统计分析。通过对比分析主线与匝道车辆的平均运行速度、行程延误、停车次数、时间占有率等控制指标,结合传统的仿真方法,展现了从分析问题到最优方案的完整过程。并且在解决方案分析中引入相关交叉学科,对解决方案进行对比,验证了优化控制方法的实用性与优越性。

参考文献:

[1] The U. S. Federal Highway Administration. Freeway Management Handbook [M]. Washington, D. C.: Dept. of Transportation, Federal Highway Administration, 2006.

[2] 李泽民. 浅论城市快速路系统规模及其布局规划[J]. 武汉城市建设学院学报, 1997, 14(3): 1-4.

[3] 龙科军, 杨晓光, 王跃辉等. 城市快速路匝道最小间距模型[N]. 交通运输工程学报, 2005, 5(1): 106-110

[4] 王毅. 我国城市高架路发展综述[J]. 城市交通, 2003(8): 52-54.

[5] 张海军, 杨晓光, 赵建新. 城市快速路交通衔接组织研究[J]. 城市交通, 2005, 3(1): 51-54.

[6] 高奖, 过秀成. 城市高架道路匝道与平面交叉口衔接空间优化设计[J]. 道路交通与安全, 2006, 6(10): 4-7.

[7] 李江. 交通工程学[M]. 北京: 人民交通出版社, 2002: 142-146.

[8] 胡国军, 李旭宏, 张俊. 大城市高架路合理规模研究[J]. 山东交通学院学报, 2004, 12(4): 83-84.

我国智慧港口建设架构设计与实践

倪 鹏

(交通运输部水运科学研究院，北京 100088)

【摘 要】"智慧港口"源于智慧地球、智慧城市等概念的提出，代表着未来港口发展的方向，成为港口转型发展的关键。本文通过对我国"智慧港口"建设与发展理念的阐述，对我国"智慧港口"建设战略主题进行了分析，提出了我国"智慧港口"建设基本框架设计，以及建设目标与重点，并根据相关实践总结，凝练了当前正在开展的我国典型性"智慧港口"实践建设内容与特点。

【关键词】智慧交通 智慧港口 转型升级 架构设计 实践总结

The Design and Practice of Smart Port Construction in China

NI Peng

(China Waterborne Transport Research Institute, Beijing 100088)

Abstract: The concept of "Smart Port" is based on the concept of "Smart Planet" and "Smart City". It represents the future port development direction and becomes the key to the port transformation and development. In this article, an analysis is made to the strategic themes of "Smart Port" in China, based on the construction and development concept. It also puts forward the basic framework of the "Smart Port", including the construction goal and the key point. And at last, according to the relevant practice, It refines the typicality content and characteristics of current ongoing "Smart Port" construction in China.

Keywords: Smart transportation Smart port Transformation and upgrading Architectural design Summary of practices

"智慧港口"（Smart Port），是现代港口发展的新理念，是在港口行业发展和知识创新相互驱动的背景下，催生的一个新概念。是以理性思维来处理港口生产经营、可持续发展和战略问题，综合应用物联网、移动互联、智能感知、云计算、大数据分析等新一代信息技术，建立实时、高效、准确、优质的港口物流服务体系，建立便捷、安全、经济、智能的集疏运体系，促进物流、信息流、资金流的高效运转，实现港口资源配置智能化、港口服务敏捷化、港口生产组织柔性化、港口物流运作协同化、港城发展和谐化的全新港口发展模式，从而打造港口的综合竞争优势，最终实现紧密协作、安全可靠、绿色生态、持续发展的智慧港口物流生态圈。"智慧港口"代表着未来港口发展的方向，成为港口转型发展的关键。

一、我国"智慧港口"的建设与发展

当前我国港口行业同时面临着诸多压力与挑战，也给新时代的港口发展提出了新的挑战。从港口行业自身来讲，多元化的利益格局的不断变化，也在促使港口行业不断寻求差异化的竞争优势，以维系自身发展。一方面，各方物流服务商通过积极地优化供应链网络，以满足市场的需求变化，促使港口行业必须尽快解决在信息、服务和效率等方面的瓶颈；另一方面，行业的同质化竞争严重，促使港口必须转变思路构建长期竞争优势。物流价值链对集疏运体系的完善度、物流流向的透明度、贸易便利化的要求越来越高，也在不断推动港口优化与腹地的运输网络，提供更便捷的信息渠道和更优质的服务。第三，当前环保呼声增强，安全重要性凸显，新能源使用、废气排放监管政策发挥的作用越来越大，港口必须重视环境影响，加强安全管控能力，以寻求可持续发展。如何从传统的竞争格局中走出来，持续发现新的利益增长点，建立起稳定的、可持续的良性发展模式，从而形成持久的竞争优势，将是今后一个时期港口行业面临的长期挑战。

我国"智慧港口"的推进重点，主要以"基础设施系统、生产组织系统、运输服务系统、决策管理系统"为核心任务，统筹推进港口信息化、智能化、智慧化进程，加快推动交通供给侧结构性改革，在更高层面上实现资源优化配置，在更高境界上满足社会运输服务需求。推进重点建议包括：

基础设施系统。重点推进港口基础设施与运输装备智能化研发与应用，提高交通基础设施传感与智能设备的覆盖率，加快专业化运输装备的智能改造，加强交通运输装备自动运行、在线管控等核心技术研发。推进建设下一代交通移动通信系统网络，重点提升港口信息接入服务能力。

生产组织系统。重点推进港口货物与旅客运输组织系统的智能化，以及多种运输方式协同联动。建成高效的港口运输管理运行控制系统，推进货运智能技术应用。推进物流供应链管理技术在港口运输链的应用，实现与制造业、商贸业、金融业等港口物流上下游信息的精准对接与协同运作。鼓励开展动态、实时、精准的物流网络和流程整合控制，基于智能化决策的港口运输协同管理服务平台建设。

运输服务系统。重点推进港口物流信息资源的整合与开放，实现港口运输信息增值服务创新；推进线上线下资源整合，延伸港口物流服务链条，创新商业模式；加强港口物流交易与业务创新平台建设，促进平台互通与协同和创新运营服务模式；建立多种运输方式间信息共享机制，货物与旅客运输联程联运更加便捷。

决策管理系统。重点推进完善港口运输运行监测系统，实现对运输网络运行状况的动态监测；建立完善综合安全应急管控系统，构建跨行业、跨区域联防联控与应急指挥体系；提升港口大数据处理及分析能力，创新港口运输数据产品，支撑生产运营智能管控和管理决策辅助分析；打造公开透明、高效便利的港口政务服务体系。

近期，交通运输部开展的"智慧港口"示范工程建设，即以港口智慧物流、危险货物安全管理等方面为重点,着力创新以港口为枢纽的物流服务模式、安全监测监管方式,以推动实现"货运一单制、信息一网通"的港口物流运作体系,并逐步形成"数据一个库、监管一张网"的港口危险货物安全管理体系,从而着力推进港口智慧物流建设和实现港口危险货物管理与监管的智能化。

二、"智慧港口"建设战略主题

基于相关的实践与经验总结来看,从行业需求的视角,"智慧港口"要达到的最终的目标和效果,仍然聚焦于以下几个方面:实现港口资源统筹高效利用,降低运输成本,更加经济;实现完善的基础设施和运营网络,更加可靠;实现一体化智能化的运输服务,更加高效;实现高水平的港口安全监管和应急救援,更加安全;实现创新型、高附加值的运输组织与服务,更加敏捷;实现节能环保的可持续性和谐发展,更加绿色。

我国"智慧港口"建设战略主题,应借助数字化、智能化的创新技术,重点围绕智能化管控、数字化供应链以及"互联网+"业务创新等核心战略主题,重点实现相关领域流程再造、业务协同与管理创新,推动相关业务组织从碎片化到系统化的升级,推动港口从单纯的物流运输节点转向营建开放、高效的平台,形成具有"信息广泛互联、资源优化配置、业务协同联动"的港口物流新业态和新模式,从而通过优化面向全球的物流效率和资产利用率,积极融入世界贸易一体化的大格局。

智能化管控,通过智能化管控系统建设,实现智能的港口运营与精细化安全管理,进一步提升运营效率与安全水平。

数字化供应链,打造数字化供应链,推进智慧港口物流参与方全流程协作和整合管理,实现高效的运输组织与一体化供应链协作。

"互联网+"业务创新,打造"互联网+港口"信息化创新平台,推进智慧港口物流参与方全方位信息集成、可视化和业务创新,实现便捷便利化的运输服务与开放式业务创新。

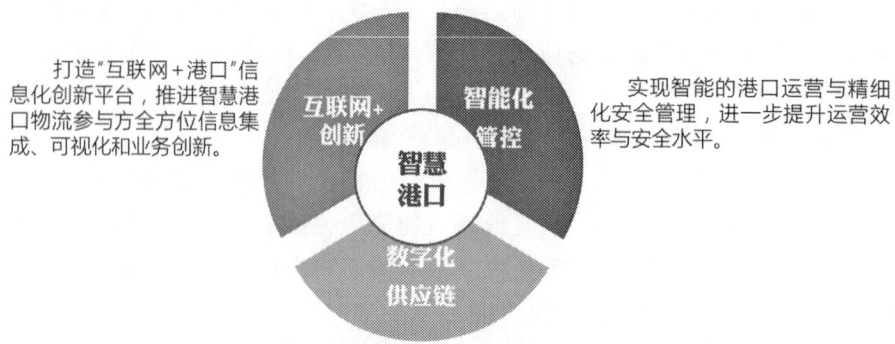

图1 我国"智慧港口"建设核心战略主题

Fig. 1 Core Strategic Themes of China "Smart Port"

三、"智慧港口"建设基本框架设计

依据以上"智慧港口"建设战略主题框架分析,提出我国"智慧港口"建设基本框架如下:

一是聚焦"信息一网通",建立和完善包括感知体系在内的港口基础支撑系统,推动港口基础设施建设;

二是聚焦"数据一个库",构建和完善以数据资源为核心的港口大数据中心,实现相关数据的互联互通,完善港口的数据支撑;

三是聚焦"作业智能化",推进关键作业环节智能化技术应用,促进港口智能化运营,打造港口"智慧+运营";

四是聚焦"管理精细化",构建港口危险货物管理智能化系统,推动危险货物安全管理体系建设,提升政府监管和服务,打造港口"智慧+安全";

五是聚焦"协作无缝化",开展全产业上下游物流供应链无缝化协作应用示范,打通港口物流产业链,打造港口"智慧+协作";

六是聚焦"协同一体化",开展区域以港口为枢纽的物流网络资源协同调度应用示范,实现港口物流网络化资源整合,打造港口"智慧+协同";

七是聚焦"服务便捷化",构建线上业务服务、综合信息服务与口岸协作服务,推动"互联网+"服务及贸易便利化创新,打造港口"智慧+服务";

八是聚焦"模式创新化",构建资源集聚"互联网+"创新平台,推动港口物流参与方全方位信息集成、可视化和业务创新,构建港口社区生态圈,打造港口"智慧+平台";

九是注重标准,制定示范工程应用与安全运维标准体系,打造智慧港口标准体系。

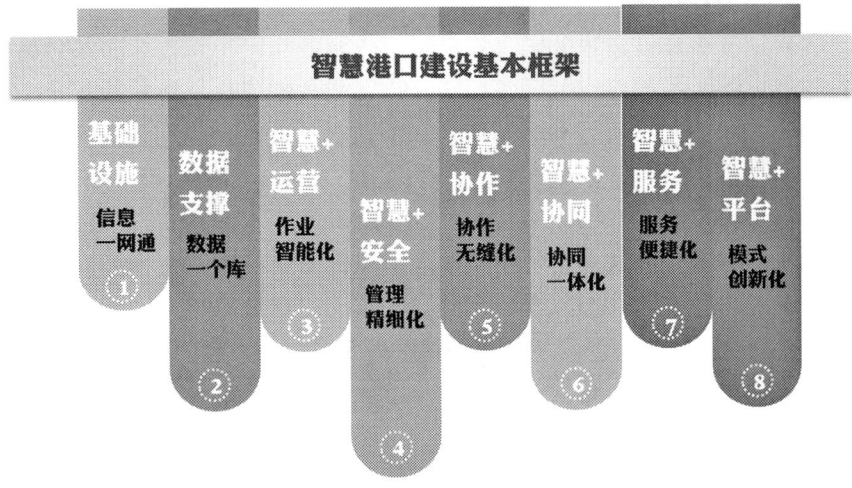

图 2 "智慧港口"建设基本框架
Fig. 2 The Basic Framework of China "Smart Port"

四、"智慧港口"建设目标与重点

"智慧港口"建设主要目标与重点如下:

(1) 运营作业智能化:借助 ICT 技术、系统工程和人工智能等技术成果,通过完善智能闸口、智能车船配载、智能设备调度、智能船舶调度等港口码头关键业务环节智能化系统建设,构建港口作业智能控制网,推动港口运营智能化创新。重点实现智能感知与数据自动采集处理、指令电子化、操作智能化、设备远程管理等,实现信息系统指令与码头机械设备控制功能的无缝衔接,实现作业资源的最有效、合理分配和调度,实现作业流程的标准化及优化,提高作业效率和准确率,保证生产过程的连续、协调、均衡和经济运行,以求实现作业效率与效益的最大化。

(2) 安全管理精细化:借助传感识别、定位追踪、视频分析和风险管理等技术成果,通过开展危险货物作业跟踪与核查、风险源在线监测等系统建设,构建危险货物运输监管网,推动危险货物运输智能化与精细化管理创新。重点实现危险货物在港口物流多环节业务状态的动态信息掌握与业务核查,推动建立全过程、全链条的监管体系;并通过与港口行政管理部门信息系统对接,实现业务协同,提高政府与企业的监管、决策和服务能力。

(3) 区域物流协同化:借助数据共享交换与互联互通技术成果,重点开展全产业物流供应链无缝化协作、区域港口群网络资源一体化协同调度等系统建设与应用示范,构建物流供应链一体化化协作网,推动物流供应链协作与资源整合协同创新。重点实现覆盖全产业的物流供应链服务电子化、网络化、无纸化和"一单制",通过物流信息集成和共享,实现物流上下游供应链的无缝衔接,实现物流资源的连接与互联互通,实现区域港口群节点网络、腹地无水港运输网络、港航运输网络的网络化资源整合与协同调度,优化物流供应链管理与资源调度能力。

(4) 客户服务便捷化:借助移动互联网、云计算、数据交换、智能化分析与决策等技术成果,完善物流综合信息服务平台、口岸协作服务系统、管控与决策分析平台等系统建设,构建客户线上业务与信息服务门户,推动服务便捷化及贸易便利化创新。重点打通各港航要素之间的业务流程和关联应用,实现包括查询、预约、受理、电子结算等在内的线上作业模式,汇集融合堆场堆存、进出闸口、集卡运输、口岸放行、货物装卸、船舶动态等物流信息,通过网络、手机移动终端等多种方式,实现货物由承揽、转运、运输、交付的全程跟踪,为用户提供一站式、定制化的港口物流全程可视化服务和物流管理服务。推动跨部门、跨行业数据交换共享,推动实现港口与海关、海事、质检等口岸单位的信息一体化,促进贸易与运输便利化服务水平,助力自贸区业务发展。

(5) 业务与服务模式创新化:借助可视化、大数据、云平台、移动互联网等技术成果,充分利用全产业供应链与港口物流网络的优势,探索物流交易、电子商务、大数据分析、可视化数据服务、港口社区管理等系统建设,探索构建港航及物流资源集聚"互联网+"创新平台,推动智慧港口物流参与方全方位信息集成、可视化和业务创新。重点通过对各方面信息的收集、分析和整合,获取行业洞察并探索开发新的商业模式、运作模式,确立价值增长点。深入建立合作关系,为各方营造开放创新的环境和系统平台,以最佳方式利用港口生态圈，展开规模化运营，构建创新机制应对企业间合作在战略、运营和文化层面的挑战，从而实现开放而协作、高度互联、数据化和智能化的智慧港口生态圈体系。

五、我国典型性"智慧港口"架构设计与实践

（一） 以"区域物流与供应链一体化协作"为建设核心与特点的智慧港口建设实践

此类建设实践以数字化供应链应用系统为核心，主要开展：一是聚焦"一条链"协作的物流上下游产业链衔接与协作系统建设，主要包括 OTM（运输管理系统），WMS（仓库管理系统），客户协同平台协同，供应商协同平台系统，结算协同平台系统，运力协同平台系统等；二是聚焦实现"货运一单制"电子订单系统建设，主要包括 ERP/WMS 订单接入系统、订单生成系统、订单管理系统、电子回单系统、自动对账系统、运管监管系统、统计分析系统等；三是聚焦"多张网"的港口物流资源整合管理系统建设，主要包括港口信息互联互通系统、虚拟无水港与物流资源协同调度系统等。

开展此类建设实践的港口，主要需要依托港口对相关产业的全面覆盖和业务掌控，从而围绕"港口+物流+工贸"这一主要链条，从资源整合、产业协同以及提高整体竞争力、发挥整体效应的角度，推进开展物流上下游产业链衔接协作、"一单制"全程物流经营人运作等智慧物流新模式的探索和创新。一方面是在"港口、物流、工贸"协同发展战略的指引下，协调产业链、物流链多方资源，重点解决各环节的业务衔接问题，构建贯通北部湾物流网络和产业链通道的"一条链"；二是整合港口、物流与上下游产业链、多式联运等行业信息资源，通过优化再造业务流程，辅以先进的供应链管理技术手段，重点解决整条链的协作问题，从而面向制造商、货主、货代、班列运营人、公路承运人、场站经营人等企业，提供覆盖全程物流+产业链的一体化协作业务解决方案和操作服务支持，打造先进的"门到门"全程物流运输链协同服务业务模式。

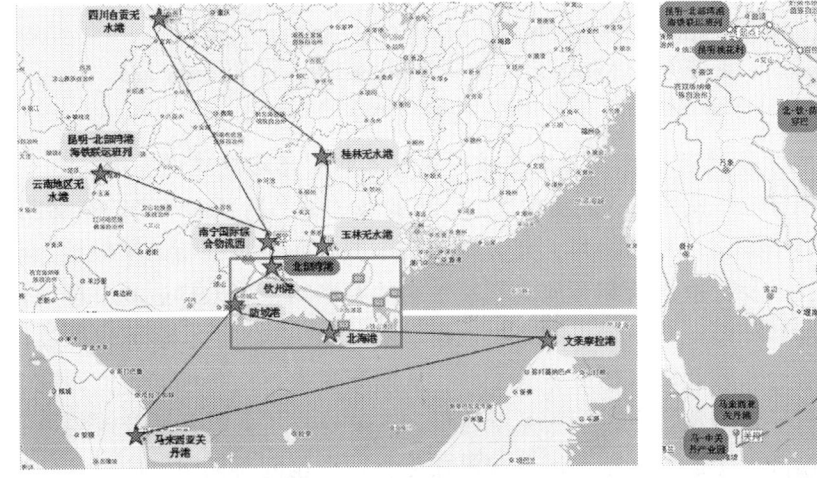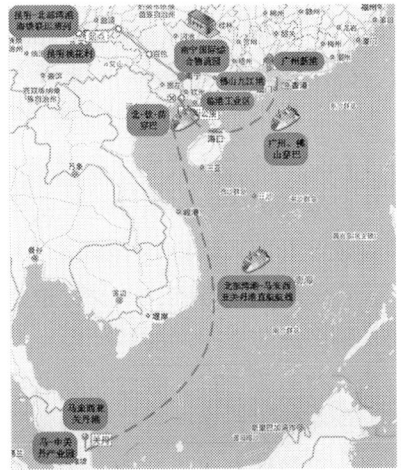

图 3 以广西北部湾港为例的"区域物流与供应链一体化协作"智慧港口建设网络
Fig. 3 An Example Smart Port Network Focus on "Regional Logistics and Supply Chain Integration" to Build in Beibuwan Port of Guangxi

(二) 以"业务流程协同及增值服务"为建设核心与特点的智慧港口建设实践

此类建设实践以推进港口业务协同模式、客户服务模式创新为核心，一是聚焦"衔接、协作、互换、联动"，通过港口物流智能化业务处理中心系统的重构集成整合，实现相关业务系统的重构、协同与融合，显著提升港口物流业务的协同联动与资源优化配置，解决港口物流业务各环节的业务信息链脱节、无法融合和及时共享的问题；二是在此基础上，通过对业务处理中心基础业务与协同服务的抽取、集成、重构与调度，实现包括业务受理、物流协同、运营作业、财务结算、口岸监管、金融商贸等在内的业务服务全方位、立体化和精准需求匹配与支持，实现从港口物流"一站式"综合信息服务门户向着面向客户多样化应用场景、可实现智能化服务协同、组合与调用的港口智慧物流跨界服务平台的转型升级，重点满足客户在交互方式多样化、信息与服务获取便捷性和可靠性、信息的透明度与及时性、物流全程可视化、沟通渠道畅通性、流程优化与精简等方面的服务需求。

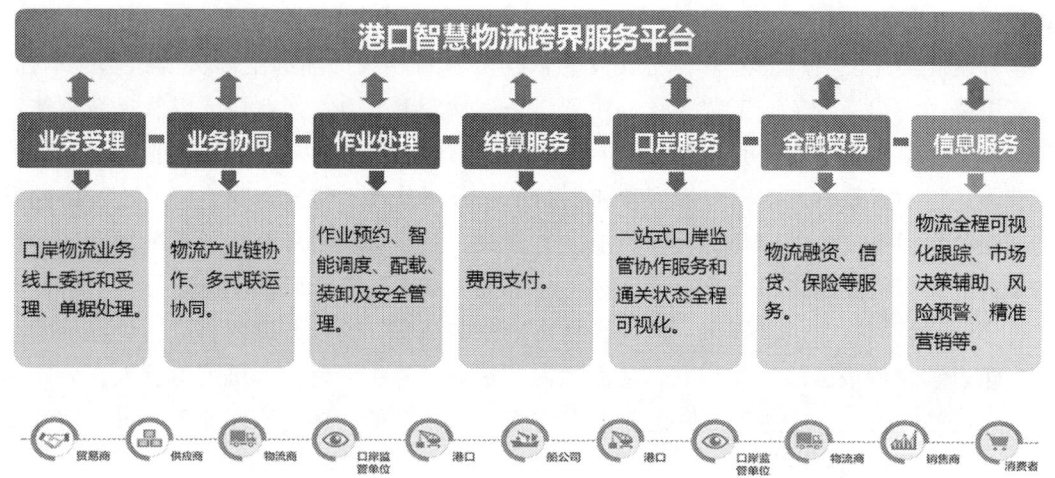

图 4 以大连港为例的"业务流程协同及增值服务"智慧港口建设
Fig. 4 An Example Smart Port Network Focus on "Business Process Synergy and Value-added Services" to Build in Dalian Port of Liaoning

(三) 以"开放式业务创新平台"为建设核心与特点的智慧港口建设实践

此类建设实践以推进港口业务模式创新为核心，主要通过借助新技术带来的新动能，通过建设开放式创新环境加强内外部协作，充分调动中小型企业参与创新的积极性，形成更广泛的创新基础，以及价值创新和开放式创新带来的新格局，着力打造基于自动化码头调度港口协同调度和智能运营平台、港口物流枢纽集疏运协同平台、多元化的港口物流交易服务平台、航运金融及大数据服务等平台，从而支撑港口由单纯的物流运输节点向供应链平台和贸易平台转型。通过相关系统建设，为港口物流各方营造开放创新的环境，以最佳方式利用港口生态圈，拓展展开规模化运营，构建创新机制以应对港口物流企业间合作在战略、运营和文化层面的挑战。

图 5　以上海港为例的"开放式业务创新平台"智慧港口建设
Fig. 5　An Example Smart Port Network Focus on "Opening Business Innovation Platform" to Build in Shanghai Port

(四) 以"互联网+港口"拓展应用为建设核心与特点的智慧港口建设实践

此类建设实践以建立"互联网+港口"物流集成应用体系为核心,主要通过多式联运一体化运作与"一单制"应用、基于"海外仓+平台+体验店"港口跨境电商运作、基于"互联网+"的全程物流协同化运作与综合服务以及"互联港+"智慧物流大数据应用与服务中心等系统平台建设,推进"互联港+跨境贸易"物流服务、港口跨境电商运作模式、"一站式"区域性港口物流综合信息枢纽、基于"数据驱动"定制化增值信息服务与决策支持应用等应用服务创新,并尝试在"互联港+金融+供应链"金融多元化服务与配套服务链等多方面的拓展应用创新。

(五) 以"危险货物安全管理与防控"为建设核心与特点的智慧港口建设实践

此类建设实践以建立"监管一张网"的港口危险货物安全管理体系为核心,主要通过港口安全业务协同管理系统、化工储区安全管理可视化系统、集装箱危险货物堆场安全管理可视化系统、智能化应急预案管理系统、港口安全应急指挥调度管理等系统建设,通过应用移动互联网、高精度遥感测绘、北斗定位、GIS、物联网监测、大数据(应急评估模型分析)等技术,构建以港口危险货物为业务主线的信息化管控系统,增强港口危险货物信息动态智能化监控和安全监管能力,提升危险货物突发事件、应急处置与指挥

决策能力,从而推进港口智慧物流建设和实现港口危险货物管理与监管的智能化。

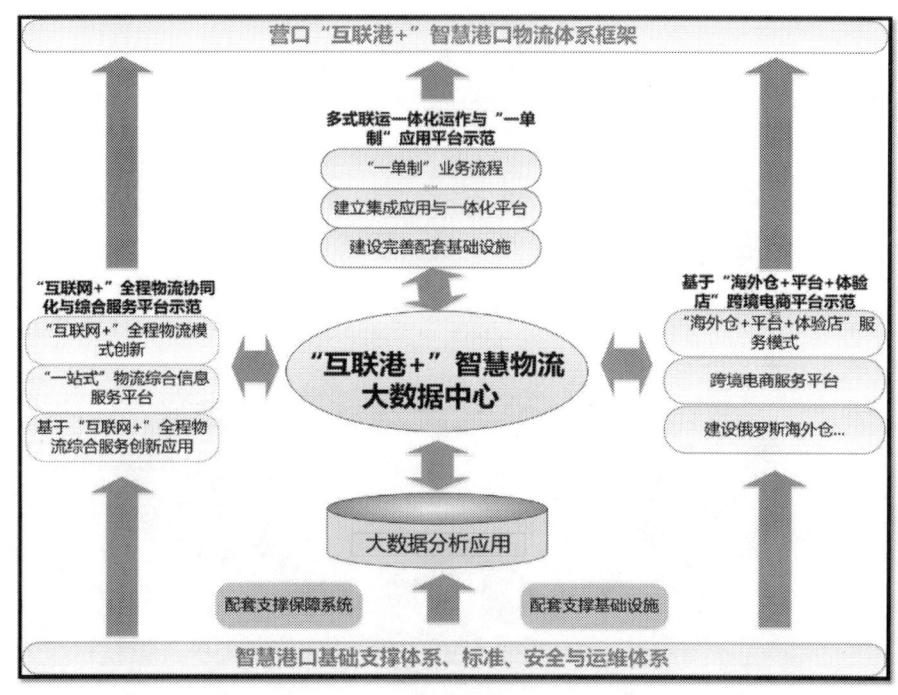

图6 以营口港为例的"互联网+港口"拓展应用智慧港口建设
Fig. 6 An Example Smart Port Network Focus on "Internet + Port" to Build in Yingkou Port of Liaoning

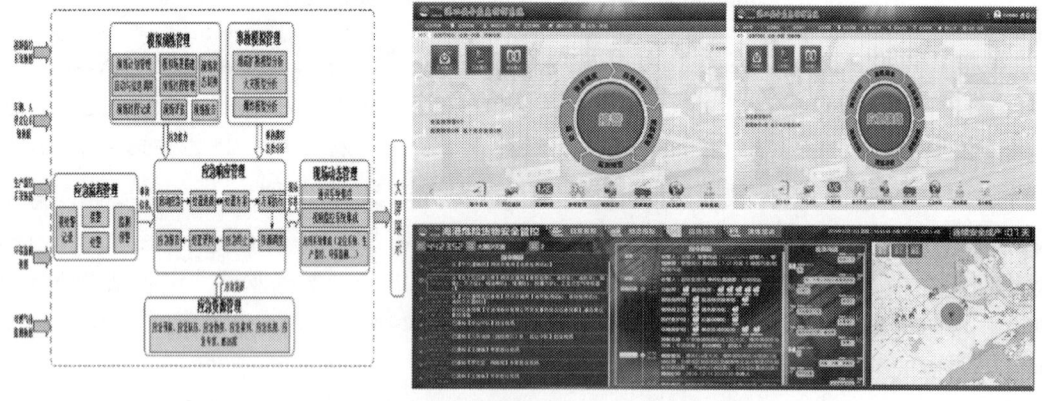

图7 以宁波舟山港为例的"危险货物安全管理与防控"智慧港口建设
Fig. 7 An Example Smart Port Network Focus on "Safety Management and Prevention and Control of Dangerous Goods" to Build in Ningbo-zhoushan Port of Zhejiang

参考文献:

[1] 交通运输部. 关于推进交通运输信息化智能化发展的指导意见, 2013.

[2] 交通运输部.关于开展智慧港口示范工程的通知(交水函〔2017〕101号).

[3] 上海市交通委员会.关于加强智慧交通体系建设的指导意见.沪交科,2015,721号.

[4] 刘艳.面向全程物流的智慧口岸建设实践,大连港口集团有限公司.

[5] 任海东.港口危险货物信息化管控的探索,宁波舟山港股份有限公司.

[6] 上港集团—埃森哲.智慧港口:带动未来贸易,2015.

加快长江经济带港口资源整合
——以浙江省、江苏省港口资源整合为例

王德荣　高月娥　程　亮

（中国交通运输协会，北京 100825）

【摘　要】 通过实地调研，在分析长江经济带港口资源整合进展情况的基础上，梳理总结锚地、岸线及航线等资源整合采取的主要措施，重点剖析存在的主要问题，提出港口资源整合的建议措施，为推动长江经济带港口资源整合提供重要借鉴和参考。

【关键词】 长江经济带　港口　资源整合　供给侧结构性改革

Accelerate Port Resources Integration of the Yangtze River Economic Belt
—Taking Zhejiang and Jiangsu Province Port Resources Integration as Example

WANG Derong, GAO Yuee, CHENG Liang

(China Communications and Transportation Association, Beijing 100825)

Abstract: On the basis of analyzing the progress of port resources integration of the Yangtze River Economic Belt, through field research, this paper summarizes the main measures adopted in the integration of anchorage resources, shoreline resources & route resources, emphatically analyzes the problems, provides some suggestions on the integration of port resources, so as to provide important reference for the integration of port resources of Yangtze river economic belt.

Keywords: Yangtze river economic belt　Port　Resource integration　Supply-side structural reform

为贯彻落实《长江经济带发展规划纲要》，更好地发挥长江全流域黄金水道作用，加快港口资源整合，专题对江苏省、浙江省进行港口资源整合调研。调研中了解到两省港口资源整合有序推进，取得了积极进展，但也存在锚地、岸线、航线等资源整合有待深化、体制机制制约、配套设施和服务体系亟须加强、各地政府支持需要进一步协调等问题，主要情况如下：

一、港口资源整合进展情况

2015 年以来，江苏省、浙江省做出推进港口一体化改革发展的重大决策，全力推进锚地、岸线、集装箱航线三项资源整合，取得了实质性进展。

（一）初步实现对沿江港口锚地锚泊的统筹调度

江苏省交通运输厅港口局下成立了江苏沿江港口锚泊调度中心，基本形成省、市、县分级管理的调度管理体系；会同江苏海事局成立了沿江港口锚地锚泊管理协调领导小组，会同长江航道局加强高清航道图等大数据的共享共用，联动调度机制为共同推进沿江港口锚地公用集中化管理奠定了坚实基础。开发建设了江苏沿江港口锚泊调度信息系统，2016年9月起已上线试运行，有260多家单位注册登记，初步实现了锚地锚泊的第一时间科学调度。开展了《江苏省沿江港口锚地总体规划》修编工作，到2030年，沿江港口锚泊能力将比现在增长30%以上；开展创建"捷畅锚调"品牌，为锚泊船舶提供优质、安全、高效的服务。目前，江苏省锚泊调度中心日均安排船舶锚泊计划近70艘次，锚位总体利用率由70%提高到了80%。

（二）有效提升沿江港口岸线的开发利用水平

编制《江苏省港口岸线管理办法》，从制度设计上做出了明确规定；未批先建等专项整治工作成效显著，新建项目审批更加严格。开展了新一轮《江苏省沿江沿海港口布局规划》编制工作，促进了岸线资源集约统筹开发，岸线开发利用与城市、水利等规划进行了全面对接并进行了从严控制；出台了《关于加强长江流域生态环境保护工作的通知》，并开展了沿江港口危化品专项整治行动，有力地促进了绿色安全发展。完成"港口资源管理信息系统"的开发投用，实现对岸线资源的可视化管理和动态化监控，促进岸线资源高效动态监管。引导推动沿线各地以打造"长江经济带绿色生态走廊"为主题，开展岸线资源整合。

（三）积极推动沿江港口集装箱航线的合理布局和合作经营

明确江苏省沿江港口群建成为长江下游江海联运港区、将太仓港建成为上海国际航运中心北翼集装箱干线港、将南京港建成为区域航运物流中心（一区两港）的目标。通过推动港口、航运企业开展战略合作，成功将一条太仓到日本航线上延至南京，新开通了两条太仓至东南亚航线，另外还将两条南京至日韩航线上延至宜宾和泸州，迈出了沿江港口集装箱资源整合的重要一步。自2015年以来，江苏沿江港口累计新开辟集装箱近洋航线6条、外贸内支线5条、内贸航线16条。2016年江苏省沿江港口共有航线562条，7600班/月，其中近洋航线35条。此外，还开展了江苏省沿江港口集装箱资源整合方案及政策专题研究，研究编制了江海联运港区实施方案，积极推进内河集装箱标准化船型和精品航线建设。

（四）大力促进港口一体化深度发展

参考宁波的模式将引航机构的行业管理和业务管理分离，做实舟山引航公司的业务运作，将引航业务和公司企业运作归口省海港集团公司管理，为两港引航机构一体化运作提供体制保障。随着宁波舟山集团统一调度信息平台的建立，重点推进核心港区的统一拖轮布点和调配，实现拖轮使用共享。宁波、舟山两港一体化后，市场需要打破中介服务经营的区域限制，允许具备资质的服务机构同时从事两地业务。

二、港口资源整合已采取主要措施

江苏省、浙江省港口资源整合进一步深化,主要采取措施如下:在政策层面,出台《江苏南京以下沿江区域港口发展一体化试点改革工作推进实施方案》,编报《江苏省港口岸线管理办法》等文件,出台《江苏沿江港口锚泊调度管理规程》等。在管理机制和机构层面,挂牌成立了江苏沿江港口锚泊调度中心,组建江苏省港口建设发展领导小组;浙江省组建了省海港委,加强港口资源整合的领导和管理。在规划层面。将出台《江苏省沿江沿海港口布局规划》、《江苏省沿江港口锚地总体规划》等;浙江省创新编制《浙江省海洋港口发展"十三五规划"》,提出了建设海洋港口"四个一流"目标,推进形成"一体两翼多联"沿海港口发展布局。在企业经营层面,江苏省加快筹建港口集团,推动以资本为纽带,加快形成"一市一港"集约发展模式。浙江省组建了省海港集团,重点突出港航投融资、港口运营、开发建设和航运服务四大板块,打造全球一流的港口投资运营集团。

(一)整合锚地资源

南京港编制《南京沿江港口锚地发展规划研究》,组建了南京长江锚地管理机构,推动实施公用锚地资源整合;新建栖霞危险品锚地、推进大年联检锚地改扩建工程;整合仪化等货主锚地资源、规划建设潜洲锚地等,满足重点港区锚地待泊需求。镇江市组建了沿江港口锚地锚泊调度中心,使用江苏沿江港口锚泊调度中心信息系统对沿江各港锚地资源统一规划、维护、建设。南通市成立了南通港口锚泊调度中心,实现锚地资源整合,统筹集中调度锚泊,锚泊生产更加有序,提高了锚地利用率和锚泊安全监管能力。

(二)整合岸线资源

南京港积极推进港区功能布局优化,结合城市滨江风光带建设,优化港口功能布局,对长江二桥、三桥间58公里87处码头、138个泊位进行资源整合;调整下游新生圩、龙潭港区功能。镇江港出台《镇江市长江岸线管理暂行规定》,成立镇江市长江岸线管理委员会,起草《镇江市长江岸线资源保护条例》,建立一套简单有效的港口岸线利用评价指标体系和评价标准。南通市成立港口发展管理委员会,建立港口岸线使用联审制度、港口公共物流岸线收储机制,推进"多规合一",形成港口发展"一张图";建立涉港项目联审制度;南通港总体规划修编形成"一港八区"规划方案,编制完成重点港区发展"一张图";全面启动市区沿江散货运输功能转移;2017年1月组建了南通港集团有限公司,全面落实资产评估等资产整合前期工作。

(三)整合航线资源

南京港加大港口航线航班密度,开通营口等北方港口内贸干线,巩固广州等华南干线,开辟重庆等长江中上游港口掉头中转航线,形成南京港"Y"型航线布局体系;将日本集装箱线由太仓上延至南京,强化与上海港战略合作。镇江港集装箱主要运往上海进行中转,为临时挂靠港。南通港口集团与中远海运全面合作后,将通海港区打造成为沿江集装箱运输内贸枢纽中心、近洋集散中心、远洋分拨中心,推进港口经营一体化和集疏运一体化,切实提升港口辐射、带动、支撑能力。

三、存在问题

(一) 锚地、岸线、航线资源整合有待进一步深化

一是锚地缺口大锚泊难。长江沿江港口锚地资源一直处于紧缺状态，大吨位船舶锚位缺口大，预计到 2020 年，5000 吨级及以上锚位总缺口将达到 130 个以上。船舶锚泊难，尤其是大型海船和危化品船如不能及时有序锚泊，不仅带来重大的安全隐患，而且严重影响 12.5 米深水航道效能的发挥。此外，锚地资源公用化程度不高，受水域底质被采砂破坏以及外围因素等影响较大。二是岸线资源优化整合难度较大。长江港口岸线存在同质化重复建设、低价竞争等问题，如长江干线主要港口企业集装箱码头能力利用率仅为 70%，尤其上游集装箱码头产能过剩。其次，沿江部分地区深水岸线资源碎片化，万吨级以上深水专用泊位不足。长江岸线尚未建立岸线使用一套准入、转让和退出机制，岸线资源动态监管水平有待提高。三是航线资源整合有待纵深推进。目前，长江沿线缺乏龙头港航企业与航运市场联动，江苏省沿江港口没有一条远洋干线，近洋航线航班资源也不足，尤其是集装箱航线业务合作不足，联合开辟航线少，整体竞争力和协同发展能力较弱。项目仍有未批先用、少批多占、先占后报等现象。

(二) 体制机制制约港口资源整合

目前，行政分割和地方政府间的竞争一定程度上阻碍着区域内港口间的港口资源一体化。一是管理体制机制尚需进一步改革。各地从地方利益的角度出发，一味开发深水航道，忽视在产业、城市生态、港口资源等方面的战略合作与错位发展，难以形成各自核心竞争力。二是现行港口管理体系导致资源不能实现共享共用。如宁波－舟山港由于涉及的海事管理辖区不同，管理主体、管理流程不统一，导致两地的商船无法共用锚地。在航道管理方面，中央事权由长江航务管理局统管，航道养护由航道局、工程局负责，船舶安全检验、登记、引航、安全监管、紧急救护等由海事局负责，涉及多个部门。在港口引航、拖轮使用一体化以及口岸中介服务跨区域经营方面，受不同辖区内的引航体制、作业范围等因素限制，港口资源难以集约高效发展。三是岸线、海域和腹地使用的审批职权较为分散，港口用地审批流程较长。以浙江省为例，港口岸线使用审批权限在省级层面归属于省海港委，在市、县级层面归属于交通主管部门；海域的使用审批权限归属于海洋行政主管部门；腹地的使用审批权限归属于国土行政管理部门；审批职权分散致使审批流程的复杂化和审批结果的难以预知。此外，两省对港口项目用地的审批仍沿用以前的流程，与港口一体化的进程不匹配。同时，因港口岸线资源收储的审批涉及海洋渔业局和国土资源厅两大部门，而法律法规已不适应实际发展需求，导致工作协调难度大。此外，长江沿线码头建设的审批手续繁杂。

(三) 配套设施和服务体系亟待加强

长江经济带码头配套设施如集装箱货运站、港外堆场、查验设施等建设仍是短板。尤其是在水铁联运方面，目前长江干线港口每年通过铁路转运的货物不到长江港口集疏运比例的 2%，多数港区铁路专线仍在规划或建设中，已开展运营的水铁联运工程也面临着港区铁路专用线与国铁连接不畅的问题。除硬件设施外，长江干线港口集装箱运输体

系和服务标准仍需要加强完善。此外，集装箱运输信息平台缺乏联动，港口调度中心、铁路中心、口岸部门、船公司、货主及相关服务方之间没有形成实质性的统一联动信息平台。长江沿线港口同样存在口岸监管方式与贸易便利化发展需求不适应的现象，制约了外向型经济的转型升级。

（四）各地政策支持力度亟须进一步协调

目前，长江经济带深水港口中，适用启运港退税政策的启运地口岸扩围到南京龙潭港区、苏州太仓港区、连云港港区、芜湖朱家桥港区、九江城西港区、武汉阳逻港区、岳阳城陵矶港区等，出口口岸为洋山保税港区；洋山港与江苏太仓港的集卡分别享受在上海、江苏境内的高速公路免通行费等优惠政策，而其他港口未能享受类似政策；这种做法虽有利于上海洋山港、江苏太仓港等的货源吸引，但客观上则导致对其他港口的不公平待遇，破坏了市场经济公平竞争原则。同时，长江沿线港口（尤其南京港以下各港口）具备深水航区条件，却未能享受到有关政策；这种仅对少数港口实行的优惠和补贴政策，从长远来看不利于长江港航的可持续发展。

四、港口资源整合的建议

港口资源整合必须贯彻落实发展新理念，坚持以供给侧结构性改革为主线，在继续深化锚地、岸线、航线三大资源整合工作的基础上，从流域、产业链、生态等多视角提出深化港口资源整合的工作建议：

（一）从流域视角出发，继续推进港口三大资源整合

一是统筹整合锚地资源。加大对锚地规划、审批、建设、投用等方面的工作力度，建议沿江各省成立锚调中心，实现锚地资源共享、信息互通；整合锚地存量资源，统筹安排锚泊计划。二是有效整合岸线资源。强调规划的严肃性，完善岸线利用规范运行机制，扎实推进码头清理整顿工作；通过立法，加快建立岸线利用效益评估机制，完善港口岸线利用评价指标体系和评价标准，建立岸线利用规范退出机制；切实加强岸线的保护利用，研究起草《长江岸线资源保护条例》；加快港口群建设，提高市场集中度，提升岸线资源整体竞争力。三是优化配置航线资源。随着沿江港口对外合作层次和领域的不断拓展，深化与上海港、舟山-宁波港、中远海运集团以及国际航运集团等战略合作，按照市场经济规律，联合开辟航线延伸至全球大部分地区，加大航线航班密度，开辟班轮航线，推进近洋航线开通；近期以利用集装箱资源效能为重点，提高港口外贸集装箱直达能力，优化航线资源配置。

（二）采用共建共享模式，创新港口资源整合一体化

一是加快推进港口投资经营一体化。港口资源整合在以资本为纽带的基础上，加快组建沿江各省港口集团，负责统筹开发增量资源、优化整合存量资源，对集装箱、煤炭、矿石及原油等战略性货种进行统筹经营，提升港口资源利用效率和企业综合竞争力。支持部分省市港口资源整合先行先试，在港口公共基础设施建设、重点货种港口功能布局等方面给予政策支持、资金扶持。二是加快推进港口管理一体化。进一步强化港口管理部门职责，强化规划布局统筹、资源配置统筹、市场监管统筹，通过管理一体化促进港

口资源合理分工和有序发展。三是加快推进港口服务一体化。加快推进统一的口岸服务环境、市场环境和信息服务环境建设，实现港口服务一体化。重点推进沿江港口大通关体系建设，推进区域港口通关一体化，优化口岸服务环境。引导建立沿江沿海港口经营企业的价格形成机制，规范港口经营市场。

(三) 优先支持枢纽港口，加快航运物流中心建设

充分借鉴上海国际航运中心、舟山江海联运服务中心建设的经验，加强南京区域性航运物流中心建设。一是加快南京区域型航运中心建设。主要提供港口服务、综合物流服务、商业贸易、口岸服务功能、产业集聚功能、金融服务等增值功能。二是支持长江经济带沿线港口与上海国际航运中心、舟山江海联运服务中心开展战略合作。支持宁波舟山港共享上海国际航运中心相关政策，与长江沿线主要港口实施启运港退税政策；开展国际船舶登记制度创新试点，简化船舶登记手续；支持在长江沿线港口宁波—舟山港参照长江—洋山特别航区政策。三是南通港以港口资源整合为抓手，努力打造上海国际航运中心北翼组合强港、国际物流贸易重要门户、江海联动开发战略支点和江海交汇现代化国际港口。

(四) 完善集疏运设施建设，促进多式联运发展

加快沿江港口集疏运设施建设、多式联运装备研发和标准体系建设，完善多式联运体系。一是强化港口集疏运服务功能。加快南京区域性航运物流中心、舟山江海联运服务中心建设的同时，重点推进疏港铁路、公路和内河水运等建设，构建公铁水无缝衔接集疏运体系，提高港口资源利用效率。镇江市强化江港与河港的集疏运网络衔接，拓展延伸服务腹地。二是建议国家层面建立多式联运协调推进机制，促进各种运输方式、各部门、各地区之间的协调统一。尽快出台相关政策措施，扶持实施方案重点推进港口集疏运铁路、公路项目建设。尤其是在海铁联运方面，尽快调整铁路集装箱运价形成机制和货运运价结构，对海铁联运实施补贴制度，提高集装箱海铁联运的市场竞争力；在海河联运方面，加大对内河航道整治及相关桥梁改造的补助力度，提高内河航道通航能力。

(五) 依托物流信息平台，推进港口资源信息共享

一是加快沿江各省港口公共物流信息平台建设。逐步推进整合港口、船舶、货源、航运、铁路及口岸等信息资源，构建组织生态圈，实现港口物流信息互联互通，为客户提供"一票制"的物流服务。二是创新"互联网+物流"服务模式。加深港口与互联网龙头企业合作，推进长江水陆等联运模式。三是加强大数据、云计算、船舶自动识别系统、水上定位系统等在危险品作业、航道整治、环境保护等方面运用，强化事中事后监管。四是结合国家智慧港口示范工程建设要求，扶持沿江港口物流电商平台、生产调度平台、危险品管控平台等项目建设，研究建设数据中心，挖掘数据增值空间，培育港口信息化骨干企业。

(六) 错位发展，鼓励港产城资源跨界融合

目前，港口资源整合已从锚地、岸线、航线等港口自身功能整合，逐步向"港口+集疏运系统+产业园区"等外延式资源整合发展，呈现港口、产业、城市深度融合发展趋势。以企业为主体，发挥市场在资源配置中的决定性作用，在更好地发挥政府的引导

和支持作用的基础上：一要加快对沿江区域产业进行优化布局和整合资源。二要出台鼓励港口资源整合实施的激励政策，引导港口企业错位发展，推动港口规模化、产业化、枢纽化发展。三要推进"联盟"式合作，注重业务兼并重组等纵向整合与资产、技术、管理等纽带的横向联盟的整合。四要打造一批先行示范区。先行先试，以点带面，搭建港产城融合运作平台、培育壮大港口企业资产重组、临港新兴产业、现代物流产业园、港口集疏运体系等新动能，推广港口产城融合发展可复制可借鉴的成功经验。

参考文献：

[1] 段学军,虞孝感,邹辉.长江经济带开发构想与发展态势[J].长江流域资源与环境,2015,24(10):1621-1629.

[2] 曾浩,余瑞祥,左桠菲,丁镭.长江经济带市域经济格局演变及其影响因素[J].经济地理,2015,35(5):25-31.

[3] 郑德高,陈勇,季辰晔.长江经济带区域经济空间重塑研究[J].城市规划学刊,2015(3):78-85.

[4] 徐秦.浙江省的港口资源整合研究[J].中国航海,2006(3):68-71+76.

港口智慧物流体系框架及其应用研究

罗本成 胡 笳

(交通运输部水运科学研究院,北京 100088)

【摘 要】结合对港口物流最新发展态势的分析,构建基于"智慧"理念的港口物流体系框架;围绕港口智能化运营、供应链一体化服务和港口物流生态圈创新等方面,分析了港口智慧物流运作的5个关键要素;最后,结合典型案例应用分析,探讨了未来港口智慧物流发展趋势。

【关键词】港口物流 智慧物流 体系框架 港口生态圈

The Framework of Port Smart Logistics System and its Application
LUO Bencheng, HU Jia
(China Waterborne Transport Research Institute, Beijing 10088)

Abstract: Based on the analysis of the latest development trend of port logistics, this paper provides a port logistics framework based on the concept of "Smarter". Five key elements of port smart logistics operation are analyzed in terms of port intelligence operation, supply chain integration service and port logistics ecosystem innovation. Finally, the development trend of port smart logistics is discussed based on some typical cases' application.

Keywords: Port logistics　Smart logistics　System framework　Port ecosystem

随着全球经济一体化和国际贸易的迅速增长,港口之间的竞争逐渐演变成全球网络、港口所处生态圈之间的竞争,资本将向更具综合优势的价值链整合聚集。港口在发挥综合运输服务功能的同时,大力拓展和延伸面向物流链全方位的一体化服务,日益成为整个港口物流链的核心枢纽和增值服务中心。港口的战略焦点也从控制资源转为精心管理资源,从优化内部流程转向更多地与外部互动,从增加客户价值转为将生态系统价值最大化。

当前,以"云、大、物、移、智"为代表的新一代信息技术,日益影响着港口生产、经营、管理与服务等方方面面。同时,船舶联盟化、大型化态势越来越强化。以现代高新技术为依托,打造技术密集型、知识密集型的智慧港口,成为21世纪现代港口发展的必然方向与选择。作为智慧港口最为直接、最为核心的体现,智慧物流是世界各大港口竞相角逐、积极探索与拓展延伸的领域。借助现代信息技术,打造智慧物流服务体系,构建开放共享、互联互通、高度数据化和智能化的生态圈，成为港口寻求差异化的竞争优势、提升综合软实力的重要举措。

在新一轮的科技变革中，世界先进港口围绕智慧物流积极探寻业务变革与服务创新，并开展了大量探索与实践。由于港口智慧物流仍是个新事物，相关理念框架体系尚未形成，难以有效支撑港口智慧物流的建设与发展。系统研究港口智慧物流的概念内涵与体系框架，以推动港口创新驱动发展，意义深远且刻不容缓。

一、概念内涵与特征

港口先后经历了从装卸中心、服务中心到综合物流中心的演变过程。港口作为港口物流链的核心枢纽，其内涵和外延已发生了深刻变化。本质上而言，港口物流是一个功能的概念，而港口智慧物流则体现了港口物流高端的组织模式和运作形态。

港口智慧物流是围绕以港口为核心枢纽的全程物流链，综合应用云计算、大数据、物联网、移动互联、智能感知等新一代信息技术，实现港口全面感知、泛在互联、智能融合、深度计算、协同运作，促进港口生态圈中各种物流资源要素和相关方有机衔接与互动，实现物流资源配置智能化、物流服务敏捷化、生产组织柔性化、物流运作便利化。其概念内涵包含三点：

一是港口运营智能化。充分利用自动化、智能化机械设备及大数据技术，实现基于数据驱动的智能化运营服务，进一步提升港口运营效率与供应链服务水平。

二是物流链服务协同化。强调延伸和拓展港口物流服务链，充分应用云计算、大数据、移动互联网、物联网等现代新兴技术，从腹地物流运输出发，加强腹地运输网络优势，构建互联互通的信息平台，整合和集成港口物流链上下游资源，为物流链的各方提供更具价值的优质一体化服务，以满足市场多元化、个性化的发展需求。

三是港口物流圈生态化。充分利用港口处于物流链中心的优势，创新发展理念与商业模式，重构港口物流生态体系和业务流程，通过功能的集成与整合，提升增值服务比例，推动贸易便利化，全面提高港口物流链的效率与可靠性。

由此可见，港口智慧物流主要通过港口运营智能化、物流服务链协同化、业态创新开放化、组织圈生态化，全面提升整个港口物流链的运作效率、服务水平与可靠性，其核心则是围绕港口物流服务链，打造开放共享、互联互通的组织生态圈。

二、港口智慧物流体系框架

根据上文的分析与理解，可将港口智慧物流体系框架分为五层，即数据感知层、支撑环境层、数据资源层、应用平台层和组织生态层，如图1所示。

一是数据感知层：港口智慧物流体系的基础构成部分，运用各种感知设备、网络传输设备及物联网技术，自动感知和采集港口物流链要素信息，获取车辆、船舶、货物、港口及物流流转节点等动、静态信息，实现物流要素可测、可视、可控和全息化。

二是支撑环境层：支撑和实现平台运作的各类硬件设备、通信网络与安全系统等，主要为港口智慧物流提供基础的网络通信条件和硬件环境，包括网络通信基础设施、地理信息平台、数据交换平台、AIS 平台、VTS 平台及视频监控平台等等。

三是数据资源层：主要为港口智慧物流提供统一的数据平台支持。通过构建融合政府监管、载运工具、货物货流和生产运营等要素的大数据中心，实现数据有效归类、分析和挖掘，为港口大数据应用、场景化服务，提供基础数据支持。

四是应用平台层：是港口智慧物流应用核心层，围绕港口物流服务链一体化服务，为港航企业、物流参与者、政府和公众等多元主体提供丰富、便捷、透明的应用。如面向商务服务的统一化物流客户服务、营运管理、电子商务等，面向生产服务的业务管理、综合运输管理、资源管理等，面向政务服务的智慧口岸管理等以及基于大数据的战略及营运决策分析等。

五是组织生态层：基于上述各层的应用与服务支撑，延伸和拓展港口物流服务链，创新理念与发展模式，整合和集成港口物流链上下游资源，打造开放共享、互联互通的港口物流组织生态圈，实现港口物流便捷高效、可靠安全、绿色通畅。

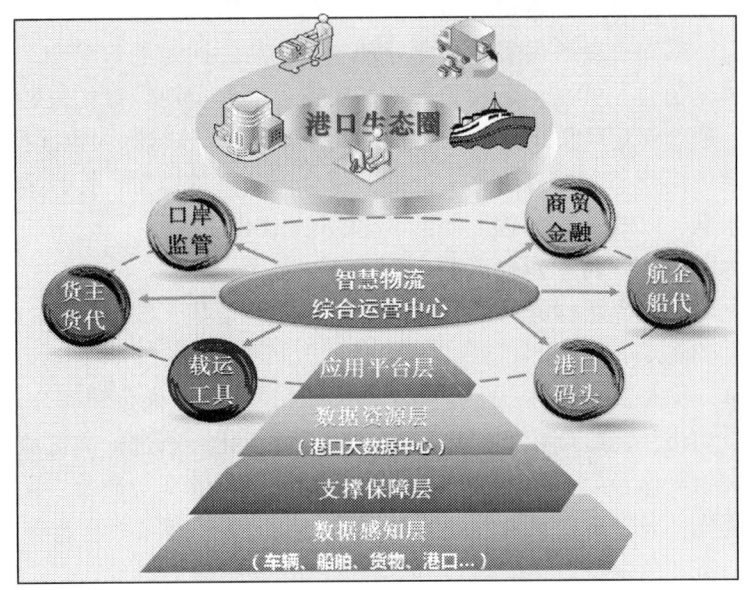

图 1　港口智慧物流体系框架示意图
Fig. 1　Framework of Port Smart Logistics System

由图 1 可见，港口智慧物流体系五层之间互为关联、相融一体。最底层是以各种感知设备和技术、网络传输设备为核心的数据感知层；最顶层是港口智慧物流应用的组织生态层。在中间的数据资源层，则要求港口更注重自身数据的治理、海量数据的智慧分析和多元化数据的开放共享等。一是建立港口大数据中心，实现数据中心云计算化，建设统一的软硬件基础设施，使用虚拟化技术和云存储技术，实现计算及存储资源的集约化管理；二是实现港口业务应用系统数据的充分融合，采用数据仓库的分布式服务、集中式管理模式，有效解决系统信息"孤岛"问题。

三、五大关键点分析

面对新的形势与新要求,主动顺应科技潮流、引领港口行业的发展,开展港口智慧物流需处理好以下五个关键问题。

(一) 如何实现港口物流的深度感知

深度感知是港口智慧物流运作的前提和基础。智慧物流涉及港口物流服务链的方方面面,需要实现实时、动态、自动的数据收集与智能识别,以准确掌握货物、船舶、码头、车辆、铁路、口岸监管、堆场等信息。

打造深度感知体系,关键是结合港口物流业务流程,配置现代信息技术应用与感知基础设施,包括基础设施网络、信息化基础设施网络以及智能感知装备等。一是通过利用各类智能传感器、监控摄像、RFID、GPS、AIS和各类手持智能终端等技术手段,实现港口物流要素信息的自动采集与智能感知。智能传感器主要安装在港口各个作业现场,诸如码头机械、堆场卡口、集疏运载运工具等设施上,以自动感知和采集船舶、货物以及作业状态信息。感知信息通过实时智能处理与整合后,通过港口综合信息服务平台上发布,为港口物流畅通、可靠、高效提供良好支撑。二是实现港口物流链全程的动态跟踪与状态识别。通过建立互联互通的信息平台,结合物联网技术、大数据技术、EDI技术和智能感知终端的应用,在信息感知、处理、整合与共享基础上,提升港口装备和生产组织的智能化水平,以做好生产调度安排与战略决策优化。

(二) 如何实现港口的智能化运营

运营智能化是港口智慧物流的核心与灵魂,其关键是基于数据驱动的港口物流智能化运营与管理。

一是完善港口物流基础设施。通过基础设施投资,进一步优化和提升自动化生产力,实现设备操作自动化、港口调度智能化和信息数据可视化。通过标准化流程,降低人工强度,提高港口物流作业效率和准确率,进一步提升服务效率与质量。同时,加强与物流生态系统的集成,通过信息平台打通物流供应链的"信息孤岛",改善信息不透明状况,避免形成物流环节瓶颈。

二是建立港口大数据中心。通过整合港口物流链信息资源,实现基于数据驱动的智能化运营与管理。在大数据时代,一切业务均可数据化,一切数据均可业务化。通过大数据产品赋能物流各个环节,从而提高物流效率与服务水平,降低综合物流成本。

三是实现数据服务创新。港口生产业务过程中积累了大量的数据,包括码头生产、集卡调度、货物种类、货物流向、物流路径等。通过大数据技术的应用,充分挖掘数据背后所隐藏的潜在价值,以促进商业模式创新与业态创新。探索与扩大应用场景,为物流、商贸及相关利益方,提供更有价值的商业机会和决策支持,进一步提升价值链的整体效率、服务质量及客户体验。

(三) 如何实现高效协同化的物流运作组织

跨行业、跨部门、跨区域的高效协同化运作组织,是港口智慧物流关键之所在。高效协同化不仅在技术上存在一定未知数,在组织运作上也面临诸多挑战。广度上,需将更多的相关方纳入物流价值链条,加强港口物流上下游资源整合与集成,拓展港口物流市场交易、金融、保险等配套服务功能。充分利用云计算、移动互联网、物联网、EDI 等技术手段,实现港口与船公司、铁路、公路、场站、货代、仓储等港口相关物流服务企业的无缝连接,实现港口与海关、海事、商检等口岸单位的信息一体化。深度上,要围绕港口物流服务链,对码头、船舶、船东、货主、代理、商贸企业、监管等物流链全要素、全过程的集成化管理,从整合与集成中拓展和延伸服务,实现整体效率与效益的平衡。

具体而言,需重点做好三个方面的互联互通:在物理层面,实现港口间的航线沟通衔接、基础设施的匹配联接、港口与腹地集疏运体系之间的协调畅通,以及港口物流大通道与港口物流网点布局之间的有机衔接;在业务层面,围绕以港口为核心枢纽的综合物流体系,在全程物流链服务上所有相关业务方,如港口与港口、港口与相关机构以及港口所在物流链之间,实现业务协同与高效衔接;在信息层面,建立互联互通的信息平台,实现港口与港口、港口与相关机构以及港口所在物流链之间的信息通联与共享,以保障全程物流链开放、透明、高效。

(四) 如何提供一体化的港口物流链服务

高效物流链一体化服务是港口智慧物流的重要标志与外在体现。提高港口物流价值链的整体效率和服务质量,实现港口物流服务链一体化,需重视三个方面的能力提升。

一是"可达"。加强与物流相关方合作,建立港口之间的战略协作,优化内陆多式联运运输网络,构建全程物流服务体系,为港口物流链上下游客户提供多方协作及业务运营平台。

二是"可知"。建立港口社区系统,打通港口物流上下游环节的数据流,汇聚各物流参与方的业务需求,优化港口物流业务流程。通过便捷、透明、统一的信息平台,实现港口与船公司、铁路、公路、货代、仓储等相关物流企业的无缝连接,提高物流服务效率和质量。实现港口与海关、海事、检验检疫等口岸联检单位的信息一体化,提高港口通关效率和服务水平。

三是"增值"。利用大数据技术为用户增值、提高用户服务体验,创新和延伸物流服务。通过整合物流信息资源,拓展并增强物流交易服务功能,提供金融、保险、信用等衍生服务。借助云计算、大数据、移动互联网等手段识别业务机会与风险,帮助港口企业改进服务质量。基于港口大数据平台,展开相关的物流服务创新,如拼箱服务中心、空箱调运、拖车运输交易、订舱交易等创新服务。

(五) 如何打造开放共享、互联互通的港口生态圈

打造开放共享、互联互通的良好港口生态圈,是港口智慧物流运作的根本与保障。港口生态圈战略既涵盖了港口自身战略定位与发展,也考虑了港口物流链的整体优化战略,突出资源的开放与共享以及参与者间更紧密的协作,最大化地提高资源利用率。

对政府部门而言,需要进一步营造良好的政策环境。一是加强政策引导,打破阻碍

运输网络优化的关键壁垒，着力解决制约瓶颈；二是打造公开透明的营商环境，建立健全相应的政策体系与监管体系，引导港口物流有序、规范、健康发展；三是推动搭建统一的信息服务平台，打通信息孤岛，提升综合物流效率。

对港口企业而言，需要结合自身禀赋和竞争环境，选择合适的定位。将用户需求置于首位，建立多方协作，基于港口生态圈的顶层视角，做好港口智慧物流总体设计，找到最为经济、最为合理、最为科学、可行的路径。

对利益相关方而言，合作与竞争是永恒的话题。竞争为港口物流生态圈带来迭代更新的动力，而合作是为了创造价值。港口与其他参与方应遵循开放共享、多赢互惠的原则，以信息互通为基础，以合作共赢为手段，实现资源整合及优化配置，配合风险控制和利益分配机制进行有效管理，实现物流链网络整体利益的最大化。

四、典型案例分析

近年来，面对全球经济复苏乏力、港口空间资源的局限、港口运营成本上升以及船舶联盟化、大型化趋势，世界先进港口，如鹿特丹港、汉堡港、上海港等，围绕港口物流服务链，积极探寻业务变革与服务创新，以期提升港口综合软实力，形成差异化的核心竞争优势。

鹿特丹港作为欧洲最大的贸易港和世界信息大港，以打造全球性枢纽港和欧洲临港产业集聚区为战略目标，重点围绕港口物流"Flexibility（柔性）"和"Accessibility（可达）"，构建了2030年港口智慧物流体系框架，勾勒了未来港口智慧物流发展的技术路线图。在具体实践中，一是建设了完善的智能感知体系，大力推进码头运营智能化，大幅提升港口物流运作效率与服务质量；二是从腹地物流运输出发，强化腹地运输网络体系建设。构建互联互通的INTIS平台，整合相关港口服务，推广电子商务服务，实现码头、船方、货方以及监管方的信息资源共享与集成，为物流链各方提供高效的一体化服务；三是广泛与港口物流链相关方建立战略合作伙伴关系，包括港口、货主、仓储经营商、船公司、货代、商贸企业等，推动整合与集成港口物流链资源，实现高效协同化港口物流运作；四是加强政企合作，从政策环境、投资环境、土地资源利用、集疏运体系、生态环境、人文环境、区域经济发展等方面，推进港城深度融合发展，大力实施节能减排、环保绿色、创新型基础设施建设等，积极营造港口物流良好生态圈。

汉堡港以打造安全、高效、协同、绿色、可持续发展的"智慧港口"为目标，于2012年10月出台了《港口发展规划2025》。汉堡港改变了传统港口物流发展模式，提出了物流服务链的创新发展理念，围绕港口运营智能化、物流价值链服务、强化服务质量、建设生态环境等四个方面构建了智慧物流服务体系。一是充分利用易北河沿岸空间资源，加强港口物流基础设施。通过自动化码头、现代化堆场和物流服务基地的建设，并结合智能感知、物联网、互联网、大数据等技术手段，大大提高了港口运营智能化水平与作业效率；二是进一步优化与完善腹地货物铁水联运网络服务体系，推进协同化组织运作，强化汉堡港的亚欧大陆运输中转枢纽地位；三是强化物流价值链服务，将顾客需求置于首位，加强港口之间的互动及港口与相关物流活动之间的衔接，从陆路交通、水路交通和铁路交通等三个方面打造智能交通系统，实现业务协同与高效衔接，提高港口物流链一体化服务水平；四是建立现代化控制中心和港口大数据中心。实现了集装箱自动配载和跟踪、实时控制堆场上和船上的装卸作业。单证系统和多式联运网络系统能够满足各类用户的个性化需求；码头货物系统和海关系统有机对接，通关快速简便，缩短货物通关转运时间；搭建了面向客户电子商务平台PORTlog，为货主、仓储经营商、船公司、货代等所有运输链上的客户提供"一体化"服务。此外，汉堡港还从创新政策服务、推动港产城和谐共处、加强港航合作、提升价值链服务、加强生态人文环境建设等方面，积极推动港口物流生态圈建设。如取消自贸区政策促进物流链运转效率提升、发起"港口联盟（chainPORT）"行动实施全球战略布局、实施智慧能源计划推广应用清洁能源（LNG加注、岸电等）等。创新的发展理念和高新技术的广泛应用，使汉堡港不仅能够提供高效的服务，而且不断强化港口综合实力。

上海港以"成为全球卓越的码头运营商和港口物流服务商"为战略愿景目标，积极探寻打造港口智慧物流以率先实现向下一代港口的转变。近年来，借助新技术带来的新动能，以及价值创新和开放式创新带来的新格局，以提升海运物流链效率、降低贸易成本和增强可靠性大力推动"3E级"港口智慧物流服务体系的打造，即在港口运营上卓越发展（Excel）、在可持续的创新业务上积极拓展（Explore）、在生态圈构建上保持开放（Extend）。一是夯实感知网络和传输网络，推动港口物流服务链的全程信息化管理。利用自动化及智能化机械设备，实现基于数据驱动的港口智能化运营。如正在建设的上海洋山深水港四期全自动化码头，码头作业自动化率90%以上，并首创"边装边卸"工艺大幅提高码头效率；二是延伸服务范围、创新业态模式。建立便捷、安全、低成本的集疏运体系，突破传统的"货物装卸"封闭运作模式，转向与供应链上下游的各方进行协同和合作，打通物流运输的海陆节点，为货主、物流公司、航运企业及联盟提供更具价值的优质服务。结合"互联网+"应用，探寻从"线"上的竞争向"网络"的竞争转变，建立多元化的港口物流交易服务平台、与国际航运中心建设相适应的航运金融及大数据服务平台，大幅提升港口物流运作效率与服务质量；三是拓展业务范围，强化对物流链资源的整合与集成能力。充分利用港口身处供应链中心的优势，通过对各方面信息的收集、分析和整合，为客户提供一站式物流解决方案和物流服务，以满足物流市场对港口差异化服务的需求；四是积极推进"信息化运营、精益化管理、系统化管控"建设，完善港口信息化管理体系。建立了港口协同调度和智能运营平台，全面升级码头运营系统Tops5.0，实现码头自动化作业、生产智能化调度、运营智能监测和基于大数据的港口运营决策。打造联江系海的港口物流枢纽集疏运协同平台，实现物流链作业协同化，提升物流链一体化服务能力。五是打造紧密协作的港口物流生态圈，推动贸易便利化。实施了长江战略、东北亚战略和国际化战略，以确立和巩固东北亚国际航运枢纽港地位。与港口物流链相关方广泛建立深入合作关系，推动港口物流链资源整合与集成，实现高效协同化运作。现已开辟遍布全球班轮航线200多条，集装箱月航班密度2100多班，成为国内集装箱航线最多、航班密度最高、覆盖面最广的港口。

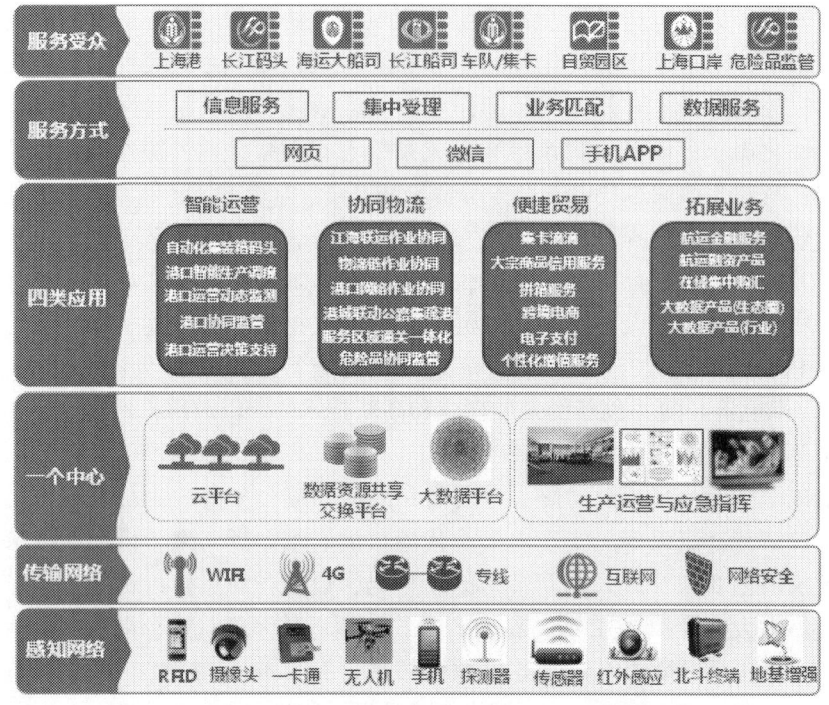

图 2　上海港智慧物流框架体系示意图
Fig. 2　Framework of Shanghai Port Smart Logistics System

通过上述典型案例不难看出，围绕港口物流服务链积极探寻业务变革与服务创新，打造港口智慧物流服务体系，推动港口物流便捷可靠的客户体验、智能化的可靠运营、高效的组织与供应链协作、开放式的业务创新、互联互通的可靠应用等五方面能力的提升，是世界各大港口的共同努力方向与选择。

五、结论

在新一轮科技变革中，以"云、大、物、移、智"为代表的现代信息技术的深度应用，不仅奠定了打造便捷高效、可靠安全、绿色通畅的智慧物流服务体系的基础，也激发了港口物流业务模式不断创新、不断突破。港口借数字化、智能化创新技术，突破传统港口物流的界限，在更高层面上优化资源配置，提高港口物流效率和服务品质，这正是港口智慧物流最基本的属性和特征。

随着全球经济一体化和国际贸易的迅速增长，港口之间的竞争逐渐演变成全球网络、港口所处生态圈之间的竞争。未来港口物流战略焦点将从控制资源转为精心管理资源，从优化内部流程转向更多地与外部互动，从增加客户价值转为生态系统价值最大化。通过智慧物流服务体系建设，实现港口运营上更智能、更高效，业务创新上更深入、更具活力，生态圈构建上更开放、更协同。借助现有新技术顺势而为，创新发展理念与业务模式，重构港口物流生态圈，提高港口物流服务链的效率与可靠性，提升港口物流增值服务比例，是当下港口寻求差异化的竞争优势、全面提升综合软实力的重要举措和有效方式。

参考文献：

[1] 罗本成. 智慧港口建设要找准实施路径[J]. 中国交通报, 2017.5.

[2] 罗本成. 中国"智慧港口"路在何方[J]. 水运科技, 2015.6.

[3] 严俊. 建设智慧港口 推动贸易发展[J]. 中国港口, 2017.7.

[4] 顾波军. 港口物流供应链及其柔性化运作机制研究[J]. 科技管理研究, 2011.3.

[5] 营口港集团有限公司. 营口港"互联港+"智慧物流示范工程实施方案[R]. 2017.5.

[6] 包雄关. 智慧港口的内涵及系统结构[J]. 中国航海, 2013.6.

加快国际航空枢纽建设的战略研究

彭 峥

(中国民航科学技术研究院,北京市 100028)

【摘 要】 十大国际航空枢纽战略布局,是新形势下国家对外开放战略赋予民航发展的新任务。本文从分析国际航空枢纽的内涵出发,对国外典型国际航空枢纽的发展模式进行梳理总结,并结合我国枢纽建设面临的阶段性发展特征,从加强政府宏观战略引导、强化因地制宜、突破资源瓶颈约束、完善枢纽发展环境、激发市场活力,与综合交通和区域经济融合发展等方面提出加快国际航空枢纽发展的战略路径。

【关键词】 国际航空枢纽 机场 航线网络 航空公司

Strategy Research of Accelerating International Aviation Hub Development

PENG Zheng

(China Academy of Civil Aviation Science and Technology, Beijing 100028)

Abstract: Under the national opening strategy, the development of ten major international aviation hub is the main task of civil aviation industry in China. With the examining the international airport hub concept origination, this paper pointed out the several typical hub development modes and made an analysis of the characteristics of China aviation industry nowadays. In order to accelerate the international aviation hub development, efforts should be made from different perspectives, including government guiding policy, solving the constraints of resource, improving hub development environment, integration with ground transport and regional economy.

Keywords: International aviation hub Airport Airline network Airlines

随着国家"一带一路"等重大战略的实施,民航基于其运输网络的全球通达能力和高效的运输服务效率,在国家构建全方位开放的综合交通运输体系中的战略地位日益突出。为完善国家航空运输战略布局,国家在"十三五"发展规划和《全国民用运输机场布局规划》中明确提出建设京津冀、长三角、珠三角三大世界级机场群和十大国际航空枢纽,即在原北京、上海、广州三大国际航空枢纽的基础上,增加成都、昆明、深圳、重庆、西安、乌鲁木齐和哈尔滨等国际航空枢纽建设。这是首次从国家战略层面对我国航空运输业发展进行谋篇布局。加快国际航空枢纽建设是提升我国航空运输服务能力的重要抓手,是未来较长一段时期中国民航发展的核心任务。本文在分析国际航空枢纽内涵和特征的基础上，借鉴国外典型国际航空枢纽的发展有益经验，结合我国国际航空枢纽建设面临的阶段性特征，提出加快国际航空枢纽建设的总体思路、目标和重点任务。

一、国际航空枢纽的内涵与特征

枢纽，原指主门户开合之枢与提系器物之纽，强调事物的关键部位，是事物相互联系的中心环节，也指重要的地点或事物关键之处。在民航领域，航空枢纽（或枢纽机场）一般是指在航空运输网络中占有重要地位和作用的机场节点。航空枢纽的重要性一方面体现在其在运输网络中的中转衔接能力，即航空公司在机场构建轴辐式网络，中转能力越强，则其网络的连通度越高，枢纽机场在航空运输网络体系中的重要性则更强[1]。另一方面，枢纽机场强调其一个国家或地区机场体系中的重要地位，即机场业务量机场基础设施保障能力、航线网络通达水平、航空公司运力投入以及机场市场腹地规模的综合体现[2]。机场业务量是机场业务量越大的机场，则其在机场体系中的重要性更加突出。

功能和规模是航空枢纽发展的两个重要特征，二者相辅相成。一方面，机场业务量规模的增长需要航空公司加强运力投入和持续提升枢纽网络的运行效率，以满足日益增长的市场需求。另一方面，机场运营规模的扩大，能够在市场资源、基础设施、时刻容量、业务流程等方面为航空公司构建高效枢纽网络提供战略支撑。从全球范围来看，全球业务量较大的航空枢纽，同时也是大型航空公司的运营枢纽。如亚特兰大是全球旅客运输业务量最大的机场，同时也是达美航空的运营枢纽，达美航空占63.6%的航班份额；北京首都机场是亚洲旅客运输业务量最大的机场，同时也是中国国航的运营枢纽，占39.0%的航班份额；伦敦希斯罗机场是欧洲客运业务量最大的机场，同时也是英航空主基地，英国航空占51.6%的航班份额[3]。

国际航空枢纽是枢纽机场的高级发展形式。国际航空枢纽通常占据良好的地理区位，是全球航空网络中的重要节点，具有更加完善的国际航空网络，服务国际航空客货运输的功能更加突出。在服务功能上，国际航空枢纽强调其国际航线网络通达水平以及国际客货中转能力。在业务规模上，国际航空枢纽更多地强调其国际业务量规模和占比。按国际旅客吞吐量排名，2015年迪拜、伦敦希斯罗、香港、法国巴黎戴高乐和阿姆斯特丹机场位居全球前五位。

枢纽机场至少汇集了两种运输方式，是天然的综合交通枢纽。欧洲、日本等国家航空枢纽的发展表明，轨道交通能够集约高效地支撑枢纽机场大运量的集疏运需求。完善的地面综合交通体系成为支撑国际航空枢纽发展的关键[4]。此外，国际航空枢纽全球航空网络的通达能力改善了机场所在地区的交通区位条件，为区域经济加快融入全球产业体系提供了基础条件。韩国仁川、新加坡、马来西亚吉隆坡等亚太新兴国家，着力国际航空枢纽机场建设，并依托枢纽机场规划建设临空经济产业园区，驱动地区经济社会加快发展。

随着经济社会发展，航空运输与综合交通、地区经济社会发展高度融合，国际航空枢纽的内涵也不再仅局限于航空运输服务领域。机场汇集多种交通方式，是天然的综合交通枢纽。航空运输具备全球可达，高效便捷的技术经济特性，国际航空枢纽对提升地区交通区位具有突出作用，能够为地区经济更好地融入全球化发挥战略支撑作用。因此，

在新的时代背景下,国际航空枢纽不仅是国际服务功能突出的航空网络枢纽节点,还应该是现代化的综合交通枢纽,以及驱动地区经济社会发展的动力源。

二、国外典型国际航空枢纽发展的发展经验借鉴

(一)影响航空枢纽建设的关键因素

市场需求是驱动国际航空枢纽发展的主导因素。航空枢纽客货流的汇集源于航空公司航线网络的构筑。纽约、伦敦、巴黎、东京等全球经济中心城市,当地有充足的国际航空市场,其本地航空市场需求就能够较好地支撑点对点为主的直达航班。这类国际航空枢纽体现出较强的市场腹地支撑特征。迪拜、新加坡、伊斯坦布尔等航空枢纽的崛起,尽管本地航空市场需求较弱,但得益于其优越的地理区位,通过构筑高效的枢纽中转网络,能够实现欧洲—中东—亚太等主要国际航空中转市场客货流的高效优质服务。这类国际航空枢纽体现出比较突出的中转衔接特征。

基础设施是决定航空枢纽发展的关键"慢变量"。交通运输资源是从事交通和运输活动的条件和手段[5]。由于基础设施规划建设存在一定的周期,必须确保机场基础设施容量适度超前,以满足航空市场需求增长的需要。伦敦希斯罗、纽约肯尼迪等国际枢纽均是由最初的单跑道、单一航站楼进过多轮扩建,逐步发展成为目前多跑道、多航站楼组成的复杂机场。当发展受限于土地空间等资源时,迁建更大规模的机场或者发展多机场体系,为保障航空市场可持续增长。香港启德机场发展受限后,迁建至条件更好的赤鱲角机场。伦敦、巴黎、东京等城市则选择了都市区多机场体系的发展路径。此外,机场的运行效率对国际航空枢纽的竞争力至关重要。对迪拜、伊斯坦布尔、亚特兰大等以中转衔接为典型特征的枢纽选择了单一机场发展模式,避免一市多场运行而降低中转衔接航班的服务效率。

国际航空枢纽建设需要航空公司积极发挥市场主体作用。航空枢纽建设离不开主基地公司网络支撑[6]。航空公司在枢纽机场的网络组织方式决定了枢纽机场运行模式。受限于航空公司所在国家及地区的市场范围限制,欧洲、亚太等地区的国际航空枢纽均是由其主基地航空公司主导的单一机场或单一城市枢纽发展模式。如香港的国泰航空、巴黎的法国航空、伦敦的英国航空等。美国作为全球最大的航空市场,美国、达美和联合三大航空公司均构建了6~8个枢纽为支撑的运营网络,不同枢纽之间差异化定位,形成了协同发展的国家枢纽体系。美国联合航空在航线网络主要由六纽支撑,其中纽瓦克、芝加哥奥黑尔主要是面向欧洲、加勒比和北美地区的国际枢纽,旧金山主要是面向亚太地区的国际枢纽,休斯敦主要面向拉美地区的国际枢纽,丹佛等其他三个机场主要发挥国内枢纽功能。国际航空战略联盟的出现,打破了国界的限制,成员航空公司依托联盟内的国际枢纽,运营服务网络通达全球。

(二)国际航空枢纽的发展阶段

基于航空市场需求、基础设施能力和航空公司运营组织对国际航空枢纽建设发展的影响因素分析,对国外典型国际航空枢纽发展历程梳理后,可以大致总结出国际航空枢纽发展的三个阶段,即单一枢纽机场发展阶段、都市区多机场体系发展阶段、国家枢纽

体系发展阶段。

单一枢纽机场发展阶段：随着经济水平的快速发展，目的地客流主导着航线拓展及航空枢纽发展的初始发展阶段。正如欧美国家早期，以及当前东南亚的新兴经济国家，以目的地客流为主的国际航空市场需求驱动航空枢纽快速发展，形成了首都或经济中心城市为核心的单一枢纽机场发展模式。新加坡、香港机场是单一枢纽机场发展的典型代表。

都市区多机场体系发展阶段：随着航空市场发展逐步成熟，航空公司依托枢纽机场构筑的轴辐式网络日趋完善，国际中转客流比例逐步上升，机场在国际航空网络中的战略地位显著提升。由于单一机场在设施容量、服务效率等方面的局限性，发展都市区多机场体系成为这一阶段国际航空枢纽发展的主导模式。值得注意的是，亚特兰大、迪拜等枢纽机场以中转衔接航班运营组织为主导，强调轴辐式网络的运行品质，突出容量和效率并重原则，选择单一机场发展路径。

国家枢纽体系发展阶段：国家枢纽体系以航空运输企业为主导，通过复杂高效的网络运行组织，形成一种多枢纽间紧密战略协同的多枢纽运行体系。这种发展模式需要足够的市场空间和充足的市场需求，目前仅美国形成了这种以航空运输企业主导的国家航空枢纽体系发展模式。此外，航空公司间通过签订合作协议建立跨越国界的战略联盟，如星空联盟、天合联盟和寰宇一家等。航空公司在联盟的框架下，通过航班代码共享等合作方式规避了双边航权的限制，形成以国际航空枢纽为支撑的全球航空服务网络，这可被认为是国家航空枢纽体系发展模式的一种高级形式。

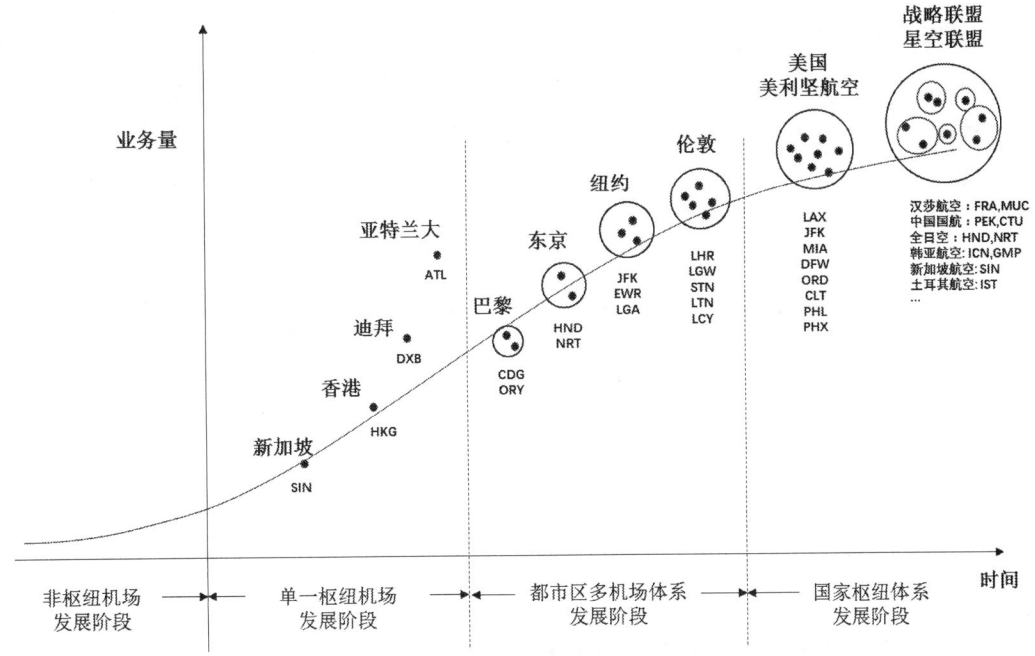

图 1　航空枢纽发展阶段划分示意图
Fig. 1　Illustration of Airport Hub Development Stages

三、我国国际航空枢纽建设面临的阶段性特征

经济发展步入新常态,国家三大战略的实施对中国民航服务数量和质量提出了更高要求。同时,随着规模的不断扩张,空域资源、基础设施、人力资源等方面对民航发展的制约作用凸显[7]。我国民航发展所处的环境和条件正发生深刻变化。国际枢纽建设作为民航发展战略重点,现阶段正处于枢纽大规模建设集中阶段,基础设施保障能力和国际服务功能实现质的提升的战略发展期。

(一)基础设施容量不足是枢纽建设的突出问题

我国已经步入枢纽机场大发展阶段。2016年旅客吞吐量千万级以上机场28个,北京、上海、广州等七个机场旅客吞吐量位列全球前五十位。预计"十三五"末全国千万级以上机场将超过50个。空域、土地等资源制约趋紧,国内枢纽机场普遍面临容量饱和问题。快速增长的国际航空市场需求与日趋紧张的基础设施保障能力之间的矛盾已成为制约我国国际枢纽发展的瓶颈。各大机场在"十三五"时期均将实施大规模的扩建或新建工程。但考虑到工程建设周期,未来2~3年容量紧张的问题将更加突出。同时,由于军民航运行条块分割,空域结构划设不尽合理,枢纽机场空域资源严重不足,机场多跑道系统难以充分发挥应有的效率。

(二)"一市多场"和"区域多场"发展趋势显现

随着我国城镇化进程加快,已经形成了北京、上海、广州等城市为核心的城市群,成都、重庆等大都市区发展也日趋完善。一个城市单一机场的发展格局已经不能满足市场需求发展的需要,继上海之后,北京、成都已开始实施新机场建设项目,我国正逐步进入"一市多场"发展阶段。从区域发展发展来看,京津冀、长三角、珠三角、成渝地区大型城市密集,城市群主导的区域多机场格局已初步形成。未来机场功能定位的合理分工,航空公司的枢纽网络构建,机场间的地面交通网络布局,空域资源的协同管理等问题将直接影响多机场体系的运行效率和服务质量,对多机场体系中主枢纽机场的国际航空服务功能提升至关重要。

(三)航空公司国际化、体系化发展趋势明显

随着国际化进程加快,中国航空公司加快国际网络布局。特别是国内高铁网加快成网运行,加快了航空公司国际运力投入的节奏,以国航、东航、南航和海航为代表的航空运输企业加大了宽体机的运力引进力度,积极拓展国际航线。此外,航空公司体系化发展趋势明显,由过去单一航空公司向航空公司集团转型发展。集团内成员公司合理分工定位,强化运力合作,提高了航空集团的运输组织效率。航空公司加快国际化和体系化发展,将有助于构建以多枢纽机场为支撑的航线网络体系,加快提升国际航空枢纽的服务功能。

(四)地方政府对枢纽建设的引导作用日益增强

航空枢纽建设涉及面广,需要地方政府积极发挥引导作用。机场属地化改革以来,地方政府日益重视机场发展,特别是随着国家三大战略的实施,加快国际航空枢纽建设成为各地引领经济新常态发展的重要抓手。除加大机场建设投入外,各地方政府积极完

善机场地面综合交通，打造了一批以上海虹桥机场为代表的现代综合交通枢纽。临空经济区的规划建设也得到各地政府的青睐，目前已经形成了郑州、广州、重庆、成都等一大批国家级临空经济示范区。此外，为加快国际航线培育，各枢纽机场所在省市政府均不同程度投入大量资金用于航线补贴，极大地促进了国际航空服务能力的发展。

(五) 周边国家及地区国际航空竞争威胁加剧

我国是全球增长速度最快，增长潜力最大的航空市场。近年来我国航空运输企业持续加强国际网络建设，国际化运营能力大幅提升，2015年中国承运人在我国国际航空市场上的份额首次超过50%，但国际航空竞争形势依然严峻。一方面，日韩、中东等航空运输企业通过拓展我国二三线城市航线，争夺我国国际枢纽客源。另一方面，东南亚地区低成本航空发展迅猛，凭借其旅游目的地市场的产品定位，加快蚕食我国航空企业的市场份额，削弱我国航空枢纽对东南亚市场有效辐射能力。

(六) 利于国际枢纽建设的制度环境亟待完善

第一，航空枢纽建设在国家层面缺乏制度性的顶层设计，缺乏宏观战略引领，机场建设审批过多地关注项目的经济成本，对机场项目的容量、效率等功能性目标缺乏足够重视，机场规划发展的前瞻性严重不足。第二，国际航权、机场时刻是国际枢纽建设的战略性资源，现行配置政策过多地考虑公平，缺乏服务国际枢纽建设的战略导向。第三，口岸服务效率不高，海关、边防和检疫等部门服务能力的提升有赖于国家层面对国际航空枢纽建设的战略沟通和政策对接。此外，与枢纽机场建设相关的城市发展、土地利用和综合交通等方面的规划和政策衔接还存在诸多不完善的地方。

四、加快我国国际航空枢纽建设的战略重点

(一) 选择合适的国际枢纽发展路径

十大国际枢纽在地理区位、市场环境、设施能力和运力网络等方面存在较大差异，需要遵循航空运输组织一般经济规律，立足客观实际，选择合适的枢纽建设发展路径。北京、上海、广州、深圳等经济发达地区国际航空市场资源丰富，可以更多地选择以直达航班的模式来拓展国际航空网络。乌鲁木齐、昆明、哈尔滨等地区，本地航空市场需求较弱，但具备向西、向南和向北等较好的地理区位条件，应该重点考虑以构筑中转辐射航线为核心的枢纽发展模式。成都、重庆、西安等地区地处我国内陆腹地，具备较好经济增长潜力，国际航空枢纽发展应该紧扣当地城市外向型经济发展战略，突出服务市场重点，直达和中转航线并重，逐步拓展国际航线网络。

(二) 加快完善枢纽基础设施保障能力

基础设施容量不足是当前我国国际航空枢纽建设发展面临的突出问题。加快基础设施建设，必须以枢纽发展战略为引领，根据枢纽发展路径选择合适的基础设施建设发展模式。东部沿海发达地区，航空市场需求旺盛，以北京、上海、广州等大都市区为重点的区域多机场体系发展应成为基础设施建设发展主导模式。机场间合理分工定位，协同打造国际航空枢纽。乌鲁木齐、昆明、哈尔滨等航空枢纽重点突出中转辐射网络，必须强化以单一枢纽机场为核心的发展模式。机场规划建设应该统筹保障容量和运行效率，

最大限度地发挥单一机场运行对轴辐式网络高效运营的支撑作用。

(三) 积极构建国家开放枢纽发展体系

我国是仅次于美国的航空运输市场，国内市场资源与美国相当，具备发展国家枢纽机场体系的条件。从航空公司发展来看，国航、东航、南航主要航空公司已经形成了全球领先的运营规模，但航线网络运输组织能力还不能满足国家构建全面开放发展格局的需要。因此，有必要积极引导航空公司由单一枢纽向多枢纽网络运营模式转型，构建多枢纽协同运营的航空服务体系。一方面，有利于加快国际航空枢纽建设，加快国家开放枢纽体系建设。另一方面，有利于航空公司更加充分地发挥市场主体作用，提升我国国际航空运输服务水平。

(四) 加快完善国际航空枢纽发展政策

国际航空枢纽作为一个国家或地区重要的基础设施，其航权、时刻等核心资源配置，口岸服务环境优化，地面综合交通配套等方面需要政府"有形之手"的积极干预，为航空运输企业营造较好的发展环境。目前，我国尚未出台以十大国际航空枢纽建设为核心的民航国际化发展政策，与海关、边防、检验检疫、综合交通等部门尚未构建有效的国际枢纽战略沟通机制，与机场所在地方政府缺乏有效的枢纽建设事权沟通机制。因此，需要尽快制定完善加快我国国际航空枢纽建设的制度性顶层设计，为枢纽发展创造良好环境。

(五) 加强综合交通建设和临空经济发展

国际航空枢纽已不仅是运输网络中的节点，还是发展现代立体综合交通体系重要枢纽载体，也是加快驱动区域经济融入全球经济的重要平台。欧美、亚太地区国际航空枢纽对地面交通网建设和周边土地综合开发的经验表明，国际航空枢纽建设需要高度重视综合交通体系对国际枢纽的战略支撑作用，并积极发挥国际枢纽的产业平台功能，发挥国际航空枢纽对人流、物流、信息流等产业要素资源的集聚功能，驱动地区经济加快发展。

参考文献：

[1] O'Kelly M E. A geographer's analysis of hub-and-spoke networks [J]. Journal of Transport Geography, 1998.6(3): 171-186.

[2] Rodríguez-Déniz H, Suau-Sanchez P, Voltes-Dorta A. Classifying airports according to their hub dimensions: an application to the US domestic network [J]. Journal of Transport Geography, 2013. 33: 188-195.

[3] Airports Preliminary Passenger Ranking 2016[R]. Airline Business, 2017.

[4] 宿凤鸣. 综合交通枢纽的典范——希斯罗机场[J]. 中国民用航空, 2013(4): 17-19.

[5] 荣朝和. 重视基于交通运输资源的运输经济分析[J]. 北京交通大学学报(社会科学版), 2006(4): 1-7.

[6] 朱新华, 于剑. 全球门户航空枢纽发展特征分析[J]. 综合运输, 2016(9): 5-10.

[7] 中国民用航空局, 国家发展和改革委员会, 交通运输部. 中国民用航空发展第十三个五年规划[Z]. 2016.

保税物流中心信息平台服务系统技术方案

程 磊[1] 孙综国[2] 杨 笛[3]

(1. 黑龙江信息中心,哈尔滨 150030; 2. 中国交通运输协会,北京 100825;
3. 青岛海信网络科技股份有限公司,青岛 266071)

【摘 要】保税物流中心的信息平台服务系统是保税物流中心业务流程和功能实现的技术保障,也是必备的功能。信息平台服务系统一方面要满足自身业务和物流服务功能的要求,同时也要面向社会提供公共信息服务,以物流信息流作为载体,发挥信息技术在物流服务系统中的作用,促进信息流在物流系统中的运用,全面提升保税物流中心的业务处理能力和物流服务水平,带动企业物流业务的发展。

【关键词】保税物流中心 信息平台 功能 技术方案

The Technical Proposal of the Information Platform Service System of Bonded Logistics Center

CHENG Lei[1], SUN Zongguo[2], YANG Di[3]

(1. Heilongjiang Information Center, Harbin 150030;
2. China Communications and Transportation Association, Beijing 100825;
3. Qingdao Hisense TransTech Co. Ltd., Qingdao 266071)

Abstract: The information platform service system of the bonded logistics center is the technical guarantee of the business process and function of the bonded logistics center, which is also the essential function. The information platform service system should not only meet the requirements of its own business and logistics service functions, but also provide public information services to the society. In order to take logistics information flow as the carrier, information platform service system plays a role in the logistics service system and promotes the application of information flow in the logistics system which will comprehensively improve the business processing capacity and logistics service level of the bonded logistics center to drive the development of logistics business.

Keywords: Bonded logistics center Information platform Function Technical proposal

一、引言

保税物流中心作为地区外贸货物重要进出口门户以及国际物流系统中的重要节点,

通过其便捷的国际物流服务，充分体现内陆保税退税功能，可起到降低企业物流成本、优化改善投资环境，促进服务区域内外向型经济发展的重要作用。一个先进的、系统化的、可操作性强的信息平台管理信息系统的建立，将使内陆口岸根据自身的物流服务特点，通过管理信息系统提供的物流信息服务，实现对物流信息的收集、处理、发布及交易，在此过程中不断进行物流资源整合和物流信息反馈，完成包括集装箱和货物集散、中转、仓储、保税、退税、通关、检验检测、货运代理、财务结算以及客户管理等整个物流运作各个环节的信息服务。同时，系统与外界的接口功能丰富，通过局域网系统和互联网，实现内部相关部门之间以及内部与外部之间的跨部门、跨行业、跨地区的网络连接和信息共享。

二、信息平台管理系统的作用

保税物流中心面向广泛经济地域和众多的城市群体，拥有大量的企业直接客户。不同的客户具有不同的物流服务需求，在日常的生产过程中，要随时与客户和相关部门保持着密切联系和信息交换。因此，保税物流中心除了需要完善的物流设施、较强的物流服务功能外，还应具备良好的通信环境与先进的信息平台管理系统才能支撑其现代化管理，为保税退税功能的实现提供强大的技术保证。

（1）优化社会资源配置。通过物流信息平台管理系统的建设，加强物流企业与上下游企业以及管理部门之间的信息沟通，形成并优化供应链，有利于提高社会大量闲置物流资源的利用率，起到调配社会物流资源、优化社会供应链、理顺经济链的重要作用。

（2）协调物流各个环节运行。随着信息技术的广泛应用，通过信息平台服务网络，物流各环节上的成员能实现信息完全、透明和共享，使得全环节所有参与者共同享用信息，能够根据完善的物流信息合理进行分工和市场定位，实现规范化的运作。

（3）改善物流服务系统时空效应。时间效应和空间效应是物流信息服务系统的两个主要功能。物流信息平台通过快速、准确地传递物流信息，使生产与流通企业和物流服务提供商能随时掌握商品需求者的需求状况，将生产和流通过程中的库存减少到最低程度，供应商与生产厂商或消费者之间的距离被拉近，甚至达到"零库存"或"零距离"，由此降低物流费用。

（4）提高物流服务系统的快速反应能力。现代生产系统以订单为依据，即采用定制化生产方式，满足消费者的个性化需求。生产系统的快速反应必然要求反应迅速的物流服务系统与之匹配，通过信息技术可以把物流资源整合到一起，提高系统整体运作效率，为生产与流通企业提供高效率、高水平的服务能力。

三、建设物流信息平台管理系统的必要性分析

（1）充分发挥物流系统整体效益的需要。任何一个物流过程都涉及物流前的交易、物流过程中的监控、物流后的结算及相关手续办理等诸多环节。物流业对信息服务的广泛需求，为物流信息平台管理系统的生存与发展开辟了广阔的空间，把服务拓展到物流全行业，把信息系统建成物流服务系统不可缺少的组成部分，是充分发挥物流服务系统

整体效益的需要。

（2）物流企业提质增效的需要。我国物流企业要向更高层次发展，如向物流服务领域延伸，发展快速物流，采用先进的信息技术是前提条件。通过物流公共信息平台管理系统的建设，实现信息共享，既能提高物流效率，又大大降低了物流成本。

四、基本结构及主要功能分析

根据保税物流中心的运作特征，提供保税、退税、检验检疫、通关、仓储、监管、国际集装箱联运、中转、仓储、分拨配送、多式联运、货运代理等功能，以满足客户的物流服务要求，这些活动的运作是在信息平台管理服务系统下进行的。

客户可通过信息平台管理系统直接向保税物流中心提出物流服务需求，包括保税、退税、检验检疫、通关、订舱、装箱、包装、发运，以及拆箱、运输等需求，同时保税物流中心联检服务中心也通过信息平台管理系统为客户提供保税、退税、仓储、监管、检验检疫、通关等服务，并将订单存入相应数据库，以指令的形式下达至作业部门。在场站内，作业包括进仓、验货、放货入位、库存管理、提货、出仓检查、包装、发货等环节，根据不同货物种类的特点和委托方的具体要求，严格控制物流服务质量和时间，同时实现货代管理、配送管理、财务结算、客户管理以及信息处理等功能。

针对保税物流中心的信息运作，信息平台管理系统结构由数据处理和数据交换两部分组成来对保税和监管的货物进行有效的管理，以保证高效畅通。在功能上包括货代管理系统、堆场管理系统、仓库管理系统和管理信息系统，每个系统均包括与业务相关的功能模块，各系统间进行数据通信，并通过数据中心的数据库系统完成数据的处理和维护。同时信息平台管理系统还提供相应的接口与外部系统共享，实现了与主管部门、海关、检疫、物流服务供应商、生产与流通企业、大型货物集散地，以及铁路、公路、港口等货运场站的信息系统联结，形成跨行业、跨部门、跨地区的综合物流信息服务平台。

（1）海关联网系统。建设与海关、检验检疫局联网的服务系统，提供通关状态查询、舱单信息查询、企业基本信息情况查询、商品信息查询、通关参数查询、归类公告查询、归类决定和裁定查询、化验结果查询、化验方法查询、知识产权备案信息查询、海关法规查询等功能，通过电子口岸与天津港和满洲里港进行联网运作。

（2）货代管理系统。货运代理的基本职能是接受委托人的委托或授权，代办各种因贸易、运输所需要服务的业务，进行揽货、中转、装卸、仓储、报关、签发提单、代收运费等各项工作。服务的对象主要有发货人、海关、承运人、班轮公司等，并提供多式联运和拼箱服务。

（3）堆场管理系统。堆场管理系统主要为堆场定义、堆场管理以及相关业务处理提供信息支持。主要功能包括：堆场管理、作业管理、空箱管理和商务管理。

（4）仓库管理系统。该系统包括：客户管理、入仓管理、仓库管理、出仓管理。

（5）管理信息系统。该系统包括：订单管理、订舱管理、报关/报检、财务管理、行政与资产管理、客户管理和系统维护等。

五、技术方案

（一）设计原则

（1）操作系统的选型原则。主要是采用稳定性好、开源的操作系统；具备支持大型关系型数据库系统运行的能力，要求支持多 CPU；支持多种容错手段，支持容灾技术；要求支持集群（Cluster）技术，具有灵活的系统结构和扩展能力。

（2）数据库系统选型原则。具有良好的开放性和通用性；具有极高的安全性、数据完整性及保密性，支持集群技术；具有高性能的存取控制、并发控制和对事务完整性的控制能力；对数据具有良好的可维护性和可恢复性；支持广泛的通信协议；配备良好的应用开发工具。

（3）WEB 及网络应用系统选型原则。支持多种通信协议；数据完整性、一致性强；传输效率高；自动负载均衡；支持多种开发工具；服务器接口 2MB 或以上独立带宽；客户端接口 512M ADSL 或以上。

（4）开放性原则。基于目前先进的开发技术、架构和标准开放，具备跨平台运行支持能力，可以运行在多种硬件平台和操作系统平台上。本系统原则上采用 LAMP（Linux、Apache、MySQL、PHP）开源体系构建。为保证安全性，本系统优先选择 Linux 系列作为操作系统；并能支持各种主流的数据库运行（Oracle、MS SQL Server 等）。

（5）安全性原则。采用软件容错技术，及时捕捉系统在运行时的错误信息，并给出相应的提示，防止各种误操作对系统造成不良影响。数据完整性验证技术，检查系统中的数据在通信传输过程中是否丢失或被更改。提供功能模块授权机制，实现各功能模块的独立，严格区分用户的权限。采用高度可行和稳定的企业级网络操作系统、数据库系统和相应的硬件平台，并从软硬件两方面采取一定策略保证信息存储与访问安全可靠。

（6）可用性原则。在与外部系统接口方式上，提供网络/磁盘/手工等多种方式，以适应工程实施及外部系统配套建设的需要。分布式数据存储，在任意单点崩溃情况下能对数据进行恢复。提供应急处理手段，如操作系统备份、数据异地备份、手工处理，以最大限度地保证系统的可用性。

（二）信息系统服务平台负荷估算

表 1　系统平台负载预估

Tab. 1　Estimate on System Platform Loaded

存取方式	数据库连接的次数
工程师处理	100 次/天×100 个工程师=10000 次
审计员查询	100 次页面访问/天×20 人=2000 次
管理员查询	100 次页面访问/天×20 人=2000 次
用户获取	10 次/台×50000 台=500000 次（主要是记录用户日志）
策略下发	50000 台×2%=1000 次
任务上报	50000 台×1 次=50000 次
总计	566000 次/天=6.5 次/秒
放大 100 倍	650 次/秒

（三）信息平台系统设备选型

（1）服务器：HP580；类别：机架式，结构 4U；

（2）处理器：CPU 类型 Xeon，CPU 频率（MHz）2800，处理器描述 2 个，支持 CPU 个数 4，CPU 二级缓存 2MB 三级高速；

（3）主板：主板芯片组 ServerWorks Grand Champion-HE 芯片组，扩展槽 共 6 个，5 个可选；

（4）内存：内存类型 DDR，内存大小 2GB，内存带宽/描述 PC1600Registered，SDRAM 内存，带有高级 ECC 功能，最大内存容量 32GB；

（5）存储：内部硬盘架数 291.2 GB（四个 72.8 GB Wide Ultra3 1 英寸驱动器）（内置热插拔 Ultra3/Ultra4 就绪硬盘架），磁盘阵列卡 Smart Array 5i Plus 控制器、双通道、Ultra3（支持整个内置硬盘驱动器的 RAID 0、1、1+0 和 5），带有 64 MB 内存，光驱 24 倍速 CD-ROM 驱动器，软驱 1.44 MB；

（6）网络：网络控制器 惠普 NC7770 PCI-X 千兆位服务器网卡；

（7）显示性能：显示芯片 集成 1280×1024、PCI 本机总线有 16M 种颜色、8 MB 的 SDRAM 视频内存。

六、结语

海关特别监管区在内陆地区发展外向型经济发展具有重要的作用，是内陆地区与国外沟通桥梁，而信息系统服务平台是完成该项工作重要载体。信息服务平台架构和功能设计是信息服务平台核心内容，建议平台在实际运营时根据社会发展和功能的需要进一步完善。

参考文献：

[1] 刘兴景,戴禾. 物流信息平台发展规划框架分析[J]. 物流技术, 2001(1): 16-18.

[2] 陈韬,苏小军. 区域物流信息平台规划[D]. 物流技术, 2002(10): 18-20.

石河子市物流园区发展适应性分析及对策研究

梁仁鸿

(交通运输部科学研究院,北京 100029)

【摘　要】 现代综合物流园区是经济一体化和社会分工不断深化的结果。建设现代综合物流园区有利于缩短物流时间、减少多次搬运、存储环节,同时还能减少车辆进出城市次数,减少线路、货站、货场及相关设施在城市内的占地。本文以石河子市为例,梳理了物流业发展的政策环境、物流基础设施布局与建设及物流企业发展现状,阐述了物流园区建设的必要性,在此基础上分析了货运站场的适应性。最后根据物流园区发展现状及适应性分析,重点研究并提出了推进石河子市物流业发展的对策建议。本文所提出的推进发展对策为行业管理部门开展相关工作、制定政策提供参考。

【关键词】 物流园区　适应性　物流业

Adaptability Analysis and Countermeasure Research of Shihezi Logistics Park Development

LIANG Renhong

(China Academy of Transportation Sciences, Beijing 100029)

Abstract: The modern integrated logistics park is the result of the integration of economy and the deepening of social division of labor. The construction of modern integrated logistics park is beneficial to shorten the logistics time, reduce the number of transportation and storage links, reduce the number of vehicles entering and leaving the city and the number of lines, freight stations, freight yard and related facilities in urban areas. This paper take Shihezi city as an example, reviewing the development of the logistics industry policy environment, layout and construction of logistics infrastructure and development of logistics enterprises, expound the necessity of logistics park construction, then analysis the adaptability of freight. Finally, according to the analysis of the development status and adaptability of logistics park, the paper puts forward some countermeasures and suggestions to promote the development of Shihezi logistics industry. The countermeasures to promote the logistics industry provide reference for the management department to carry out the work, formulate relevant policies.

Keywords: Logistics park　Adaptability　Logistics industry

一、引言

近年来,国家高度重视物流业的发展,陆续出台了鼓励物流发展的若干政策《物流业调整和振兴规划》(国发〔2009〕8号)、《关于促进物流业健康发展政策措施的意见》(国办发〔2011〕38号)、《物流业发展中长期规划(2014–2020年)》及《物流业降本增效专项行动方案(2016–2018年)》。其中,《物流业降本增效专项行动方案(2016–2018年)》明确了到2018年,将完善支撑物流高效运行的设施和标准体系作为重点行动及任务,建立与现代产业体系相匹配的国家级物流枢纽体系[1]。

石河子地处欧亚大陆桥的必经之地,国家能源物资运输通道和大陆桥通道的重要节点,石河子未来将建成国家重要的纺织产业基地、粮油生产基地和农牧机械装备制造基地。产业基地的建设和发展需要发达的物流业作为支撑,石河子市物流园的建设面临难得的历史机遇和现实需要,作为社会公共物流基础设施的主要构成,其建设对于全面提升公路运输服务水平、支撑当地特色产业经济发展具有关键作用,对于整合社会物流资源、促进物流业降本增效、推动传统物流业向现代物流业转型发展具有长远意义。本文创新性的结合物流园区规模、物流业态、园区功能及作业能力等几个方面系统的进行了物流园区适应性分析并从资金、土地、物流管理体制、人才培养等方面提出了有关对策建议。

二、石河子市物流业发展现状

(一)政策环境

中央和行业管理部门相继出台了支持现代物流业发展的规划和政策。2009年,国务院颁布了《物流业调整和振兴规划》;2012年,国家发改委提出了《关于鼓励和引导民间投资进入物流领域的实施意见》;2013年,交通运输部出台了《关于交通运输推进物流业健康发展的指导意见》;2014年,发布了《物流业发展中长期规划(2014–2020年)》及《物流业降本增效专项行动方案(2016–2018年)》,这些政策文件重点就物流业立法情况、企业税收、设施资源、市场主体构成、运输组织方式、装备与信息化等方面做出指导,为石河子市现代物流业发展创造了良好的政策环境。

然而,基于石河子市物流业发展的实际水平以及权责在不同层级政府的分配,石河子市在物流业立法、企业税收、财政支持、装备与信息化等领域难以进一步推动且落实上级政策;在物流设施资源、运输组织方式等领域尚未紧密结合国家的优惠政策,在金融支持与市场主体构成方面没有引进外部力量开创新局面的相应尝试。

(二)物流基础设施布局与建设

从石河子市物流节点布局与建设情况看,物流设施资源较为分散,尤其是铁路专用线等稀缺资源,具备产业承载力的物流功能聚集区尚未形成。此外,石河子市已形成纺织、化工、现代装备制造、能源和新材料产业构成的支柱产业,成为中国第一、亚洲第二、世界第三的氯碱化工生产基地。随着石河子市以能源重化工为主的工业生产体系逐步形成,工业生产资料的仓储需求将日益迫切,但石河子市仓储面积较小,还无法满足日益增长的工业生产资料的仓储需要。

（三）物流企业

石河子市现有具备一定实力的规模物流企业尚未从大型企业集团剥离，社会化服务不足。当前，石河子市存在两类物流企业，一类由大型企业集团运输部演变而来，另一类是由本地运输企业发展起来的物流企业和伴随产业转移而来的物流服务商。第一类物流企业虽然资产规模大、服务水平高，但受产权关系、管理体制等因素影响，主要为本集团提供物流服务，尤其是当前石河子市物流供不应求的情况下，难以为全社会提供公共物流服务。

三、物流园区建设的必要性

一是加快石河子市物流园发展步伐，满足社会化物流服务的需要。目前，八师石河子市物流园区建设严重滞后，所拥有的物流园区数量非常有限，没有达到全国平均水平且规模小，尚未形成规模优势，难以满足石河子市经济发展的需要[2]。同时物流园区功能过于单一，主要提供仓储、停车和维修等服务，延伸服务、高端服务如电子商务、供应链管理、车辆后市场等服务缺乏，无法留住客户，不能满足市场对物流服务需求的需要。

二是满足石河子市经济社会发展的需要。根据《师市国民经济和社会发展第十三个五年规划纲要》，"十二五"期间，师市经济实现年均15.4%的增长速度，展望到2020年，生产总值将达到680亿元，年均增速将达到10%[3]。按照物流业发展历程与发展规律，物流业发展与经济发展互为促进。此外，工业作为重点发展产业将继续扩张，不断满足各类工业企业的生产运输要求，是未来师市物流的主要任务。因此，师市物流需求总量将在社会经济发展的促进下激增。

三是推进供给侧结构性改革，提升物流行业整体水平的需要。2016年，交通运输部发布了《关于推进供给侧结构性改革 促进物流业"降本增效"的若干意见》（〔2016〕147号）。"意见"指出，要积极推广先进技术应用，大力推动"互联网＋"高效物流发展，鼓励基于互联网的物流服务模式、管理模式创新以及新兴业态发展[4]。由此可以看出，加快物流业发展是推进供给侧结构性改革、增加公共产品和公共服务供给的重点方向，发展空间广阔。

四、货运站场适应性分析

（一）铁路专用线及仓储物流资源分布散、规模小，尚未形成功能性物流产业集聚区

石河子物流园区及物流中心主要包括西部银力集团天银物流中心、天业物流有限公司物流中心、石河子丰尔达物流园等；货运站主要包括石河子货物运输服务中心站、新疆通联运输有限公司货运站等。主要物流设施基本情况见表1。当前，石河子市以自用型为主的物流节点设施、以排他性为特征的铁路专用线（专用铁道）的物流资源配置，导致稀缺性资源难以发挥最大效用。现有的物流节点设施或为自用，或多是在原有运输公司的基础上建设发展，社会化的服务能力不强，师市物流园区（含物流中心、货运站、

企业仓储设施）占地面积仅为 100 万平方米，仓储面积仅为 50 万平方米。

整体而言，师市物流设施资源较为分散，尤其是铁路专用线等稀缺资源，具备产业承载力的物流功能聚集区尚未形成。此外，城市配送发展存在潜在隐患，相比国内大中城市，石河子市城市商超、批发市场相对较少，目前城市配送矛盾并不突出，但仓储面积较小，难以满足商超企业冬季物资储备的要求。因此，面对石河子市激增的物流需求，仅仅依靠引进几个物流单体企业、修建几条铁路专用线已经不能够满足现实的需求，整合现有物流资源，建立拥有集约化的公共物流服务平台功能的物流园区势在必行。

表 1 八师石河子市主要物流园区及中心基本情况
Tab. 1 Basic Situation of Main Logistics Parks and Centers in Shihezi City

园区名称	园区类型	占地面积	主要功能
石河子火车站铁路货场	公铁/公用型	–	提供铁路到发货服务
西部农资物流有限公司物流中心	公铁/公用型	9 亩	提供农资到发货服务
西部银力集团天银物流中心	公铁/自用型	300 亩	为银力集团发送棉花、棉纱
中央储备粮库	公铁/自用型	100 亩	为银力集团发送棉花、棉纱
天业物流有限公司物流中心	公铁/自用型	–	为天业集团到发货物为主
石河子货物运输服务中心	公路/公用型	55 亩	为社会提供货物仓储、装卸、信息等服务
通联运输有限公司货运站	公路/公用型	90 亩	提供仓储、停车、维修等服务
石河子丰尔达物流园	公路/公用型	100 亩	提供仓储、停车等服务
鑫源运输有限公司物流中心	公路/公用型	300 亩	提供停车、维修等服务
新疆西部绿珠果蔬交易中心	公路/自用型	497 亩	提供仓储与流通加工等服务

（二）物流业态以自营物流和个体运输户为主，专业化物流供给能力不足

八师石河子市本地鲜有规模较大、服务水平较高的专业化物流企业，社会化服务不足。其中，天业物流、天富燃料运输、天银物流等企业由大型企业集团运输部演变而来；石河子货物运输有限公司和丰尔达物流等由本地运输企业发展起来。前者虽然资产规模大、服务水平高，但受产权关系、管理体制等因素影响，主要为本集团提供物流服务，尤其是当前师市物流供不应求的情况下，难以为全社会提供公共物流服务。如石河子鑫源运输有限公司，早期为天山铝业、华兴玻璃提供物流服务，但随着天业集团自身物流需求的增长，逐步退出对外部企业的物流服务。

目前，购买第三方服务是石河子市工业生产企业物流服务采购的主要形式，占企业总数约 85%。然而第三方约有 80% 为个体运输户，仅仅依靠长期合作建立的私人信用开展合作。这就迫使生产企业不得不选择乌鲁木齐乃至疆外物流服务商。以康师傅为例，由于企业对物流服务要求较高，本地物流企业难以满足要求，现有几家物流服务商中丰尔达物流为康师傅公司专业物流服务商，跟随企业随迁而来，安德物流为一家安徽芜湖的物流企业，还有一家为乌鲁木齐的物流企业。受当地物流企业服务水平限制，类似康师傅、天山铝业等企业纷纷选择外地物流企业，这直接影响师市现代物流产业和现代服务业的发展。可见建立现代化的物流园区以提高物流组织化水平和集约化程度迫在眉睫。

(三）物流园区功能单一，无法服务新型工业经济发展的需要

2015 年，八师石河子市实现生产总值 415.01 亿元，人均 GDP 达到 69864 元，三次产业结构为 16.5∶44.7∶38.8。从人均 GDP 看，师市处于工业化后期，从三产结构看，师市处于工业化初期。总体判断，师市处于工业化中期，并逐步向工业化后期演变，工业及服务业在国民经济中的占比将不断提高，物流业需求在总量、质量及结构方面，都将提出新的要求，产生新的变化。随着传统农业经济向新型工业经济加速转型，八师石河子市承接东部产业转移的能力不断提升，实现了经济社会的快速发展，更加开放的经济体系极大地催生了物流需求。

然而，师市物流发展整体处于初级阶段。运输和仓储收入约占主营业务收入的 98.8% 及 0.2%，配送、流通加工、包装、货代、一体化物流及信息相关等现代物流延伸增值业务基本空白。同时，师市缺乏公共物流信息平台，仅有少量零散物流信息部，生产企业需要通过乌鲁木齐等外地物流信息平台寻找车辆信息，部分企业甚至要与货车司机以电话形式交流信息，在工业企业中仅有燕京啤酒拥有物流计算机信息系统，在物流企业中仅有天富燃料运输有限公司和天业物流拥有物流计算机信息系统。由此可以看出传统、分散的物流设施难以满足现代物流业发展的新要求。现代物流园区不仅要具备传统的仓储、运输功能，还要具备流通加工、物流信息服务、供应链金融等功能以满足新型工业经济发展对物流业的多样化需要。

(四）物流园区作业能力较弱，无法满足货运市场运输需求的需要

据不完全统计，2015 年，师市工业 40 家重点联系企业原料及产品进出运输总量达 3484.1 万吨，同比增长 9.6%。其中原料运入总量 3055.1 万吨，同比增长 8.7%；产品运出总量 429 万吨，同比增长 17.1%。原料运入总量中占比较大的煤炭、石灰、原盐、氧化铝、焦炭五大原料全年运入量达 2774.7 万吨，同比增长 11.4%，占原料总运入量的 90.8%；大宗工业产品运出总量中，天业集团产品运出量 233.86 万吨，占产品总运出量的 55%；新材料行业产品运出量 138.83 万吨，占产品运出量的 32%；食品行业产品运出量 44.59 万吨，占产品总运出量的 10%。

目前，八师石河子市物流园区（货运场站）占地面积仅 100 万平方米，其中公用型物流节点占地约 46 万平方米，自用型物流节点占地约 54 万平方米，有近一半的物流园区装卸作业能力为企业自身服务。按照目前我国物流站场的设计作业强度 8 吨/平方米·年进行测算，师市公用型物流园区作业能力仅能满足约 400 万吨货物的作业需求，而目前石河子工业原料及产品年货运量已超过 3400 万吨。因此，提高师市物流园区作业能力的需求十分迫切。

五、促进石河子市物流业发展的对策建议

(一）对于物流园区的建设发展要给予足够的资金、土地支持

现代物流园区的建设和发展，是在现代物流业发展过程中出现的新事物。物流园区对整合和优化物流资源、构建完善发达的物流网络体系、支撑和促进区域（城市）的经济贸易发展、提高区域（城市）整体竞争能力有重要的基础保障作用，有较强的社会公

益性，其建设开发所需投资规模较大，工期及投资回收期较长[5]。此外，物流园作为重要交通物流基础设施，不仅是城市基础设施的重要组成部分，也是改善城市物流环境，促进物流产业发展与经济发展的基础设施。因此，在资金方面，建议石河子市设立扶持现代物流业发展的引导资金，对具有示范作用、带动产业发展能力强的重点物流企业项目给予项目补助和贷款贴息，对列入国家、自治区及兵团重点扶持的物流项目给予相应的资金支持。在土地方面，应优先保障物流用地。对重点物流园区建设项目用地，在符合城市总体规划、土地利用专项规划、物流业发展规划的前提下，在年度计划内优先予以支持。

(二) 改革物流管理体制，加强市场管理，规范市场行为

按照国家深化铁路、公路、水运、民航、邮政、货代等领域的体制改革的要求，按照精简、统一、高效的原则和决策、执行、监督相协调的要求，建立政企分开、决策科学、权责对等、分工合理、执行顺畅、监督有力的物流综合管理体系，完善政府的公共服务职能，进一步规范运输、货代等行业的管理，促进物流服务的规范化、市场化。打破行业垄断，消除地区封锁，逐步建立统一开放、竞争有序的物流服务市场，促进物流资源的规范、公平、有序和高效流动。同时要加强监管，规范物流市场秩序，强化物流环节质量安全管理。进一步完善对物流企业的交通安全监管机制，督促企业定期对车辆技术状况、驾驶人资质进行检查，从源头上消除安全隐患，落实企业的安全生产主体责任。

(三) 加强物流人才培养，形成一套完整的人才培养政策

政府要充分利用各种宣传媒体，大力宣传现代物流理念。现代企业的竞争是供应链一体化的竞争，树立流通决定生产的新观念，培育大流通促进大生产的社会氛围。在此基础上，要突出抓好现代物流知识的培训，要加强对各级政府和经贸部门分管领导干部的培训，提高对现代物流业的领导与决策能力，加强对广大企业尤其是工业和流通龙头企业中高层管理人员的培训，提高对现代物流业的管理能力，加强从业人员的培训，提高对现代流通业的适应能力。此外，充分发挥石河子市高校资源优势，推动建立企业与院校合作培训办学机制，发展多层次教育体系和在职人员培训体系。针对石河子物流师职业资格人员少的局面，加强物流领域的职业资质培训和宣传工作，尽快增加物流师数量，增强物流专业力量。

(四) 积极开展物流市场的对外合作，推动物流业"引进来"和"走出去"

依托石河子地处新亚欧大陆桥、渝新欧跨国贸易大通道有利的地理位置。充分利用世界贸易组织、自由贸易区和区域经济合作机制等平台，与有关国家和地区相互进一步开放与物流相关的分销、运输、仓储、货代等领域，特别是加强与中亚国家的双边和区域物流合作，适时建立保税物流区，通过对外贸易促进双边物流业的发展，推动物流业"引进来"和"走出去"。同时，加强国内物流企业同国际先进物流企业的合资、合作与交流，引进和吸收国外促进现代物流发展的先进经验和管理方法，提高物流业的全球化与区域化程度。鼓励运用国际惯例，推动与国际贸易规则及货代物流规则接轨、统一单证、加强风险控制和风险转移体系建设等。

参考文献：

[1] 国务院办公厅.国务院办公厅关于转发国家发展改革委物流业降本增效专项行动方案(2016－2018年)的通知(国办发[2016]69号)[Z].2016.

[2] 交通运输部公路科学研究院.八师石河子市现代物流业发展规划(2013－2020年)[Z].2013.

[3] 石河子市政府.八师石河子市国民经济和社会发展第十三个五年规划纲要[Z].2016.

[4] 交通运输部.交通运输部关于推进供给侧结构性改革 促进物流业"降本增效"的若干意见(交规划发[2016]147号)[Z].2016.

[5] 姜慧韬.城市物流园区的规划与建设研究[D].北京：北京交通大学,2008.

城市交通碳排放监测评估与发展对策研究

——以哈尔滨市为例*

廖　凯　李振宇　尹志芳　李　超

(交通运输部科学研究院，北京 100029)

【摘　要】 近年来，随着我国社会经济的快速发展，城市交通得到了巨大发展，也带来了一系列严重的社会问题，如碳排放量快速增长。为此，要加快建立城市级的交通碳排放监测与评估系统，以便摸清碳排放发生的时间、地点及来源，推进精准减排。本文以哈尔滨市为例，首先分析介绍了哈尔滨市城市交通的发展情况和发展趋势，然后结合我国统计制度现状给出了城市交通碳排放评估方法和评估方案，并应用自建的"城市交通环境排放评估系统"，对哈尔滨市城市交通碳排放进行监测与评估，最后给出相应的对策建议。

【关键词】 城市交通　碳排放　监测　评估

Study of Monitoring and Evaluation for Urban Transport Carbon Emissions and Development Policy-Harbin Example

LIAO Kai, LI Zhenyu, YIN Zhifang, LI Chao[1]

(China Academy of Transportation Sciences, Beijing 100029)

Abstract: In recent years, with the rapid development of social economy in China, the urban transport has been developed significantly, however a series of serious social problems came along, e.g. the rapid growth of carbon emissions. Therefore, accelerating the building of the city level monitoring and evaluation system for transport carbon emissions is needed, in order to figure out when, where and the origin of carbon emissions occurred, thus promote the accurate emission reduction. This article takes Harbin as an example, first analyzes and introduces the development situation and trend of urban transport in Harbin, then combining the current situation of statistical system of China, provides evaluation method and scheme of urban transport carbon emissions, as well as applying the self-build *Urban Transport Environment Emissions Evaluation System*, realizes the monitoring and evaluation of urban transport carbon emissions in Harbin and

---

* 中央级公益性科研院所基本科研业务费项目"城市交通环境排放评估系统研究与开发"（批准号：20164808）；世界银行全球环境基金项目"缓解大城市拥堵和减少碳排放"（批准号：TF014206-CN）。

finally proposes the relevant countermeasures and suggestions.

Keywords: Urban transport　Carbon emissions　Monitoring　Evaluation

近年来，随着中国社会经济的快速发展，城镇化进程逐步推进，机动车保有量持续增长。截至 2016 年底，全国机动车保有量达到 2.95 亿辆。城市交通得到了快速发展，也带来了一系列严重的社会问题，例如大量的碳排放。"十三五"期间我国节能减排任务重大，要完成到 2020 年单位 GDP 碳排放比 2015 年下降 18% 的目标，小汽车新车平均油耗要达到 5L/100km 等。当前我国的汽车保有量进入快速增长期，根据《"十三五"交通领域科技创新专项规划》预计 2020 年汽车保有量将达到 3 亿辆左右，汽柴油消耗将达到 3.5 亿吨左右，石油需求量达到 5.9 亿吨左右。在 2015 年达成的《巴黎协定》中，中国承诺将于 2030 年左右使二氧化碳排放达到峰值，并争取尽早实现。虽然美国近日宣布退出《巴黎协定》，中国仍表示将坚持遵守巴黎气候协定。作为我国仅次于工业、建筑的第三大碳排放源，且在未来较长一段时间内将保持高速增长的情况下，交通运输业完成国家峰值目标面临着巨大挑战。为完成交通行业节能减排任务，首先要摸清交通行业碳排放主要发生在什么时间地点，来源于何种交通运输方式。然而，目前我国交通行业能耗、排放统计基础薄弱，研究建立城市级的交通碳排放监测与评估系统有重要意义。

一、哈尔滨城市交通发展分析

近年来，随着哈尔滨市社会经济的快速发展，城市交通也取得了一定成绩。截至 2016 年末，哈尔滨市共有公交线路 289 条，公交运营线路总长度达到 5435.2 公里，公交运营车辆 7408 辆，全年公交客运量达到 13.4 亿人次。共有出租汽车 18193 辆，客运量达到 5.7 亿人次。地铁营运线路长度 17.2 公里，客运量 6849.9 万人次。

2005 年，哈尔滨市公交运营车辆共 4293 辆，公交线路 133 条，公交客运量 7.5 亿人次，到 2016 年，公交运营车辆增长到 7408 辆，公交线路增加到 289 条，公交客运量增长到 13.4 亿人次（见图 1）。2005 - 2016 年，公交运营车辆年均增长率为 5.08%，公交客

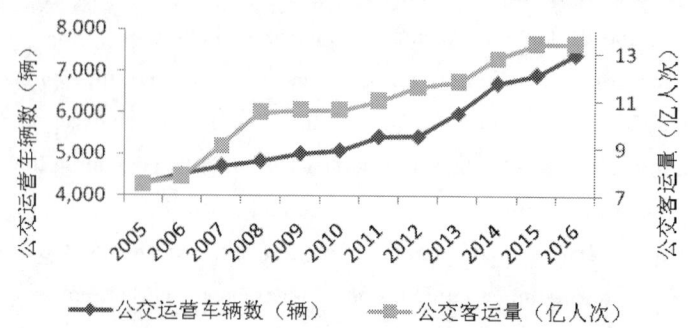

图 1　哈尔滨市 2005 – 2016 年公交运营车辆数及客运量
Fig. 1　Bus Vehicle Stock and Passenger Volume of Harbin in 2005-2016

运量年均增长率为 5.42%。2012 年，哈尔滨市作为全国第一批示范城市，启动实施了"公交都市"创建工作，2012－2014 年，公交运营车辆数年均增速为 11.22%，2013－2015 年，公交客运量年均增速为 6.56%，"公交都市"工程效果显著。

2011 年，哈尔滨市共有出租汽车 15435 辆，2014 年增长到 16518 辆，2016 年增长到 18193，客运量 5.7 亿人次（见图 2）。哈尔滨地铁于 2008 年 3 月启动建设，2013 年 9 月开通，是中国首个高寒地铁系统，截至 2016 年底，地铁营运线路长度 17.2 公里，年客运量 6849.9 万人次。

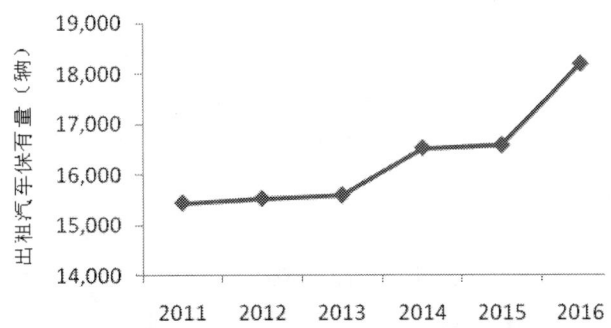

图 2　哈尔滨市 2011－2016 年出租汽车保有量
Fig. 2　Taxi Vehicle Stock of Harbin in 2011-2016

2010 年，哈尔滨市全市共有个人汽车 46.9 万辆，2016 年增长到 129.6 万辆，年均增速 18.46%。2010 年，哈尔滨市人均地区生产总值为 36961 元，2016 年增长到 63445 元，年均增速 9.42%（见图 3）。个人汽车的年均增速是人均地区生产总值年均增速的近 2 倍，说明哈尔滨市居民对小汽车的购买欲望是很强烈的。

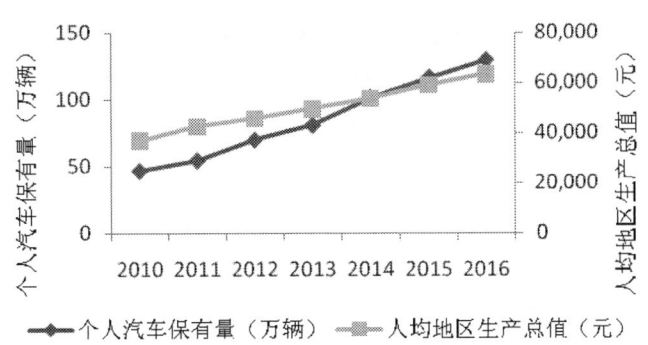

图 3　哈尔滨市 2010－2016 年个人汽车保有量和人均地区生产总值
Fig. 3　Private Car Vehicle Stock and Gross Reginal Domestic Product Per Capita of Harbin in 2005-2016

和哈尔滨市一样，中国大部分城市的城市交通都经历着快速机动化的过程，尤其是私人小汽车保有量的爆发式增长，而目前机动车的动力能源还主要是化石燃料，这就不可避免地造成大量碳排放，以下将结合我国国情介绍监测评估城市交通碳排放的理论和应用。

二、碳排放监测评估

由于现行交通运输行业及城市交通统计体系中不直接包含能耗和碳排放指标,因此需要采用"自上而下"法和"自下而上"法相结合的方式,根据不同交通方式的行业特点,开展城市交通碳排放监测评估工作。

(一) 监测范围

城市交通碳排放监测评估的范围首先要确定研究边界,可以是全市范围、主城区或者某个市辖区。在理想状态下,研究对象应包括边界内发生的各种交通运输过程中的碳排放(见图4左)。但在实际情况中,由于数据可得性的限制,也可以研究边界内登记注册的交通运输工具的碳排放。这种方法的缺点是,研究边界内注册的交通运输工具在边界外的碳排放也计算在内,而外地注册的交通运输工具在边界内的碳排放并没有计算(见图4右)。因此,需要根据实际数据情况在计算方法选择时进行折中优化。

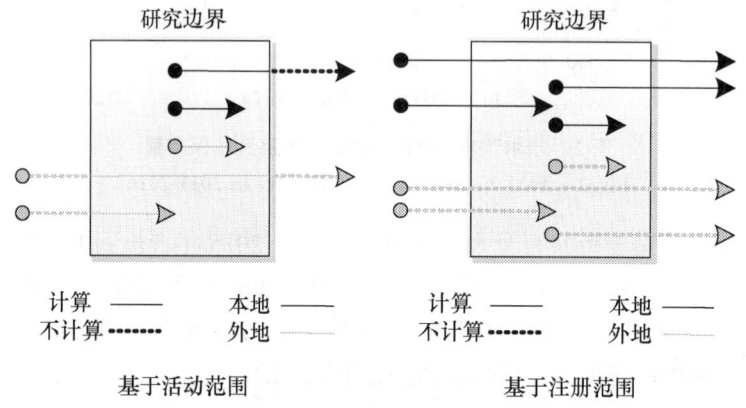

图 4 研究边界和交通活动
Fig. 4 Research Border and Traffic Activity

其次,要确定研究的交通运输方式和类型。在理想状态下,研究范围应涵盖城市中所有交通运输方式,但在实际情况中,由于数据可得性的限制,一般需要根据不同的研究目的和碳排放量占比,对各种交通运输方式设定优先级,优先监测评估优先级靠前的交通运输方式。通常,本地的城市客运交通在城市范围内的碳排放占比最高,应优先考虑,其次是城市货运(见表1),但优先级会随着研究目的的不同而改变。

表 1 机动化的交通运输方式(研究优先级)
Tab. 1 Motorized Mode of Transportation (study priority)

	道路运输	轨道运输	水运	空运
客运	小汽车*	地铁*	轮渡***	航空客运***
	摩托车*	轻轨*	内河航运***	航空货运***
	公共汽电车*	城际铁路*	海运***	
	公路客运***	客运火车***		

续表1

	道路运输	轨道运输	水运	空运
货运	轻型货车**	货运火车***		
	重型货车**			

注：*、**、***分别表示第一优先级、第二优先级和第三优先级。

（二）监测方法及工具

计算交通运输碳排放有"自上而下"和"自下而上"两种方法。"自上而下"法基于某种交通运输方式整体的燃料消耗计算其碳排放，"自下而上"法聚焦于某种交通运输工具个体，根据其交通活动特征和对应的排放因子计算碳排放量，再通过聚类汇总得到整个交通运输方式的总排放（见图5）。

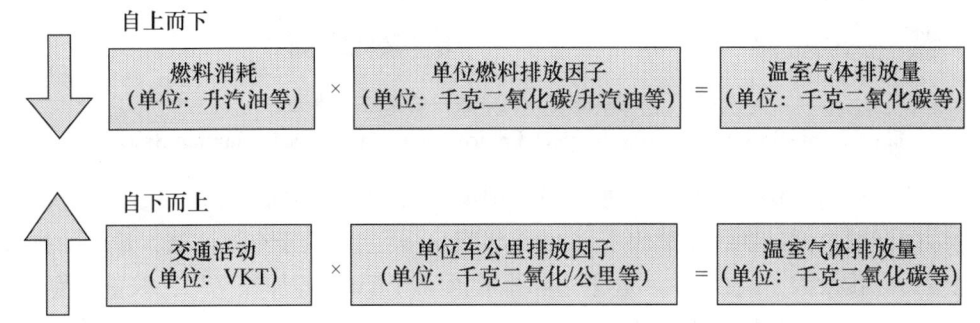

图5 交通运输碳排放计算方法
Fig. 5 Calculation Method of Transport Carbon Emissions

"自上而下"法的数据采集成本较低，但数据分析价值也较低。例如，由于交通运输工具是移动排放源，无法区分燃料消耗发生在什么位置，是否发生在研究范围内，也无法做出准确地减排原因分析。但是，对于行驶路径固定，燃料消耗统计规范的公共交通很适合"自上而下"法。"自下而上"法可以做出深入分析，高级监测都是基于此方法，但也需要付出较大的数据采集成本。因此，还应根据城市数据可得性和能力建设情况，综合使用两种方法计算排放。

通过以上方法，结合我国城市特点，本文研究建立了"城市交通环境排放评估系统"。本模型是国内首个实现了"自上而下"法和"自下而上"法相结合，集成城市公共汽车、出租汽车、私人小汽车和摩托车的主要温室气体和污染物排放核算和多维度分析，适用于不同统计基础城市的本地化城市交通排放中观评估模型（见图6）。下一阶段将在此基础上，验证和开发城市货运模块，以实现对城市交通更全面的量化排放评估。

（三）关键参数

1. 基于燃料类型的排放因子

对于"自上而下"法，由于我国尚未正式发布不同燃料的二氧化碳排放因子，本文采用2006年IPCC报告推荐的排放因子，并参考了国内相关研究结果。对于交通运输过程

图 6 "城市交通环境排放评估系统"界面
Fig. 6 Interface of Urban Transport Environment Emissions Evaluation System

中使用电能产生的间接二氧化碳排放，采用国家发展和改革委员会应对气候变化司研究确定的中国区域电网基准线排放因子（2015年版）。哈尔滨属于东北区域，最终的排放因子为电量边际排放因子（OM）和容量边际排放因子（BM）的加权平均，权重各为50%。不同燃料类型的二氧化碳排放因子如表2所示。

表 2 不同燃料类型的二氧化碳排放因子
Tab. 2 CO_2 Emission Factors of Different Fuel Types

能源名称	IPCC 上限值	IPCC 下限值	本文的排放因子	单位
汽油	2.868 8	3.270 4	2.984 9	$kgCO_2/kg$
柴油	3.005 6	3.238 8	3.160 5	$kgCO_2/kg$
压缩天然气	181.139 9	526.987 7	218.40	$kgCO_2/m^3$
液化天然气	2.384 5	3.301 8	3.061 4	$kgCO_2/kg$
电能	–	–	0.780 3	$kgCO_2/kWh$

2. 基于车公里（VKT）的排放因子

对于"自下而上"法，本文采用德国国际合作机构（GIZ）开发的"中国道路交通碳排放监测模型"中的排放因子数据库，包括不同车辆（车辆类型、排量、燃料类型、排放标准等）在不同道路类型（快速路、主干路、次干路、支路等）和道路服务水平（畅通、基本畅通、轻度拥堵、中度拥堵、严重拥堵）上行驶的中国本地化的单位车公里碳排放因子。例如，1.4～2.0 L 国Ⅳ汽油小汽车在不同道路类型和道路服务水平等级下的二氧化碳排放因子如图7所示，随着拥堵水平的加剧，单位里程排放因子显著升高。

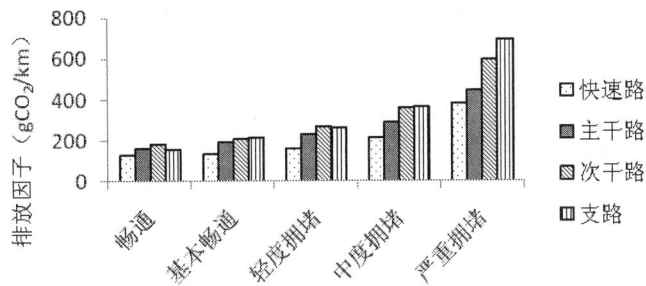

图7 1.4~2.0 L 国Ⅳ汽油小汽车在不同道路类型和道路服务水平等级下的二氧化碳排放因子
Fig. 7 CO_2 Emission Factors of 1.4~2.0L China 4 Gasoline Passenger Car at Different Road Types and Levels of Service

三、哈尔滨城市交通碳排放监测评估分析

根据哈尔滨市交通数据统计和采集情况，应用"城市交通环境排放评估系统"进行计算，城市公交车和出租车采用"自上而下"法，小汽车采用"自下而上"法，测算了2014-2016年哈尔滨城区范围本地注册车辆的碳排放，测算结果见图8。不同交通出行方式中，小汽车碳排放量最大，在城市交通碳排放中的平均占比为77.5%。

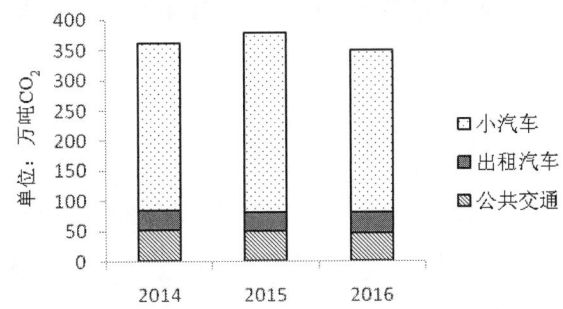

图8 哈尔滨市2014-2016年城市交通碳排放总量
Fig. 8 Total Carbon Emissions of Urban Transport in Harbin in 2014-2016

对于公共交通和出租汽车，结合能耗量、排放量和客运量可以计算能耗强度和排放强度，能耗强度和排放强度总体呈现：公共汽电车 < 地铁 < 出租汽车（见图9）。

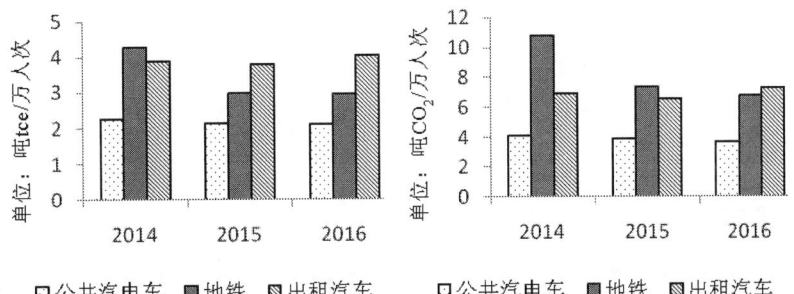

图9 哈尔滨市2014-2016年城市交通能耗强度（左）和排放强度（右）对比
Fig. 9 Comparison of Energy Intensity (left) and Emission Intensity (right) of Urban Transport in Harbin in 2014-2016

车辆的碳排放绝大部分都来源于热行驶排放,但是车辆冷启动时的瞬间排放强度会远高于热行驶排放的排放强度,也是不容忽视的,尤其对于哈尔滨这种高寒城市。结合温度、湿度、平均出行距离等,计算了哈尔滨市小汽车的冷启动排放,约占小汽车总排放的5%左右(见图10)。

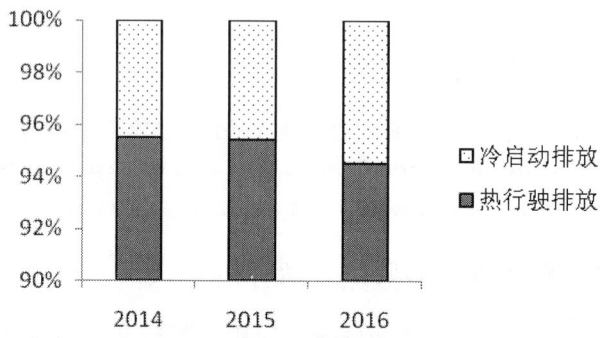

图10 哈尔滨市2014-2016年小汽车热行驶排放和冷启动排放占比
Fig. 10 Proportion of Hot Emissions and Cold Start Emissions of Passenger Car in Harbin in 2014-2016

从排量上看,1.4L~2.0L的小汽车排放量最大,占总排放的一半以上;从排放标准上看,国Ⅳ和国Ⅴ的小汽车排放量最大,而且比例逐年升高,2016年占比达87.6%(见图11)。

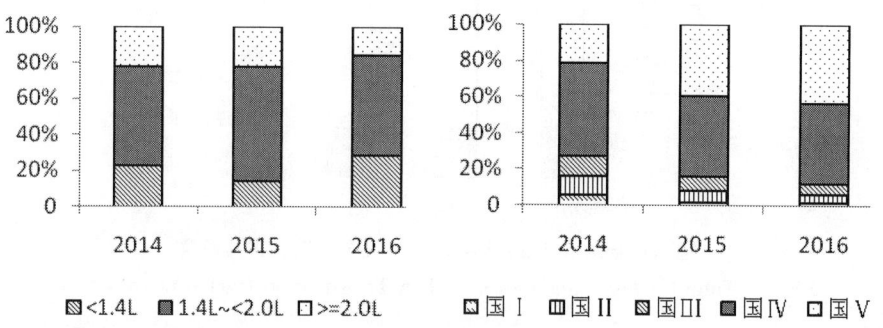

图11 哈尔滨市2014-2016年小汽车不同排量(左)和排放标准(右)占比
Fig. 11 Proportion of Different Volumes (left) and Emission Standards (right) of Passenger Car Emissions in Harbin in 2014-2016

借助监测点车速和车流量数据以及道路网长度,可以估算出城区范围所有小汽车的排放量,进而计算出外地车辆的排放量,结果显示外地车辆排放约占总排放量的三分之一左右(见图12)。

四、对策建议

综合考虑目前我国发展现状及以上城市交通碳排放监测评估情况,尽管城市已经高度重视节能减排工作,但是城市交通碳排放正在保持一个高速增长的态势,给未来城市交通的发展带来巨大压力。因此,应在借鉴欧美发达国家国际经验的基础上,加快城市

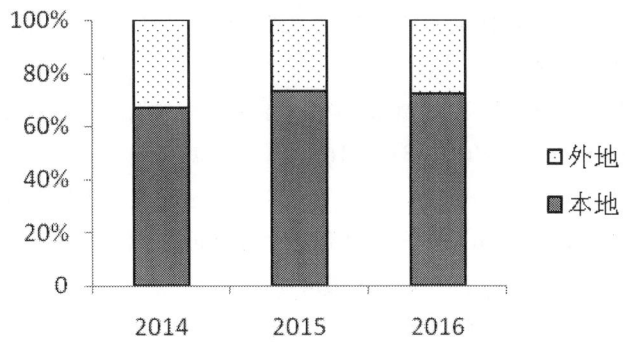

图 12 哈尔滨市 2014 - 2016 年本地和外地小汽车排放占比
Fig. 12　Proportion of Local and Nonlocal Passenger Car Emissions in Harbin in 2014-2016

交通应对全球气候变化的能力建设,对全国城市及哈尔滨城市交通碳排放监测工作提出如下建议:

一是确定城市交通重点减排领域。根据研究结果,目前哈尔滨市和全国其他中心城市一样,小汽车是城市交通最大的碳排放源,且增速很快,需通过建立低排放区、鼓励绿色出行等措施合理引导小汽车使用。

二是加强城市交通行业的能耗量和碳排放量统计。由于缺乏能耗排放等相关统计指标,城市交通碳排放监测工作无法形成全国性的长效机制,应尽快从法律层面增加相关统计指标,如增加不同交通方式"二氧化碳排放量"指标、加强城市交通能耗统计数据的质量等,以确保统计数据全面可靠,为城市交通碳排放监测工作提供有力保障。

三是建立跨部门的数据共享机制。不同交通运输方式的数据分散在不同管理部门,如公安、交通、环保部门等,对于一个城市,单独分析一种交通方式的排放是没有意义的,必须要统筹考虑、统筹规划和统筹部署,因此各部门应互通有无,充分挖掘已有数据、避免重复工作,建议建立交通、公安、环保、规划等部门的"跨部门的数据共享机制",同时应将统计数据向全社会公开。

四是建立城市交通碳排放监测平台。加快科技创新,运用大数据、云计算、"互联网+"等新技术手段,拓宽数据资源的覆盖面,提高数据的精准度和时效性,实现多种交通方式碳排放的实时监测、分析和预测,并在未来扩展到对污染物实时监测,为政府制定相关政策提供更丰富的参考依据。

参考文献:

[1] 科技部,交通运输部."十三五"交通领域科技创新专项规划[R]. 2017-05-02.

[2] 张扬. 我国交通运输部门碳排放及减排途径分析[J]. 环境保护,2015(11):54-57.

[3] 哈尔滨市统计局,国家统计局哈尔滨调查队. 哈尔滨市国民经济和社会发展统计公报[R]. 2005 - 2016.

[4] 德国国际合作机构(GIZ). 城市交通部门如何核算温室气体排放[R]. 2012-10.

[5] 国家发展和改革委员会应对气候变化司. 中国区域电网基准线排放因子[R]. 2015.

[6] 中华人民共和国住房和城乡建设部. CJJ37-2012：城市道路工程设计规范[S]. 北京：中国建筑工业出版社, 2012.

[7] HUO H, ZHANG Q, HE K B et al. Vehicle-use intensity in China: Current status and future trend [J]. Energy Policy, 2012(43): 6-16.

[8] IPCC. Guidelines for National Greenhouse Gas Inventories [R]. 2006.

[9] WUETHRICH P, SCHMIED M, KELLER M. China Road Transport Emission Model (HBEFA China): A User Guide [R]. Berne: 2014-12.

[10] WANG, H K, FU L X, BI J. CO_2 and pollutant emissions from passenger cars in China [J]. Energy Policy, 2011, 39(5): 3005-2011.

推进我国智能物流与生产性服务业发展的几点思考
——以"传化模式"为例

倪利强　陈　科　李学娟

(传化集团有限公司，北京 100031)

【摘　要】物流是生产性服务业中的基础性产业，关系到生产性服务业发展全局乃至制造业转型升级。现阶段，我国的现代物流更多集中在生活消费端（快递），而对于生产端的物流（货运）发展重视度还不够。在实践中我们发现中国制造转型升级艰难根本原因之一就是缺乏与之高效匹配的公路货运物流服务。针对我国生产性服务业落后的现状，围绕中国物流和中国制造的痛点和问题，传化集团以"物流+互联网+金融"的方式，正在打造服务国家、行业和城市的"传化网"智能物流系统平台，为中国470万公里的公路网建设运营系统探索出了公路物流全网调度、全网指挥的"传化模式"，从而提高我国公路物流效率，构建我国物流新生态，引领生产性服务业发展，服务我国制造业转型升级。

【关键词】智能物流　生产性服务业　"传化模式"　智能物流系统平台

Some Thoughts on Promoting the Development of Intelligent Logistics and Productive Service Industry in China
—Take the "Transfar Mode" as an Example

NI Liqiang, CHEN Ke, LI Xuejuan

(Transfar Group Co. Ltd., Beijing 100031)

Abstract: Logistics is the basic industry in the productive service industry, related to the overall development of productive service industry and the manufacturing industry restructuring and upgrading. At this stage, China's modern logistics concentrates more on the consumer side (Express), while less attention on development of the production-side of the logistics (Freight). In practice, we found that the root causes of the difficulty of China's manufacturing transformation and upgrading is the lack of efficient matching of road freight logistics services with it. In view of the backwardness of China's productive service industry, around the pains and problems of Chinese logistics and manufacturing in China, with "logistics + Internet + finance" approach, Transfar is creating a intelligent logistics system platform—"Transfar network", to service country, industry and city, constructing a operating system for China's 4.7 million km of road network , explored the network-wide scheduling and commanding "Transfar mode" of Chinese road logistics, so as to improve the efficiency of China's road logistics, build a new logistics ecology in China, lead the development of productive service industry, service transformation and upgrading of China's manufacturing.

Keywords: Intelligent logistics　Productive service industry　"Transfar mode"　Intelligent logistics system platform

一、我国（公路）物流与生产性服务业的发展现状、存在的问题

现阶段，我国的生产性服务业更多地集中在对个人的服务上，而对于生产性服务业的重视度还不够，这导致了我国的生产性服务业远远落后于欧美发达国家。生产性服务业是全球产业竞争的战略制高点，对比德国等欧美发达国家，他们的生产性服务业相当于 GDP 比重达 45%～50%，而中国占比只有 15%～20%。他们的生产性服务业，包括物流服务、信息服务、供应链服务、金融服务等是环环相扣、互相协同、互相融合的一个完整闭环；而我国的生产性服务业节节断裂、各自独立、不能形成闭环，更不能发挥协同效应，无法为制造业提供有力支撑，极大地制约了制造业转型升级，导致"中国制造"与发达国家相比，还处在全球产业链的"中低端"。

物流是生产性服务业中的基础性产业，关系到生产性服务业发展全局，更直接关系到制造业降成本、调结构。从 2004 年到 2016 年，由于我们国家高度重视物流，社会物流总费用相当于 GDP 的比重由 18.8% 下降到 14.8%，下降了 4 个百分点。而美国和日本近年来该比例在 8% 上下，同他们相比，我国的物流效率亟待提高。根据 2016 年数据，我国的 GDP 是 74 万亿，消耗的物流费用超过了 11 万亿。如果社会物流总费用相当于 GDP 的比重下降一个百分点，就能够减少 7400 亿的消耗，或带来 7400 亿的新增效益。

近些年，由于巨大的人口数量和发达的电商平台，以服务消费端为主的快递物流得到了非常迅速的发展。但相对于快递物流，占绝对主体的、服务生产制造的货运物流，还没有受到足够重视，近 93.2% 的货运物流行业的效率依然十分低下。中国有 214 万亿的货物在无序的流动，中国制造商品的物流费用占比要达到 30%～40%，而欧美国家只有 5%～15%，20 个百分点成为无效。

同样，作为占比全国总货运量 77.5% 的公路物流（比铁路、水路、航空总货运量的 3 倍还要多），尽管全国已经建成 470 万公里四通八达的公路网，却没有一套像航空系统、铁路系统的公路运营系统来保障；尽管拥有 1200 多个物流园区、超过 9.2 亿平方米的仓储，2000 多个配货 APP 以及超过 200 万家的各类物流企业，却缺少系统的连接和协同，还是"小、散、弱"的状态。与此同时，公路与铁路、水路、航运的多式联运也没有形成，带来物流整体的低效率、高成本。

二、未来我国智能物流与生产性服务业发展面临的形势与机遇

随着国家"中国制造 2025"、"供给侧结构性改革"等国家战略政策的落地实施，我

国制造业将迎来新的发展契机，由"中国制造"转变为"中国智造"已不是空想。伴随着国家产业转型升级，制造业的转型发展将进一步带动智能物流业，尤其是公路物流向更广阔的空间发展。

从外部环境看，一是国家层面已经开始高度关注生产性服务业、智能物流业的发展问题，《中共中央关于全面深化改革若干重大问题的决定》以及《国民经济和社会发展第十三个五年规划纲要》、《物流业发展中长期规划（2014 – 2020 年）》、"一带一路"和长江经济带建设相关规划等，均对发展公路物流提出明确要求。二是我国作为全球第二大经济体和第一大货物贸易国，加快融入全球价值链和供应链创新，为发展高效节能减排的智能货运物流赋予了新的使命。三是"一带一路"等国家重大战略深入实施，对打造综合立体交通走廊、挖掘公路货运发展空间、进一步发展智能物流提出了新的要求。四是经济结构、消费结构加快调整，推动高品质、高时效运输服务需求快速增长，为智能公路货运物流提供了发展空间。五是"中国智造"、"互联网+"等行动计划加快推进，为生产端智能物流与关联产业融合发展注入新的动力。

从内部条件来看：一是基础设施网络日渐完善。470万公里四通八达的公路网、1200多个物流园区、超过9.2亿平方米的仓储，以及2000多个配货APP以及超过200万家的各类物流企业，构建起我国当下较为健全的公路物流基础架构。二是借助于物联网、"互联网+"大数据、云计算、人工智能等先进技术，生产端公路货运逐步走向高效化、信息化、智能化，一系列物流+互联网、物流+金融、物流+大数据等新兴业态创新发展，资本投资助推行业快速整合、资源配置，行业发展动力和活力逐步增强。三是市场需求空间广阔。2016年全社会物流总额245万亿元，成为全球第一大物流市场，为智能公路物流的发展提供了广阔的市场空间。四是企业转型步伐加速。市场需求和消费结构深入调整，对市场主体形成倒逼机制，制造企业依托第三方物流、智能物流、多式联运等最大化降低库存，提高原材料、货物库存周转率，降低物流运输成本，运用智能物流标准化管理，从而扩大盈利空间，提高企业综合竞争力。

三、推动我国智能物流与生产性服务业健康发展的模式与经验——以"传化模式"为例

传化是一家总部位于浙江杭州的民营企业，创立于1986年，靠借款2000元起家，经过31年的发展，现已成为涵盖化工、物流、农业、科技城、金融投资等五大事业板块，市场覆盖全球80多个国家和地区，员工16000多人，3家上市公司，资产超300亿，市值超600亿，年盈利达20亿，年上缴税金15亿，横跨一、二、三产业的多元化、现代化、综合性的大型民营企业。

传化专注制造31年，在实践中我们发现中国制造转型升级艰难根本原因就是缺乏与之高效匹配的生产性服务业，因此传化目前正在全力打造传化网智能物流系统平台，大力发展以物流为战略核心的生产性服务业，实现从生产制造向生产制造与生产性服务业协同发展的全面转型，共同推动中国服务与中国制造的互促共进。

针对我国生产性服务业落后的现状，围绕中国物流和中国制造的痛点和问题，传化

以"物流+互联网+金融"的方式,正在打造服务国家、行业和城市的"传化网"智能物流系统平台,为中国470万公里的公路网建设运营系统,为城市运营提供智能物流服务,实现中国公路物流全网调度、全网指挥,提高中国公路物流效率,构建中国物流新生态,引领生产性服务业发展,服务中国制造转型升级。

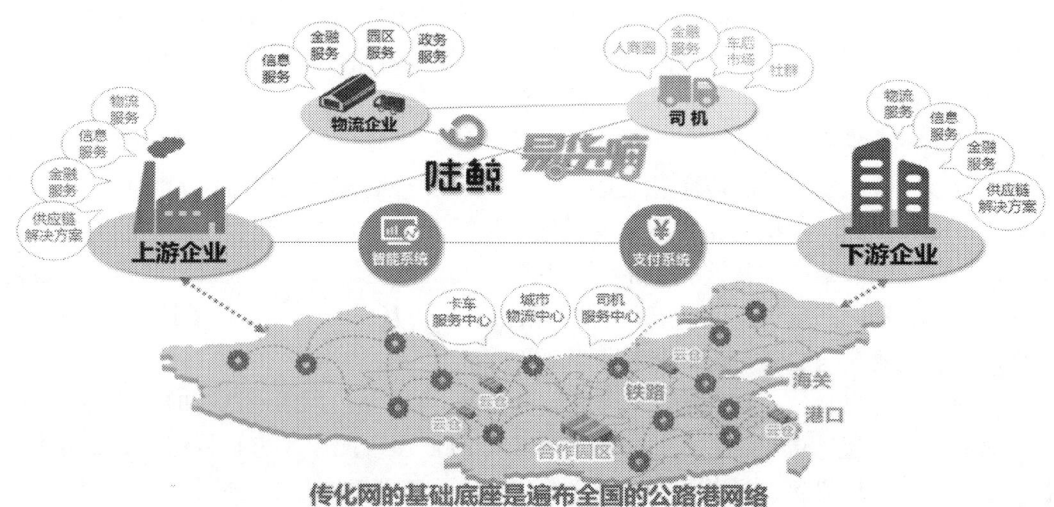

图1 "传化网"智能物流系统平台

Fig. 1 "Transfar Network" Intelligent Logistics System Platform

(一)打造一张覆盖全国的公路港城市物流中心网络,构建传化网基础底座

近年来,传化在"一带一路"、京津冀协同发展、长江及沿海经济带建设等国家战略的引导下,快速推进覆盖全国的"10枢纽、160基地"的战略计划,加快建设传化网基础底座,并通过供应链服务实现业务网络的互联互通。同时,传化的公路港城市物流中心,结合城市定位、产业布局,打造集物流、信息、金融于一体的行业与区域供应链服务体系,为工商制造企业提供一体化供应链服务。截至目前,传化已在全国布局了127个公路港项目,其中33个公路港已经投入运营,日均吞吐量71.03万吨,日均货物价值142亿元,一张全国化公路物流实体网络已初步形成。未来,传化这张公路港网络将与铁路、海港、空港进行互联互通,从而形成一张覆盖全国的多式联运基础设施网络。

(二)立足城市物流中心,建设智能云仓,成为行业"生产端到流通端"全过程的供应链基础设施

传化一方面在为各个城市建设智能城市物流中心,实现智能仓储和智能集配,成为一个城市和城市群的物流枢纽。与此同时,传化还立足城市物流中心,通过信息化的手段把分散在城市各处的仓连接和协同起来,形成分布式仓储网络。结合仓库作业策略、订单交易、智能设备应用等,改善仓库管理效率,提升库存管控策略,实现全网多仓协同与调度,并通过链接社会化的仓储,为客户提供共享的全国仓配网络。最终,服务上游企业科学安排库存生产计划,服务下游企业共同配送,服务制造业企业生产效率的提升。

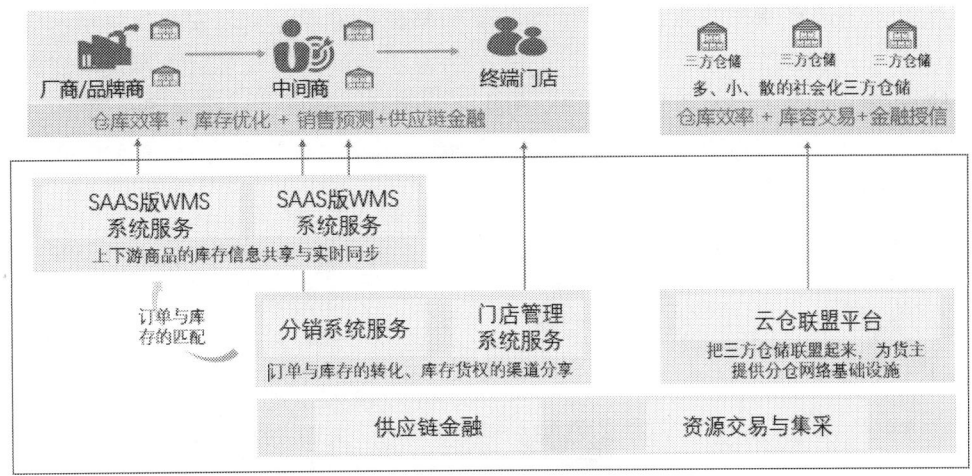

图 2　传化云仓服务架构图
Fig. 2　Transfar Cloud Warehouse Service Structure Map

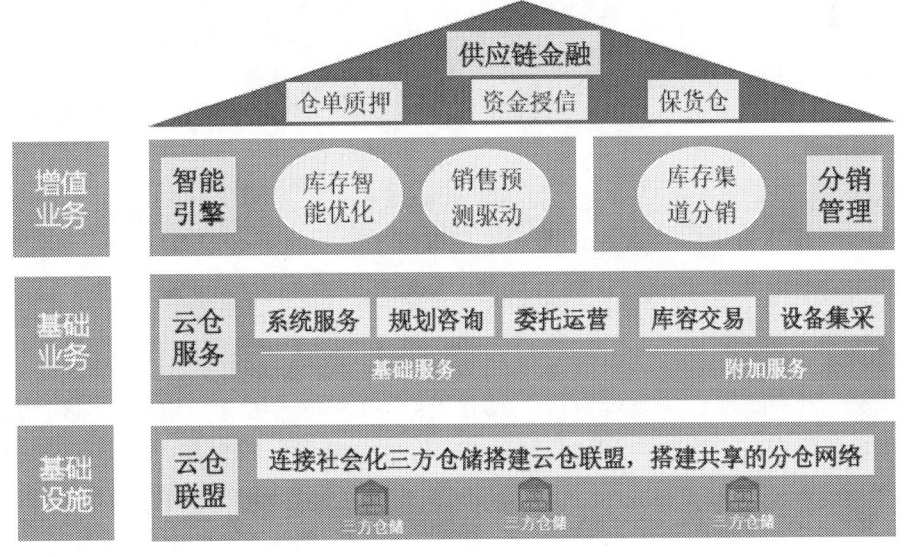

图 3　智慧云仓业务架构图
Fig. 3　Smart Cloud Warehouse Business Structure Map

(三) 打造城际干线 + 同城配送的互联网货运调度平台，大力发展互联网物流业务

传化围绕陆鲸和易货嘀两大产品，大力发展互联网物流业务。其中：陆鲸定位于城际干线运力线上调度指挥平台，聚焦"智能调度"、"车后服务"、"车队管理"三大业务。货主在陆鲸上发货，司机在陆鲸找货，解决运输中的货运双方供需问题。逐步实现与遍布全国的传化公路港及合作物流园区互联互通，深度共享车源、货源及车后服务资源，全力推动线上找货、找车、支付、团购、结算、在途智能管理，线下配货、停车、住宿、餐饮、加油、维修，实现对制造业及其服务企业物流 O2O 服务的全场景覆盖。此外，陆鲸基于服务平台的支付、金融、保险等功能，形成完整的干线运输服务体系。同

时陆鲸还以智能化的操作以及"放心付"担保为基础保障双方交易安全，降低卡车空驶率。下一步，陆鲸以算法驱动，通过对仓和车的智能调度，实现对制造业及其服务行业物流服务各要素的共享和高效利用，推动传化全国智联。目前，已经覆盖全国 26 个省份和直辖市共计 227 座城市，平台上沉淀了超过 110 万的司机会员和超过 10 万的货代会员，已成为行业当之无愧的领先者。

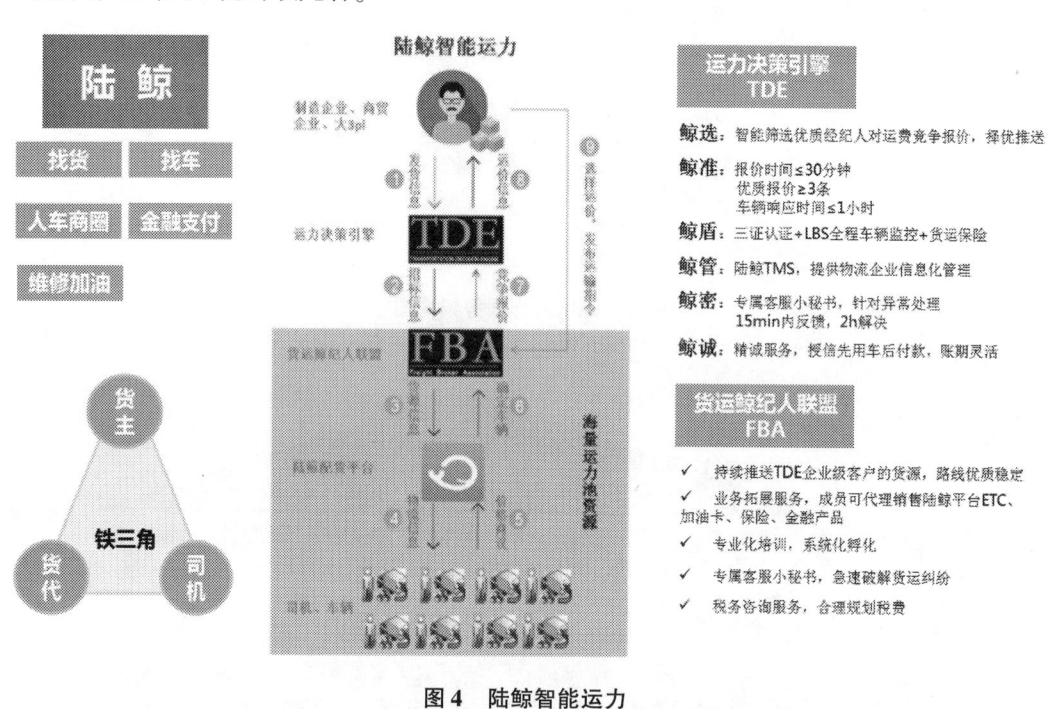

图 4　陆鲸智能运力
Fig. 4　Lujing Intelligent Transport Power

易货嘀定位于同城货运调度平台，聚焦"KA-SDS 企业级客户定制化供应链解决方案"、"小豹货栈仓配一体服务"、"31131 标准化整车服务"三大业务。为客户提供城市配送一站式解决方案，打造出了全国化的城市末端配送网络。易货嘀打造基础城市运输，为制造业公路运输提供精准运力服务，升级服务模式，加强多式联运服务能力。易货嘀是基于传化制造业物流服务实体公路港网络和传化网智能系统之上来推动"互联网＋智慧物流"模式的发展。"互联网＋智慧物流"的关键在于能够提供全链条的"交钥匙工程"，"交钥匙工程"正是易货嘀基于城市配送行业的不同行业、不同客户、不同需求，提供的分行业的整体解决方案，即为客户提供"仓储＋保理＋物流配送＋交付＋代收＋支付结算＋保险报价"的全链条服务。截至目前，易货嘀已经覆盖 28 个国内枢纽级主要城市，网罗了超过 7 万的司机会员。易货嘀作为业内首家合法身份的城市网约货车平台，已服务数十万家小微企业及部分企业级客户。

易货嘀通过交易平台化、物流管理信息化、终端智能化和服务 O2O 化，实现立体式、全方位的全面信息采集与在线化，并实现对全网物流资源的智能化调配、运输过程的透明化管理和运输业务的安全监控。通过整合社会资源，打造优质运力服务，为全国数万名货车司机提供工作机会；以技术驱动城配升级，业内首家使用智能派单模式，提供精准迅速的服务。将智慧物联技术和智能车队管理服务为业务支撑，实现优质运力供应链产品和服务与企业需求精确、高效匹配；建立全程信息化平台与精益化管理体系，输出良好服务体验，为客户提供可靠、高效、专业的运力供应链解决方案，帮助众多中小物流车队企业连接车辆、司机、货物、高速公路、加油等物流诸多环节关键要素，整合公路运力供应链供给与需求，分秒连接车辆的IOT（物联网）大数据，让企业、车队及司机从准时送达、安全驾驶、节能减排等自身的良好行为中获益。

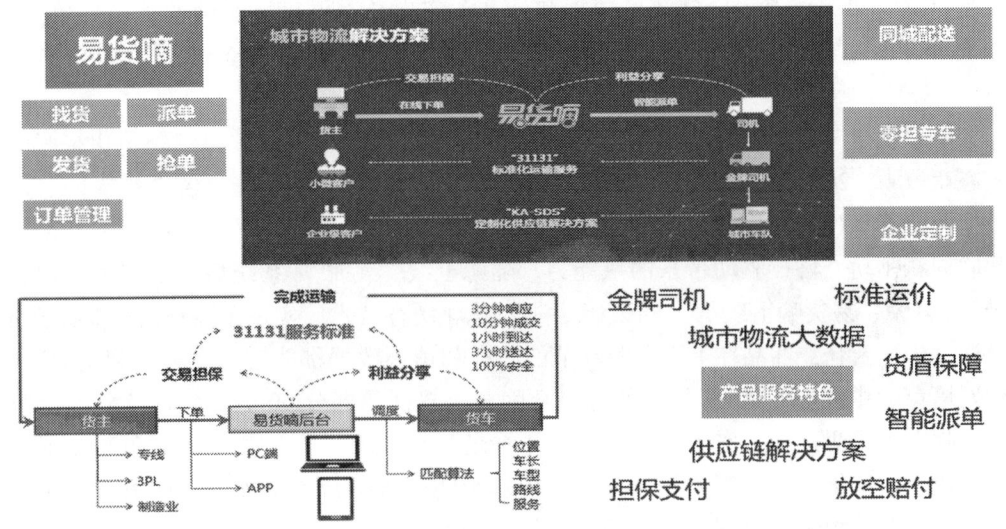

图 5　车货匹配应用：易货嘀
Fig. 5　Goods-vehicles Matching Application: Ehuodi

通过陆鲸的干线运输服务体系，把所有调度中心连接起来，整合易货嘀打造的基础城市运输"互联网+物流"服务模式，聚力为制造业运输提供精准运力服务、提供"一单到底"的便捷物流服务。

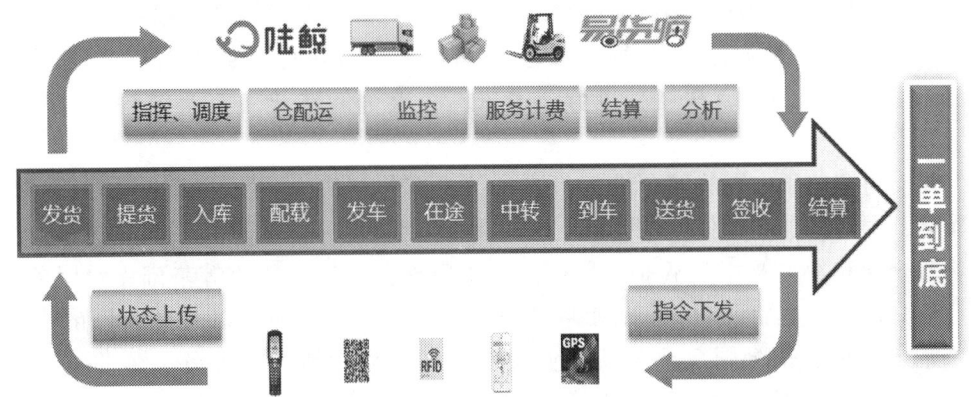

图 6　陆鲸与易货嘀聚力服务
Fig. 6　Cohesive Service of Lujing and Ehuodi

(四) 建设智能物流信息系统和支付系统，贯穿供应链全链条，形成交易闭环，实现数据沉淀

智能物流信息系统和支付系统，是传化网的核心。智能物流信息系统，它犹如一个"插座"，把上下游企业、服务干线运输的陆鲸、服务城市配送的易货嘀、智能云仓，还有铁路、水运、航空，都连接起来，贯穿供应链全链条，形成供应链端到端、一单到底的业务协同平台。同时，打通支付系统，形成交易闭环，通过构建支付体系、完善支付应用，形成"商流、信息流、资金流、货物流"四流合一的支付大数据，实现数据沉淀。最终，基于全链条的数据和计算，实现全网调度、全网监控、一单到底、智能决策，由此实现智能物流与智能制造的协同发展，深度打造产业链、供应链、价值链。

智能系统全链入网，"AI+物流"激发生态价值。数据和系统，显然是传化智联的又一核心竞争力。2017年上半年，传化网中的"万能插座"——智能系统全链入网。通过大数据及智能算法的加持，发货方、司机等各个生态圈的"物种"受益明显，展现出传化智联创新驱动、科技驱动带来的赋能力。陆鲸上线"鲸眼"系统后，全国货源响应率提升14.21%；易货嘀上线"风豹2.0"，通过优化缓存技术，实现车源查询性能提升400倍。通过传化云仓，商品在上下游各环节的库存和销售数据都能实时掌控。利用大数据，传化网培育"中国好司机"，平台的五星金牌司机赵师傅评分99分，像他这样的优质司机月均收入可超两万……作为新一轮科技革命的重要代表，人工智能的触角不断延伸到物流行业。在传化智联，正依托传化网，构建智能连接平台，发挥生态系统上各业务的协同效应、沉淀物流大数据，并运用人工智能深度学习和大数据计算，形成中国物流大脑，服务中国制造。

完善传化"互联网+金融"体系，提供供应链金融服务。传化支付平台实现"涵盖货主、企业、货运司机、商户（港内、港外）等全覆盖、全场景、全流程的支付闭环"，并将支付服务延伸至"B2B、B2C与C2C"，从而提升用户的支付体验、支付便利和支付经济，可以更好地满足用户需求，提高用户黏性，实现传化物流潜在价值及盈利能力的提升，最终打造中国公路物流的全新生态圈。平台紧扣"商流、信息流、资金流、货物流"四流齐发展的思路，以服务制造业为核心、"互联网+金融支付"体系为支撑点，深耕垂直细分领域，深度挖掘行业需求，在整个制造业生态圈内打造自有支付体系。

传化支付定位于中国物流行业标杆性的综合支付解决方案提供商，致力于实现数据资本化，通过构建支付体系、完善支付应用。"互联网+金融"体系为物流行业内司机、物流企业和货主及相关从业人员提供信息费支付、货款代收等基础支付服务，提供围绕商圈消费、车旅联动、车后市场消费等的其他支付服务，以及高速公路ETC充值、加油卡充值、代缴罚款、公共事业缴费等各项增值服务。此外，传化支付还将协同银行、保险、保理、融资租赁等金融机构，为物流企业提供综合性的金融解决方案。

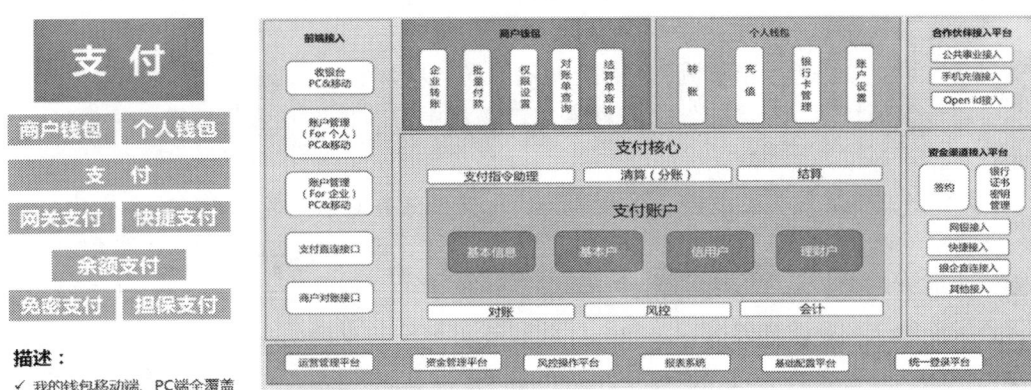

图 7 传化"互联网+金融"体系
Fig. 7 Transfar "Internet + finance" System

传化支付继获取支付牌照后，联手中国银联推出货款智能代收付产品，用"支付+系统"的解决方案解决货款安全问题，在带来便捷、及时、安全的结算体验和效率提升的同时，有望促进行业规范、提纯和重构。截至目前，传化支付运营半年以来，交易达811万笔，产生流量190亿。与此同时，和传化支付一样，传化金融的卡车金融、运费金融及保险经纪等，聚焦业务场景，在发挥生态圈"黏合剂"作用同时，让"血管"中的每个数据更透明、更有价值。

现在"传化网"智能物流系统平台已经运营起来，开始产生并积累海量数据。未来传化的努力方向是，打造好"传化网"，构建智能连接平台、智能化的实现平台和操作平台，通过人工智能技术形成中国物流大脑，服务全国200多万亿货物高效、有序流动，服务中国制造2025，服务智慧城市建设，共同推动中国由"中国制造"走向"中国智造"。

四、未来我国发展智能物流与生产性服务业的建议

（一）从顶层设计层面，出台支持生产性服务业发展专项政策，助推我国制造业转型升级

传化提出的打造服务国家、行业和城市的"传化网"智能物流系统平台，构建中国物流新生态，引领生产性服务业发展，是一项利国利民的国家工程，投资大、回报期长。希望国家能够从顶层设计层面，出台专项政策支持智能物流与生产性服务业发展，从而能够更好地服务与助推制造业与实体经济的转型发展。

（二）传化公路港网络作为国家工程，希望能够参照公共基础设施项目享受相关优惠政策

打造传化网"智能物流系统平台"的基础底座是建成全国化公路港城市物流中心网

络,这对提升我国交通物流综合效应有巨大贡献。然而,如同航运中的港口码头,空运中的机场空港,公路港城市物流中心同样具有投资规模大,投资回报期长,辐射范围广,社会公益性强的特性。希望能够将公路港城市物流中心项目参照公共基础设施项目,享受土地、税收等相关优惠政策。

(三) 鼓励与支持传化打造一批智能物流生产性服务业示范区,更好服务实体经济

为进一步推进人工智能技术的创新研发和在物流产业中的示范应用,大幅提高物流效率、降低物流成本,传化先行先试,将联合人工智能产业技术创新联盟、政府部门共同建设智能物流产业示范园区。下阶段,建议能够鼓励与支持传化打造一批生产性服务业示范园区,并在建设规划、人才集聚、产业发展、园区运营、政策扶持等方面给予专题指导与专项支持,推动我国生产性服务业发展,更好地服务于先进制造业等实体经济的转型升级。

(四) 继续加强智能物流信息化建设的政策鼓励与支持力度,提升生产性物流业整体智能化水平

随着互联网+、大数据、云计算、人工智能等新兴行业的融合带动发展,我国现代物流业整体呈现较高增长态势和较快发展。未来要发展智能物流,全面提升我国生产性服务业整体水平,就要继续加大对生产性物流业的信息化建设。建议政府相关部门制定更有力的行业鼓励政策,在资金、税收、人才、产学研、行政服务等方面继续加大投入力度,鼓励业内企业进行创新发展与转型升级,推动行业整体向高效化、信息化、智能化发展,加快促进以智能物流为代表的我国生产性服务业提质、提速发展。

参考文献:

[1] 王德荣.中国交通运输中长期发展战略研究[M].北京:人民交通出版社股份有限公司,2016.

[2] 王德荣.王德荣文集:综合运输与现代物流[M].北京:人民交通出版社,2013.

[3] 汪鸣.我国交通运输发展形势展望[J].中国投资,2016(3):68-71.

[4] 中国物流与采购联合会.第四次全国物流园区(基地)调查报告[R].中国物流学会,2015.7.

[5] 国务院.物流业发展中长期规划(2014-2020年)[R].2014.

[6] 国家发展和改革委员会.全国物流园区发展规划(2013-2020年).2013.9.

[7] 国家发展和改革委员会,交通运输部."互联网+"高效物流实施意见[R].2016.

[8] 国家发展和改革委员会.营造良好市场环境推动交通物流融合发展实施方案[R].2016.

[9] 交通运输部.推进"互联网+"便捷交通促进智能交通发展的实施方案[R].2016.

[10] 魏永存,谭小平,杜江涛.推进我国多式联运发展的几点思考.中国交通运输中长期发展战略研究[M].北京:人民交通出版社股份有限公司,2016.

"互联网+"物流发展趋势研究

常海丰

(河南天翔物流发展有限公司,安阳 455000)

【摘 要】 "互联网+"给物流业的发展带来了蓬勃生机,物流业将进入一个崭新的时代。本文采用因果分析的方法,通过对物流业现状的研究,发现问题,提出建议,并通过"运的易"物流平台作为实践案例说明解决的方法和策略,应用"互联网+"物流信息平台的大数据,加快货物流转,降低成本,提高各参与者的利润。

【关键词】 甩挂运输　物流公交化　公路铁路化　智慧物流　诚信体系

Research on the Development tendency of "Internet +" Logistics

CHANG Haifeng

(Henan Tianxiang Logistics Development Co. Ltd., Anyang 45500)

Abstract: The "Internet +" brings vitality to the development of logistics industry, which will brought the logistics industry into a new era, This paper adopts the method of causal analysis to study the current status of logistics industry Using the "Yundeyi" logistics platform as a practical case to illustrate the solutions and strategies, which is purposed to apply the big data of the "Internet +" logistics information platform to speed up the transfer of goods, reduce costs and increase the profits of all participants.

Keywords: Transportation with dumping trailers　Logistics transit　Highway railway　Smart logistics　Credit system

一、"互联网+"物流的发展现状

(一) "互联网+"物流的发展现状分析

1. 市场现状

随着国际经济大流通时代的到来,商品的生产和销售的地域概念逐渐淡化,我国改革开放的深入发展带来物质的极大丰富,人们的消费水平不断提高,在世界范围内形成一个庞大的购销市场,成为商家追逐的目标。消费市场有多大物流的需求就有多高,作为商贸活动中不可缺少的物流环节正在发生着深刻的变化,其市场规模在国民经济的快速增长中进一步扩展,需求将以年 8% 左右的增速持续增长,市场前景相当可观。2016

年，我国货运车辆保有量超过 1400 多万辆，物流费用总现金流量约为 28.79 万亿元，巨大的市场容量为物流业的发展带来生机，也检验和考验着物流企业的适应能力。传统物流业态疲态凸显，"互联网＋"物流成为主流，将在未来的市场发展变化中充当主力军。

2. 行业现状

我国物流产业的发展已经到了一个关键节点。物流业都在积极探讨"互联网＋"物流融合的发展模式，纷纷建立自己的互联网平台，利用物流生态链上下游的优势资源不断创造出新的业态模式。智能物流信息平台的出现把物流业的企业管理、业务运营、交易支付、服务保障等业务整合起来，实现业界全方位的信息共享和合作，并把触角伸向生态链的其他行业，以此来获得更多的可利用资源。"互联网＋"物流多种模式的出现颠覆了传统物流的运作方式，代表着行业发展的未来。国际知名物流企业纷纷试水中国流通领域，使物流业的市场竞争更为激烈。这是一场比思维、比战略、比智慧、比科技的中原逐鹿，胜负的天平正在向互联网与物流的融合程度倾斜。透过物流业的震荡，我们可以清晰地看到诱人的前景，我国物流业将迎来一个大发展的春天。

(二) 问题

1. 市场问题

目前我国的物流市场经过多次结构调整和重新布局，许多深层次的市场问题还在困扰着决策层面。

一是物流成本居高不下。据《2017－2022 年中国运输物流行业专项调研及投资价值预测报告》显示，2016 年社会物流总费用 11.1 万亿元，同比增长 2.9%，相当于中国 GDP 的比重为 16% 左右。西方国家的物流成本仅占生产成本的 10%~15%，而我国物流成本占生产成本的比重却达到 30%~40%。2016 年，我国物流总收入 7.9 万亿元，同比增长 4.6%。物流行业的快速崛起，入局者越来越多，但是居高不下的物流成本给经济发展带来沉重的压力。同时，物流需要占用大量的土地、车辆、油气资源，需要众多的第三产业为其服务，成本问题不解决是对自然资源和人力资源的浪费。

二是物流市场运营散乱。2015 年公路货运领域市场规模已经达到 3 万亿，零担业务占 30%，在 9000 亿元左右。这些可观的物流业务量主要由分散在全国各地的众多中小专线公司承运，一般企业只有两三台车，经济实力有限，管理水平不高，基本上还是传统物流的延续。此外，物流市场的生态链相当长，包含货主、物流公司、承运商、专线物流、终端客户等多个链条，而且信息化程度不高，整个交易过程多数依靠电话、邮件、传真来实现，成交率不高，效率低下，利润增长缓慢。

2. 行业问题

物流业面临的车辆空驶、迂回问题始终存在，车货不匹配造成了严重的资源浪费。据 2017 年相关数据显示，我国目前拥有货车司机 3000 多万人，每年超过 75% 的货物通过公路运输。但是，由于传统物流模式根深蒂固，运输带有随机性，很难有往返满载的业务。当空驶时就要通过地面中介寻找货源，付出相当的费用，压缩了获利空间。从目前我国"互联网＋"物流平台的整体运行看，还没有形成行业性的整合，规模太小，使用双方的介入深度不够。需求双方在获得相应的信息或者在平台上达成交易后，还要靠传统的信息手段完成整个运输过程，难免因技术问题而导致运行不畅。物流业构成的关键要素是运力、货源和信息，其中一个要素出问题，其他要素就会受到牵连，整合程度不够是行业发展的重大障碍。

二、"互联网+"物流的发展趋势

（一）互联网的功能优势

互联网是现代科技进步的产物，它的出现缩小了世界的空间距离，使人类活动更为自由和通畅。它的功能优势主要有四点。一是信息资源共享。当今社会是信息时代，谁掌握了最多、最全的信息，谁就掌握了经营的主动权。互联网可以让全世界人民共享资源，把海量信息资源和数据集中整合起来供使用者分享，最大限度地节省信息流动和交换成本，无需成本或者只花不多的成本便可以得到急需的信息和资料。二是超越时空隔阂。互联网可以从容地超越时空，既可以真实再现现场情景，也可以实时追踪动态物体的运行，产品可以超越时空行销全球。三是实现隔空对话。利用互联网，使用的双方或多方可以实时互动，随时交流。四是使用方便简捷。现在电脑操作以及上网操作都很人性化，只要拥有计算机和宽带即可操作。

（二）"互联网+"物流的发展优势

从目前"互联网+"物流的发展现状看，三大互联网物流模式代表了发展趋势，而且都具有自己的独特优势。

一是信息平台的"打车软件"服务模式。汽车出租业利用打车软件提高运营效率是成功的，互联网物流平台移植了这种模式，把货车司机与货源方紧密地链接起来。货车司机可以通过互联网物流平台清楚地看到货源的位置、品种、数量、起运时间、需求等信息，然后做出交易决定。该物流模式的优势十分明显，它打破了传统物流信息的不对称，通过线上线下的整合，有效解决了物流行业互联互通这个痛点问题。

二是智能信息技术平台服务模式。其主要功能是面向物流企业提供 TMS 技术服务，比如 OTMS 系统，就是物流行业信息技术服务提供商通过"物流平台+移动 App"模式将企业运输环节中的货主、第三方物流公司、专线运输公司、司机和收货方等整合在自己的交互平台上。这个平台既有开放性，海量的信息可以共享，又有黏合性，闭环运行保证了各方的权益。

三是信息交易平台模式的升级版。它依托的主要还是传统的信息平台，货主与车主信息进行交换匹配后进行交易。但是，该平台的使用成本较高，诚信度较低，一般在同城货运、快递以及零担货运中应用较广。在当前互联网物流模式创新还不到位时，这种模式仍然具有一定的优势。

三、"互联网+"物流发展的制约因素

从我国物流业发展看，"互联网+"物流是大势所趋，各企业纷纷试水，在有的节点上已经具备了较高水平和运营能力。但是，一些带有普遍性的和深层次的问题还没有完全解决，制约着物流业的健康发展。

(一) 诚信度不高

对于互联网物流行业而言，建立信用评价体系是当务之急，信用不足一直是困扰物流行业的一大顽疾，如果不能实现线上支付的闭环运行，发展就会受到严重制约。互联网物流平台一般都缺乏信用数据共享板块，有的虽然存在但不具备权威性，更多的带有主观色彩。在互联网平台上，物流企业消失、司机跑路、随意扣款等现象时有发生，导致车主或货主损失严重，投诉无门。

(二) 信息平台发展不规范

物流企业的信息平台发展速度较快，但是缺乏规范性，一般都是在原有的企业信息基础上进行完善和修正，对于数据的搜集范围有限，一些关键数据缺失。比如众多的物流企业本身规模不大，信息化程度不高，在平台上难以反映即时状况，所提供的信息难免滞后，对于车货的实时监控也存在较大的瑕疵，智能化水平有待提高。

(三) 物流企业各自为政

一是货主企业无法实现自控。由于整合度不够，货主无法与物流提供者进行直接对话，而中介物流利益转包导致成本很难控制。货主企业没有主动权，信息不畅，价格不明，因而很容易遭受不公平待遇。

二是司机应得的利润被摊薄。没有互联网物流平台的整合，或者整合的力度不够，运输企业只能凭借自己的有限信息资源单打独斗，导致运输企业和司机无法接触到一手货源，只能靠多拉快跑弥补损失。在许多物流园区里，同一个线路有很多小物流，彼此信息不互通，关起门来做功课，造成货源无法预测，车辆无法统计，匹配无法进行。

四、解决"互联网+"物流以及落实好国家政策的几点建议

(一) 采用智能配货"滴滴"模式

采用"滴滴"式的货物运输方式，货和车的双方直接与互联网物流平台贯通，充分享用平台的大数据、人工智能、LBS等信息及技术手段，实现货物和运力的智能匹配，实现"车不空载，货无停留"的高效运输模式。这种模式通过移动端的物流信息平台将有增值服务的物流公司提供的一手整车货源直接推送到货运司机手中，这样重载的车辆便可以在返途中拿到最为合适的订单，免去了在货站趴活之苦。同时可以充分利用平台提供的零担货物信息作为货物不足的填仓。从而保证货运方有充足的货源，货主也能够及时起运。而且司机能够在互联网平台上积累信誉，在平台上获取更多的收益，优质货主也能够找到最经济、最安全、最快捷的运力。

(二) 建立诚信担保增强信誉度

互联网物流信誉度不高的原因主要发生在资金保障和收益兑现上，在传统的物流运营中会经常因为诚信问题发生矛盾和摩擦，当调节无望付诸法律时，因为额度不大，证据不足只能不了了之，吃了哑巴亏。车货双方的互不信任问题始终是个顽疾，解决的唯一出路就是平台通过自己的担保交易，解除用户的后顾之忧，给双方吃下"定心丸"，快速形成即时交易，资金流的快速增长也可为平台积累更多的可调动资源。

因此建议构建支付宝式的物流金融，为客户双方的交易实行担保。减少交易的费用

支付程序，压缩交易过程的周期，快速建立双方互信。

(三) 以团购模式降低交易成本

从表面看物流就是交通运输，而现代物流的外延更长，与之相关的车辆服务是物流保障的核心内容，涉及保险、加油、维修、餐饮、住宿等行业，市场规模相当可观。物流信息平台要以团购的形式为车主提供全方位优质服务，通过规模运营来降低车辆运输成本，提高竞争力。

在物流业中，车辆服务是保障运营效率的重要环节，在运营成本中占有很大比重。团购模式就是让用户全面了解车辆服务的所有内容和服务价格，通过规模效应吸引用户加入平台，并参与竞价。用户通过美团式的选择获得最低和最优的服务，服务提供者通过规模经营获得收益，解决车辆运营成本居高不下的问题。

(四) 物流园区采用公交站的调度方式

互联网物流信息平台可以创造性地采用公交式的货物调度方式，利用整合后的即时数据和平台权威性调度能力，直接链接线下物流园区节点，实现车货的快速流动。平台的信息智能化应该能够让用户在第一时间看到货源在园区各个"公交站点"的停留状态以及物流车辆的数量、位置以及正在运行的情况。同时，公交式的货物调度运输机制随时响应，进行智能匹配，实现货物在"公交站点"的快速流动，减少停留时间，降低仓储成本，提高铁路运输效率，使公路运输更为灵活，进一步降低车辆空驶率，提高物流企业和司机的收益。同时，采取公交式运行，货源单位可以直接把货物装到挂车上等车头来拉，通过班车制的模式解决国家政策的落地问题，在一定程度上避免了专线物流旺季车源紧张、价格上涨、租车困难等情况发生。

(五) 物流贸易促进物流人员的身份转变

通过物流通道建立完整的商品流通体系，将促进司机参与贸易，引导物流企业身份转变，由单一的物流服务商转化为物流和贸易相结合的机构，从而达到"以运带贸"的效果，促进整个物流体系内的商贸交易量。

以往的物流园区主要业务以物资的集散运输为主，参与者的主体非常单一，仅限于在自己的业务范围内运作，所以有一定规模和实力的物流企业并不会把重心转移到园区。物流信息平台就要把园区单纯的集散运输，提升为区域物资交易集散中心，使用户的身份不再是单纯地提供和接受一般的物流服务，而是可以在这个平台上开展一系列的贸易活动，吸引大量优质贸易商、物流商进入园区，大大提升园区经济效益和市场号召力。在体制上，变松散为整体；在运营上，变割据为贯通；在规模上，变弱小为强大。最终形成良性循环的物流生态圈，实现整合资源、降低成本、提高效率、提升水平和利益共享、合作共赢的目标。

五、结论

从世界范围内"互联网+"物流的发展趋势看，两者的融合是大势所趋，代表着物流业未来的发展方向。智能物流信息平台的出现将这一趋势引向深入，各物流企业通过市场优质资源的整合，几乎网罗了生态链上的所有行业，彻底颠覆了传统物流的运作方式。本文通过理论分析和实践探索，也发现其中制约"互联网+"物流发展的物流成本居高不下、运营散乱等市场问题和车辆迂回空驶、车货匹配失衡等行业问题。主要制约因素是物流信息平台诚信度不高、功能不全、整合度不足。从互联网的功能优势和"互联网+"物流的融合优势论证了当前物流业所面临的关键节点，根据当前物流市场所出现的各种不同的运营模式，筛选出最佳的解决方案。

"互联网+"物流信息平台的模式正在不断创新中，需要解决的问题很多，但它的优势已逐步显露，物流与供应、进货、营销、交易、仓储、金融等活动的深度融合是大势所趋。物流业要发展，就要应用最先进的科技成果，走在时代的前面。

参考文献：

[1] 郑晶莹."互联网+物流"应对策略研究[J].经营管理者,2015(27).

[2] 郭尧.关于"互联网+"物流智能化仓储系统的现状和发展研究[J].企业改革与管理,2016(11).

[3] 刘亚鑫.基于"互联网+"的物流企业发展研究[J].价值工程,2016(28).

[4] 乐烨.互联网+时代智慧物流的应用及前景分析[J].物流工程与管理,2016(10).

[5] 张鹤."互联网+"新经济下电子商务物流发展新趋势研究[J].工程技术,全文版,2016.

北京农产品流通特征与对策研究

曲曼丽　王云鹏

（北京市城市规划设计研究院，北京 100045）

>**【摘　要】** 本文通过对农产品的品类、产地、进京通道、运输时间空间及北京农产品市场分布状况等信息的分析，总结了北京作为大型消费城市的农产品流通特征，同时结合国际农产品流通模式和案例，对未来北京市及京津冀区域农产品流通模式及设施布局提出对策建议。
>
>**【关键词】** 农产品　流通特征
>
>**Beijing Circulation Characteristics of Agricultural Products and Countermeasures Study**
>QU Manli, WANG Yunpeng
>(Beijing Municipal Institute of City Planning and Design, Beijing 100045)
>
>**Abstract:** This paper analysis the classification, region, passageway, transit time and space of agricultural products, sums up the main points of Circulation characteristics of agricultural products in Beijing as consuming city. Moreover Combines the international circulation model of agricultural products, puts forward countermeasures and suggestions on the circulation model of agricultural products in future Beijing Tianjin Hebei region.
>
>**Keywords:** Agriculture products　Circulation characteristics

一、北京农产品流通现状特征

（一）农产品相关概念

1. 农产品

国家规定初级农产品是指种植业、畜牧业、渔业产品，不包括经过加工的各类产品。其分类包括烟叶；毛茶；食用菌；瓜、果、蔬菜；花卉、苗木；药材；粮油作物；牲畜、禽、兽、昆虫、爬虫、两栖动物类；水产品；林业产品；其他植物。

农副产品是指种植业、养殖业、林业、木业、水产业等产业进行初级加工形成的产品。农副产品主要分为植物类及动物类，其中植物类包括粮食、蔬菜、烟叶、茶叶、园艺植物、药用植物、油料植物、纤维植物、糖料植物、林业产品、其他植物。动物类包括水产品、畜牧产品、蛋类产品、鲜奶、动物皮张、动物毛绒、其他动物组织。

2. 农产品批发市场

（1）定义。

批发市场是指向再销售者、产业和事业用户销售商品和服务的商业市场。依据统计局分类标准，批发市场共分为 6 大类（建材、农产品、汽车、化工、日用品、服装图书和其他），23 小类。

农产品批发市场是以粮油、畜禽肉、禽蛋、水产、蔬菜、水果、茶叶、香辛料、花卉、棉花、天然橡胶等农产品及其加工品为交易对象，为买卖双方提供长期、固定、公开的批发交易设施设备，并具备商品集散、信息公示、结算、价格形成等服务功能的交易场所。

北京农产品批发市场常规产品主要有粮食、蔬菜、水果、茶叶、食用菌、畜牧产品、水产品、调味品。

（2）分类。

按交易商品的种类范围农产品批发市场分为综合型批发市场和专业型批发市场两种。综合型批发市场，日常交易的农产品在三大类以上，如北京新发地农副产品批发市场日常交易的品种有蔬菜、水果、肉类、水产品、调味品等。专业型批发市场，日常交易的农产品在两类以下（含两类），如粮油批发市场、果菜批发市场、副食品批发市场等，还有只交易一个品类的如蔬菜批发市场、水产批发市场、水果批发市场、花卉批发市场、调味品批发市场、食用菌批发市场、山草药材批发市场、活禽批发市场、活畜批发市场、观赏鱼批发市场、禽蛋批发市场、种子批发市场等。

按农产品市场的城乡区位分布农产品批发市场可分为产地农产品批发市场、销地农产品批发市场和集散地农产品批发市场三种类型。产地农产品批发市场是建在靠近农产品产地的、以一种或多种农产品为交易对象的批发市场。销地农产品批发市场是建在城市近郊甚至市区、以多种农产品为交易对象的批发市场。集散地农产品批发市场是建在农产品产地和销地之间的便于农产品集散的地方、以一种或多种农产品为交易对象的批发市场。

按农产品批发环节关系农产品批发市场分为一级批发市场、二级批发市场和三级批发市场。一级批发市场，是直接从产地收购农产品、向中间批发商或代理商销售的批发市场。二级批发市场，其批发商从一级批发市场采购农产品，再销给中间商或零售商。三级批发市场，其批发商从二级批发市场采购农产品，再销给零售商，这类批发市场多从事进口农产品批发。

北京农产品批发市场多为综合型批发市场，销地批发市场和一级批发市场，同时存在兼具其他功能的可能性。

（二）北京农产品产地分析

由于各地产品城市季节不同，所以到北京来的果蔬冬夏两季的产地也不同，主要为东南方向，夏季以山东河北为主，冬季以两广海南为主。

北京农产品流通特征与对策研究

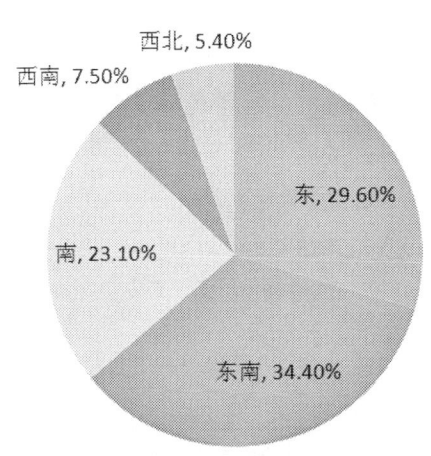

图1 夏季农产品主要来源分布
Fig. 1 Distribution of Main Sources of Agricultural Products in Summer

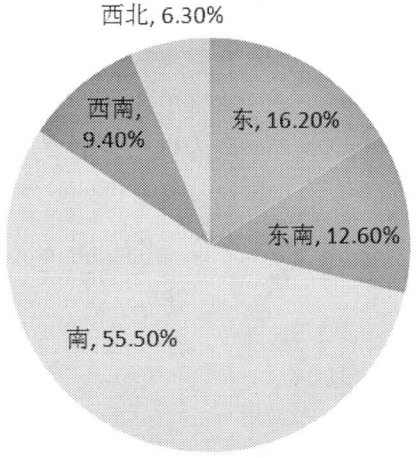

图2 冬季农产品主要来源分布
Fig. 2 Distribution of Main Sources of Agricultural Products in Winter

(三) 进京通道分析

1. 农产品市场布局

北京市已形成大型农产品批发市场（经营收入 20 亿元以上）为主要集散中心、区域性批发市场为重要节点的批发市场格局。全市性综合型和区域性综合型农产品批发市场成为整个农产品批发市场格局的重要组成部分；从方位上看，北京东、南、西、北方向均有分布，初步形成京西南、京东、京北三个大型农产品批发市场聚集区。9 个大型农产品批发市场有 5 个在五环路内、4 个在五环路外。各类农产品批发市场互为补充，总体格局稳定。目前，锦绣大地批发市场及回龙观批发市场已取消，八里桥批发市场预计搬迁。

图3 北京现状九大农产品批发市场布局图
Fig. 3 Status of Beijing Nine Agricultural Market Layout

2. 农产品进京通道

由于农产品产地在北京的不同方位,所以影响了其进京通道的不同,当然冬季和夏季也是不同的。其中主要承担果蔬进京的通道是京沪高速和京港澳高速公路。一般来说,农产品到达北京的时间为夜间,主要是由于市场的主要入货时间是夜间,同时也是由于白天对大型货车的限制及路网状况不好。

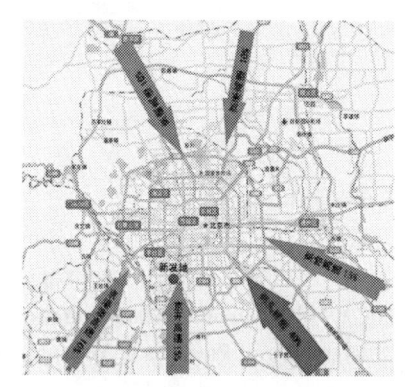

图 4 夏季农产品主要进京通道示意图
Fig. 4 Summer Agricultural Products to Beijing Channel Diagram

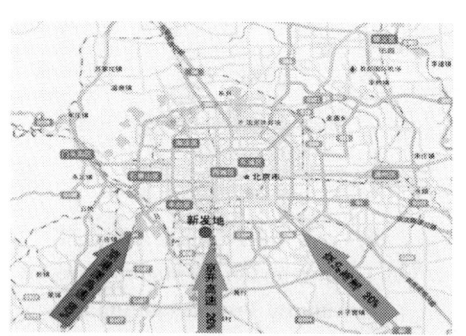

图 5 冬季农产品主要进京通道示意图
Fig. 5 Winter Agricultural Products to Beijing Channel Diagram

(四)北京农产品市场现状特征进京通道分析

(1)时间——主要交易夜间为主,散客交易时间为白天。

早上 6 点钟前,是主要交易时间,新发地外地取货时间也主要为夜间,且取货量大(70%);两个市场的散客交易时间均为白天,但交易量少(30%)。

(2)空间——新发地市场服务全市及周边城市,石门市场服务顺义及周边地区。

新发地市场不仅承担了北京市的农产品供应,同时承担了部分转运功能,石门市场除部分特色产品有转运功能外,主要产品供顺义及周边。

(3)特色——各市场保留特色,少部分转运为市场调剂,不可避免。

新发地市场和石门市场均为综合型市场,新发地市场主要经营蔬菜水果,石门市场也有特色经营产品,各市场间货品不足情况下,存在调货情况。

(4)功能——交易功能逐渐转变,部分功能仍可优化。

新发地市场和石门市场目前均在优化各自的功能,发展线上交易,但传统交易模式应逐步转变,同时将转运功能外移。

二、国际农产品流通模式及案例

世界级城市的农产品流通渠道大体可分为"市场流通"和"市场外流通"两类。

市场流通,即生产者直接或经过上市团体、货物收集者将农产品经各类批发市场集散、交易、形成价格后,经零售商、加工业者和大的消费团体将农产品最终转移到消费者手中的过程。

市场外流通，则指农产品不经过批发市场交易而是经过全国农协、商社的集配中心、果蔬超市、生协径直转移到零售机构、消费团体或出售给个体消费者或者说是生产者、上市团体与零售业者、消费者直接交易的流通形态。

世界农产品物流模式可归纳为以下三种，东亚模式、西欧模式、北美模式。

（一）东亚模式（市场流通模式主导）

东亚模式的代表为日本、韩国，在这些国家中，均以批发市场为主渠道，以拍卖为手段。其流通过程表现为"生产者—上市团体—批发商—中间批发商—零售店—消费者"。东亚模式的优点是流通规范、多样，效率较高，但是其流通成本较高，中间环节的利益分配存在问题。

案例1：东京大田农产品批发市场

东京都厅设有9个中央批发市场，其中最大的为大田农产品批发市场，成立于1989年，是集经营蔬菜、水果、水产、花卉于一条龙的综合性农产品批发市场。其日交易规模为果菜3000吨，水产品300吨，花卉245万枝，而市场管理人员只设置36名管理人员。市场用地39公顷，其中果菜部、水产部用地35公顷，花卉部用地4公顷。东京大田市场设备先进，完全实现了冷链化，有预冷设施、制冷或冷冻设备，搬运流通实现了机械化。花卉的拍卖采取了电子化的现代手段，蔬菜、水果的拍卖仍然通过手势等传统叫价方式，但依靠竞价来选择买主、形成价格的机制是一致的。

案例2：大阪中央批发市场

大阪中央批发市场即于1978年由大阪府政府成立，以配合容易腐败的食物在分销方面的转变，维护此类食物的价格稳定及进行高效率的分销。不同种类的食物，包括新鲜及冰鲜海产、蔬菜、水果及加工食物，一律通过大阪府中央批发市场进行买卖，运往该

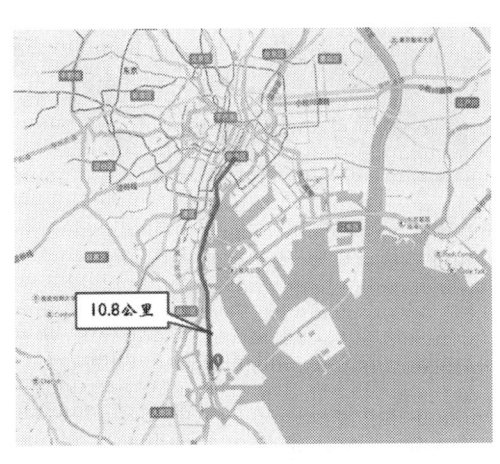

图6 东京大田批发市场位置示意图
Fig. 6 Location Map of Datian Agricultural Products Market in Tokyo

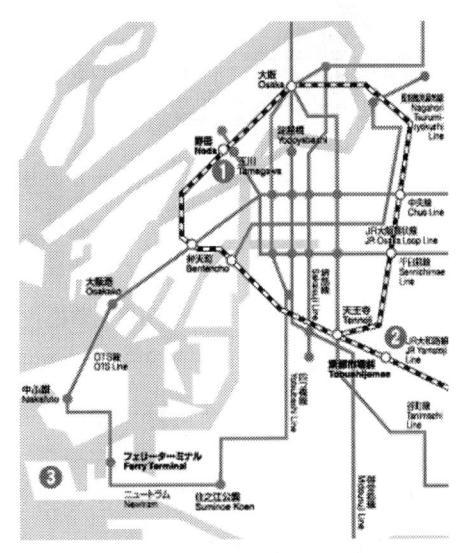

图7 大阪中央批发市场位置示意图
Fig. 7 Location Map of Central Agricultural Products Market in Osaka

市场的食物全部以拍卖方式出售。大阪中央批发市场分三部分，分别是主市场、东部市场以及南港市场。主市场占地面积18公顷，总建筑面积32万平方米，主要以蔬果、水产品、加工食品为交易物品种类；东部市场占地面积10公顷，总建筑面积16万平方米，主要交易物品种类同主市场；南港市场占地面积10公顷，总建筑面积3.2万平方米，主要交易物品种类有肉类（鸡肉除外）及其加工制品。

（二）西欧模式（市场流通和市场外流通相结合）

以法国、德国和荷兰等国为代表，农产品批发市场流通规模小，且为公益性质，农产品直销模式很受欢迎，将农产品的生产加工和销售进行了一体化设计，涉及的企业直接建立在农村。

案例3：巴黎伦吉斯农产品批发市场

巴黎伦吉斯农产品批发市场是目前世界上最大的农产品批发交易市场。占地230公顷，市场总建筑面积117.5万平方米。该市场原在市中心区，是自发形成的。随着业务量的增加，就地扩展已非常困难，于是从市中心区迁至与中心区相距10公里的郊区。该市场有对外高速公路和环绕城市的公路连接，并有铁路专用线进入，对内、对外交通十分方便。场内经营企业近2000家（大型批发企业550家，生产销售商680家，从事各种服务业的企业450家），从业人员达到16.7万人。由巴黎地区国家利益市场规划管理联合公司管理。巴黎地区50%水产品、45%果菜、35%肉食品、50%鲜花和盆栽植物由伦吉斯市场供应。

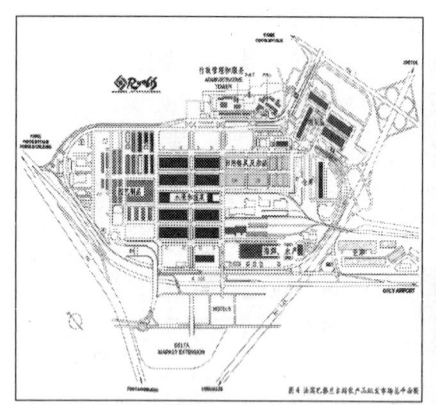

图8　巴黎伦吉斯农产品批发市场示意图
Fig. 8　Location Map of Rungis Agricultural Products Market in Paris

（三）北美模式（市场外流通主导）

美国、加拿大和澳大利亚是这种模式的主要代表。北美模式的直销体系很发达，农产品销售均以直销为主。美国农产品市场体系的特点是，粮食类期货市场发达，果蔬类产地与大型超市、连锁经销网络间的直销比例约占80%，经由批发市场流通销售的仅占20%左右。

表 1 农产品流通模式对比分析表

Tab. 1 Comparison and Analysis of Agricultural Products Circulation Patterns

特点 流通模式	代表国家	流通主体	流通成本	效率	渠道结构	法规建设	产品特征
东亚模式	日、韩	批发市场	较高	高	中心型	规范、健全	非标准化
西欧模式	法、德、英、意	合作社	低	高	上游型	规范、健全	标准化
北美模式	美、加、澳	超市、连锁店	低	高	两端型	规范、健全	非标准化

注：农产品流通成本为在农产品运输、加工、仓储等环节中产生的成本；流通效率为农产品流通过程中的流通产出与流通支出的比值。

（四）经验借鉴

从特点上看，东亚模式发挥批发市场集约优势，有效整合农业生产和市场销售两种资源；西欧模式将分散的农户连接为一个整体，增强了农户的流通主体地位；北美模式将农户与零售商直接联系起来，缩短了流通渠道长度，提高了流通效率。

对国外先进农产品流通模式的研究，对我国农产品流通模式的选择有一定的启发，由于我国不同地域经济发展不平衡，所以针对不同的地域采用不同的流通模式，同时需要加大对农产品流通设施及设备的投入，加快农产品流通现代化、信息化建设。

三、京津冀农产品流通对策建议

（一）一级市场功能调整

作为大型消费城市的北京，农产品需求量巨大，农产品市场在供应北京的同时，发挥了区域集聚效应，担负着河北、内蒙古、山西等地的部分转运功能，给首都交通及环境均造成了额外的压力。

未来市场功能的调整应结合京津冀一体化进行，在功能、布局、产业等方面进行统一规划调整，协调社会资源，保障首都农产品供应，疏解转运功能。北京农产品一级市场应以保障首都供应为主，兼具部分仓储和应急储备功能；针对现状的转运功能，应随着周边市场的建立逐步移除。

（二）农产品市场布局调整

随着社会经济及信息发展，农产品直销比例有所上升，但考虑我国现阶段农业及商业发展阶段，农产品市场在流通环节内仍占有重要位置。建议京津冀区域农产品市场应布置"2+2+n"模式。产地直接供给一级市场货源，改变现状单一市场转运局面，二级市场可综合时间、距离成本自行选择一级批发市场进货，购买个体综合价格时间、距离成本选择市场，转变单一中心交通集散状况。

市场选址考虑服务民生及应急储备因素，一级批发市场距离服务中心位置不应过远，但过近带来的能耗及交通负面影响也是市场选址的主要因素，故合理的市场位置即应满足应急储备需求又应将负面影响降至最低。

市场选址主要考虑以下几个方面因素：

（1）不能超出应急储备边界。2020年六环路内约覆盖全市人口数量约70%，同时各

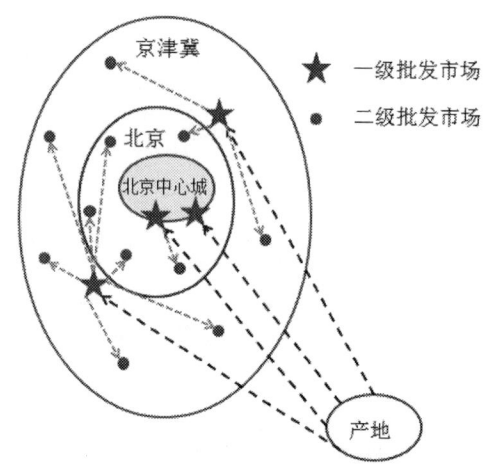

图 9 "2 + 2 + n" 模式示意图
Fig. 9 "2 + 2 + n" Schematic Diagram

条高速公路从六环路至中心区域行车时间不超过 1 小时，通过各条防灾通道可便捷至全市各区域，故建议保障边界可至六环路边缘区域。

（2）减少车辆公里数，降低碳排放。随着京津冀地区环境污染日益严重，农产品批发市场的布局对"低碳"城市的影响也越来越显著，在市场选址过程中，应考虑到车公里数及碳排放的影响因素。

（3）耦合物流基地。物流基地完备的物流功能为批发市场货源车辆提供再次利用可能性，同时市场内加工及仓储功能也可与物流基地内相关产业共同利用。但农产品市场与物流基地的距离不应过近，特别是在高速路网不发达的地区，应分别依靠不同的对外通道进行集散。

（4）便捷对外交通。批发市场应依托与高速公路系统或城市快速路系统，便于货物的保障，同时在条件允许的情况下应充分利用铁路及航空物流基地。

参考文献：

[1] 北京市"十二五"时期农产品流通体系规划.
[2] 邹雪丁, 王转. 基于国际经验的农产品流通模式研究物流技术[J], 2009, (28), 1.
[3] 齐艳, 贾晋. 国内外农产品流通现代化模式研究世界农业, 2014.